SPORTS DICTIONARY

第3版
スポーツ
用語辞典

三修社編集部 編

三修社

はじめに

　スポーツ発祥の地は、多くがヨーロッパです。それも英国が起点になっていることにも少々驚きを感じます。歴史を辿るとスポーツの多くは貴族達の優雅で豊かな身分をした人々の遊びの中から生まれてきたことがわかります。ポロ、ホッケー、乗馬、アーチェリー、テニス、ヨット、サッカー、そしてベースボールまでもがすべてヨーロッパ、しかも英国が大部分を占めています。

　日本でもサッカーに似た「蹴鞠（けまり）」などというものが、古代よりあり、馬上からの弓をはなつ「流鏑馬（やぶさめ）」も日本古来のスポーツといえばスポーツかもしれません。これらの場合も西洋同様に、武道の腕試しを披露するといった意味のものでした。

　歴史の変遷の中、今では、東洋で生まれたスポーツ、相撲、柔道等を除いて、スポーツのルール及び、競技名は、すべて外国語です。各競技名等も、すべて外来語です。ことばの意味の何たるかをこの辞典では説明し、難しい国々の造語などはそのまま記載し、意味と解説に重きをおきました。この『スポーツ用語辞典』は、ルール読本でも外国語研究辞典でもなく、各々のスポーツ用語は、外国語のアクセント、カタカナ表示は決して満足な表示は出来ていないものの日常の報道を通じて表現されている慣習的表現にしました。スポーツにおけることばは、以外と時代的背景をその言葉から見つけることができ、よく注意して読んでいくと、まだまだスポーツ探求がスポーツ用語辞典の中から始まるのではないかと思う程です。

　編集見出し等については、いろいろと異論の出る余地は沢山あろうかと存じます。これからも多くの読者の方々、先読者各位のご助言、ご叱正を頂き、さらに使いやすい辞典づくりを目指します。

2011年11月
三修社編集部

この辞典の注意点

■英語・米語以外のカタカナ語については、その原語の国語名を略語で示した。

 例 ドイツ語→独 フランス語→仏 イタリア語→伊 オランダ語→蘭

   ロシア語→露 ラテン語→羅 和製語→和

 上記以外は省略せず表記した。

■見出し語の中には、米語英語と英国英語が混在しているので、本書ではあえて種分けしていない

■日本で作られた、いわゆる和製語のたぐいは次のように示した。

 例 **アウトコース** [out＋course 和]

■見出し語のカタカナ、英語スペリングについては、以下の辞書にのっとり、表記した。

 ①コンサイスカタカナ語辞典 三省堂 2008年

 ②朝日新聞の用語の手引き 朝日新聞社 2007年

 ③ベースボール英和辞典 開文社出版 2004年

 ④ベースボール和英辞典 開文社出版 2007年

■カタカナ語のヴの表記は使わずに、バ行の音で表した。

 例 ヴァレーボール→バレーボール [volley ball]

   ヴィジター→ビジター [visitor]

■見出し語の競技名種分けは 〈 〉 の中に示し、通常使い慣らしている表記にした。

 例 〈アメリカンフットボール〉 → 〈アメフト〉

   〈ラグビーボール〉 → 〈ラグビー〉

■見出し語：複数の意味がある場合は、特に競技ごとの解釈がある場合は 〈 〉 に競技名を記し、または個々に見出し語として設けた。

 例 **プッシュ** [push] 〈**スポーツ全般**〉①押す。突き出す。②〈**野球**〉バットを軽く当てる打ち方。③〈**サッカー**〉ボールを軽くゴールに押し込む。

■記号

 ⇔ 反対語

   例 フリーレッグ 〈スケート〉⇔スケーティングレッグ

 ＝ 同意語

   例 救援投手〈野球〉→リリーフピッチャー

 ⇒ 関連語・参照語

   例 4大タイトル〈ゴルフ・テニスなど〉→グランドスラム

【あ】

アーチェリー [archery]〈アーチェリー〉洋弓。標的に矢を射当てる競技。ターゲット競技標的に矢を命中させ、高得点を得た者が勝者となるスポーツ競技。イギリスより発展し、1538年に初めて競技会が行われる。1972年、第20回ミュンヘンオリンピックからターゲット競技として正式種目となる。オリンピック種目でのアーチェリーは、他にフィールド競技、クラウト競技、フライト競技がある。

アーチェリー八節〈アーチェリー〉一本の矢を射る過程を8つの項目に分けている。①スタンス（足構え）、②セット（胴構え）、③ノッキング（矢つがえ）、④セットアップ（打ちおこし）、⑤ドローイング（引き分け）⑥フルドロー（会）、⑦リリース（離れ）、⑧フォロースルー（残身）がある。

アーティスティックインプレッション [artistic impression]〈スケート〉フィギュアスケートで自由演技の採点にたいして芸術的印象を構成、独創性、音楽演出との適合性を採点して競うスケートスポーツ。芸術点。

アームレスリング [arm wrestling]〈ニュースポーツ〉専用台の上で行う腕相撲のこと。台上にひじをつき、左手は台上に立てられた棒を握り、相手の右手の甲を台に押し付け合う競技。

アーリークロス [early cross]〈サッカー〉浅い（ゴールラインから遠い）位置から早めにゴール前に送るクロス。ゴールキーパーとディフェンスラインの間をつくボールが効果的。

アーリータックル [early tackle]〈ラグビー〉相手側の選手がボールを持つ前にタックルをかけること。ボールを持っている選手に対してしかタックルをしてはならないので、反則を取られる。

アールアンドエー [R&A]〈ゴルフ〉ロイヤル・アンド・アンシエント・ゴルフ・クラブ・オブ・セントアンドリュース。英国のゴルフ総本山。世界共通のゴルフルール制定を米国ゴルフ協会（USGA）と共に司っている。

アーンドラン [earned run]〈野球〉ピッチャーの自責点。ランナーが安打、犠打、四死球、暴投、盗塁、ボークなど、すべて投手の責任によって生還し、生じる得点のこと。敵方の失策や捕手の逸球などの場合は、アーンドランとはいわない。

アイアン [iron]〈ゴルフ〉金属でできたヘラ状のクラブヘッドを持つクラブの総称。1～3番がロングアイアン、4～6番がミドルアイアン、7～9番がショートアイアン。そのほかにピッチングウェッジ、アプローチウェッジ、サンドウェッジ、ロブウェッジなどのウェッジ類も含まれる。

アイアンクロス [iron cross]〈スキー〉フリー・スタイル・モーグルの空中演技のひとつ。スキーをX字形にクロスさせる技。ほかの技と組み合わせて使われる。

アイアンショット [iron shot]〈ゴルフ〉アイアンを使って打つショットのこと。

アイアンマンレース [iron-man race]〈鉄人レース〉 ライフセービング競技種目のひとつ。パドルボード、サーフスキー、スイムの競技にランニングを加えて1人で行い所要時間を競うスポーツ。現在では、トライアスロンとして内容を変えて競技化されている。

あいきどう[合気道] [aikidou]〈合気道〉日本武道のひとつ。創始者は植芝盛平。青年期から武術家を志し大東流合気術、起倒流柔術、紳影流剣術などを総合して、1925年（大正14年）〈合気武道〉を創始、1944年（昭和19年）〈合気道〉と改称、護身術として普及した。攻撃してくる相手の動きを察知して、事前にそれを抑える護身術。合気道の目的は、心身を鍛錬し、立派な人間を作ることにあり、その技を悪用するようなことは最も避けなければならない。合気道では試合は行わないため、人前で行う演武では心技一体の華麗な技を展開しなければならない。同時に、試合をする以上に日本武道の厳しさも知っておく心掛けが必要である。合気道の稽古は幅広く種類も豊富である。主だったものは、①普通稽古、②一人稽古、③見取り稽古、④掛稽古、⑤自由稽古、⑥指導稽古、⑦多人数掛稽古、⑧対武器応用稽古、⑨座り稽古、⑩半立ち稽古、⑪寒稽古、⑫暑中稽古、⑬立ち稽古、⑭合宿稽古。

あいくち[合口] [aikuchi]〈相撲〉対戦相手との相性。実力・番付に関係なく取り口などの相性。

アイコンタクト [eye contact]〈スポーツ一般〉試合中などに次のゲーム展開を味方同士が声を掛け合うのではなく、目で合図し合うこと。意図を伝えるために、視線を合わせ、サインを交わすこと。

アイシェード [eyeshade]〈テニスなど〉目に飛び込む光線から目を守るひさし。サンバイザー、サンシェードともいう。

アイス・スレッジ・ホッケー [ice sledge hockey]〈障害者スポーツ〉脊髄損傷や切断の選手専用のそりで、座位の形で行うスポーツ。1994年リレハンメル冬季オリンピック大会から正式競技になる。

アイスクライミング [ice climbing]〈登山〉雪の斜面が氷化したルートと流水が氷結したルートを登るスポーツ。垂直の氷爆などを登る。

アイスダンス [ice dance]〈スケート〉フィギュアスケート競技の種目のひとつ。1976年にオリンピック種目となる。社交ダンスのように男女1組が音楽の伴奏に合わせる氷上で踊る競技。アイスダンシングともいう。

アイスバーン [eisbahn 独]〈スキー〉雪面が氷状に固まったもの。アルペン競技では選手が旗門を通過する際に、高速ターンでスキーのエッジングを使うため、雪面が深く掘られる。それをできるだけ防ぐため、人工的にアイスバーンにして競技が行われる。

アイスホッケー [ice hockey]〈アイスホッケー〉氷上ホッケー。1879年に、カナダのマックギル大学の学生が考案。6人1組で相手ゴールへL字型のスティックで円盤状のパックを入れる競技。1924年第1回シャモニー・モンブラン冬季オリンピックでは男子が、1998年第18回長野冬季オリンピックから女子が正式種目になった。

アイゼン ［eisen 独］〈登山〉登山靴の底のかんじき。滑り止め。

アイソキネティックトレーニング ［isokinetic training］〈スポーツ一般〉筋力を高めるためのトレーニングのひとつ。短距離走や球技など、瞬発力を必要とする競技の選手が多く取り入れている。トレーニング機器を用いて最大限の筋収縮を行う動きを一定の素早い速度で繰り返し、筋収縮力を高める方法。アイソキネティックスともいう。

アイソメトリックス トレーニング ［isometrics training］〈スポーツ一般〉筋肉強化のための訓練法。筋肉を均等に作り上げる体操や運動のトレーニング。アイソメトリックスともいう。

アイフォーメーション ［I formation］〈アメフト〉センターの後方にバックスを1列にI型に並べたオフェンスの型。左右のバランスがよくランニングプレーが展開できるフォーメーション。

あいぼし［相星］［aiboshi］〈相撲〉対戦する2人の力士のこれまでの対戦成績が同じであること。

あいよつ［相四つ］［aiyotsu］〈相撲〉対戦する両力士の差し手が右同士、または左同士など同じであること。また互いに得意の差し手になった状態のこと。⇔けんかよつ

アウェー ［away］〈サッカーなど〉遠征試合。相手の本拠地で行う試合。⇒ホーム・アンド・アウェー

アウト ［out］外側、外部、そとに、ダメ。〈野球〉打者や走者がルールによって、権利を失うこと。（例）打者の打球が野手の間を抜けず、補られ走者が進塁出来なくなる状態など。アウト⇔セーフ 〈ゴルフ〉18ボールのうち前半の9ホール。⇔イン 他⇒ホールアウト、ラインアウト、リングアウト、タイムアウト、ノックアウトなどがある。〈テニス〉〈バレーボール〉〈バドミントン〉〈ボクシング〉などに用いられる。

アウトエッジ ［out edge］〈スケート〉⇒インエッジ

アウト・オブ・バウンズ ［out of bounds］〈バスケットボール・スケートなど〉競技者や球が境界線の外側に出ること。〈ゴルフ〉競技区域外のことで競技を禁止している場所。OBといい、白い杭または柵で境界が定められている。〈アメフト〉パスされたり、キックされたボールや、ボールを持ったプレーヤーがサイドラインの外に出たときのことをいう。

アウト・オブ・プレー ［out of play］〈スポーツ一般〉反則などでプレーが一時中断された状態のこと。⇔インプレー

アウト・オブ・ポジション ［out of position］〈バレーボール〉サーブレセプションするチームが、相手がサーブを打つ時に定められたポジションにいない場合の反則。前衛、後衛を間違える、位置が逆などが当てはまる。＝ポジショナルフォールト

アウトコース ［out＋course 和］〈スポーツ一般〉外側のコース。〈野球〉バッターボックスの打者から見て、ホームベースの遠いほうのボールのコース。

アウトサイド ［outside］〈ボウリング〉アプローチの中央近くに対して、ガタ

ーに近い外側のこと。常にガターの近くから投球する人をアウト・サイド・ボウラーという。〈テニスなど〉ラインの外側にボールが落ちること。〈スポーツ一般〉外側。〈野球〉外角。⇔インサイド 〈ウインドサーフィン〉ブレイクしている波よりも沖側の海のことをいう。沖に向かって出て行く様子をアウトへ出るという。

アウトサイド・イン [outside in]〈ゴルフ〉クラブの頭（ヘッド／先端）が、体の外側からインサイド（手前）にクラブヘッドを斜めに振り抜くことをいう。

アウトステップ [outstep]〈野球〉ステップする足を外側に開くこと。

アウトドア [outdoor]〈スポーツ一般〉野外の。⇔インドア

アウトドアスポーツ [outdoor sports]〈屋外スポーツ〉屋外で行われる運動競技。陸上競技、ラグビー、サッカー、スキーなど。

アウトドライブ [outdrive]〈ゴルフ〉他のプレーヤーよりもボールを遠くへ飛ばすこと。同じ意味のオーバードライブは和製英語。

アウトフィルダー [outfielder]〈野球〉外野手。OFと略す。⇔インフィルダー

アウトポイント [outpoint]〈ボクシング〉最終的にポイントの差で勝つこと。判定勝ちともいう。

アウトホール [out haul]〈ウインドサーフィン〉正確にはクリューアイといい、セールのクリューを強く引いてセイルカーブを変えるセッティングのことをいう。

アウト・ホール・ライン [out haul line]〈ウインドサーフィン〉セイルの張りを調整するためのクリューアイ（アウトホール）とブームエンドを固定するためのロープ。

アウトボクシング [out boxing]〈ボクシング〉ボクシングの攻撃法のひとつ。相手に接近せず、一定の間隔を保ちながら戦うため、攻撃は相手ボクサーを中心に回りながらの軽快なフットワークから繰り出す直線的なストレートが多い。典型的なボクサーとして世界最強といわれ、ヘビー級チャンピオンを獲得したモハメド・アリ（アメリカ）が挙げられる。⇔インファイト

アウトマッチ [outmatch]〈スポーツ一般〉遠征試合。外地で行う試合。

アウトライン [outline]〈ウインドサーフィン〉ボード全体の形状。

アウトリガー [outrigger]〈障害者スポーツ〉カナディアンクラッチといわれ、西洋松葉杖の先に小型のスキーのそりを付けたもの。手の握りと前腕に固定して保持する。下肢切断麻痺のいずれの障害者にとっても、スキーをする上でなくてはならない役割を持っている。スキーヤーの前後左右のバランスを助けるのが役目であり、そりの角度と力点の取り方で滑りに差が出てくる。〈ボート〉オール受けの支えになる金属製の枠のこと。〈釣り〉ルアーを流すためにボートの両舷から張り出した竿のこと。アウトリガーでルアーを流すと広い間隔が保てる。その上ボートの揺れで生じる複雑な振幅などがルアーに伝わり魚のヒット率も上がるといわれる。

アウトレーン [out lane]〈スケート〉外側の滑走路（レーン）。1周400mの競技コースでは2本のコースが設けられ、もう一方をインレーンという。1周

の滑走距離を等しくするため、バックストレッチに設けられたクロッシング
ゾーンでイン、アウトがそれぞれ入れ替わる。⇔インレーン

あお向けキック [vassallo kick]〈水泳〉上向きキックともいう。あお向けに浮
いて行うキックの練習。

あおり足 [scissors-kick]〈水泳〉横泳ぎのキック。片脚の甲と片脚の裏で水をは
さむようにして蹴る。

アクアスポーツ [aqua＋sports 和]〈マリンスポーツ〉水上スポーツ。

アクアラング [Aqua-Lung]〈マリンスポーツ〉水中呼吸器（圧搾空気のボンベを
背負い水中で呼吸できる仕掛けになっているもの）。

アクシデンタルオフサイド [accidental offside]〈ラグビー〉オフサイドにある
選手が意図せずボールを持った選手に触れること。原則として反則となり、
反則をした側がこの反則により利益を得たとレフリーが判断した場合は、そ
の場で相手ボールのスクラムになる。

アクション・パス [action pass]〈アメフト〉ランニングプレーをすると見せか
けて、すきを見てタイミングを取りパスをするプレー。

アクセル [axel]〈スケート〉フィギュアで1回転半のジャンプの後、後ろ向き
に着氷すること。⇒アクセル・パウルゼン・ジャンプ

アクセル・パウルゼン・ジャンプ [axel paulsen jump]〈フィギュア〉ジャンプ
しながら体をこまのように回転させる技のひとつ。1回転半は単にアクセル
という。2回転半をダブル・アクセル・パウルゼン・ジャンプ、3回転半を
トリプル・アクセル・パウルゼン・ジャンプという。⇒アクセル

アクティブ・スポーツ・ウエア [active sports wear] スポーツをする目的で使用
する服装。

アグレッシブ [aggressive]〈スポーツ全般〉積極的で攻撃的なプレー、試合運
びをすること。

アクロバチック・スキーイング [acrobatics skiing]〈スキー〉軽快な音楽に合
わせ、ジャンプ、スピン、宙返りなどを組み合せて滑走するスキー競技。1981
年からワールドカップとして毎年行われ、1986年からは、世界選手権として
2年ごとに開催されている。

アゲーン [again]〈テニス・卓球〉もう一度。繰り返し。アゲンともいう。（例）
テニスなどで「ジュースアゲーン」などと使われる。

あけに[明け荷] [akeni]〈相撲〉関取専用の荷物入れ。化粧まわし、浴衣など
身の回りの荷物を入れている。太さ15cm ぐらいの竹で編んだ籠に、和紙を
張り、その上から漆で固めた頑丈な入れ物。十両以上の関取しか持てない。

アゲンスト・ウインド [against wind]〈ゴルフ・ヨット〉向かい風。逆向きのゴ
ルフやヨットで使う。

アジア・カップ [Asian Cup]〈サッカー〉アジア・サッカー連盟（AFC）の主催
で行われるのが、アジア・カップ。4年に1度、アジアの代表を決めるチャ
ンピオン大会。1956年に創設。第1回大会は香港で行われ韓国が初代チャン
ピオンになった。日本は、1968年第4回大会に参加。開催地はテヘラン。第

6回大会（1976年）にも参加。開催地はテヘラン。第6回大会（1976年）第4回大会に続いて1次敗退。以降不参加が続き、第9回大会（1988年）には参加したもののグループリーグ敗退。しかし、1992年の第10回大会ではオランダ人のオフト監督のもと初優勝。以降2000年第12回大会（レバノン）では、フランス人のトルシエ監督の指揮のもと2度目の優勝。2004年第13回大会（中国）ではブラジル人、ジーコ監督で3度目の優勝を飾っている。日本にとって大切な大会となっている。第15回大会は2011年に行われる。（第14回大会のみ2007年にインドネシア、マレーシア、タイ、ベトナムを開催国として行われた。第13回2004年（開催国、中国）のみ3年後に開催されている。以降再び4年おきに実施されている。

アジア競技大会 [Asian Games]〈スポーツ一般〉4年に1度、オリンピックの中間年に開催されるアジア地域の総合競技会。アジア44か国の国内・地域オリンピック委員会（NOC）で組織されるアジアオリンピック評議会（OCA）が主催である。第1回大会は1951年にニューデリーで開催され、1986年からは冬季大会も開催されている。2003年は青森で第5回冬季大会が開催されている。

アジアクラブ選手権 [Asian Club Championship]〈サッカー〉1967年、国際サッカー連盟（FIFA）会長、スタンリー・ラウスが提案、発足した。アジア地区のナショナルチーム、チャンピオンを決定する大会がアジア・カップ。アジアの単独チームのチャンピオンを決める大会がアジア・クラブ選手権。後、アジア、カップウィナーズ選手権を統合し、アジア・チャンピオンズ・リーグとして改組し、スタートしている。

足構え〈アーチェリー〉矢を射る際のアーチェリー八節のひとつで、射線（シューティングライン）をまたいで身体の構えを作ること。スタンス。

アシスタント [assistant]〈ゴルフ〉アシスタント・プロ・ゴルファーの略。プロの補助者のこと。プロの試験を受けてプロゴルファーになれる。

アシステッド・ヒット [assisted hit]〈バレーボール〉ほかの選手の体や建造物、物体などを使ってスパイクするなどの反則。

アシスト [assist]〈野球〉捕殺。ひとつのプレーでアウトにしたとき、手助けとなるプレーをいう。ショートゴロを一塁に送球してアウトにした場合、ショートが捕殺をしたことになる。〈サッカー〉得点に結び付くシュートの直前のパスを送るプレーのことをいい、「年間最多アシスト賞」などがある。

足取り [ashitori]〈相撲〉相手の下に潜り込み、両手で相手の片足を抱えて倒すか、土俵外に出すこと。

アジリティ [agility]〈サッカー〉バランス、巧みさ、スピードなどを含む体力の要素。瞬発力、反応、細かい方向変化など、素早い動きをこなす能力のこと。サッカーではとくに重視され、1対1でのディフェンスの対応能力につながる。

足取り

足踏み [ashibumi]〈弓道〉射法八節の第1項目。行

射で的と射手の相対的な位置関係を築く最初の動作。両親指つまさき間は身長の約半分で、その延長線上に的の中心が位置するように踏み開く。開く角度は60〜80度程度。

アストロドーム [Astrodome] 〈スポーツ一般〉1965年にアメリカのヒューストンに完成した世界初の屋根付野球場。

アスリート [athlete] 〈スポーツ全般〉運動競技者。

アスリートコード [athlete code] 〈スポーツ一般〉1990年に「オリンピック憲章」が全面改正された際に、アマチュアリズムを規定していた従来の「選手参加資格」の項に代わって新しく定められた参加資格の規定のこと。この改革では、プロやコーチの参加禁止条項が除かれ、オリンピックもプロ・アマを問わないオープン大会になった。

アスリートファンド [athlete's fund] 〈スポーツ一般〉競技者基金。1982年に所属の選手保護のために、国際陸上競技連盟が各国陸連に義務付けた基金。引退した選手の慰労金などに使う。

アスレチッククラブ [athletic club] 〈スポーツ一般〉体育クラブ。会員制の体育クラブ。スポーツ・美容などのための会員制クラブ。

アスレチックス [athletics] 〈スポーツ一般〉競技。運動会。各種の運動競技。〈野球〉米国カリフォルニアのオークランドを本拠地にするオークランド・アスレチックス。

アソシエーション・フットボール [association football] 〈サッカー〉サッカーの正式名称。ラグビーやアメリカンフットボールと区別していうときに使われる。

アタキシー [Ataxie 独] 運動失調症。運動神経障害。

アタッカー [attacker] 〈バレーボール〉ボールを相手コートに打ち込む選手。攻撃する人。

アタック [attack] 攻撃すること。登山で山頂に挑むときにも使う。〈バレーボール〉⇒アタックヒット

アタックヒット [attack hit] 〈バレーボール〉サービスとブロックを除き、相手側に向かってボールを返そうとするすべてのプレーをいう。国際ルールのアタックとはアタックヒットのことで、スパイクとはっきり区別されている。

アタックライン [attack line] 〈バレーボール〉コートのフロントゾーンとバックゾーンに分ける線のこと。

アットバット [at bat] 〈野球〉打席に立つこと。記録としての打者の打った回数。打席数。

アッパーカット [uppercut] 〈ボクシング〉相手が前かがみになっているとき、下から相手のあごや肝臓あたりを狙って突き上げるように打つこと。

アッパースイング [upper swing 和] 〈野球〉下からすくい上げるようにバットを振るスイングのこと。⇔ダウンスイング

アップ [up] 〈ゴルフ〉マッチプレーにおいて、勝っているホール数。ひとつのホールで勝てば1アップ。

アップザイレン [up seilen]〈登山〉ザイルを体に巻き、岩壁などを下降する場合の技術。⇒アプザイレン

アップスンダウン [ups and downs]〈サーフィン〉波の斜面を横に走りながら上下して加速する技。

アップダウン [ups and downs]〈ゴルフ〉上がり下り、打ち上げ、打ち下ろしなどの起伏をいうことが多い。〈水泳〉水中に潜ったり、水面に出たりを繰り返す練習。水上、水中でのキックの蹴り方、正しい姿勢を学ぶ練習。

アップヒルライ [uphill lie]〈ゴルフ〉左上がりのライ（右利きの人の場合、左足が高くなること）。上り坂。

アップライト [uprights]〈陸上〉本来は、棒高跳の支柱そのものを指すが、用語的には棒高跳で支柱の位置を設定する際に使われている。棒高跳では、ルールでアップライトの移動が許可されており、選手は自分の跳躍に応じてアップライトを移動することができる

アップライトスイング [upright swing]〈ゴルフ〉地面に対して直立に近い状態でスイングをすること。アップライトと略して呼ぶ。

アップライトスタイル [upright style]〈ボクシング〉体を真っすぐに立てて構える戦い方で、相手の動きに対して素早く対応できる。半身に構えたとき前方の腕が下がるのが特徴。

アディショナルタイム [additional time]〈サッカー〉プレーを止めたアウトオブプレーの時間のぶんだけ、前後半の終了を遅らせる。ロスタイムと同じ。インジュリー（負傷）タイムとも呼ばれた。

アテスト [attest]〈ゴルフ〉ラウンド終了後、スコアカードにマーカーの間違いがないかを確認し、証明するための署名をすること。（署名がないと失格となる）

アドバンテージ [advantage]〈テニス〉ジュースの後の１ポイントを先取した状態。次の１ポイントを取ればそのゲームを獲得できる。〈バスケットボール〉バイオレーションや軽いファウルがあった場合に、ファウルされたチームが有利な状況かどうかを見定める措置。有利に運ばなかった場合にはバイオレーションやファウルをとる。

アドバンテージ・ルール [advantage rule]〈ラグビー・サッカー〉反則が生じたとき、試合状況が反則を受けたチームに有利なときは、レフリーが反則を取らずゲームを続行させるという規則。

アドレス [address]〈ボウリング〉アプローチ上で、投球する前にボールを持って構えた位置のこと。〈ゴルフ〉競技者が球を打つために足の位置を決めて構えること。打つ構えに入ること。

アナボリック・ステロイド [anabolic steroid]〈スポーツ一般〉国際オリンピック委員会が使用を禁止している筋肉増強剤。スポーツ選手が、競技のために筋肉増強用に使っているもの。

あにでし［兄弟子］ [anideshi]〈相撲〉番付の順位よりも入門順の１分１秒でも早い人は、すべて兄弟子である。力士同士、行司、呼出、床山等の間でも

職域を超えていう。または「あんでし」ともいう。この場合は幕下二段目、三段目の力士をいう。

アバブ・ザ・ウエスト [above the waist]〈バドミントン〉ウエストから上で打つと取られるフォルト。

アバブ・ザ・ハンド [above the hand]〈バドミントン〉サービスの時、手の位置から上で打つと取られるフォルト。

アピアランスマネー [appearance money]〈陸上〉陸上競技に出場した有名選手に支払われる出場料。出場謝礼金。

アビーム [abeam]〈ウインドサーフィン〉風をボードに対し真横に受けて、セイリングをすること。セイリングの基本。⇒クローズホールド

アピール [appeal]〈スポーツ一般〉プレー、判定に抗議、要求すること。

アピールプレー [appeal play]〈野球〉審判員に相手チームのルール違反などを指摘して、アウトの判定を求めること。

浴びせ倒し [abisetaoshi]〈相撲〉四つ身で相手の体にのしかかるように自分の体重をあずけて倒すこと。

アプザイレン [abseilen 独]〈登山〉岩壁や氷壁の急斜面をザイルを使って下りること。⇒アップザイレン

アプルーブ [approve]〈ゴルフ〉プレー終了後、自分のスコアに誤りがないことを自分で確認するサイン。アテスト同様、これを忘れてスコアカードを提出すると、競技失格となる。

浴びせ倒し

アプローチ [approach]〈ゴルフ〉グリーンに向かっての寄せ打ち。ピッチショット、ランニングショット、ピッチ・アンド・ランの3種類がある。〈ボウリング〉レーン手前からファウル・ラインまでの助走路のこと。〈スキー〉ジャンプの助走滑走路。

アプローチショット [approach shot]〈テニス〉ボレーのチャンスがある場面など、ラリー中にネットに出て行く場面で打つ誘いのショット。次にボレーが打ちやすいようなボールを打つとよい。

アベック・ホーム・ラン [avec home run]〈野球〉2人の打者が同一試合に揃ってホームランを打つこと。（フランス語の"avec"と英語の"home run"の混成語）

アベレージ [average]〈ゴルフ〉平均のこと。プレーヤーの平均ストローク数。〈ボウリング〉ボウラーの実力を表す、1ゲームあたりの平均得点のこと。消化したゲームの総得点を、ゲーム数で割ったもの。③〈野球〉打率。

アベレージゴルファー [average golfer]〈ゴルフ〉ハンディキャップが20前後の大多数で平均的とされる中級ゴルファー層。和製英語。

アマチュア [amateur]〈ゴルフ〉ゴルフのプレーによって報酬、または営利を目的としていない人。職業ではなく、単にスポーツとして競技するゴルファーのこと。

アマチュアサイド [amateur side]〈ゴルフ〉傾斜のあるグリーンでボールがホールより傾斜の下側を通るパッティングライン。このラインに打たれたボ

ルは距離が合ってもカップインはしない。入らな
かった場合、上りのラインが残る。

あみうち[網打ち] [amiuchi]〈相撲〉相手力士の差し
手を抱え、相手の上手のほうに体を開いて、差し手
の後方に振って相手を倒す技。

アメフト [American football]〈アメフト〉アメリカン
フットボールの略。

アメラグ [American rugby]〈アメフト〉アメリカンフ
ットボールの俗称。

網打ち

アメリカズ・カップ・レース [America's Cup race]〈マリンスポーツ〉1851年、イ
ギリス万博の記念事業として行われたイギリス対アメリカのヨットのマッ
チレースが起源。1870年の第1回大会以降アメリカチームが24連勝していた
が、1983年の第25回大会でオーストラリア2世号に破れ、初めてアメリカ以
外の国にわたった。以後第29回大会ではニュージーランドが初優勝を飾って
いる。

アメリカンゾーン [American zone]〈テニス〉デ杯トーナメントの米大陸の予
選地区のこと。

アメリカンフットボール [American football]〈アメフト〉アメリカで生まれた
スポーツ。チーム構成は11人以内で行うが攻撃、守備といった専門分野で各
11人の選手を配備する等、原則的にベンチ入りの選手の人数制限はない。
1609年アメリカ、バージニアでサッカーともラグビーともつかないスポーツ
が行われていたという記録があり、1862年にサッカー形式を変形したアメリ
カンフットボールが誕生。日本には1934年（昭和9）ハイオ大学OB、立教大
学の教師ジュージ・マーシャルとボール・ラッシュにより立教大学の学生に
教えられたのが始まり。1946年（昭和21）日本アメリカンフットボール協会
が設立。甲子園ボール（学生王座、決定戦）ライスボール（日本一決定戦）が行
われる様になった。アメリカでは4大ボールとしてロースボールオレンジボ
ール、コットンボウル、シュガーボウルとフェスタボールが有名。

アメリカンリーグ [American League]〈野球〉米国プロ野球の2大リーグのひ
とつ。他方はナショナルリーグ。1901年に創設された。東地区、中地区、西
地区で14チームが所属している。

アリーナ [arena]〈スポーツ施設〉屋内競技場。運動場。横浜アリーナなど。

アリソンバンカー [Alison bunker]〈ゴルフ〉深くアゴの突き出たバンカーの
こと。英国のコース設計家チャールズ・アリソンが好んで作ったためにそう
呼ばれる。日本ではフジサンケイクラシックが開催される川奈ホテルゴルフ
場のものが有名。

アルバトロス [albatross]〈ゴルフ〉1ホールで決められた基準打数（パー）よ
り3打少ない打数でボールをホールインさせること。パー5を2打で、パー
4では1打で入れる快挙。語源はアホウドリ。アメリカではダブルイーグル
という。2打少ないのはイーグル（鷲）という。

アルプススタンド [Alps stand]〈スポーツ施設〉甲子園球場の内野席と外野席の間の観覧席。夏は服装が白っぽくなるので雪山のアルプスに見えることから。

アルペン [alpen]〈スノーボード〉ポールなどの競技をアルペンと呼ぶ。跳んだり跳ねたりするエアーやワンメイクのスタイルをフリースタイルと呼ぶ。ボードの構造や性能もアルペン向けとフリースタイル向けで異なる。

アルペン [Alpine ／ Alpen 独]〈スキー〉滑降・回転・大回転・スーパー大回転などの競技の総称。

アルペンコンバインド [Alpine combined]〈スキー〉アルペン複合ともいう。ダウンヒルとスラロームの2種類を組み合わせた競技。その総合タイムで競われる競技。

アルペン複合〈スキー〉⇒アルペンコンバインド

アレー [alley]〈ボウリング〉レーン。〈テニス〉シングルスサイドラインとダブルスサイドラインの間の細長い地域。

あれだま[荒れ球] [aredama]〈野球〉投手の調子が好ましくなく、ストライクとボールがはっきりしている状態。打者は球筋が読めず踏み込んで打ちにいけない。投手によっては適当に荒れていたほうがよいときもある。

アロー [arrows]〈ボウリング〉レーン上にあるくさび形をしたスパット。

アンカー [anchor]〈陸上・水泳など〉リレー競技の最終走者、最終泳者。〈ボウリング〉チームで試合をする場合に、最後に投球する人のこと。アンカー・マンともいう。

アングル [angle]〈ボウリング〉ボールがピンに当たる角度や、投球の狙い目のこと。

アングルボレー [angle-volley]〈テニス〉角度のついたボレー。深いショットのあとに打つと効果的なテクニックのひとつ。

あんこ型 [ankogata]〈相撲〉太っている力士を指す言葉。魚のアンコウに似て太って腹の出ている力士。⇔ソップ型

アンコック [uncock]〈ゴルフ〉スイングの際、両手首を曲げない方法。

アンジュレーション [undulation]〈ゴルフ〉①コースの地表の起伏のこと。②スルーザグリーンやグリーンが波打つような小さな起伏のある状態をいう。

アンスポーツマンライクファウル [unsportsmanlike foul]〈バスケットボール〉スポーツマンらしくない行為に下される判定。明らかに故意に犯したファウルなどがこれにあたる。

安打 [hit]〈野球〉打者の打球が相手野手から、返球される前に出塁すること。また、その球。H と略す。⇒ヒット

アンダー・ザ・テーブル [under-the-table]〈マラソン〉一流選手に支払われる高額の裏金のこと。現在は国際陸連によって賞金マラソンが認められている。

アンダーガード [under guard]〈モータースポーツ〉車の損傷を防ぐために、ラ

リー車やダートラ車の下部に取り付けるもの。エンジンガード、タンクガード、パイピングガードなどのさまざまな種類がある。

アンダーカット [undercut]〈ホッケー・テニス〉球を切るようにして打つこと。テニスではアンダーハンドでカットする。

アンダーステア [understeering]〈モータースポーツ〉コーナーを曲がるとき、ハンドルを切っても、切った角度ほど車両が曲がらない症状のこと。⇔オーバーステア

アンダースピン [under spin]〈テニス〉ラケットの打ち方によって、球が進行方向に対して逆回転するスピンのこと。

アンダースロー〈野球〉⇒アンダーハンドスロー

アンダーパー [under par]〈ゴルフ〉打数が基準打数より少ないこと。普通、18ホールの場合72だが、それより少ないスコアで終了すること。⇔オーバーパー

アンダーハンド・スロー [underhand throw]〈野球〉下手投げ。略してアンダースロー。⇔オーバーハンドスロー

アンダーハンドパス [underhand pass]〈バレーボール〉最も基本的な技術のひとつ。両手を組み、ひじを伸ばし両腕の手首あたりでボールを受けて押し返すようにパスすること。〈陸上〉リレー種目におけるバトンパスの方法。⇔オーバーハンドパス 〈バスケットボール〉ディフェンスの位置と逆側にあたる身体の脇にボールをセットし、膝の高さから送り出す下投げのパス。

アンチ・トップスピン・ラバー [anti top spin rubber]〈卓球〉弾みを極端に抑えたスポンジに、特殊製法による回転のかかりがわるいゴムシートを張り合わせた裏ソフトラバー。回転がかかりにくく、逆に相手の回転の影響も受けにくい特性がある。強いドライブに対し、処理しやすいラバーということで開発された。

アンツーカー [en-tout-cas court 仏＋英]〈野球〉外野のフェンス沿いや内野で、ベース周りなどに多く使われている赤褐色の土で作られた地域。

アン・ツー・カー・コート [en-tout-cas court 仏＋英]〈テニス〉レンガの粉を表面に敷いたコートで、水はけが良いのが特徴。4大大会のひとつ「全仏オープン」でも使用。

アンティシペーション [anticipation]〈サッカー〉読み、予測。

あんでし[兄弟子] [andeshi][anideshi]〈相撲〉 先輩力士のこと。慣習として、相撲界の言葉で「あんでし」とも呼んでいる。

アンテナ [antenna]〈バレーボール〉ネットの両サイドに取りつけられた1.8mのポール。ネット上のサイドラインの限界を示す。

安土 [aduchi]〈弓道〉砂の壁が築かれた矢場で、通常は屋根をもうける。ここに的を設置し、発射された矢は砂で止まる。

アンネセサリー・ラフネス [unnecessary roughness]〈アメフト〉相手選手に対する不必要な蹴る、殴る、頭突きをする、アウト・オブ・バウンズにいるボールキャリアーに対しタックルをするなどの乱暴行為を指す。

アンパイア [umpire] 審判員。

アンバランスド・ライン [unbalanced line]〈アメフト〉センターを中心にしてオフェンスラインマンをどちらかのサイドに多く配置する体型。

アンフォースト・エラー [unforced errors]〈テニス〉打った打球が相手のコート外に落ち失点となること。

アンプレヤブル [unplayable]〈ゴルフ〉プレー不可能な位置に球があると認定すること。水路、水溜り、工事中の個所など障害物のあるところなので、競技者自身が判断する。

あんま[按摩] [anma]〈相撲〉番付の下位の力士が、上の力士の稽古の相手になること。上位力士にもまれることからいわれる。

アンラッキーネット [unlucky net]〈野球〉球場の左右翼のフェンスの上に張った網のこと。

【い】

イークイック [quickE]〈バレーボール〉5種類ある速攻のひとつ。

イーグル [eagle]〈ゴルフ〉1ホールを基準打数（パー）より2打少ない打数でホールインさせること。パー5を3打で、パー4を2打で、パー3を1打で入れること。

イージーフライ [easy fly]〈野球〉捕球するのが簡単なフライ。凡フライ。英語の簡単な（easy）という意味からつくられたもので、"routine fly" と表現されている。

イースタングリップ [Eastern grip]〈テニス〉ラケットの面を地面に対して垂直にし握手をするようなラケットの握り方。シェイクハンドグリップともいわれる。オールラウンドグリップである。アメリカ東部で普及したためこう呼ばれる。⇔ウエスタングリップ、コンチネンタルグリップ 〈バドミントン〉バドミントンの基本となる、ラケットの面に対し平行に握るグリップ。

イースタンリーグ [Eastern League]〈野球〉日本プロ野球の二軍選手のリーグのひとつ。他にウエスタンリーグがある。

イーブン [even]〈ゴルフ〉引き分け。ストロークプレーでは、パープレーの状態。ホールごとに競うマッチプレーでは、勝ったホール数が同じであること。〈ボクシング〉採点ポイントが互角・同点のこと。

イーブンパー [even par]〈ゴルフ〉18ホールで打数が基準打数（パーの合計）と同じとなること。通常のコースでは72ストロークとなる。

イエローカード [yellow card]〈サッカー・ラグビー・バドミントン〉レフリーが示す黄色の警告カード。警告に値する行為、あるいはファールが生じたときに出される。2回で退場となる。

イエローフラッグ [yellow flag]〈モータースポーツ〉レース中の事故などによって、コース上に車両などの破片や障害物があるとき、ドライバーに危険を知らせるために使われる措置。この旗の出された地点から、グリーンフラッグの表示地点までの間は徐行が義務付けられている。

射込み [ikomi]〈弓道〉ひとつの的に向かって、複数の射手が矢を発射すること。

いきたい[生き体] [ikitai]〈相撲〉激しい攻防の末土俵際でもつれて、勝敗の判断が難しいときに、決め手となる力士の体の状態。力士の足の向き、足が地に着いているかどうか、また状態が飛んでいてもしっかり相手力士を圧倒しているかなどの点に着眼し、生きた体なのか、死んだ体なのかを判断の言葉として使われる。⇔死に体

いさみあし[勇み足] [isamiashi]〈相撲〉相手力士を土俵際まで追い詰めたとき、相手がまだ土俵内にいるのに自分の足が先に土俵の外へ踏み出してしまうこと。⇔送り足

勇み足

移籍規定〈サッカー〉プロサッカー選手は契約期間が満了すれば他のチームへの移籍ができる。日本の国内移籍は終了３か月前になれば所属チームの承諾なしに他チームへの移籍交渉が可能になり、原則的に移籍の自由が認められている。獲得したチームはその選手の元のチームに移籍金を支払って補償しなければならない。また、国際移籍については2002年にFIFAが新規定を制定し、全世界で23歳以上の選手が契約期間満了の時点で完全な移籍の自由を獲得することになり、クラブ間に移籍金は発生しないことになった。ただし18歳以上23歳未満の選手には育成費としての移籍金が支払われる。

居反り

いそり[居反り] [isori]〈相撲〉腰を低く落とし、相手がのしかかるようにしてきたとき、両手で相手のひざあたりを抱えるか、押し上げて後ろに反って相手を倒すこと。

痛み分け [itamiwake]〈相撲〉取り組みの最中に力士のどちらかが負傷し、これ以上の取り組みを続けられないときに、無理に戦わせたりしないで、勝敗を預かりにすること。引き分けになる。

板付 [itatsuki]〈弓道〉矢の先端に付いた金具。矢尻ともいう。

一時的交替 [time out]〈ラグビー〉プレーヤーが出血したとき、出血がおさまるまで一時的に選手を交替させること。

一時的退出(シン・ビン) [sin bin]〈ラグビー〉不正なプレーを行ったプレーヤーがレフリーから10分間の退出を命じられること。

一代年寄り [ichidaitoshiyori]〈相撲〉相撲界に多大な功績を残した横綱に対してのみ送られる特別の資格。現在では元横綱大鵬、北の湖、貴乃花にある。

一本足打法〈野球〉この打法が最も知られているのは、元巨人軍の王貞治選手の打撃ホームに見られる。テイクバックのときに、投球された球がホームベースに入るまでにピッチャー寄りの左足（右足）を上げ、片方の右足（左足）

い

一本で行う。バランスやタイミング、体重移動をとるのが難しい打法のひとつ。

一番出世 [ichibanshusse]〈相撲〉新弟子の各本場所中に行われる出世披露のうち、春場所に行われる最初の出世披露。5日目に一番出世、8日目に二番出世、12日目に三番出世と分けて行う。

一枚ラバー [pimpled rubber]〈卓球〉スポンジを張り合わせていない、粒が表面にあるゴムラバー。コントロールに優れている一枚ラバーも現在は他の高性能ラバーと比べると、回転、スピードで大きく劣るため使用されることは少なくなっている。

一門 [ichimon]〈相撲〉各部屋の派閥。中心となる部屋を本家といい、残る一門内の各部屋は本家出身の力士が興した場合が多いことから分家と呼ばれる。現在ある一門は、出羽の海、高砂、時津風、二所ノ関、伊勢ヶ浜連合の5つがある。

一輪車 [unicycle]〈自転車〉1978年に日本一輪車協会 (JUA) が設立され、学校の正課体育、クラブ活動に活用されるようになった。

一球練習 [one ball practice]〈卓球〉試合のように1球のボールで練習すること。多球練習の場合はどうしてもボールを多く使うことでミスに対して鈍感になりがちであるが、1球練習を混ぜて行うときは集中力が高められる。

一般のプレー [general play]〈ラグビー〉スクラム、ラック、モール、ラインアウトなどからボールが出たあとのプレー。

一本背負い [ipponzeoi]〈柔道・相撲〉相手の片腕を両手でつかみ、相手の懐に入って肩にかつぎ、前に投げ倒すこと。相撲では、体重につぶされる危険があるのであまり見られない。

一本背負い

移動攻撃 [switch offense]〈バレーボール〉相手からのボールを味方がレシーブからトスへの間にアタッカーは通常の攻撃位置を素早く変え、相手の予想の裏をかいて攻撃をすること。

いなす [inasu]〈相撲〉相手の出てくるところを相手の体に軽く手で触れて、自分の右か左に身をかわすこと。

イナバウアー [Ina Bauer]〈スケート〉フィギュアスケートの技のひとつでスプレッドイーグルのこと。脚を前後に開いてつま先を180度に開き、片方の膝を曲げ、もう片方の足は後ろに伸ばした姿勢で滑走する。多くの場合、上体を後ろへ反らせている。1950年代後半に活躍した旧西ドイツの選手イナ・バウアーが最初に演じたことからそう呼ばれるようになった。⇒スプレッド・イーグル

イニング [inning]〈野球〉攻守の回。3つのアウトが成立するとイニングが変わる。

イの字型ストップ [one-foot snowplow]〈スケート〉片方の足を前に出しなが

らインエッジを横滑りさせて止まる方法。

イメージトレーニング [image training] スポーツ競技の展開で個々のプレーヤーが、自分の欠陥を直すために自分の理想的な最高の状態を頭の中で描いてトレーニングすることで、心理的な自信を得、実際のプレーや競技の仕方に定着させていこうとするトレーニング方法。

イラスチッククロス [elastic cloth] 弾力性のある下着やスポーツ着に使われている布。

イリーガリィ・バッテッド・ボール [illegally batted ball] 〈野球〉打者がバッターボックスから踏み出して打ったボールのこと。不正打球。

イリーガルドリブル [illegal dribbling] 〈バスケットボール〉ルール違反のドリブルに課されるバイオレーション。ダブルドリブル、オーバー・ドリブルなどの総称。

イリーガルスクリーン [illegal screen] 〈バスケットボール〉不当な体の使い方をしてスクリーンをかけた場合に適用されるパーソナル・ファウル。

イリーガル・ユース・オブ・ハンド [illegal use of hand] 〈アメフト・バスケットボール〉攻撃チームの選手には禁止されている行為。手や腕で相手を捕まえたり、払いのけたりすること。また、ボールキャリアーは手で相手を払いのけることは許されている。

イリーガルピッチ [illegal pitching] 〈野球〉走者のいないときの規則違反の投球。ボールと判定される。

入れ替え [substitute] 〈ラグビー〉戦術的理由で選手を交替させること。

入木弓 [irikiyumi] 〈弓道〉弦が張られた弓を弦の方から見て、弦が弓幹の右側に寄ったもの。日本弓は若干のねじれをもって作製され、弦が若干弓の右側に位置するのが標準的な形状である。

イレギュラー [irregular] 不規則、変則。

イレギュラーメンバー [irregular member] 正選手以外のメンバー。

イレギュラーバウンド [irregular bound] 不規則に転がった打球。

イレブン [eleven] 〈サッカー〉サッカーチームのメンバー。1チームが11人であることから呼ばれる。チーム。

イン [in] 内に。中に。内側に入る。〈ゴルフ〉18ホールの後半、10番ホールから18番ホールまでの9ホールのこと。

インエッジ [in edge] 〈スケート〉スケート靴の底部に取り付けられた氷面に接するエッジ部分の角。前後でなく、体の内側部分をインエッジ、外側部分をアウトエッジという。

インカーブ [incurve] 〈野球〉打者の手元で内側に曲がってくる球。

イングリッシュグリップ [English grip] 〈テニス〉フォアでもバックでも、そのまま打てるラケットの握り方。イースタングリップとウエスタングリップの中間。コンチネンタルグリップともいう。⇒コンチネンタルグリップ

インクルージョン [iuclusion] 〈障害者スポーツ〉身体障害者が健常者と一緒に活動したり学んだりしようという理念。

い

インコース [inside＋course 和]〈野球〉バッターボックスの打者から見て、ホームベースの近いほうのボールのコース。インコースいっぱいに速い球を投げられることが、好投手の条件のひとつにもなっている。「インコーナー」とも呼ぶ和製英語。

インコーナー [inside corner]〈野球〉内角。打者とホームベース中央部との間の部分。

インゴール [in-goal]〈ラグビー・サッカー〉トライが得られる区域で、ゴールラインとタッチインゴールライン、デッドボールラインに囲まれた区域のこと。ゴールラインはインゴールに含まれる。

インコンプリート [incomplete]〈アメフト〉パスされたボールがレシーブも横取りもされないで、ボールデッドになること。

インサイドアウト〈野球〉バットを振ったときの道筋のひとつで、投手の投げた球道に対してバットが内側（イン）から外側（アウト）に振り切られることをいう。構えた位置からバットが最短距離で球をとらえるので、力のロスが少なく、ボールに対しインパクトが一層力強い打球を生み出すことができる。

イン・ザ・ダーク [sleeper]〈ボウリング〉前のピンに隠れて見えない後ろのピンのこと。

インザホール [in the hole]〈野球〉投手が打者に対し、ボールの数が不利な状況になった状態。打者がノーストライク、スリーボールになった状態。⇔バッターイン・ザ・ホール

インサイド [inside]〈野球〉内角。⇔アウトサイド 〈テニス〉球がインサイドラインの内側にあること。〈ウインドサーフィン〉ブレイクしている波よりも岸側の海面を指す。〈ボウリング〉アプローチの中央付近、つまり内側ということ。ほとんどアプローチの真ん中あたりから投球する人を、イン・サイドボウラーという。〈バドミントン〉サービスをする側をいう。

インサイドベースボール [inside baseball]〈野球〉頭脳的な（心理作戦など）野球技術。

インサイドワーク [inside work]〈野球〉頭脳的なプレー。

インジャリータイム [injury time]〈サッカー〉試合中に選手の負傷などでゲームが中断し、そのゲームが再開されるまでの時間のこと。中断時間。この時間はロスタイムに加算される。特別の状況でない限り、試合を停止する時間は1分以内となっている。

インシュート [inshoot]〈野球〉打者の手元で内側に曲がる球。投球がインコーナーに入ってくるもの。

インステップ [in step]〈野球〉ステップする足を内側に踏み出すこと。

インステップキック [instep kick]〈サッカー〉足の甲でキックすること。

インストラクター [instructor] 指導者。

インスペクション [inspection]〈スキー〉アルペン、フリースタイルなどで競技前に公式練習などでコースの下見をすること。競技種目によって下見の可

能な時間がある。ダウンヒルの場合2～3日前、スーパー・ジャイアント・スラローム、ジャイアントスラロームは2時間前、スラロームは90分前、フリースタイルは60～90分前に下見が可能になっている。

インスペクター [inspector]〈ボクシング〉プロの試合において試合前のグローブ着用の立ち会い、試合の採点集計などの監査を行なう役員。

インセンティブ契約 [incentive contract]〈野球〉選手の年俸を決める契約交渉で、双方の言い分に大きな開きがあり、交渉が難航しそうな場合におけるひとつの解決策。次のシーズンにおいて選手の成績に一定のノルマを課し、それをクリアした場合にボーナスを支給するという特約。

インターハイ [Inter＋highschool 和]「全国高等学校総合体育大会（高校総体）」の別称。高校生のスポーツの祭典で、Inter-Highschool Athletic Meeting に由来する。

インターカレッジ [intercollegiate games] 夏季と冬季があり、大学間で行う各競技の総合競技会。インカレともいう。

インターセプト [intercept]〈サッカーなど〉相手側の選手同士のパスを途中でカットして、パスがわたらないようにボールを奪うプレー。〈アメフト〉オフェンス側のパスをディフェンス側のプレーヤーが、オフェンス側のレシーバーがキャッチする前に空中で奪い取ること。

インターゾーン [inter zone]〈テニス〉デビスカップ戦で挑戦国を決定する試合のこと。

インターバル [interval]〈バドミントン〉セットの合間やプレー中に取る休憩時間。セット間は120秒以内。プレー中は60秒以内。〈ボクシング〉試合のラウンド間に与えられる1分間の休憩時間。〈陸上〉ハードル種目における各ハードル間の走区間のこと。この区間の走りを「インターバルトレーニング」と呼ぶ。インターバルトレーニングの略。インターバルトレーニングにおける休息（ジョギングや歩行など）の時間や距離そのものを指す。

インターバルトレーニング [interval training]〈スポーツ全般〉持久力を高めるのに効果的な方法で全力を出す運動の間に、心拍数を静める軽い運動を挟んで、それを繰り返すトレーニング方法。

インターフェア [interfere]〈野球〉試合中に相手のプレーの妨害をすること。守備妨害になるときと、打撃妨害になるときがある。〈バドミントン〉相手のプレーを妨害する行為。〈バスケットボール〉リング上やバスケットの中にあるボールやリング、ネットに触れた場合のバイオレーション。リングの下からボールに触れてもいけない。

インターフェアランス [interference] 相手のプレーに対する妨害行為。

インターロッキンググリップ [interlocking grip]〈ゴルフ〉右手小指と左手人差し指を組み合わせるクラブの握り方。

引退相撲 [intaizumo]〈相撲〉関取を通算30場所勤めた力士のみが行える、引退力士の最後の相撲またその催し。

インタッチ [in touch]〈ラグビー〉球がタッチラインの上か、外に出ること。

インディアカ [indiaca]〈インディアカ〉バレーボールのルールに準じて、羽の
ついたボールを素手で打ち合うゲーム。1936年旧西ドイツのカール・ハンス・
クローンが、南米のペテカというゲームをヒントに考案した。1968年（昭和
43）に日本に紹介された。1977年（昭和52）に日本インディアカ振興会が発足
した（現在、社団法人日本インディアカ協会）。

インディアナポリス・500マイル・レース [Inndianapolis 500-mile Rece]〈モー
タースポーツ〉略してインディ500と呼ぶ。⇒インディ **500**

インディカー・ワールド・シリーズ [Indy Car World Series]〈モータースポー
ツ〉カート（CART）が主催するアメリカ独自のルールに基づいて行われる
フォーミュラカーのシリーズレースで年間20戦ほど行われる。インディ500
も当初は加わっていたが、1996年からインディ500の主催がIRL（インディ・
レーシング・リーグ）に替わってからシリーズから外れた。1994年からホンダ
が本格的に参戦した。

インディ500 [Indianapolis 500-mile Race]〈モータースポーツ〉IRL、インディ
カーシリーズ戦の中核をなすのが「インディ500」と呼ばれるインディアナ
ポリス500マイルレース。1911年（明治44年）から続く、世界で最も長い歴史
を持つレース。優勝賞金だけでも約2億円、賞金総額10億円という金額も、
40万人を超す観客数もケタ違いのスケールで、決勝までのレースウィークが
3週間も続き、いろいろなイベントが催される。インディアナポリス・モー
タースピードウェイ（IMS）インディカー誕生の地で開催され、このコース
を500マイル（1周2.5マイルを200周）走るレース。

インテンショナル [intentional]〈ゴルフ〉意図的に球筋を曲げるテクニック。
右へ曲げるのをインテンショナルスライス、左へ曲げるのをインテンショナ
ルフックという。

インテンショナルファウル [intentional foul]〈サッカー〉意識的、故意に行っ
た反則。それによって決定的なピンチに陥るような場合、やむを得ずおこ
なって相手を止めるプレーともいえるが、悪質なプレーは警告や退場の対象
となる。あまり勧められないプレー。

インドア [indoor] 屋内の。室内の。⇔アウトドア

インハイ [in high]〈野球〉内角高めのボール。⇔インロー

インパクト [impact]〈野球〉ボールがバットやクラブに当たった瞬間、またそ
の衝撃。〈卓球・バドミントン〉ラケットとボールが当たる瞬間のことをいう。
〈ゴルフ〉クラブフェースがボールを打つ瞬間。

インファイト [infighting]〈ボクシング〉相手の懐へ入って戦う。大振りをしな
いで細かいパンチを連打しながら接近戦に持ち込む戦法。⇔アウトボクシング

インフィルダー [infielder]〈野球〉内野手。IFと略す。⇔アウトフィルダー

インフィールド [infield]〈野球〉内野。

インフィールドフライ [infield fly]〈野球〉無死または一死でランナーが、一
塁、一塁二塁または満塁のときにバッターが内野に打ったフェアのフライ
を、内野手が普通の守備行為で捕球することができると判断されたフライ。

審判が宣言すると、フライを捕らなくてもバッターはアウトになる。

インプレー [in play] ゲームが進行している状態。競技中。試合中。〈テニス〉ゲーム中の「サーブからポイントが決まる」までのあいだ。⇔アウト・オブ・プレー

インフロントキック [in front kick]〈サッカー〉センタリングやフリーキックのとき、足首を伸ばし、親指の付け根と足の甲あたりでボールを蹴ること。腿から振らずに、ひざから下でバックスイングを取るようにして蹴る。

インレーン [in lane]〈スケート〉内側の滑走路（レーン）。⇔アウトレーン

インロー [in low 和]〈野球〉内角低めのコース。⇔インハイ

【う】

ウイービング [weaving]〈ボクシング〉相手の攻撃を避けるために前かがみになり、頭と上体を左右に振るように動かしながら、相手のパンチを巧みにかわす技術のこと。

ウイッシュボーンティー [wishbone tee]〈アメフト〉Yフォーメーションともいう。ランニングバックが3人いるために、ブロッカーを使った強力なランニングプレーができるフォーメーション。ウイッシュボーンとは鳥の胸の叉骨のことで、逆Y字型をして、バックスの配置がこれに似ているために付けられた。

ウイップキック [whip kick]〈水泳〉平泳ぎの足の蹴り方。引きつけた両足を後方に蹴り出すときの脚の動きが、むちを打ったようにしなりを持っていることから付けられた呼び名。Whip＝むちの意味。⇒ウェッジキック

ウイナー [winner]〈テニス〉自分が打って得点に結び付いたショット、または打球のことを指す。

ウイニングショット [winnings shot]〈野球・テニス・ゴルフなど〉得点や勝利に結び付く投球および一打。

ウイニングボール [winning ball]〈野球〉最後のアウトを取って勝利を決めたときのボール。〈ゴルフ〉勝利を決定したときのボール。

ウイニングラウンド [winning round]〈ボクシング〉勝利を決めたラウンド。普通はノックアウト勝ちを決めたラウンドのこと。

ウィルチェアーラグビー [wheelchair rugby]〈障害者スポーツ〉四肢麻痺で車椅子を使用する選手が行うラグビーのこと。国際統括組織「国際ウィルチェアーラグビー連盟」（IWRF）が発足以後ウィルチェアーラグビーとして世界に普及した。2000年シドニーパラリンピック大会から正式競技。

ウイング [wing]〈サッカー〉最前列に位置するフォワードのうち、両端の選手のこと。ゴール前のパスや得点につながるアシスト、また自らシュートする機会が多いなど、快速・突進力のある選手が選ばれる。〈ウインドサーフィン〉テイル部分のアウトラインに付ける段差。ターンのタイミングがつかみやすくなる。⇒テイル

う

ウインザーマラソン ［Windsor marathon］〈陸上〉英国で毎年行われるマラソン。チスウィックとウインザーの間（片道42.195km）。

ウインタースポーツ ［winter sports］冬季の運動競技。スキー、スケートなどを総称していう。

ウインタールール ［winter rule］〈ゴルフ〉寒冷地や冬だけに適用されるローカルルール。6インチプレースやプリファードライなど。

ウインドー ［window］〈ウインドサーフィン〉セイルに開けられた窓。この部分は透明な素材が使われて、反対側が見通せるように開けられている。

ウインドサーファー ［windsurfer］〈ウインドサーフィン〉H・シュワイツァーの考案した世界で最初のWSFボードの製品名。また、WSFの愛好家のこと。

ウインドサーフィン ［windsurfing］〈ウインドサーフィン〉サーフボードに帆とマストを付けて、水面を帆走するスポーツ。ボードセーリング、セーリングボードともいう。WSFと略している。

ウインドスプリント ［wind sprint］〈陸上〉慣性に乗って走るようなスプリント走のこと。ウォーミングアップの一環、あるいはリラックスしたフォームを身につけるための手段として用いられる。

ウインドブレーカー ［windbreaker］〈スポーツ用具〉防風・防寒のためのスポーツ用ジャケット。

ウインドホイール ［wind wheel］〈ウインドサーフィン〉陸上用のウインドサーフィン。スケートボードのタイヤを大きくしたものに乗ってセールを操作して走る。

ウインドヤッケ ［windjacke］〈スポーツ用具〉スキー、登山のときなどに着る防寒・防風用の上着。

ウィンブルドン ［Wimbledon］〈テニス〉英国・ロンドンの南西部の都市で、4大大会のひとつ「全英オープン」が開催される地。

ウインブルドン選手権大会 ［The Championships, Wimbledon］〈テニス〉テニスの世界4大大会のひとつ。日本では「全英オープン」と呼ばれる場合もある。会場はこの大会のみにしか使用されないという「センターコート」を持つ、「オールイングランド・ローンテニス・アンド・クローケー・クラブ」で行われる。4大大会の中、最も古い歴史を持ち、唯一芝生コートでのプレーは120年以上の伝統と格式を持っている。大会中は「白いウェア」が義務づけられ、白を基調としたウェアとシューズを義務づけている。1884年シングルス女子初代王者のモード・ワトソンが白装束でプレーしていたことにちなんで行われている。

ウィンディ ［windy］〈サーフィン〉強風のコンディション。

ウエート ［weight］重さ。目方。重量別制。

ウエートトレーニング ［weight training］筋力を高め、パワーも高めるトレーニング方法。バーベルや専用のマシーンを用いて行うトレーニング。

ウエートリフティング ［weight lifting］〈ウエートリフティング〉スナッチとクリーン＆ジャークの2種目をそれぞれ3回ずつ挙げて、その最高記録を競う

競技。瞬発力が必要とされる。2000年第27回シドニーオリンピック大会から女子が正式種目になった。以前は重量挙げと呼ばれていたが、現在はウエートリフティングに統一されている。⇒パワーリフティング

ウエーティングサークル [waiting circle]〈野球〉バッターボックスに立っている打者の次の打者が待機している場所。サークルの中で待つ。

ウエーティングシステム [waiting system]〈野球〉相手投手に多投させ、疲れに乗じて打ち当てる戦法。選球に重点を置いて攻める方法。

ウエーバー [waiver]〈スポーツ一般〉プロ野球のドラフト会議などにおける下位球団の優先選択方式。

ウエーブ [wave]〈ウインドサーフィン〉波。

ウエーブ走 [wave running]〈陸上〉走練習のひとつ。加速を意識して走る局面と、そのスピードを落とさずに慣性を利用してリラックスして走る局面を波のように繰り返す。

ウエーブジャンピング [wave jumping]〈ウインドサーフィン〉飛び方などにいろいろな種類があるが、波に向かってセーリングし、波をジャンプ台にして空中を飛ぶテクニック。

ウエーブスキー [wave ski]〈ウインドサーフィン〉座って楽しむサーフィン。ウエーブスキーの原型はサーフカヌーといわれ、30年前からイギリスで行われていた。1970年代後半からサーフィンのメッカであるオーストラリアで現在のウエーブスキーが誕生した。サーフィンのルール、マナーともに同じ。

ウエーブセーリング [wave sailing]〈ウインドサーフィン〉波に乗って海面を走る。⇒ウエーブライディング

ウエーブパフォーマンス [wave performance]〈ウインドサーフィン〉一定の時間内に波を利用してジャンピングやライディングの技を披露して、採点制で勝負を競う競技。

ウエーブライディング [wave riding]〈ウインドサーフィン〉波に乗って走ること。⇒ウエーブセイリング

ウエザーヘルム [weather helm]〈ウインドサーフィン〉ボード独自の持つ特性で、風上に向かおうとする習性。⇔リーヘルム

ウエスタングリップ [Western grip]〈バドミントン〉ラケットの面に対し、垂直に握るグリップ。〈テニス〉ラケットを地面に水平に置いて真上から握るようなグリップ。強打に強く、低いボールやネットプレーには不向きといわれる。アメリカ西部で普及したことから呼ばれるようになった。⇔イースタングリップ、コンチネンタルグリップ

ウエスタンリーグ [Western League]〈野球〉日本プロ野球の二軍選手のリーグのひとつ。名古屋より以西に本拠地を持つ球団の二軍選手で構成されている。もうひとつはイースタンリーグ。

ウエストボール [waste ball 和]〈野球〉ヒット・エンド・ランや盗塁、スクイズバントを防ぐために、打者が打てないようにストライクゾーンをはずして投げる球。pitched out ともいう。

ウェッジ [wedge]〈ゴルフ〉クラブの頭部がV字型のクラブ。エッジともいう。1番から9番以外のアイアンクラブ。ピッチングウェッジ、サンドウェッジ、アプローチウェッジがある。

ウェッジキック [wedge kick]〈水泳〉平泳ぎの足の蹴り方のひとつ。後ろに蹴る際に足の裏で円を描くように水面に平行に足を動かし、挟み込むように蹴る。⇒ウイップキック

ウエットスーツ [wet suits]〈ウインドサーフィン〉スーツと身体の間に水が入ると、それを体温で暖めることによって体熱の発散を防ぐ、体温保持のためのゴム製のスーツ。⇒ドライスーツ

ウェルアウト [well out]〈ゴルフ〉トラブルからうまく脱出すること。ナイスアウトは和製英語。

ウエルター [welter]〈ボクシング〉選手の体重による階級のひとつ。ライトウエルター級の上のクラスで、135〜145ポンド。

ウォーキング [walking]〈陸上〉歩行。競歩。〈サーフィン〉ボードの上を歩くこと。

ウォーキングティー〈野球〉下半身のスイングの感覚を養うのに効果がある、歩きながら行うティーバッティング。

ウォーキングレース [walking race]〈陸上〉競歩。歩行競争。自然の中で楽しく健康づくりをするための欠かせないスポーツ。普段の運動不足がたたりバテてしまったり道に迷ったり、悪天候などにも対応できる対策が必要。

ウオークライ [war cry]〈ラグビー〉チームがキックオフの前に、全員で踊りながら出陣の雄たけびを上げること。ニュージーランドチームなどが行なうウオークライ「HAKA」が有名である。

ウォークラリー [walk rally]〈陸上〉グループ対抗で、与えられたコース図に従って、課題を解決しながら（課題得点）歩き、スタートからゴールまでの所要時間を規定し、この規定時間内にちょうどゴールすれば、最もよい得点を得られる（時間得点）。時間得点と課題得点の合計点を競う野外ゲーム。ゆっくり歩いて自然に触れたり、動植物や文化財を観察したりグループで協力し合いながらコースを歩くゲーム。

ウォータースタート [water start]〈ウインドサーフィン〉体が水中にある状態で、セールに風を十分にはらませ、その力で体を引き上げ、そのままスタートすること。

ウォーターテニス [water tennis] 水上テニス。

ウォーターハザード [water hazard]〈ゴルフ〉池や水溜りの障害地。球がこの範囲以内にあるか、少しでも触れている状態のときはウォーターハザード内とみなす。またそのときの処置方法には次のいずれかを選択できる。球を最後に打った地点のできるだけ近くで打ち直す。その球がウォーターハザードの境界を横切る手前の地点でドロップする。コースと平行したウォーターハザードの境界を横切った地点の後方、ホールに近づかないところのクラブ2本分以内の場所に球をドロップする。いずれの場合も1打スコアに加算さ

れる。

ウォーターポロ [water polo]〈水泳〉水球。ウォーニングトラック〈野球〉外野手にフェンスが近いことを知らせるために設けられたフェンス沿いにある芝生のないところ。球場によってはアンツーカーになっているところや人工芝などの場合も見られる。

ウォーミングアップ [warming up]〈陸上・他スポーツ全般〉準備運動のこと。主運動を行う前に心身の準備を整えるための運動をいう。「ウォームアップ」「アップ」とも呼ばれる。表記する場合は、「W-up」と略される場合が多い。

受け身 [ukemi]〈柔道〉相手に投げられたときや自分から倒れたときに衝撃を少なくして、ケガをしないように安全に倒れる方法。

後ろ飛び込み [backward dive]〈水泳〉飛び込み台の先端に後ろ向きに立ち、プールの水面を背にして、そのまま後ろ向きに踏み切って飛び出していく型。

後ろ踏み切り前飛び込み [inward dive]〈水泳〉飛び込み競技において、飛び込み台の先端に後ろ向きに立ち、そのまま後ろに踏み切って前方に飛び込む型。

後ろもたれ [ushiromotare]〈相撲〉相手に背を向け、もたれるようにして相手を土俵から出すこと。または倒すこと。

打ちおこし〈アーチェリー〉矢を射る際のアーチェリー八節のひとつで、矢をほぼ水平にして、矢を3分の1程度引いた状態から両ひじを張り、呼吸を整える動作。弓を張る手前の動作。セットアップという。

打起し [uchiokoshi]〈弓道〉射法八節の第4項目。弓を引き分ける前にいったん頭上へ上げる動作。左上方に上げる方法（斜面打起し）と前面へ上げる方法（正面打起し）の2方法がある。日置流は斜面打起し、小笠原流、本田流は正面打起し。

後ろもたれ

内掛け

内掛け [uchigake]〈相撲〉自分の右（左）足を相手の左（右）足の内側に掛けてその足を引き、相手を仰向けに倒すこと。

打切り [uchikiri]〈弓道〉発射後、弓は左手の中で回転（弓返り）するが、その回転（弓返り）をさせない方法。戦場での射、馬上・船上の射などに用いる。

打ち込み稽古 [uchikomikeiko]〈剣道〉竹刀、打ち込み台、防具を着けた人を相手に基本打突を行う練習方法。打突後も声を出しながら打ち抜き、振り返ってまた打つ。それを4〜5本続けて打つようにする。面、小手、胴などそれぞれに分け続けて4回打ち込みを行う。また、小手→面、小手→面→胴などのさまざまなケースで行う。

内股 [uchimata]〈柔道〉前かがみにして相手の体勢を崩し、相手の内ももを払い上げて投げる技。軸足を相手の両足の間に踏み込む。

うちむそう[内無双] [uchimusou]〈相撲〉相手の内ももを下から手で払い、体を捻って相手を倒すこと。

団扇 [uchiwa]〈相撲〉行司が取り組みのときに常に持っている軍配。

うっちゃり [ucchari]〈相撲〉土俵際に追い詰められたとき、腰を落とし体を反って相手の体を腹に乗せ、左右に捻るようにして土俵外に投げ捨てること。

内無双

ウッド [wood]〈ゴルフ〉本来はヘッドが木製であったことからきた名称。アイアンに対して、ヘッドが丸く塊状のものをいう。現在ではメタル、チタンでできていてメタルヘッド、チタンヘッドと呼ばれるが、総称はウッドが使われ続けている。一般的には1番のドライバー、2番のブラッシー、3番のスプーン、4番のバッフィー、5番のクリークなどがあり、コースなどのコンディションによって使い分ける。

うっちゃり

腕ひしぎ十字固め [udehishigijyujigatame]〈柔道〉肘の関節を逆に伸ばしてきめる関節技。両ももで相手の上腕部を強く挟み、これを支点にして、両手で相手の手首あたりを持ち引きつけてきめる。

うなぎ〈モータースポーツ〉コーナーリングに失敗してコーナー出口あたりで、車が左右に振られている様子をいう。

裏ソフトラバー [pimples-in rubber] [pips-in]〈卓球〉スポンジの上にゴムシートの粒のあるほうを下向けに張り合わせてあるラバー。回転がよくかかり世界で最も多く使われているラバーである。「裏ソフト」と呼ぶ。⇔表ソフトラバー

ウルトラシー [ultra C]〈体操〉体操競技の、最高級難度Cの上の演技。

ウルトラ・ライト・プレーン [ultra light plane]〈スカイスポーツ〉ハンググライダーから発展した、小さいエンジンを備えた航空機のこと。米国で誕生し、手軽で自由に飛べ、機種の豊富さから急速に各国に普及している。体重移動で操縦するタイプと、舵を使う固定翼タイプ、そしてスクエアパラシュートを背負って飛ぶタイプがある。

上押し [uwaoshi]〈弓道〉弓の握り部より上部を押すように力を働かせる手の内をいう。日本弓の射術には若干の上押しが必要であるが、限度を超えたものは正しくない手の内ともなる。

上回転 [topspin]〈卓球〉前進回転、トップスピンともいう。相手のラケットに当たると、上に跳ね返る性質を持つボール。

上手 [uwate]〈相撲〉まわしを持って組み合ったとき、上になっているほうの手をいう。⇔したて（下手）

上手出し投げ [uwatedashinage]〈相撲〉上手まわしをとったひじで、相手の差し手を極め、体を開きながら引きずるように相手を前に投げ出すこと。

上手投げ [uwatenage]〈相撲〉相手に差し手の上からまわしをつかみ投げること。

上手捻り [uwatehineri]〈相撲〉四つになり相手の足が流れた瞬間をとらえ、上手まわしを引き、自分の上手のほうへ捻って相手を倒すこと。

上手出し投げ　　　　上手投げ　　　　上手捻り

雲竜型 [unryugata]〈相撲〉土俵入りの型。腰を下ろしたときに、左手を胸にあて右手を斜め前方に出して大きくせり上がるのが特徴。江戸末期の横綱・雲竜久吉が完成させたもの。ほかに不知火型がある。⇒しらぬいがた(不知火型)

【え】

エージェント [agent]〈野球〉選手に代わって球団との契約交渉をする代理人のこと。法律の知識が必要とされるので、法律の専門家が多い。選手の野球以外の渉外面を担当して、選手が野球に専念できるように努め、その良し悪しが選手の成績に大いに影響するといわれる。日本でも最近選手の契約更改などに同席するようになった。通常エージェントは交渉額の10～15%の報酬を得る。

エージシュート [age shoot]〈ゴルフ〉自分の年齢と同じか、それ以下のストロークで18ホールをホールアウトした場合をいう。

A・B・C [American Bowling Congress]〈ボウリング〉アメリカボウリング協会の略。世界最大のアマチュア・スポーツ団体。現在のボウリングのルールは、この協会が制定したもの。

エア [air]〈スキー〉モーグル、エアリアル、アクロにおける空中演技。踏み切り、高さ、距離が採点の対象になりエアジャッジが採点評価をする。

エアドーム [air dome]〈スポーツ施設〉機密性の膜をテント状に造り、それを空気によって膨らませたもの。東京ドームなど。

エアターン [air turn]〈スキー〉空中でスキーの方向を変えるテクニック。そのためにはコースの斜面のこぶを利用して行う。タイムレースのアルペンのときはできるだけ滞空時間を短くするテクニックを使うが、反対にエアの得点

の対象となるフリースタイルなどでは滞空時間を長くかつアクロバット的に派手な動きを使う。

エアリアル [aerials] 〈スキー〉アメリカで生まれた競技で、助走でスピードをつけ、ジャンプをして着地するまでの間に空中サーカスのような離れ技などを行い、高い得点を競う競技。「首の骨を掛けた熱狂する犬の集まり」という意味で［ホットドッグ大会］と呼ばれる大会がある。

エアリアルループ [aerial loop] 〈ウインドサーフィン〉ウインドサーフィンで行う空中回転。リップから飛び出して一回転し、着水後もセーリングを続ける難度の高い技。

エアロビクス [aerobics] 〈エアロビクス〉有酸素運動。酸素摂取能力を増大するようにランニング、ダンスなどを取り入れた体操。

永久欠番 [retired number] 〈野球〉プロ野球で多くの功績を残した選手の背番号に所属する球団が栄誉を称え、永久にほかの選手に使用しないこと。川上哲治の16番、長嶋茂雄の3番、王貞治の1番などがある。

エイトノット [eight knot] 〈ウインドサーフィン〉8の字を描いて結ばれる、基本的なロープワークのひとつ。

エイト [eight] 〈ラグビー〉8人でスクラムを組む方法。〈スケート〉8の字を描く基本的な滑り方。フィギュアスケート。〈ボート〉8人で漕ぐ競争用のボート。または、その漕ぎ手のこと。

エイト・カウント・システム [eight count system] 〈ボクシング〉選手がダウンしてカウントを数える際、選手の安全のために最低8カウントまでは数える方式のこと。

エイトシステム [eight system] 〈ラグビー〉フォワード（前衛）に背番号1番から8番の8人選手を配置する布陣の仕方。

エイドステーション [aid station] 〈トライアスロン〉スイムコース以外につくられた栄養補給所。飲料水、軽食などが準備されている。ランニングコースでは1〜2kmごとに置かれる。

エイムスパット [aim spot] 〈ボウリング〉レーン上にある、アローとガイドの2種類のスパットのこと。

エージシューター [age shooter] 〈ゴルフ〉1ラウンドを自分の年齢以内のスコアでプレーした人。

エース [ace] 〈テニス・バレーボール〉打った球に相手選手がまったく触ることができず得点になること。またそのショット・打球のこと。特にサービスによく使われる。〈野球〉チームで最も信頼がおける、強いピッチャー。

エギーユ [aiguille 仏] 〈登山〉鋭くとがった岩峰。アルプスなどの針状峰。

エキサイティングゲーム [exciting game] 白熱した展開の試合。

エキジビションゲーム [exhibition game] 公開試合。模範競技。

エキストライニング [extra inning] 〈スポーツ一般〉野球などの延長回。

エキストラホール [extra hole] 〈ゴルフほか〉規定のホールで勝敗がつかず延長戦になったホール。3ホールで行う合計点制と、リードした時点で終了す

るサドンデス制がある。

エキスパンダー [expander]〈スポーツ用具〉筋肉を鍛えるための運動器具。

駅伝 日本独持の競技。一般道をリレー形式で十数区間を、1日または、数日かけて往路・復路の合計タイムで争う。1912年に京都〜東京・上野間を3日間で走ったのが始まり。毎年正月に行われる「東京箱根間往復大学駅伝競争」が有名である。"EKIDEN" と呼ばれ国際的になっている。

エクスチェンジ [exchange]〈アメフト〉センターからクォーターバックにボールを渡すスナップのことをいう。

エスキーテニス [ESCI tennis]〈テニス〉羽根付きのスポンジボールを木製のラケットで打ち合うミニテニス型ゲーム。シングルス、ダブルスで、1セット11点先取制、3セットマッチ。

Sの字プル [S-pull pattern]〈水泳〉クロールと背泳ぎのストロークの形。クロールではカラダの下、背泳ぎでは横から見ると手がSの字の軌道を描いている。

エチケット [etiquette]〈ゴルフ〉コースでプレーする際に、最低限守るべき礼儀。マナーやコース保護を原点として考えられたもの。ゴルフではルールブックの第1章がエチケットの説明にあてられている。

エッジ [edge]〈スケート・スキー・ゴルフなど〉スケート靴下の直接氷に触れる金属の部分。スキー板の滑走面の両端に付けられた金具。ターンなどのときに横滑りを防ぐためのもの。アイスバーンで行われるアルペンでは特にエッジングの技術がタイムに大きく影響するために、やすりなどでエッジを砥ぎ、触ると指が切れるほど鋭くしてレースに臨む。ゴルフなどのホール、カップ、グリーン、バンカーなどの縁。卓球台の上面の縁。

エッジボール [edge ball]〈卓球〉卓球台の縁をかすめる有効な球。

エッジング [edging]〈スノーボード〉エッジを立ててボードにプレッシャー（圧力）をかけること。〈スキー・スケートなど〉スキー、スケートの角付のこと。スキーでターンをするときにエッジを雪面に鋭く立たせ、本来のスピードを制御しながら素早くターンの方向を完了しなければならない。タイムレースでは特に高いテクニックが要求される。

エバーロール [ever roll]〈ウインドサーフィン〉ボードを裏返し、ボトムに乗ってセーリングするフリースタイルの技。

エプロン [apron]〈ゴルフ〉フェアウェイからグリーンへと続く部分。花道ともいう。

エペ [epee]〈フェンシング〉フェンシングの競技種目のひとつ。刀身の断面は三角形で、硬直な剣を用いて突き出す競技。フェンシングの中では最も決闘のスタイルに近いといわれている。このほかにフルーレ、サーブルの種目がある。

エラー [error]〈野球など〉失策。〈テニス〉打ったボールが相手コートに入らず失点になること。〈ボウリング〉ミスあるいはブローともいい、第2投目でも全部のピンを倒せなかった場合のこと。

エリジビリティ [eligibility] 競技への参加資格。

エリジブル [eligible] 参加資格がある。

エルボーアップ [elbow up]〈水泳〉リカバリーや水中でのプルのとき、ひじをつねに高い位置に保つこと。

エルボーブロック [elbow block]〈ボクシング〉ひじで相手のパンチを防御する方法。

エレメンツ [elements]〈スケート〉フィギュアスケートのショートプログラムに対してなされる2つの採点のひとつ。要素点のことで、規定演技に盛り込まれた演技要素の正確さを評価する。

遠泳 [open water swimming]〈水泳〉海や湖などで競泳として行われる長距離レースのこと。距離は3kmから25km、50kmといろいろあり、25km以下をディスタンススイミング、それ以上をマラソンスイミングという。

えんざんのめつけ[遠山の目付け]〈剣道〉相手を見るときに、はるか遠くにある山を見るように、構え全体を見て、相手の弱点を見破る冷静な心構え。

エンジンブロー [engine blow]〈モータースポーツ〉エンジンが故障または破損すること。

エンタイトル・ツー・ベース [a ground-rule double]〈野球〉打者の打球がワンバウンドで外野スタンドに入ったときなどに与えられる進塁権。

遠的 [enteki]〈弓道〉的までの距離が60mでの弓射をいう。的は直径100cm、79cm、50cmなどが使用される。

エンド [end]〈アメフト〉ラインメンの両端にいる選手で主にパスレシーバーの役目をする。ランニングプレーのときはブロックを、パスプレーのときはレシーバーとしてのプレーを要求される。身長が高く、ブロック力、レシーブ力など技巧性に富んだ選手が向いている。〈卓球〉ネットを境にしたそれぞれのプレー領域。またはコートともいう。

エンドゾーン [end zone]〈アメフト〉フィールドの両端にある、ゴールラインとエンドラインの間の幅10ヤードの区域を指す。

エンドライン [end line]〈バドミントン〉コートの一番後ろにあるライン。

エンドラン [hit and run]〈野球〉ヒット・エンド・ランの略。

エンドランプレー [end run play]〈アメフト〉ボールを持ったランナーが、エンドの外側を走るオープン攻撃を指す。

エントリー [entry]〈スポーツ全般〉競技会などへの参加申し込み。〈水泳〉5つあるストローク（エントリー、キャッチ、プル、プッシュ、リカバリー）のうち、はじめの動作で手を水に入水させること。〈ゴルフ〉競技に参加すること。参加料はエントリーフィ。

円盤投げ [discus throw]〈陸上〉円盤を最も遠くに投げた者が勝ちとなる競技。古代オリンピックから種目として行われてきた歴史ある競技。男子は1896年の第1回アテネオリンピック、女子は1928年の第9回アムステルダムオリンピックから正式種目になった。円盤は木製で男子が直径21.9〜22.1cm・厚さ4.4〜4.6cm・重さ2kg、女子が直径18〜18.2cm・厚さ3.7〜3.9cm・重さ1kg。

【お】

追い風 [tail wind]〈陸上〉競技者の後方から走方向へと吹く風のこと。競技会では、その風速が、「追」あるいは「+」（プラス）で表記される。

追い風参考 [wind assisted record]〈陸上〉アウトドアの競技会で、200mまでの走種目（ハードル種目を含む）、走幅跳、三段跳の風速が2.0m/秒を超えて記録が公認されないことをいう。ただし、混成競技の総合得点については、追い風4.0mまで、あるいは風速を測定した種目の風の平均が2m以内であった場合は公認される。

欧州チャンピオンズリーグ [UEFA Champions League]〈サッカー〉欧州サッカー連盟の主催する権威、人気とも最高のクラブ大会。各国リーグ覇者による欧州王者を決める大会として1955〜1956年シーズンに欧州チャンピオンズカップの名で創設され、1991〜1992年にチャンピオンズリーグとなった。欧州のトップグループが出場する大会といわれる。第2グループの出場する大会ではUEFAカップがある。チャンピオンズリーグの3次予選で敗れた16チームはUEFAカップ1回戦に出場の権利を得る。

応じ技 [oujiwaza]〈剣道〉相手の打突に対し、体をかわしながら抜いたり、返したりして相手の技を崩し、すかさず打ち込む技をいう。

オウンゴール [own goal]〈サッカー〉守備側の選手が、誤って味方ゴールにボールを入れてしまうこと。相手側の得点になる。

大分国際車いすマラソン [Oita International Wheelchair Marathon]〈障害者スポーツ〉故中村裕博士、平松守彦・大分県知事らの提唱によって、1981年の国際障害者年の記念事業として始められた世界初の車いす単独の国際大会。国際ストーク・マンデビル車イススポーツ大会（ISMWSF）公認の大会になっている。

おおいちょう[大銀杏] [ooichou]〈相撲〉十両以上の関取が結う髪型。正面から見たときイチョウの葉の形に見えることから呼ばれる。ただし、幕下の力士が公の場（十両との取り組み、弓取り式）に出るときは、大銀杏に結って土俵に上がる。

大内刈り [oouchigari]〈柔道〉相手の重心が一方にかかるように崩し、その足を内側から刈って倒す技。

オーケー [OK]〈ゴルフ〉OK。マッチプレーで相手が次のパットでホールアウトするのが確実な場合、そのパットの省略を認める宣言。正しくはコンシード。ストロークプレーには本来OKはない。必ずホールアウトするのが原則。

大腰 [ookoshi]〈柔道〉前回りのさばきで前を崩し、脇の下から腕を腰に回し、両手を利かせて腰に乗せて投げる。

大逆手 [oosakate]〈相撲〉大きく開いての肩越しに

大逆手

上手を取り、体を反らずに、つかんだ腕の方向に投げること。

大関 [oozeki]〈**相撲**〉横綱に継ぐ地位。室町時代に強豪力士を「関」と呼び、相手をすべて破った勝ち力士を「関を取る」といい、そこから関取という呼称が生まれた。その関取の最も強い力士に大の字をつけて「大関」とした。

大外刈り [oosotogari]〈**柔道**〉相手を後方に崩し、体重のかかった足を外側から刈り上げるという豪快な投げ技。

オーソドックススタイル [orthodox style]〈**ボクシング**〉左足を前に出し、右足を後ろに引いて相手側に左肩を向け、やや半身の構えで、左手を前に右手をあごに引きつけて構える戦い方。この構えの左右反対をサウスポースタイルという。

オーダー [order] 順列。〈**野球**〉打順⇒バッティングオーダー

オートクロス [autocross]〈**モータースポーツ**〉障害物のあるコースを走り抜くスピードを競う自動車レースのひとつ。

オートテニス [auto tennis]〈**テニス**〉機械から出される球を打ち返して練習をするテニスの練習機械。

オーナー会議〈**野球**〉12球団のオーナーで構成する会議。コミッショナーの選任、新加盟球団の資格認定などを審議する。またリーグそれぞれの重要事項の討議もする。

オーバークラビング [over clubing]〈**ゴルフ**〉残りの距離を打つのに必要なクラブよりも長い番手のクラブで打つこと。

オーバー・ザ・トップ [over-the-top]〈**ラグビー**〉モールやラックで、相手側に倒れこんでプレーしたり、ボールが出るのを妨害したりすること。反則行為になり相手側にペナルティキックか、相手ボールのスクラムが与えられる。

オーバー・ザ・ネット [over the net]〈**バドミントン**〉ラケットや体の一部がネットの上を越えること。

オーバースイング [overswing]〈**野球・ゴルフなど**〉しっかりとボールを見ずに、下半身を使わないで腕だけで力んで振るようなスイング。打ちたいという気持が先行して大振りなスイングをすること。

オーバーステア [over steering]〈**モータースポーツ**〉コーナーを曲がるとき、ハンドルを切った以上に前輪が内側に入り込んでくること。コーナーリング中に後輪が前輪よりも先にグリップ力を失うためでスピンしやすい。後輪タイヤを太くすることでそれを防いでいる。⇔アンダーステア

オーバースライド [overslide]〈**野球**〉走塁に勢いがありすぎて、進塁した塁から離れてしまうこと。

オーバースロー [overhand throw]〈**野球**〉上手投げ。オーバースローは和製英語で、アメリカでは"overhand pitch"と表現している。

オーバーゾーン [overzone]〈**陸上**〉リレー種目のレースでテークオーバーゾーンを超えてバトンの受け渡しを行うことで、そのチームは失格となる。

オーバータイム [overtime]〈**バレーボール**〉ボールを受けてから相手側にボールを返すまでに3回をこえてボールに触れること。反則のひとつ。〈**バスケ**

ットボール〉指定の領域に一定の時間以上にいること。ゴールした3秒、さらにスローインの時5秒以上止まっていること。反則のひとつ。〈ハンドボール〉3秒以上ボールをもつこと。反則のひとつ。

オーバーネット [over the net]〈テニス・バレーボール〉ネットを越してボールに触れる反則のこと。

オーバーパー [over par]〈ゴルフ〉打数が規定打数より多いこと。⇔アンダーパー

オーバーハング [overhang]〈登山〉覆いかぶさるように突き出している岩。

オーバーハンドスロー [overhand throw]〈野球〉上手投げ。略してオーバースロー。⇔アンダーハンドスロー

オーバーハンドパス [overhand pass]〈陸上〉リレー種目におけるバトンパスの方法。〈バレーボール〉バレーボールの基本的なパスのひとつ。額のやや上で上げた両手の指先ではじくように打つパス。⇔アンダーハンドパス

オーバーフェンス [over fence 和]〈野球〉ホームラン。

オーバーヘッド [overhead]〈ウインドサーフィン〉フェイスが頭の高さを超えるサイズの波のこと。

オーバーヘッドキック [overhead kick]〈サッカー〉空中のボールを地面に落ちる前にジャンプしてあおむけになりながら、自分の頭越しにボールを蹴る、きわめて高度な技術を必要とするキック。サッカーの神様と呼ばれたペレの得意とした技。

オーバーラッピング [overlapping]〈ゴルフ〉左手人差し指の間接に右手小指を巻くグリップの方法。

オーバーラップ [overlap]〈サッカー〉ディフェンダーや守備的MFなどが攻撃に参加するため、前にいる味方の選手を追い越して上がること。〈ウインドサーフィン〉接近しながら同一方向へセイリング中の2艇が横に重なった状態をいう。⇔クリアアスターン

オーバーラン [overrun]〈野球〉走者が勢いあまって塁を走りすぎ（越える）こと。

オーバールール [overrule]〈テニス〉ボールのイン、アウトの判定で、ラインアンパイアの判定をチェアアンパイアが覆すことができる制度。ただしラインアンパイアの判断が明らかに誤りだった場合のみ主審（チェアアンパイア）は直ちに訂正しなければならない。選手からのアピールでは使用できない。

オーバルコース [oval course]〈モータースポーツ〉楕円形の走路を持ったコース。インディ500で知られるアメリカ・インディアナポリス・モーター・スピードウェイが有名。

オービー [OB]〈ゴルフ〉out-of-bounds の略、プレー禁止区域。その区域にボールが入ること。

オープニングゲーム [opening game] 開幕試合。

オープン [open]〈陸上〉トラック種目で各競技者の走路（レーン）が規定されていない事。400mトラックで実施する場合、800mは2周目の第2コーナー

を抜けた地点からオープンとなり、また、1500m 以上の中・長距離種目は、最初からオープンで行われる。

オープン競技 [open tournament]〈ゴルフ〉プロもアマチュアも同時に参加して行う競技会。

オープンゲーム [open game] 公開試合。プロ・アマの区別なく、参加資格に制限がない競技会。

オープン攻撃 [open shot]〈サッカー〉攻撃側が相手守備陣の手薄なタッチライン近くにボールを集め、余裕を持ってゴール近くまでボールを回し、センタリングなどを行い、ゴールを狙う攻撃のこと。〈ラグビー〉スクラム、ラック、モールなどからタッチラインまでの長い距離を有効に使ってオープンサイドへと、パスによってボールを展開させる攻撃戦法。〈バレーボール〉ネットの左右両端からの相手コートへのスパイク攻撃。ストレートスパイクとクロススパイクの2つが多用される。アウトサイドスパイクともいわれる。

オープンコース [open course] 走路が区別されていないコース。⇔セパレートコース

オープンサイド [open side]〈ラグビー〉スクラムの地点から見てタッチラインまでの距離が広い（長い）ほうの側。⇔ブラインドサイド

オープンスタンス [open stance]〈野球〉バッターがピッチャーに対し、体を開いて構えるスタンス。このときピッチャー寄りの足を後ろに引いてバッターボックスに立つ。⇔クローズドスタンス 〈ゴルフ〉両つま先を結ぶ線が飛び球方向に対し、左を向いた構えのこと。

オープン・スペース [open space]〈サッカー〉守備の手薄な場所。タッチライン付近は代表的なオープンスペース。

オープン戦（ゲーム） [open game 和]〈野球〉非公式試合。練習試合。プロ野球では2月のキャンプインからキャンプ終了後の公式戦開幕までの時期に、セ・パのチームが実践形式の非公式試合を行っている。新人、二軍の選手にとっては、一軍・ベンチ入りをかけ、1年のスタートに勢いがつくかを決める大事な時期となる。また投手や野手にとっても開幕スタメン・開幕投手を目指して調整する重要な場である。アメリカでは"exhibition game""pre-season game"という。

オープン選手権 [open championships] プロとアマが共に参加して行う選手権試合。

オープンテニス [open tennis]〈テニス〉プロとアマが一緒に参加できる競技大会。

オープントーナメント [open tournament] プロ・アマを問わず出場できる賞金大会。オープン大会、オープンゲームとして現在、ほとんどの国際大会はこの方式で行われている。

オープン・ハンド・サービス [open-hand service]〈卓球〉手のひらに乗せた球を一瞬浮かせて行うサービス。

オープンフレーム [open frame]〈ボウリング〉ストライクもスペアもとれな

かったフレームのこと。

オープンブロー [open blow]〈ボクシング〉グローブを開いて内側の部分で打つこと。強く打撃を加えたときに、指の骨折につながりやすいために、禁止されている。反則となるため警告が与えられる。

大前 [oomae]〈弓道〉グループ内の先頭射手。もっとも右の的に位置する。

おおまた[大股] [oomata]〈相撲〉出し投げや引っ掛けを打ち、相手が小股をすくわれるのを避けて反対側の足を出したとき、その遠いほうの足を、内側からすくって相手をあおむけに倒すこと。

大股

オールスクエア [all square]〈ゴルフ〉マッチプレーで勝敗が互角のとき。マッチイーブン、ハーフともいう。ほかの競技ではタイスコアという。

オールスターゲーム [all-star game]〈野球〉ファン投票および監督推薦で選ばれたセントラルリーグとパシフィックリーグの代表選手による対抗戦。「夢の球宴」ともいう。

オール・ラウンド・プレーヤー [all-round player]〈テニス〉ベースラインプレー、ネットプレーともに弱点が見られず、双方でポイントを獲得できる選手のこと。〈野球〉どんなポジションでもこなせる選手。万能選手。

オール・ウエザー・トラック [all-weather track] 全天候型走路。雨天でも使用できるトラック。

オールブラックス [All Blacks]〈ラグビー〉第1回ワールドカップで優勝したニュージーランド代表チームの通称で、全身黒のジャージで試合前には先住民マオリ族の戦いの儀式を行うことで有名である。1987年に来日したときの試合では圧倒的な強さで、スコア74-0、106-4と日本代表をねじ伏せている。

オールロング [long receive]〈バドミントン〉相手に前後ランダムに打ってもらい、レシーブ側のプレーヤーはすべて長いショットで返す練習。ネット近くに返す練習をオールショートという。

送り足 [okuriashi]〈相撲〉相手力士をつり出しで土俵の外へ運ぶとき、相手の足が土俵内に残っていない状態で、自分の足が先に土俵の外へ出ること。相手が反撃の手立てがない状態にあるということで、負けにはならない。⇔**勇み足**

送り足払い [okuriashibarai]〈柔道〉相手が横移動したときに、その移動方向に足を送って払う技。

送り掛け [okurigake]〈相撲〉相手の後方から足を掛けて倒すこと。掛け方は外掛けでも内掛けでもかまわない。

送り倒し [okuritaoshi]〈相撲〉相手の後ろに回って押すか、突くかして土俵内で倒すこと。出し投げを打ち、相手の後ろに回って倒す場合もある。土俵から出ると「送り出し」になる。

送り出し [okuridashi]〈相撲〉相手の後ろに回り、押すか突いて土俵外に出すこと。出し投げを打って相手の後ろに回って出すこともある。

送り吊り落とし [okuritsuriotoshi]〈相撲〉相手を後ろからつり上げて、その場

に落として倒すこと。

送り吊り出し [okuritsuridashi]〈相撲〉相手の後ろに回り、相手の体を持ち上げてそのまま土俵外へ出すこと。つり出すときに相手の足が浮いていれば、自分の足が先に土俵外に出ても「送り足」となり負けにはならない。

送り投げ [okurinage]〈相撲〉相手の後方から投げ倒すこと。

送りバント [sacrifice bunt]〈野球〉犠牲バント。打者が塁上の走者を進塁させる目的で犠牲になるバント。まず1点がほしいときに用いられる戦法。⇒サクリファイス、犠牲バント

送り引き落とし [okurihikiotoshi]〈相撲〉相手の後方で自分の手前に引き倒すこと。

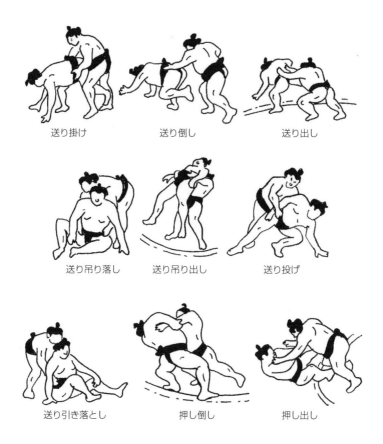

送り掛け　　　　　送り倒し　　　　　送り出し

送り吊り落し　　　送り吊り出し　　　送り投げ

送り引き落とし　　押し倒し　　　　　押し出し

押し倒し [oshitaoshi]〈相撲〉土俵の内外、関係なく押して相手を倒すこと。

押し出し [oshidashi]〈相撲〉もろはずまたは片方をはずにしてもう一方からおっつけて、腕で相手を押し上げ土俵外に出すこと。[force in]〈野球〉走者が満塁のときに、打者がフォアボールかデッドボールを得て三塁ランナーがホームインすること。

押し手〈野球〉投球を強く打ち返すために右打者の右手、左打者の左手でボールを押し込むように打つ手のこと。

押し手・押手 [oshite・oshide]〈弓道〉弓を持つ手。左手。弓手ともいう。

落大後 [ochi]〈弓道〉グループ内の最後の射手。最も左の的に位置する。

おっつけ [ottsuke]〈相撲〉相手の差し手を封じるために、相手のひじの部分を外側から脇腹に向けてねじ上げるように押し付けること。

乙矢 [otoya]〈弓道〉1番目の矢（甲矢・早矢）に対して2番目の矢をいう。偶数番目の矢。乙矢は左回転して飛行する。

オナー [honor]〈ゴルフ〉各ホールのティーショットを最初に打つ人。最初のホールは、くじなどでショットの順番を決めるが、以後は前のホールの成績が一番よかった人（打数が最も少ない人）から順に打つ。

オフィシャル [official]〈ボクシング〉試合進行に関わる役員のこと。レフェリー、ジャッジ、インスペクターなど。〈アメフト〉審判員のこと。試合の進行をスムースにするとともに、反則行為をチェックするのが役目となる。フットボールは選手1人ひとりが分業化しているように、審判員にも役割が決められている。レフリー、アンパイア、ラインズマン、ラインジャッジ、バックジャッジ、フィールドジャッジ。

オフィシャルプラクティス [official practice] 公式予選。　⇒予選

オフィシャルシグナル [official signal]〈アメフト〉オフィシャルがゲームのあらゆる決定事項を、大きなジェスチャーで観客に知らせることをいう。

オフィシャルスポンサー [official sponsor] スポーツや文化イベントに協賛金を提供し見返りに大会のロゴマークやマスコットなどを、自社の宣伝に独占的に使用する権利を得る企業のこと。公式協賛企業ともいう。また、商品・技術・サービスを提供して同様の権利を得る企業のことを、オフィシャルサプライヤーという。両方とも原則として1業種1社で構成される。近年のオリンピックはこの資金調達システムが盛んで巨額の利益を出している。

オフィシャルハンディ [official handicap]〈ゴルフ〉公認のハンディキャップ。

オフィシャルハンディキャップ [official handicap]〈ゴルフ〉公式のハンディキャップのこと。各ゴルフクラブのハンディキャップ委員会や日本ゴルフ協会により査定されたハンディキャップのこと。

オフィシャルルールズ [official rules]〈野球〉公式野球規則。

オフィシャルレコード [official record]〈競技〉公認記録。公式の競技大会で、定められたいくつかの条件を満たしていなければならない。

オフェンス [offense]〈サッカー・ラグビー・アメフトなど〉攻撃。攻撃側。

オフェンスファウル [offensive foul]〈バスケットボール〉ボールを保持し、攻

撃している側のプレーヤーが犯したファウル。

オフ・ガード・プレー [off guard play]〈アメフト〉ランナーがガードとタックルの間を走り抜けるランニングプレーの一種。

オフサイド [offside]〈アメフト〉ディフェンス側のプレーヤーが、ボールがスナップされた時にニュートラルゾーン内に入っているか、それを越えること。スナップされる前に相手に接触すること。スナップの前にボールに触れること。〈ラグビー〉3つのオフサイドがある。①キック時＝キックした者よりも前方にいるものが、キックされたボールをプレーしようとしたり、プレーしたとき。②スクラム、モール、ラック時＝それぞれ定められたラインや地点の前方にとどまっていたり、それらを越えてプレーした場合。③ラインアウト時＝ラインアウトに参加しなかったものが、ライン・オブ・タッチから10m以上離れなかったとき。〈サッカー〉味方からパスを受けたプレーヤーが、①ハーフ・ウエー・ラインを超して相手方陣地にいること。少なくとも2人の相手側プレーヤーより相手側のゴールラインに近い位置にいるとき。②ボールより前方にいるとき。共に反則。〈アイスホッケー〉⇔オンサイド

オフサイドトラップ [offside trap]〈サッカー〉相手側にオフサイドを犯しやすいように、意図的に守備位置のラインを前進させて守る戦法。

オフサイドポジション [offside position]〈サッカー〉攻撃側の選手が、ボールより前方の敵陣内で、自分より前に相手選手が1人しかいない位置にいること。

オフサイドライン [offside line]〈ラグビー〉一般のプレー、スクラム、ラックやモール、ラインアウトのときなどに、オフサイドの規則が適用される仮想のライン。

オフショア [offshore]〈サーフィン〉岸から沖に向かって吹く風。サーフィンに適している。⇔オンショア

オプション [option play]〈アメフト〉オフェンスのプレーのひとつ。ディフェンスラインをブロックせずにフリーにし、ボールを持っているクォーターバックに向かってくれば併走しているランニングバックにピッチし、クォーターバックに向かってこなければそのまま持って走る選択（オプション）プレーのこと。

オフセット [offset]〈ボウリング〉ピン・デッキに、正しくピンが並んでいないこと。

オフピステ [off piste]〈スノーボード〉圧雪されていない斜面のこと。バックカントリーとも呼ばれている。

オブストラクション [obstruction]〈ラグビー・野球〉守備側の選手の反則。ボールを持っていない選手が相手のプレイを妨げる妨害行為。野球では守備・走塁・打撃妨害がある。

オブライエン投法 [O'Brien style]〈陸上〉砲丸投の投てき準備動作のひとつ。砲丸にできるだけ長い距離にわたって力を加えて、スピードを与えるための方法として、アメリカのP・オブライエンによって確立された。

オポジット [opposite]〈バレーボール〉セッターの対角になる攻撃専門のプレーヤー。スーパーエースともいわれる。

オムニコート [omnicourt]〈テニス〉人工芝に砂をまいたつくりで、国内のトーナメントでよく使われているコートのひとつ。

表ソフトラバー [pimples-out rubber] [pips-out]〈卓球〉スポンジの上に、ゴムシートを上向きにして、ツブツブを表面になるように張り合わせたラバー。「表ソフト」と呼ばれる。「裏ソフト」に比べて球離れが早いといわれる。⇔裏ソフトラバー

オリエンテーリング [orienteering]〈クロスカントリー〉4〜5kmのコース中、6〜8か所の地点を地図と磁石を使って、指定された地点を通過し、できるだけ早く目的地に到達する競技。競技方法はポイントオリエンテーリング、スコアオリエンテーリング、ラインオリエンテーリングの種類がある。

オリザバパター [Orizaba putter]〈ゴルフ〉シャフトの内側にクラブヘッドがついているパター。

オリジナル・ダンス [original dance]〈スケート〉アイスダンスにおける、準規定演技。あらかじめ決められたリズムとテンポを持つ音楽を自由に選び、それに合った新しいダンスのステップを創作する。手の組み方の変化・動作またステップの組み合わせの難しさなど、それぞれの独創性を出し競う演技。

オリンピアード [Olympiad]〈スポーツ一般〉①古代ギリシャの暦の単位オリンピア期（オリンピア祭から次のオリンピア祭までの4年間）を一単位とする。②オリンピック大会から次の大会までの4年間を指し、オリンピアードの第1年目にオリンピックが開催される。

オリンピック [Olympic] 古代オリンピック競技にならって1896年から始まった国際スポーツ競技会。4年に1回開催される。フランスの教育者ピエール・ド・クーベルタン男爵の提案で1894年にパリで国際オリンピック委員会（IOC）が設立され第1回大会が開催された。開催地の決定を含め、IOCが統括と運営を行い、開催地が主催する形で行われている。第1回大会以来、「アマチュアの祭典」としてプロの参加を認めていなかったが1990年に「オリンピック憲章」の条文からアマチュア規定が削除され、実質的にプロの参加が認められオープン大会に変わってきている。

オリンピック憲章 [Olympic Charter] オリンピックのバイブル（聖典）。1925年のIOC総会で制定された。国際オリンピック委員会の組織、権限、開会・閉会式典、競技プログラムなどのすべての事柄を4章71条と細則によって規定されている。

オリンピック・コングレス [Olympic Congress] IOCが主催するオリンピック関係者の全体会議。IOC委員、各国際競技連盟、各国内オリンピック委員会、各大会組織委員会、選手代表などオリンピックを取り巻く関係者が未来像や諸問題について討議をする。第1回は1894年パリで開催され、このときにIOCの創立と近代オリンピックの開催を決めた。

オリンピック特別賞表彰 [Japanese Olympic Committee Award] JOC（日本オリ

ンピック委員会）がオリンピックでメダルを獲得した日本選手を表彰する制度。JOC 報奨金制度ともいう。

オリンピック標語 「より速く、より高く、より強く」。フランスのディドン神父の言葉で1926年 IOC が標語として採用した。

オン [on]〈ゴルフ〉打った球がグリーン上に乗ること。球が止まったとき少しでもグリーンに触れればオンとなる。グリーン上の球は拭くことが許されている。

オン・ユアマーク [on your mark]〈陸上など〉「位置について」というスタートの合図。

オンサイド [onside]〈ラグビー・サッカー〉プレーヤーがプレーに参加できる位置にいることをいう。またプレーヤーがボールの位置よりも自陣側にいること。⇔オフサイド

オンサイドキック [onside kick]〈アメフト〉キックオフで、ボールを故意に短く（10ヤード程度）蹴り、みずからリカバーして攻撃権をとろうとするキック戦術。

オンザライン [on the line]〈テニス〉ボールがライン上に落ちたプレーのこと。コートの中に落ちたと見なされインプレーになる。

オンショア [on shore]〈サーフィン〉海から陸へ向かって吹く風。⇔オフショア

オンライン [on-line]〈テニスなど〉境界線上にボールが落ちて有効球になったこと。

【か】

ガーター [gutter]〈ボウリング〉レーンの両側についている溝。または球が溝に落ちること。ガターともいう。

カーテンレーザー [curtain raiser]〈スポーツ一般〉開幕試合。

カート [cart]〈ゴルフ〉キャディーバッグなどを乗せて運ぶクルマ。自分のバッグが乗っている場合、自分が動かしている場合は、自分の携行品に含まれる。

ガード [guard]〈ボクシング〉手と腕で構える防御の方法。ガードが下がると顔面が狙われ、ガードが上がると腹部が開きボディが打たれやすくなる。

ガードバンカー [guard bunker]〈ゴルフ〉グリーンの周辺を取り巻くバンカー。⇔クロスバンカー

カービングスキー [curving ski]〈スキー〉新しいタイプのスキー。板の中央部の幅を極端に細くするサイドカーブを持ったスキーで、またそのスキーで滑ること。1997年に爆発的に普及したカービンスキーは、従来のスキー板とは比べ物にならないくらいターンがしやすく、競技ではフリースタイルに使用されることが多い。

カーブ [curve]〈野球〉曲がること。変化球の一種。

カーブボール [curve ball]〈ボウリング〉ボールに十分な回転力を与え、右投げ

の場合は左に鋭く曲がる（カーブする）ように投球されたボールのこと。左投げの場合はこの逆。

カーボン竿 [carbon graphait rod]〈釣り〉炭素繊維とガラス繊維をエポキシ樹脂などで巻き固めた竿。反発力、細身、軽量化が従来の竿に比べると飛躍的に向上し、釣竿の主流になっている。より強く、より細く、よりしなやかな反発力を求めて激しい開発競争が展開されている。

カーボンヘッド [carbon head]〈ゴルフ〉ゴルフ用のクラブで炭素繊維を主素材として作られている。

カーリング [curling]〈氷上スポーツ〉チームは4人プラス補欠1人で行う（補欠の複数は認められない）。1試合10エンド（回）、合計点で勝負を決める。氷上をストーンを滑らせ、目標の円の中心にストーンを多く集めるスポーツ。1832年アメリカにカーリングクラブが誕生。1998年（平成10）長野オリンピック以降、冬季オリンピックの正式種目として採用。日本、男子チームも1998年長野オリンピックで参加、2006年トリノオリンピックでは女子チームが参加した。用具のストーンは石。円盤形の取っ手のついたまあるい石、20kg。競技名は"Hot-Curler"からきていると伝えられている。

カール [curl]〈サーフィン〉波の巻いてくるもっともパワーのある部分。

会 [kai]〈弓道〉射法八節の6番目の項目。弓を引きおさめ発射の準備をととのえる過程。詰合い・伸合いをいう。

外角〈野球〉投手から見て、打者側（胸元、ひざ側）のコースでなく反対側のコースを指す。⇔内角

がいせん・ないせん[外旋・内旋]〈バドミントン〉シャトルを打つ際の前腕の動き。ひじを支点に前腕を外側に振るのが外旋、内側に振るのが内旋。

皆中 [kaichu]〈弓道〉すべての矢が的に当たること。「一手皆中」「四矢皆中」「二十射皆中」など。

ガイディングポスト [aiming post]〈ゴルフ〉ホールによってはティーインググラウンドから第2打地点やグリーンが見渡せないことがあり、どこを目標に打つか示す必要がある場合がある。そのための杭やポールのこと。

回転 [spin]〈卓球〉打球の3要素のひとつ。どのような種類の回転をどのくらいの回転量で打つのかが、卓球では最も重要となる。（3要素はスピード・コース・回転。）

回転競技〈スキー〉⇒スラローム

回転レシーブ [extension roll]〈バレーボール〉打ち込まれたボールを体を投げ出してレシーブすること。このときレシーブの後に、肩や腰を使って体を横に回転をして素早く起き上がり、次の防御姿勢に備える技術。1962年の世界女子選手権大会で大松博文監督率いる日紡貝塚チームがこのレシーブで常勝チームだったソ連を破った。このチームは「東洋の魔女」の異名をとり、1964年の第18回東京オリンピックでは待望の金メダルを獲得している。

ガイドランナー [guide runner]〈陸上〉視覚障害の選手とともに伴走する選手のこと。50cm 以内のひもや、声かけなどにより走路の誘導を行う。ただし、

作戦上の戦術に関するアドバイスをしたり、選手を引っ張ったりすると失格になる。

かいない・かいがい[回内・回外]〈バドミントン〉シャトルを打つときの手首の回転。リストを立てた状態で手首を外側に回すのが回外、内側に回すのが回内。

かいな捻り[腕捻り] [kainahineri]〈相撲〉相手の片腕を両手で抱え、外側に捻って倒すこと。「とったり」との違いは、体の開く方向が逆になる。

かいなを返す[腕を返す] [kaina wo kaesu]〈相撲〉差した手を親指のほうへ捻り、ひじを張ること。ひじを張ることによって相手の腕が押し上げられ、まわしが取りにくくなり、また場合によっては差していたまわしをきることができる。⇒差し手を返す

腕捻り

外野手 [outfielder]〈野球〉レフト、センター、ライトの総称。OF と略す。⇔内野手

外力 [external force]〈スノーボード〉ボードに働く外からの力のこと。雪からの抵抗（雪面抵抗）、重力、遠心力、空気抵抗などがある。

カウル [cowl]〈モータースポーツ〉車両の軽量で強度の高いグラスファイバーやポリエステルなどの素材でできているボディ外板のこと。

カウンター [counter]〈卓球〉相手の攻撃的なボールのスピードを利用しながら打ち返すこと。スマッシュで返すカウンタースマッシュとドライブで打ち返すカウンタードライブとがある。

カウンターアタック [counterattack]〈サッカー〉相手からボールを奪ってすぐさま逆襲すること。相手の守備陣形が整う前に最短距離でゴールに向かうスピード豊かな攻め。

カウンターパンチ [counterpunch]〈ボクシング〉相手が攻撃を仕掛け始めたときに狙いをつけてパンチを出すこと。相手にとって、出ようとする力も加わっているので威力は倍増している。

カウンターパンチャー [counterpuncher]〈ボクシング〉カウンターパンチを得意とするボクサー。

カウンターブロー [counterblow]〈ボクシング〉相手の攻撃を待って相手よりも一瞬早く打ち返す攻撃。カウンターパンチ。カウンターともいう。出合い頭のパンチとなり、相手に与えるダメージが大きい。

カウント [count]〈野球〉ストライク、ボールの数。〈ボクシング〉ノックダウンのときに審判の数える数。〈ボウリング〉第 1 投目に倒れたピンの数のこと。前のフレームがストライクやスペアの場合には、この点が加算される。

カウントアウト [count-out]〈ボクシング〉ノックダウンの後審判の数える秒数。10秒以内に立ち上がらないとカウントアウトになる。〈プロレス〉反則やリングアウトを20秒間続けること。

替弦 [kaeduru]〈弓道〉弦があがった（切れた）時の交換用の弦。替弦は弦巻に

巻いて２本以上準備しておく心がけが必要である。

勝手 [katte]〈弓道〉右手のこと。馬手（妻手）ともいう。

かおぶれごんじょう[顔ぶれ言上] [kaoburegonjo]〈相撲〉幕内力士、および横綱の土俵入りの後、立行司または三役行司が次の日の幕内の取り組みを土俵上で披露する儀式。半紙に相撲文字で書かれた取り組みを行司が読み上げ、呼び出しが四方に見えるように土俵を１周する。

掛かり稽古〈剣道〉打たせ役は構えを開けて打たせたり、体当たりを受けたりする。打つ役の人は声を強く出し続けながら、息の続く限り打たせ役の開けたところを打つ。正しい姿勢と間合いなどに気を配り練習する。

掛け反り [kakezori]〈相撲〉相手の差し手の脇の下に自分の頭を入れ、足を踏み込んで切り返すように後ろへ倒すか、外掛けで反り倒すこと。

掛け投げ [kakenage]〈相撲〉四つ身の攻防の中で、片足を相手の内股に入れて掛け、跳ね上げながら投げること。内掛と小手投げの合わせ技のような技。

掛け反り　　　　　掛け投げ

かしそうぐ[下肢装具] [lower extremity orthosis]〈障害者スポーツ〉下肢装具の目的は、①変形予防②体重の支持③変形の矯正④失われた機能の代償、補助、不随意運動のコントロール、などがあり、部位・用途によって、さまざまな装具がある。①靴型装具——足を保護し、変形を矯正する装具。②膝装具——膝関節の動きを御する。③長下肢装具——膝関節、足関節の動きを制御する。短下肢装具は SLB（short leg brace）、あるいは AFO（ankle foot orthosis）と呼ばれ、金属製 AFO からプラスチック製が多く使われるようになってきた。軽量で装具の上から靴を履くことが容易で、外観に優れるようになった。長下肢装具は、LLB（long leg brace）、KAFO（knee ankle foot orthosis）と呼ばれる。⇒上肢装具

カジュアルウォーター [casual water]〈ゴルフ〉雨などによって、ゴルフコースに一時的にできた水溜り。状態が悪いときは、罰則打なしで、ホールに近づかない位置で「ドロップ」してプレーができる。

荷重 [press]〈スノーボード〉ボードにプレッシャー（圧力）をかけること。このタイミングと量でボードのたわみを調整し、ターンの大きさを変えることができる。

カスタムボード [custom board]〈ウインドサーフィン〉オーダーメードのボード。自分の能力に合わせてデザインでき、ペインティングが自由である。

ガスト [gust]〈ウインドサーフィン〉不規則に吹く風。

加速走 [sprint with acceleration]〈陸上〉短距離走の加速区間で行う加速技術を身につけるための練習。

ガター [gutter]〈ボウリング〉レーンの両側にある溝。

ガターボール [gutter ball]〈ボウリング〉ピンに届く前にガターに落ちたボールのこと。単にガターという場合が多い。

肩固め [katagatame]〈柔道〉相手の肩口と首を同時に制して抑える固め技。

肩車 [kataguruma]〈柔道〉相手の脇下に頭を差し込み、同時に股間に片手を差し込んで肩に担いで横に投げること。

肩透かし [katasukashi]〈相撲〉差し手で相手の腕の付け根を抱えるか、脇に引っ掛けるようにして前に引き、体を開きながらもう一方の手で相手の肩口などをたたいて引き倒すこと。

肩透かし

片手ストローク [1 arm only]〈水泳〉片手だけのストローク練習のこと。

かち上げ [kachiage]〈相撲〉立ち合いの瞬間に、腕を内側に抱え込むようにして肘からぶつかってゆき、相手の胸から顎のあたりを突き上げて上体を起してしまう攻め方。

かちあげる [kachiageru]〈相撲〉立ち会いのとき、ひじを「L」の字の形で前に出し体ごとぶつかり、相手の状態を下から突き上げるようにすること。

角界 [kakkai]〈相撲〉相撲界の俗称。

かっこう [滑降]〈スキー〉高速滑走の競技。⇒ダウンヒル

がっしょうひねり [合掌捻り] [gasshouhineri]〈相撲〉相手の首の背側で両手を組んで、左右どちらかに捻り倒すこと。とっくり投げともいう。

合掌捻り

カッターボール [cutter]〈ボウリング〉ピンを刈り込むように、ピンの手前で鋭くカーブして、ピンをなぎ倒すボール。

(ミス)カット [cut]〈ゴルフ〉競技会で、カットライン（予選通過打数）に届かず、予選落ちすること。

カット [cut]〈バスケットなど〉相手のボールを横合いから奪いとること。〈野球〉野手の送球を途中で捕球すること。〈テニス・卓球など〉打球に後回転を与える打法のひとつ。〈バドミントン〉早い球速でネット際に落とすショット。

ガット [gut]〈テニスなど〉ラケットの網や楽器の弦。腸線。豚、羊、猫の腸などで作った糸。

カットイン [cut-in]〈バスケットボールなど〉ラグビー、バスケットボールなどで相手の防御をかわし、相手側に切り込んで攻撃すること。

カット打ち [attack against chop]〈卓球〉相手のカットを打つこと。カットに対するドライブやスマッシュを総称してカット打ちと呼ぶ。

カットオフ [cutoff]〈モータースポーツ〉コーナーで故意にエンジン回転数を合わせずにシフトダウンし、一瞬リアタイヤをロックさせ挙動変化を起こさせる荒っぽいテクニック。

カットオフプレー [cutoff play]〈野球〉守備側が後続の走者の進塁を防ごうとするプレー。たとえば、無死ランナー二塁でレフト前のヒットを打たれた状況のとき、レフトは二塁ランナーが本塁に進塁を試みるのを阻止しようと本塁に向けて返球するが、キャッチャーが間に合わないと判断してサードにカットを指示し、二塁に転送させて打者ランナーの二塁進塁を防ぐことなど。

カットバック [cutback]〈アメフト〉ボールを持ったプレーヤーが、急激に走る方向を変える走り方のこと。〈サーフィン〉進みすぎたボードを波のカール部分に戻す技。

カットプレー [cutoff play]〈野球・アメフト・バスケット・アイスホッケー・ラグビーなど〉相手の中継した送球を、途中で相手から奪ったりすること。

カットマン [cutoff＋man 和]〈野球〉カット（オフ）マン。外野手からの返球を中断する野手のこと。〈卓球〉カット主戦型。「カットマン」は和製英語。英語では"chopper（チョッパー）"。〈ボクシング〉プロに試合において選手が出血した場合の止血を専門に行なうセカンドの事。

カップ [cup]〈ゴルフ〉グリーン上の穴の俗称。正しくはホール。

カップイン [cap＋in 和]〈ゴルフ〉グリーン上にある穴（ホール）にボールをパッティングなどで入れること。

角付け [in edge]〈スノーボード〉雪面に対してエッジを立てること。このアングルによってズレ幅をコントロールできる。

カド番 [kadoban]〈相撲〉囲碁、将棋からきた言葉で、大相撲では大関が二場所連続負け越しをすると陥落することからカド番と呼ぶ。大関から落ちた場合の救済制度として、翌場所10勝以上挙げると復帰できる。

カナディアンカヌー [Canadian canoe]〈カヌー〉漕者は立てひざの姿勢で進行方向に向かって座り、パドルで片方のみ水をかきながら艇を進めるカヌー競技。座席以外の部分がカバーで覆われているのが「カヤック」で、カナディアンカヌーはカバーはない。

カヌー [canoeing]〈カヌー〉ボートを漕いでのタイムレース。カヌーは船首と船尾がとがっていて、普通のボートは漕ぎ手が進行方向に背を向けているが、カヌーは進行方向に向かってボートを漕ぐ。カヌーにはカヤックとカナディアンの2種類ある。競技方法としては、レーシング、スラローム、ワイルドウォーター、カヌーポロのほかにカヌーツーリングもある。⇒**カナディアンカヌー**

ガネフォ [GANEFO]新興国スポーツ大会。アジア・アフリカ諸国が参加して行う大会。Games of New Emerging Forces の略。

カバー [cover]味方守備者の背後や、味方競技者の動いた後の地域を注意して守ること。

カバーアップ [cover-up]〈サーフィン〉崩れてくる波に身体を縮めて突っ込み、チューブ気分を楽しむ技。

カバーリング [covering]〈サッカー〉守備や攻撃の崩れを後方から援助すること。常に次の瞬間にボールのある位置を予測しながら、先回りをしてその場所を守ること。〈野球〉⇒バックアップ

カバーリングアップ [covering up]〈ボクシング〉両腕で顔面と上体をおおって執拗にガードを固めること。攻撃をせずにこの形を続けていると試合続行の意志がないとして反則を取られる。

かばい手 [kabaite]〈相撲〉重なり合って倒れるような場合に、上になった力士が、死に体の状態にある相手の危険をかばうように手を出して、相手の体より少し早く土俵に手をつくこと。これは負けにはならない。

カバディ [kabaddi ヒンディ]〈カバディ〉インド、バングラディシュなどで数千年の歴史を持つ国技として普及。1951年にインドで現在のような競技として確立された。競技は鬼ごっこに似ているといわれる。カバディの面白いところは、攻撃する選手が攻撃の間中「カバディ、カバディ……」と言い続けることで、途切れると相手の得点になってしまうところ。2002年10月のアジア大会（釜山）には日本も参加した。

カフィング [cuffing]〈ボクシング〉相手の手を横から払うようにたたく技術。攻撃の出鼻をさえぎる技。

がぶり寄り [gaburiyori]〈相撲〉自分の体重を利用して、上下にあおるように相手を揺さぶりながら前に出ていくこと。

壁 [wall]〈サッカー〉相手側のフリーキックで自軍のゴールを狙われているとき、ゴール前に自軍の選手を並べ、相手の攻撃を防ぐ方法。ただし壁は、フリーキックの位置から9.15m以上離れていなければならない。

カベパス [wall-pass]〈サッカー〉味方の選手にパスを出し、走って別の場所へ移り、ダイレクトでリターンのパスを受ける。

構え〈野球〉リラックスした状態でスイングを始める前にバットを肩口にかかげて投球を待つ動作。

かみしほうがため[上四方固め] [kamishihougatame]〈柔道〉抑え技のひとつ。相手に頭のほうから両手で横帯を握って脇をしめて抑え込む。腰を落として胸部を制して（くずれ四方固め）、両手で帯を引き、脇をしめる。

カラー [collar]〈ゴルフ〉グリーンの周りの部分。芝はグリーンほど短くは刈られていないが、周りのラフやフェアウェイよりは短く刈られたドーナツ上の区域。ルール上はパッティンググリーンの一部ではない。

空手 [karate]〈空手〉中国の拳法に源を持ち、決め技を競う組み手競技と型の優劣を競う型競技がある。共に団体戦、個人戦がある。組み手競技は素手で1対1に相対して2分間の制限時間で勝敗を競う。また型競技は各大会で定められた空手技の正確さ、美しさなどを競う。統一組織がないため現在でも300を超える流派が乱立している。古典派の伝統　空手と新興派の実戦空手。勝敗は「寸止め空手」がルールとなる。

カラビナ [karabiner]〈登山〉岩に打ち込んだハーケンにかけて、ザイルを通すための鋼鉄製の輪。岩登り用具。

カレント [current]〈ウインドサーフィン・サーフィン〉潮の流れ。

河津掛け [kawadugake]〈相撲〉自分の右足を相手の左足に掛け、跳ね上げながら同時に相手の首などを抱え込んで体を反って後ろに倒すこと。

寒稽古 [kangeiko] 冬の厳寒期に行う特別な練習。〈相撲〉行司や呼出がのどを鍛えるために、寒中に行う発声練習のこと。

かんけんのめつけ[観見の目付け] [kanken no metsuke]〈剣道〉目に見えるところ全体を見て、目に見えない相手の心を見る。観の目（心で観る）は強く、見の目（目で見る）は弱く。

河津掛け

韓国野球 [kankokuyakyuu]〈野球〉1982年に6球団でスタート。現在8球団で1999年から2年間2リーグ制を導入したが、2001年から1リーグ制に戻された。経済の停滞やスター選手の日本球界・大リーグへの流失などで観客動員が激減している。年間133試合が消化されている。

監察委員会 [kansatsu-iinkai]〈相撲〉本場所での、無気力相撲を防止するために昭和47年に設置された。正式には、「相撲競技監察委員会」。

かんじゅくほこう[慣熟歩行]〈モータースポーツ〉歩いてコースを下見すること。

かんじんもと[勧進元] [kanjinmoto]〈相撲〉巡業相撲の興行主。

間接フリーキック [indirect free kick]〈サッカー〉相手側の反則によって与えられるフリーキックのひとつ。ただし間接フリーキックは直接ゴールを狙えず、ボールがゴールに入るまでに両軍の選手の1人以上に触れなければならない。もしも直接ゴールに入ってしまったときは、得点にならず、相手のゴールキックでゲームは再開する。

完全試合〈野球〉⇒パーフェクトゲーム

完走 [classified]〈モータースポーツ〉競技終了後、レースの公式結果で順位を与えられること。完走扱いはレギュレーションの完走規定によって決まる。

カンテ [kante 独]〈登山〉岸壁の突き出している部分。[takeoff point / kante 独]〈スキー〉ジャンプ競技を行うシャンツェの踏み切り地点のこと。選手から見るこの地点は、前方が下がっており水平線に対して傾斜角度をカンテ角度という。カンテ角度は、国際ルールでマイナス10.5度と定められている。

カント [cant]〈スノーボード〉X脚やO脚などを補い、効率よく荷重するためのもの。バインディングにプレートをはさんだりして調整する。アルペンではかなり重要で、ブーツにも調整機能がついている。

敢闘賞 [kantoushou]〈相撲〉三賞のひとつ。旺盛な敢闘精神を発揮して活躍し、本場所を盛り上げた力士に対して与えられる。

完投投手 [complete games]〈野球〉1人の投手（先発投手）が初回から試合終

了まで勝敗に関係なく投げきること。

カンバス［canvas］〈野球〉一、二、三塁のベース。

完封［shutout］〈野球〉初回から最終イニングまで、得点失点「0」で終えること。⇒シャットアウト

完封試合［shutout game］〈野球〉⇒シャットアウト

関門〈スキー〉旗門と旗門の間のことをいう。⇒旗門

【き】

き［柝］［ki］〈相撲〉呼び出しが使う拍子木。材料は主に桜の木を使う。

気合［kiai］〈剣道など〉精神の静的な「心」の働きと、動的な「気」が高まり2つが一致している状態を気合が入っているという。気合が充実して相手に対してすきを与えないだけでなく、相手の一瞬のすきを見い出す繊細な神経の働きにより攻撃に転ずることができる。

気合相撲［kiaizumou］〈相撲〉気合いの入った活気のある相撲。「景気相撲」に同じ。＝景気相撲

キーストーン［keystone］〈野球〉二塁手。

キーストーンコンビ［keystone combination］〈野球〉二塁手と遊撃手のコンビ。

キーパー［keeper］〈サッカー、ハンドボールなど〉守備の人。たとえばゴールキーパー。

キープ［keep］守る。持つ。〈ラグビー〉スクラムやモールで得たボールをすぐに出さずに、その中にボールを保持して前進すること。〈テニス〉自分のサービスゲームを守る。〈サッカーなど〉ゴールを守ること。

きけんきゅう［危険球］［bean ball］〈野球〉打者に対して投手が故意に頭部や顔などを狙って投げるボールのこと。たとえ意図的でなくても審判が危険球と判断した場合退場処分になることがある。特に頭部への死球は極めて危険度が高いところから、野球規則ではこの危険を防止する意味から厳しく戒めている。セントラルリーグでは直ちにその投手を退場させることをリーグ内規で決めており、パシフィックリーグは審判の判断で対応するようにしている。⇒ビーンボール

きけんたいのいっち［気剣体の一致］［kikentai no icchi］〈剣道〉充実した気勢と、正しい竹刀さばき、体のこなしが一致すること。有効打突になるための条件となる。

危険なプレー［dangerous play］〈ラグビー〉スクラムを崩す行為、首から上へのタックル、飛び上がっているプレーヤーへのタックルなど、危険なプレー全般のこと。

きざ［跪坐］［kiza］〈弓道〉両足のつま先を立てひざをそろえて床につけた姿勢。

ぎし［義肢］［prosthesis］〈障害者スポーツ〉切断などによる四肢の一部を欠損

した場合、元の手足の状態または機能を回復・復元するために装着し使用する人工の手足のこと。義肢の構造によって、①殻構造義肢（exoskeletal prosthesis ——義肢に働く外からの力を殻で負担し、その殻の外形が手足の外観を整える構造を持った義肢）、②骨格構造義肢（endoskeletal prosthesis ——人間の手足と同様に義肢の中心軸をパイプ、支柱などで外力を負担し、プラスチックフォームなどの軟材料の成形品をかぶせて、外観を整える構造を持った義肢。殻構造義肢よりも軽量である）と分類される。

キス [kiss] 〈撞球〉球と球が接触すること。

犠牲バント [sacrifice bunt] 〈野球〉ランナーを進塁させるためのバント。⇒**送りバント**

犠牲フライ [sacrifice fly] 〈野球〉無死または一死で走者が三塁にいる場合、打者が外野にフライを打ち上げて、走者がホームインしたときのフライのこと。このとき打者の記録は打点が与えられ、打席には加算され、打数には数えない。

キッカー [kicker] 〈ラグビー・サッカーなど〉ボールを蹴るプレーヤーのこと。〈スキー〉フリー・スタイル・エアリアルで用いられるジャンプ台のこと。台の先端を極度に上向きにして、その台からスキーのみをつけた選手が真上に飛び出すようにジャンプし、宙返り、捻り技、回転などの空中演技を競う。

犠打（ぎだ） [sacrifice] 〈野球〉ランナーの進塁を目的に、犠牲バントや、三塁にいるランナーをホームに返す為の犠牲フライなどをいう。（外野フライによるランナーの二塁、三塁への行為は犠打にはならない）※タッチアップでランナーをホームに迎え入れる打撃行為は犠打となる。

キッキング [kicking] 〈バスケットボール〉足でボールに触れるバイオレーション（反則）。故意のときはもちろん、偶然でも結果がキッキングをしたチームに有利に働いたときには、とられる場合がある。

キッキングチーム [kicking team] 〈アメフト〉ボールを蹴って前進するプレー（キックプレー）専門に編成されたチームのこと。

キッキングティー [kicking tee] 〈アメフト〉プレースキック用とフリーキック用に使われる、ボールが転がらないように固定する道具。

キック [kick] 〈ゴルフ〉打ったボールが地面に落ちて、はねること。その方向によって、一喜一憂の結果に分かれる。〈ラグビー・サッカーなど〉膝とかかとを除いて、足または脚の膝下から爪先までの間をボールに当てること。〈水泳〉足で水を蹴ること。クロールや背泳ぎの場合は、ビートともいう。

キック・アンド・ラッシュ [kick and rush] 〈サッカー〉ボールを相手陣内に蹴り込み一斉に攻撃をかけること。

キックアウト [kickout] 〈アメフト〉ガードが、ディフェンスエンド等を外に押し出すブロッキングのこと。

キックオフ [kickoff] 〈アメフト〉前後半の開始、およびタッチダウンやフィールドゴール後のプレー開始方法。フリーキックとも呼ばれ、自陣35ヤードライン上から蹴る。なお、セイフティ後は、得点されたチームの20ヤードライ

ン上から蹴ることになる。〈サッカー・ラグビー〉試合開始および再開にあたってボールを蹴ること。

キックオフリターン [kickoff return]〈アメフト〉キッキングチーム陣の35ヤードラインから開始されるキックオフのボールを受けて、レシービングチームが前進を図ることをいう。

キックターン [kick turn]〈スキー〉片足を蹴り上げて方向転換をする方法。片足を背中方向に捻り180度の回転をする。

キックバック [kickback]〈ボウリング〉ピン・デッキの両側にある壁（側板）のこと。ボールに跳ねられたピンが、キック・バックで跳ね返って他のピンを倒すことがある。

キックベースボール [kick＋baseball 和]〈キックベースボール〉小学校の体育教材として採用されフットベースボールとも呼ばれる。サッカーボールまたはラグビーボールを使いピッチャーがボールを転がし打者がボールをキックする。ランナーは相手にボールをぶつけられるとアウトになる。

キックボクシング [kickboxing]〈キックボクシング〉ボクシングに足技、ひじ打ちなどを加えた競技。タイ式ボクシングに変形を加えてできた格闘技。1966年、野口修が日本キックボクシング協会を設立した。現在は多くの団体が乱立し、熾烈な生存競争を強いられている。和製英語。

規定打席数 [kiteidasuu]〈野球〉チームの試合数×3.1の計算で算出する。小数点以下は切り捨てる。

規定投球回数 [kitei tokyu kaisuu]〈野球〉チームの試合数が規定投球回になる。

キドニーブロー [kidney blow]〈ボクシング〉背部、特に腎臓のあたりを故意に打撃する反則パンチ。

技能賞 [ginoushou]〈相撲〉三賞のひとつ。特に技能相撲を披露した力士に与えられる。

ギブアップ [give up]〈ゴルフ〉競技を断念すること。マッチプレーではそのホールの負けを認めること。原則的にストロークプレーではギブアップはない。途中で試合を放棄する場合は、素直にカードにNR（ノーリターン）と記入して提出する。

基本給金 [kihonkyukin]〈相撲〉力士褒賞金支給標準額が正式名。

基本体 [kihontai]〈弓道〉弓を引くための基本となる姿勢・動作。四姿勢八動作に分けられる。

決まり手 [kimarite]〈相撲〉しかけた力士によって勝負が決まったときの技のこと。現在は八二手が定められ、ほかに非技（決まり手以外の決まり手＝勝負結果）として5種が加えられている。

決まり手八二手 [kimarite hachijyu-nite]〈相撲〉現行の決まり手名称の数。

> **基本技〔七手〕**突き出し、突き倒し、押し出し、押し倒し、寄り切
> り、寄り倒し、浴びせ倒し
>
> **投げ手〔一三手〕**上手投げ、下手投げ、小手投げ、掬い投げ、上手
> 出し投げ、下手出し投げ、腰投げ、首投げ、一本背負い、二丁投
> げ、櫓投げ、掛け投げ、つかみ投げ
>
> **掛け手〔一八手〕**内掛け、外掛け、ちょん掛け、切り返し、河津掛
> け、蹴返し、蹴手繰り、三所攻め、渡し込み、二枚蹴り、小股掬
> い、外小股、大股、褄取り、小褄取り、足取り、裾取り、裾払い
>
> **反り手〔六手〕**居反り、撞木反り、掛け反り、たすき反り、外たす
> き反り、伝え反り
>
> **ひねり手〔一九手〕**突き落とし、巻き落とし、とったり、逆とった
> り、肩透かし、外無双、内無双、ずぶねり、上手捻り、下手捻り、
> 網打ち、鯖折り、波離間投げ、大逆手、腕捻り、合掌捻り、徳利
> 投げ、首捻り、小手捻り
>
> **特殊技〔一九手〕**引き落とし、引っ掛け、叩き込み、素首落とし、吊
> り出し、送り吊り出し、吊り落とし、送り吊り落とし、送り出し、
> 送り倒し、送り投げ、送り掛け、送り引き落とし、割り出し、うっ
> ちゃり、極め出し、極め倒し、後ろもたれ、呼び戻し

基本姿勢 [basic posture]〈卓球〉相手の打球に備えた姿勢。「ニュートラル」と
も呼ばれる。

極め倒し [kimetaoshi]〈相撲〉相手の差し手、首、肩の関節を決めて、土俵の
内外は関係なく倒すこと。

極め出し [kimedashi]〈相撲〉相手の差し手、首、肩の関節を決めて動きを封
じ、そのまま土俵外に出すこと。

極め倒し　　　　　極め出し

旗門 [gates]〈スキー〉アルペン競技のコースを設定するための斜面に立てられた旗のついたポールのこと。レースでは2本のスキーと両足でこの旗門の内側を通過しなければならない。旗門不通過の場合は、その時点で失格となる。ダウンヒルやスーパージャイアントスラロームでは関門と呼ぶ。

逆指名 [gyakushimei]〈野球〉プロ野球新人選択会議の前に、大学生・社会人のアマチュア選手が、入団を希望する球団を指名すること。各球団がドラフト会議で第1位、第2位の指名予定選手に逆指名させ無抽選で獲得することができる制度。

逆Tの字型ストップ [T-stop]〈スケート〉⇒T字の字型ストップ

逆ひねり [counter-rotation]〈スノーボード〉ターン方向と反対側に上体をひねること。ターン方向と同じ方向へ上体をひねる事は順ひねりという。

キャスティング [casting]〈釣り〉リール竿を用いて釣り針を投げること。投げ釣り。

キャッチ [catch] 捕らえること。ボールなどを受け取ること。ボート・水泳では、水をうまくかくこと。

キャッチアップ [catch up]〈水泳〉前方で手と手が重なるようなストロークで泳ぐ練習。

キャッチボール [catch＋ball 和]〈バレーボール〉相手からのボールを返さず、手や腕など体の一部で一時停止させること。従来ホールディングなどと呼ばれていたが1995年のルール改正によって名称変更された。

キャッチ・アンド・リリース [catch and release]〈釣り〉釣った魚を再放流すること。結果より経過を尊重する行為。⇒タグ・アンド・リリース

キャッチャー [catcher]〈野球〉捕手、投手が投げた球を受け取る野手のこと。

キャッチング [catching]〈サッカー〉ゴールキーパーがシュートを受け止めること。〈野球〉ボールを捕球すること。

キャディー [caddie]〈ゴルフ〉プレーヤーとともに行動し、道具運びやコース案内などをする人。

キャディーフィ [caddie fee]〈ゴルフ〉キャディーに支払うお金。

キャディーマスター [caddie master]〈ゴルフ〉キャディーの訓練指導や監督をする役目の責任者。プレーのスタート時間の調整に当たることもある。

キャノンボール [cannonball]〈テニス〉弾丸のように速いサーブ。

キャバルリーチャージ [cavalry charge]〈ラグビー〉通常ショートキックからの攻撃で複数のプレーヤーが1～2メートル間隔で前進し、そのうちの誰かがボールを受けて突っ込むプレー。

キャプテンシー [captaincy]〈ラグビー〉ラグビーの監督とコーチは試合が始まればグランドに出て指示することができないため、ゲームの作戦、選手の士気高揚などの取りまとめ役はキャプテンの統率下に置かれる。その時のキャプテンの役割、特にそのリーダーシップを指す。

ギャラリー [gallery]〈ゴルフ〉ゴルフの競技会の観戦者。観客。

キャリー [carry]〈ゴルフ〉打球の飛距離。キャリーと転がった距離のこと。

キャリーオーバー [carry-over]〈ゴルフ〉引き分けたホールの勝負を次のホールに持ち越すことをいう。

キャリーバック [carry back]〈ラグビー〉防御側の選手が相手に攻撃され、トライの危機を逃れるために自陣インゴールにボールを持ち込みタッチダウンすること。攻撃側のボールとなり、5mスクラムでゲームが再開される。

キャリング [carrying]〈バスケットボール、サッカーなど〉①バスケットボールでボールを持って3歩以上進むこと。②サッカーでゴールキーパーがボールを持ってバウンドしながら5歩以上進むこと。①②ともに反則となる。

キャリングボール [carrying ball]〈バスケットボール・サッカー〉⇒キャリング

キャロウェー方式 [Callaway system]〈ゴルフ〉ライオネル・キャロウェーによって考案された、略式のハンディキャップ算出方法。

キャンパかく[キャンパ角]〈障害者スポーツ〉車いすの回転効率をよくするための、左右の車輪の広がり（下方に広がっている角度）をいう。後ろから見るとハの字に見える角度（18～22°）。角度をつけるため手の近くで操作できるので効率的に手を動かすことができる。バスケットボールなどの選手が素早い回転でプレーすることができる。

キャンバス [canvas]〈野球〉一辺15インチ（約38p）の正方形の一塁、二塁、三塁のベースのこと。和製英語で、アメリカでは"base"が一般的で、"bag"や"sack"も用いられる。ベースを覆っている袋が帆布（キャンバス）製であったことから、ベースそのものをいうようになった。

キャンプ [camp] 合宿練習。

キャンプイン [camp＋in 和]〈野球〉プロ野球がキャンプに入ること。開始は2月1日以降と決められている。

救援投手 [kyuentoshu]〈野球〉⇒リリーフピッチャー

給金相撲 [kyuukinzumou]〈相撲〉昇給と昇進がからむ、勝ち越しのかかった一番。十両以上が8勝目、幕下以下なら4勝目をかけた一番。

給金直し [kyuukinnaoshi]〈相撲〉勝ち越しを決めること。8勝または4勝で給金（基本給金）が直る（上がる）こと。

球質 [kyushitsu]〈卓球など〉ボールの回転の性質。卓球の場合、「下回転」、「上回転」、「横回転」などがあり、球質は変化に富んでいる。

弓道 [kyuudou]〈弓道〉近的競技と遠的競技があり、それぞれ個人・団体競技がある。精神の統一を重視する日本の伝統スポーツである。勝敗の決定方法は、①的中制（矢の当たりの多いほうを勝ちとする）②採点制（5名以上の採点審判員が採点基準により採点し、合計総点の多いほうを勝ちとする）③得点制（矢に当たった位置の点数を合計し、合計点の高いほうを勝ちとする）。

球道〈野球〉ボールが通る道。進んだ道のこと。

弓力 [kyuryoku・kyuriki]〈弓道〉一定の長さを引いたときの弓の反発力。現在は、並弓であれば85cm、伸弓であれば90cm引いたときのkg数で示す。

競泳 [competitive swimming]〈水泳〉定められた距離を、定められた泳法で選手が一斉に泳ぎ、タイムを競う競技。平泳ぎ、背泳ぎ、バタフライ、自由形

の４種目が基本となっている。

協会 [Union]〈ラグビー〉その試合の監督権を有する統括団体、双方が国の代表で行われる試合では、インターナショナル・ラグビー・フットボール・ボード、あるいはその委員会をさす。

協会挨拶 [kyoukaiaisatsu]〈相撲〉日本相撲協会理事長からの挨拶。十両の取り組み三番を残したところで行なわれる。

競技外 [out of play]〈ラグビー〉ボールまたはボールキャリアーがタッチ、タッチインゴール、デッドボールラインに触れるか超えたとき。

競技区域 [playing felid]〈ラグビー〉競技が行われる区域で、フィールドオブプレーとインゴールのこと。

競技場 [playing area]〈ラグビー〉競技区域とその周辺少なくとも５メートル以上の地域の事。

競技縄跳び〈健康スポーツ〉健康づくりのスポーツとしてルールの整備がなされ、跳んだ回数の記録を競うものから、技を競う二重跳び、交差跳び、また２本のロープを使ったダブルダッチも競技縄跳びに加えられた。

競技用車いす〈障害者スポーツ〉競技の動きとして可能な限り軽く扱うことができ、かつ丈夫な構造でなければならない。競技種目に合った設計でなくてはならない。マラソンはホイルベースを長くとり、直進の安定性を重視・確保する。バスケットボール、テニスは回転能力を高めるためにホイルベースを短く設計する。テニスでは低い打点での有効打が勝敗に左右するように開発がなされている。シートの高低、キャンパーの角度、三輪タイプのもの、十字四輪タイプのものがよく用いられている。いずれの車いすも利用する競技者の身体に合ったものでなくてはならない。

競技領域 [playing area]〈卓球〉卓球台１台あたりの競技スペース、長さ14m、幅７m、高さ５m以上と規定されている。(狭い競技会場では、長さ12m幅６mもある。)

挟殺プレー [rundown play]〈野球〉塁間に走者を挟んで、アウトにすること。
⇒ランダンプレー

競射 [kyousha]〈弓道〉個人・団体で的中や矢の着点などで競うこと。

行司 [gyouji]〈相撲〉土俵上で力士を立ち合わせその勝負を審判する人。勝ち力士には軍配を上げ、勝ち名乗りを授ける役目もする。最高位の行司は世襲名の木村庄之助、次位が式守伊之助でこの２人を立行司という。以下各階級の行司がいる。

行司溜まり [gyouji domari]〈相撲〉行司が出番を待つ向こう正面の土俵下。

強打 [smash]〈卓球〉スマッシュ。スマッシュのような決定打ではなく、強く打つことを指す場合もある。

競歩 [race walking]〈競歩〉一定の距離を定められた歩行法で歩いてその時間を競う競技。1956年の第16回メルボルンオリンピックから男子が、女子は1992年の第25回バルセロナオリンピックから正式種目になった。

虚偽のスタート(フォルススタート) [false start]〈アメフト〉ボールがスナッ

プされる前に、オフェンス側のプレーヤーが動いてしまうこと。この動きに
つられて動いたディフェンスは、オフサイドにならない。

きょくしんからて[極真空手] [kyokushinkarate]〈空手〉大山倍達が1994年に
創設した国際空手道連盟極真会館が統括する空手の俗称。極真空手は素手素
足で直接相手に攻撃を加え、ノックダウンによって勝敗を決めるフルコンタ
クトルールを提唱した。このルールが現在の空手界の主流となっている。

きょし[拒止] [kyoshi]〈馬術〉跳び越すべき障害物の前で馬が停止してしま
うこと。

きょじゅう[据銃] [kyojuu]〈クレー射撃〉銃を肩づけし、左右の手で持ち射撃
姿勢に入ること。

距離競技〈陸上〉⇒クロスカントリー

距離の罰 [penalty stroke]〈ゴルフ〉ルール違反やミスショットで受ける罰に
は、ストロークの罰と距離の罰のふたつがある。距離の罰とは、OBや紛失
球など、前方にボールが飛んだにもかかわらず前進できず、前の位置からプ
レーしなければならない場合のこと。そのストロークに罰1打が加算さ
れる。

キラー [killer] 特定の相手に対し強いプレーヤー。

切り替え [position change]〈卓球〉フォアハンドのあと、バックハンドで打つ
といったように、違ったスイングに替えて打つこと。

切り返し [kirikaeshi]〈相撲〉左からの場合は、相手の右
ひざの外側に自分のひざを当てて、後ろに捻るように
倒すこと。

ぎり粉 [giriko]〈弓道〉松ヤニの油分を少なくした粉で、
右手に装着するゆがけの指先に使用する。この粉は滑
り止めとしての役割がある。

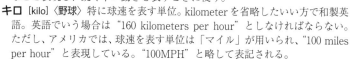

キル [kill]〈バレーボールなど〉相手が打ち返せないよう
な強打、高い位置からの鋭く打ち込まれたスパイク。

切り返し

キレ〈野球〉「球のキレ」「体のキレ」「スイングのキレ」
などと表現し、鋭く早い動きを表すときに使う。

キロ [kilo]〈野球〉特に球速を表す単位。kilometerを省略したいい方で和製英
語。英語でいう場合は"160 kilometers per hour"としなければならない。
ただし、アメリカでは、球速を表す単位は「マイル」が用いられ、"100 miles
per hour"と表現している。"100MPH"と略して表記される。

期分け [periodization]〈陸上〉トレーニングの目標に応じて、期間をいくつか
に分けること。一般的には目標とする競技にあわせて1年を鍛錬期・仕上げ
期・試合期・移行期の4つに分ける方法が知られている。

キングピン [kingpin]〈ボウリング〉1番ピンや5番ピンのことを指して呼ぶ
場合と、スペアをとるために重要なピンを指して呼ぶ場合とがある。キー・
ピンともいう。

禁じ手 [kinjite]〈相撲〉反則となる行為。①にぎりこぶしで殴る。②相手の髪

の毛を故意につかむ。③目などの急所を突く。④両耳を両手で張る。⑤前袋をつかむ。⑥のどをつかむ。⑦胸や腹を蹴る。⑧指をつかんで折り曲げる。

近代相撲［kindaizumou］〈相撲〉動きが速く、攻防の激しい相撲を表現した言葉。

近的［kinteki］〈弓道〉28mの距離での弓射。通常の練習・試合などは一般的にはこの距離で行なわれる。的は1尺2寸（直径36cm）を標準とし、8寸（直径24cm）が使用されることもある。

筋肉増強剤 ⇒ドーピング

金星［kinboshi］〈相撲〉平幕力士が横綱を倒したときの勝ち星。

銀星［ginboshi］〈相撲〉平幕力士が大関を倒したときの勝ち星。

【く】

クイーンズベリールール［Queensberry rules］〈ボクシング〉近代ボクシングの基礎となったルール。1ラウンド3分、1分のインターバル、グローブの着用などが規定された。

クイック［quick］速い。素早い。〈バレーボール〉低いトスから素早くスパイクする攻撃。日本男子チームが1960年代から70年代にかけて長身とパワーバレーに対抗するために開発した。AクイックからEクイックまで5種類の基本形がある。

クイックステップ［quickstep］〈ダンス〉速い歩調のダンス。

クイック・スロー・イン［quick throw-in］〈ラグビー〉ラインアウトの成立を待たずにボールをタッチから投げ入れるプレー。

攻撃側［offense］〈ラグビー〉プレーが行われている地点が相手側にある側。

クイックターン［quick turn］〈水泳〉自由形や背泳ぎなどで、折り返しのときに、水中で前転するように体を回転させてプールの壁を強く蹴ってターンをする方法。サマーソルト（とんぼ返り）ターンともいう。

クイックモーション［quick＋motion 和］〈野球〉投手が、走者の進塁を防いだり、打者のタイミングを外したりするための素早い投球方法。あまり足を高く上げないなど投手独自のフォームで投球する。

クウォード［quad］〈スキー〉フリースタイルの競技で1回のエアの中に四つの技を取り入れる高度な技のこと。ひとつの場合はシングル、2つをダブル、3つをトリプルと呼ぶ。

グーフィ［goofy］〈サーフィン〉岸から見て左から右に崩れる波のこと（＝レフト）。あるいは右足が前になるスタンス。

空中姿勢［flight positions］〈水泳〉飛込み競技の踏み切った後の空中での体の型。伸び型、えび型、抱え型とこの3つを自由に組み合わせてさらに捻りを加えた自由型の4つの型がある。

クーリングダウン［cooling down］〈陸上〉整理運動のこと。「クールダウン」「ウォームダウン」あるいは単に「ダウン」と称したり、「C-down」と表記

されたりする。主運動を終えたあとに心身の状態を安静時の状態に戻していくための運動をいう。

クォーター [quarter]〈アメフト〉1時間の試合時間を4分の1（15分）に区切ったもの。アメフトでは15分のクォーター（日本では12分の場合もある）を4回行い、第1、第2クォーターで前半、第3、第4クォーターで後半を構成する。

クォーターバック [quarterback]〈ラグビー・アメフト〉ラグビー、アメフトなどでフォワードとハーフバックとの中間の位置で、プレーの起点を務め攻撃パターンを指示する。

クォーターリー [quarter lee]〈ウインドサーフィン〉最もスピードの出るセーリングの方法で、風を斜め後方から受ける方法。最もスリルのあるセーリングとなる。

クォリファイタイヤ [qualify tire]〈モータースポーツ〉予選専用のタイヤ。Qタイヤともいう。タイヤには予選用と決勝用があり、それぞれに晴天用と雨天用がある。予選用のタイヤは材質が非常に軟らかく、グリップ力が高くなっているが、決勝用と違い寿命が短い。

崩し [kuzushi]〈柔道〉相手を不安定な姿勢（バランスを崩す）にさせること。自分の力によって、または相手の力を利用して、押したり引いたり回したりして相手のバランスを崩す。

朽ち木倒し [kuchikidaoshi]〈柔道〉奇襲技のひとつ。一気に相手との間合いを詰め、片手でできるだけ深く相手の脚を抱える。釣り手で相手の道衣が肩を脱がすようにして崩し、後方に押し倒す。

口割り [kuchiwari]〈弓道〉頰付けのひとつで、矢が上下唇に合わせ目になるもの。頰付けは口割を下限とする。

クッション [cushion]〈ボウリング〉ピン・デッキの後方に下がっているゴム製のカーテンのこと。これはボールがぶつかるショックをやわらげるためについている。

クッションボール [cushion＋ball 和]〈野球〉外野のフェンスに当たって跳ね返ってくるボール。〈ビリヤード〉台のクッションに当たったボール。

首投げ

首投げ [kubinage]〈相撲〉左右どちらかの手で相手の首を巻きつけ、巻き込むようにして投げること。

首捻り [kubihineri]〈相撲〉片手で相手の首を巻き、一方で相手の差し手をつかみ、左右のどちらかへ相手を捻り倒すこと。

グライダー [glider]〈スカイスポーツ〉凧を揚げる要領でウインチを使うウインチ曳航と軽飛行機で引っ張る飛行機曳航のやり方がある。

グライド [glide]〈スノーボード〉ターン後半、雪面か

首捻り

ら受ける抵抗を進行方向に開放して、ボードを滑らせること。

クライマー [climber] 〈登山〉登山者。

クライミング [climbing] 〈登山・スキー〉山を登ることや、斜面を登ること。

グライド [glide] 〈陸上〉砲丸投の技術。サークル内で長い距離にわたって、大きな力を砲丸に加えることを目的として行われる。

クラウチングスタート [crouching start] 〈陸上〉両手で地面を支え、体をかがめた状態で行うスタートの方法。400m以下の距離の短距離やリレー（第1走者のみ）で用いられる。⇔スタンディングスタート

クラウチングスタイル [crouching style] 〈ボクシング〉前かがみの姿勢で、背を丸めあごを引き、両グローブで頭を包むように構えるスタイル。

グラウンディング [grounding] 〈ラグビー〉選手が持っているボールを手または腕で地面につけること。また地上にあるボールを取りにいき手または腕で押さえるか、体の首から腰までの部分で押さえるように倒れこむこと。

グラウンド [ground] 運動場。競技場。

グラウンドキーパー [groundskeeper] 球場整備員。

グラウンドストローク [ground stroke] 〈テニス〉一度地上に落ちてバウンドした球を打つ一般的な打ち方。

グラウンドマナー [ground＋manner 和] 〈野球〉試合中に見せる選手の態度。

グラウンドボーイ [ground boy] 〈野球〉選手が使用したバットを片付けたり、ファールボールを拾って集め、また審判に新しいボールを届けたりする世話係のこと。アメリカでは "bat boy" や "bat girl" と呼んでいる。

クラシカル [classical] 〈スキー〉⇒クラシカルテクニック

クラシカルテクニック [classical technique] 〈スキー〉ノルディッククロスカントリーの滑走法のひとつ。左右のスキー板を平行に保ちながら交互に滑らせて滑走する走法。

クラシック [classic-style] 〈サーフィン〉主に60年代の古典的な乗り方やスタイル。雰囲気。

グラスコート [grass court] 〈テニス〉芝生のコートで、4大大会のひとつ「全英オープン」でも使用されている。球速が速いのが特徴で、速いサービスが有効。

グラスジョー [glass jaw] 〈ボクシング〉あごを打たれると弱いボクサー。ガラスのあごという意味。あごは鍛えることができないため、ダメージを受けやすい。

グラススキー [grass fiber ski] 〈スキー〉草の斜面を滑る、キャタピラーのついたスキー。オールシーズンのスキー。もともとは、スノースキーの夏季トレーニングとして、ドイツのヨーゼフ・カイガルが1960年代に考案したもの。

グラスバンカー [grass bunker] 〈ゴルフ〉砂の代わりに長く伸びた芝が生えている、バンカーのようなくぼんだ場所。バンカーと呼ばれるが、ルール上ではスルーザグリーンの一部。ハザードではない。

グラッシー [glassy] 〈サーフィン〉波の面が美しく鏡のような状態。＝面ツル

クラッシュ [crash]〈モータースポーツ〉レース中の衝突事故で車両が破損することと。〈サーフィン〉ボードや身体が他人や他のボードとぶつかること。

クラッチ [crutch]〈障害者スポーツ〉手と床面および脇、またひじなどの3点で支える杖。松葉杖、ロフストランドクラッチ、カナディアンクラッチ、オルソクラッチがある。

クラッチヒッター [clutch hitter]〈野球〉チャンスに確実にヒットを打てるような打者。

クラブ [club]〈ゴルフ〉ボールを打つ道具。大きく分けて、ウッド、アイアンとパター。ゴルフクラブ（コース）のことを指す場合もある。

グラブ [grab]〈スキー〉フリースタイルの空中演技のひとつで、ジャンプしながら空中でスキー板をつかむ技。

グラブスタート [grab start]〈水泳〉競泳の飛び込みスタートの方法のひとつ。「用意」の合図でスタート台の前面や側面を指先でしっかりつかみ、その低い姿勢からスタートを切る方法。従来の腕振りスタートより低い位置で構えるので安定感があり、フォルススタート（不正出発）の危険性が少ない。また、号砲からの反応時間と動作時間を腕振りスタートより短くすることができるため近年多用されている。

クラブヘッド [club head]〈ゴルフ〉クラブの部分の名称。先端部。ボールを打つフェースを含む、シャフトの先についている部分。

クラブレングス [club＋length 和]〈ゴルフ〉クラブの長さ。2クラブレングスは、クラブ2本分の長さのこと。クラブの種類は問わないが、次のプレーで使うクラブを用いることが勧告されている。

グラベル [gravel]〈モータースポーツ〉ダートなどのまだ舗装されていない道。

グラン・パ・ド・ドゥ [grand pas de deux 仏]〈バレー〉主役の男女2人が踊る最高の見せ場。（アダージオ、バリアシオン、コーダを踊り抜く）

グラン・プリ・レース [Grand Prix races]〈モータースポーツ〉世界一のレーサーを決める国際自動車競技。その勝者に与えられる大賞をグランプリという。四輪ではドライバー世界一を決定するF1、二輪ではライダー世界一を決めるロードレース。世界選手権の両シリーズがグラン・プリ・レースといわれる。

グランドストローク [ground strokes]〈テニス〉コートにワンバウンドしたボールを打つショットの総称。また、ノーバウンドで打つ打法を「ボレー」という。

グランドスマッシュ [grand smash]〈テニス〉一度ボールをコートに弾ませてから行うスマッシュのこと。高く上がったボールを高い打点でインパクトにたたきつける打ち方。

グランドスラマー [grand slammer]〈テニス・ゴルフなど〉主要競技大会のすべてに優勝した選手。完全制覇選手。

グランドスラム [grand slam]〈テニス〉全英オープン（ウインブルドン）、全米

オープン、全豪オープン、全仏オープンの4大大会を1シーズンで制覇すること。「グランドスラム」と呼ばれた選手はアメリカの男子ドン・バッジで、1938年、最初の制覇者。〈ゴルフ〉全米オープン、全英オープン、全米プロ、マスターズの4大大会を制覇すること。日本では日本オープン、日本プロ、日本シリーズ、日本プロマッチのことをいう。〈野球〉満塁ホームラン。〈ラグビー〉イングランド、ウェールズ、スコットランド、アイルランド、フランスによって行われる5か国対抗戦で4か国を破ったチームが獲得する栄誉。またそれ以外の国がイングランド、ウェールズ、スコットランド、アイルランドを破ったときも同様に呼ばれる。

グランドトリック [ground trick]〈スノーボード〉ボードを滑らせながらする技の総称。

クリア [clear]〈陸上〉バーを落としたり、ハードルを倒したりしないで跳び越すこと。〈サッカー〉ゴール前のピンチを切り抜けるための防御策で、ボールをできる限りゴールより遠くに蹴り出したり、蹴り返したりして攻撃を逃れること。〈バドミントン〉遠くへ飛ばすストローク。ストロークの基本といえるショット。

クリアアスターン [clear astern]〈ウインドサーフィン〉オーバーラップしていない2艇のうち、後ろの艇を指すときにいう。⇔オーバーラップ

クリアアヘッド [clear ahead]〈ウインドサーフィン〉オーバーラップしていない2艇のうち、前の艇を指すときにいう。⇔オーバーラップ

クリアリングパス [clearing pass]〈ラグビー〉地上にあるボールを持ち上げずに低い姿勢でそのままの位置から出すこと。スクラムハーフがスクラムから出たボールをパスするときによく見られる。

クリーク [cleak]〈ゴルフ〉5番ウッドの別称。コースを流れる小川のこと。

クリーパー [creeper]〈ボウリング〉レーンをゆっくりと転がっていくボールのこと。スロー・ボールと同じ意味。

クリーン [clean]〈ウエイトリフティング〉バーベルを単一動作で肩の高さまで持ち上げること。

グリーン [green]〈ゴルフ〉ホールのある芝生の小高い部分。球をホールに入れるためにパッティングをするところ。

クリーンアップ [cleanup]〈野球〉快打を放ち走者をすべて本塁に迎え入れることのできるような強打者3人。普通、3番4番5番のことをいう。メジャーでは4番打者を指す。⇒クリーンアップバッター（トリオ）

クリーンエース [clean ace]〈テニス〉あざやかな決め球。

グリーンキーパー [greenkeeper]〈ゴルフ〉コースを管理する、コースの芝草管理責任者。カップの位置を決めたり、移動させることも仕事のひとつ。

クリーンショット [clean shot]〈ゴルフ〉芝や土、砂をとらずに、ボールだけを直接打ち抜くこと。

グリーンバンカー [guard bunker]〈ゴルフ〉グリーン周りのバンカー。グリーンサイドバンカーやガードバンカーのこと。

クリーンヒット [clean hits] 〈ボクシング〉アマチュアでいう得点打、プロでいう有効打のこと。クリーン・エフェクティブ・ヒットともいう。〈野球〉野手の間を衝いた好打。よい当たりの見事なヒット。

クリーンファイター [clean fighter] 〈ボクシング〉試合内容があざやかなボクサー。

グリーンフォーク [green fork] 〈ゴルフ〉ボールの落下によってできたグリーン上の損傷（ボールマーク）を修理するための道具。

グリーンフラッグ [green flag] 〈モータースポーツ〉緑色の旗。レースのコースに支障のないことを示すのに表示される。グリーンフラッグが出るとその地点からの追い越し禁止などは解除される。

グリーンボーイ [green boy] 〈ボクシング〉新人選手。4回戦ボーイともいう。

クリケット [cricket] 〈クリケット〉イギリス、オーストラリア、ニュージーランドなどイギリス圏の代表的なスポーツ。1チーム11人で行われる。投手は柱（ウィケット）を倒すために投げ、打者はウィケットを倒されないように守ろうとするのが基本のスポーツ。1984年（昭和59）に日本クリケット協会が発足。海外からのコーチを招聘するなどして日本のレベルも上がっている。

クリスチャニア [Kristiania 独] 〈スキー〉直滑降から急速に方向を変える技術。急速回転または急停止する技術。この技術の発祥地がクリスチャニアであったことから。

クリスマスツリー [Christmas tree] 〈ボウリング〉三角形に3本残ったピンで、右投げの人で3番・7番・10番ピンのスプリット。左投げの人は2番・7番・10番ピンのスプリット。

グリセード [glissade] 〈登山〉ピッケルなどを斜め後ろに突き刺しながら斜面を滑降すること。ピッケルでバランスを取りながら雪の斜面を登山靴のかかとを使って降りる技術。

グリッドスタート [grid start] 〈モータースポーツ〉予選の順位によって定められた位置に並び静止した状態からのスタート。F1の場合はフォーメーションラップを隊列を崩さずに1周した後、スターティンググリッドに全車両がついてから、6～10秒以内にスタートが切られる。

クリッピング [clipping] 〈アメフト〉ボールを持っていない相手の選手の背後から腰や足に向けてブロックすること。反則になる。ただしクリッピングゾーンの中でのクリッピングは反則にならない。

グリップ [grip] 〈ゴルフ〉クラブの部分の名称。シャフトにかぶせた、クラブを握る部分のこと。またはクラブの握り方を指す場合もある。〈ボウリング〉ボールの握り、握り方のこと。〈スノーボード〉エッジを雪面に喰いこませて、ズレを止めること。カービングターンでは重要な動き。〈野球、ゴルフ、テニス、バドミントン〉バットやラケットなどの握り。〈卓球〉シェークハンドとペンホルダーのラケットの握り方。または握る部分を指す。

グリップ力 [grip strength] 〈モータースポーツ〉タイヤの路面への接地力。グリップ力を高めるには、タイヤのトレッド部分のゴムの材質を軟らかくする

ことが望ましい。レース用のタイヤは走行すると発熱してトレッドゴムの粘性が増し、このトレッドゴムがはがれて地肌が露出するため交換が行われる。

クリティカルポジション [critical section]〈サーフィン〉崩れている波のもっともパワフルで危険なセクション。

クリンカー [clinker]〈登山〉登山靴に打つ鋲。

クリンチ [clinch]〈ボクシング〉打ってくる相手と抱き合うような体制で、相手の攻撃をかわす技術。組みつくこと。

クルー [clew]〈ボート〉ボートの選手、チーム。

車いす [wheelchair]〈障害者スポーツ〉下肢機能の代わりをする移動用具。移動しやすい、駆動しやすい、自力で漕ぐことが容易である、椅子としての機能は当然備え安全で丈夫である、などが必要条件となる。手動式車いすと電動式車いすに分けられる。後輪駆動式（スタンダード）、前輪駆動式（トラベラータイプ）片手駆動式、チェーン駆動式、手押し式（介助方）などがある。競技種目（ラグビー、バスケットボールなど）によって工夫されたいすがある。

車いすテニス [wheelchair tennis]〈障害者スポーツ〉1988年に国際車いす連盟がロンドンに設立され、同年ソウルパラリンピック大会で公開競技として取り上げられ、1992年バルセロナ大会より正式種目となった。肢体不自由（片側の下肢あるいは両方の下肢のすべて、または、一部の機能が失われているもの）で車いす利用者が参加する。一般のテニスと同じルールだが、2バンドしたボールを打ってもよいことが許されている。アテネでは下肢障害者のみのクラスに加え、上肢障害者や「ミックス」クラス（男女同一クラス）の試合も行なわれた。

車いすバスケットボール [wheelchair basketball]〈障害者スポーツ〉1940年頃に、アメリカの戦傷病者などによって始められたとされている。また同じ頃、イギリスでは王立ストーク・マンデビル病院・脊髄損傷センター所長のグッドマン博士の発案でリハビリテーションの一環としてスポーツへの参加が取り上げ始められた。以後世界各国に普及していった（国際ストーク・マンデビル車いす競技大会）。1960年にローマで第1回パラリンピックの公式競技として開催され、現在は国際車いすバスケットボール連盟に加入して、80か国以上2万5000人以上の人々が参加している。日本では1970年（昭和45）に第1回車いすバスケットボール競技会が東京で開催された。また国民体育大会の後で開催される全国障害者スポーツ大会では統合される前の、1972年（昭和47）の第8回全国身体障害者スポーツ大会（東京）から公式競技として実施されている。競技参加者は、障害の重い選手が相手チームの障害の軽い選手の動きを抑えることで白熱したゲームが展開されるように、クラス分けはない。パラリンピックで最も人気のある競技のひとつでもある。ゲーム展開、またセットプレーなどの見所は多い。一部を除き一般のバスケットボールとルール、コートの広さ、ゴールの高さは同じとなっている。

車いすフェンシング [wheelchair fencing]〈障害者スポーツ〉1960年の第1回

ローマ大会からの正式種目である。障害の軽いA（下肢の支えがなくても座ったときにバランスがよい者）と障害の重いB（座ったときのバランスがまったく取れない者）の2クラスに分けて、フルーレ（胴体のみの突き）、エペ（上半身の突き）、男子のみのサーブル（上半身の突き、斬る）の3種目の個人、団体戦が行われる。対戦相手同士腕の長さに応じて、対戦距離を決め、ピストという鋼鉄製の器具に車いすを固定し、競技を行う。競技中に臀部が浮くと反則になる独特のルールがある。

車いすラグビー [wheelchair rugby]〈障害者スポーツ〉四肢麻痺の選手が参加。1チーム4人、バスケットボールコートでバレーボールを使って、車いすごと相手に激突し、ぶつかり合い、持ち点制で両チームの公平性を保って行なわれる。ボールを持ったままで車いすの2つの車輪が相手ゴールライン（ゴールポストの間）を超えると1得点となる。すべての車いすのフィットレス高を11cmに統一しており、ぶつかったときの車からの落下防止のためにストラップを使用している。国際ウィルチェアーラグビー連盟（IWRF）が発足し、以後世界に普及した。2000年シドニーパラリンピックから正式競技。

グレイシー柔術 [gureishi-jyuujyutsu]〈武術〉1920年代に柔道の普及に世界を転戦していた前田光世がブラジルに入植、現地で柔道の指導をし、その指導を受けたエリオ・グレイシーが創設した武術が「グレイシー柔術」だったといわれる。グレイシー柔術が提唱する試合ルールは、反則技が極めて少ないところが特徴的である。

クレー [clay]〈射撃〉粘土を焼いた皿上の標的。重さ105g、直径11cm、高さ2.5～2.8cm、色はクロ、白または黄色。

クレーコート [clay court]〈テニス〉土（粘土や砂を混合）のコート地面がやわらかく、足や腰に負担が少ない。また、バウンドしたあとの球足が遅いのが特徴。⇔グラスコート、ローンコート

クレー射撃 [clay shooting]〈射撃〉散弾銃で空中に放出されたクレー（標的）を射撃して、割れた数を競う競技。トラップとスキーと2種目がある。

グレーブヤード [graveyard]〈ボウリング〉クセのある投げにくいレーン。

クレーム [claim]〈ゴルフ〉違反を犯したと見られるプレーヤーに対して、抗議すること。

グレコ・ローマン・スタイル [Greco-Roman style]〈レスリング〉上半身で戦い、腰から下の使用を禁止するレスリングの型。⇔フリースタイル

クローザー [closer]〈野球〉勝ち試合を締める抑えの切り札的な投手。失点を食い止めるために登板する。⇒ストッパー

クローズアウト [close-out]〈サーフィン〉一気に崩れてしまう波。＝ダンパー

クローズドスタンス [closed stance]〈野球・ゴルフ〉打者が打つ方向にある足を前に出して構えること。⇔オープンスタンス 〈テニス〉右利きのプレーヤーがフォアハンドを、打つとき左足を踏み込むスタンス。

クローズホールド [close hauled]〈ウインドサーフィン〉できる限り可能なまで風上へボードを向けて、セーリングすること。風軸に対して45度ぐらいま

では普通走ることができる。⇒クローズリーチ、アビーム

クローズリーチ [close reach]〈ウインドサーフィン〉クローズホールドとアビームとの間の風上方向へのセーリング。⇒クローズホールド、アビーム

クローチング姿勢 [crouching style]〈スキー〉アルペン、ノルディックなどの滑走中の空気抵抗を減らすためにとられる体を卵型にする姿勢。アルペン競技のダウンヒルやスーパージャイアントスラローム、またジャンプ競技の助走などで用いられる。ダウンヒルなどでは空気抵抗を減らす工夫がウエア、ストックなどに見られる。

グローブ [glove]〈野球・ボクシング・ゴルフ〉手袋。

クロール [crawl]〈水泳〉両腕を交互に伸ばして左右交互に、水上を這うように水をかき、足をばたつかせて後方にキックする泳法。呼吸は顔を横に上げて行う。自由形の代名詞ともいえる泳法で最も速く泳ぐことができる。短距離と長距離の手と足の使い方にもそれぞれ違いがある。水を1回かく間に両足で6回水を打つリズムを「6ビートキック」、短距離向きで、1回かく間に両足2回水を打つリズムを「2ビートキック」といい、中・長距離向きといわれている。他に平泳ぎ（breast）、背泳ぎ（back）がある。

クロッシングゾーン [crossing zone]〈スケート〉アウトレーンとインレーンの選手の滑走距離を等しくするために設けられた交差区域。外側と内側に1周ごとにコースを交代する区域。バックストレッチに設けられた区間で70mとされている。交差時は外側から内側に入る選手が優先する。

クロス [crosscourt]〈卓球〉台に対して対角に、斜めに打つこと、そのコース。「フォアクロス」「バッククロス」。

クロス [cross]〈サッカー〉グラウンドの横幅を最大限に使って行われるパスのこと。中央から両サイドへ、タッチライン付近から中央付近へのパスのように使う。クロスパスともいう。センタリングもクロスのひとつである。

クロスカントリー走 [cross-country running]〈陸上〉野外の自然な地形を、スピードを持続させながら走り続けるトレーニング。レースとしても実施されている。

グロス [gross]〈ゴルフ〉ハンディキャップを差し引かない総計のスコア。⇔ネット

クロスオーバー [crossover]〈ボウリング〉投球したボールがポケットをはずれ、右投げなら1番ピンの左側、左投げなら右側に当たった場合のこと。〈スノーボード〉エッジを切り換えるときに、ボードと身体の位置が入れかわること。

クロス・オーバー・ステップ〈野球〉⇒クロスステップ

クロスカウンター [cross counter]〈ボクシング〉相手の左ストレートに合わせて、その腕の外側から右フックを打つ。相手の腕と交差することからこのように呼ばれる。劇画『あしたのジョー』の主人公・矢吹ジョーの最も得意とする必殺パンチ。

クロスカントリー [cross-country]〈陸上〉野原や森林の中など起伏のあるコースを走り回る競技。⇒クロスカントリーレース

クロス・カントリー・スキー [cross-country skiing] 〈スキー〉スキーを使ったクロスカントリー。ノルディック競技の種目のひとつ。緩やかな雪原のコースをスキーとストックを持った選手が、定められた距離を滑走してタイムを競う競技。スキーマラソンと称されるが、マラソンと違うのは選手が一斉スタートする方法でなく、1人ひとりの時間差によるスタート方式を取っている。滑走は雪面にできる跡（シュプール）の上を滑走するため、追い越しのときは相手に追い越しの要求をする。一回の要求でコースを譲らないと失格になる。男女とも5種目あり、クラシカル、フリー、パシュート、リレーなどがある。冬季オリンピックでは、1924年の第1回シャモニー・モンブラン冬季オリンピックから男子が、1952年のオスロ冬季オリンピックから女子が正式種目に参加した。

クロス・カントリー・レース [cross-country race] 〈陸上〉野原や森林の中など起伏のあるコースを走る競技。19世紀にイギリスに始まり、オリンピック正式種目だったが第8回パリ大会以後中止になり、現在は近代五種競技の一種目になっている。採点は全長4000mを14分15秒で走ったものに1000点が与えられ、これが基準となり、これよりも速いか遅いかに対して1秒ごとに増減される。

クロスキック [crosskick] 〈ラグビー〉タッチライン際に追い詰められた選手がグラウンドの内側にボールを蹴り返すこと。オープンサイドにボールを蹴ること。

クロスゲーム [close game] 接戦。白熱戦。

グロススコア [gross score] 〈ゴルフ〉ホールアウト後に総打数からハンディキャップを差し引く前のスコア。実際に打った打数の総計。

クロスステップ [cross step] 〈バドミントン〉遠い距離の打球を追う時に使う、足をクロスさせるステップ。〈野球〉左右の打球に対する足の運び方。体の右側にきた打球には左足、左側にきた打球には右足からそれぞれスタートする走り方。⇒クロスオーバーステップ

クロススパイク [crosscourt spike] 〈バレーボール〉相手コートを斜めに横切るようなスパイクのこと。⇔ストレートスパイク

クロスネット [cross net] 〈バドミントン〉ネット際に落ちる打球をインパクトの瞬間、クロス方向に打つショット。

クロスバー [crossbar] 〈ラグビー・サッカー〉ゴールポストの上の横木。

クロスバンカー [cross bunker] 〈ゴルフ〉フェアウェーを横切って造られているバンカー。

クロスファイア [crossfire] 〈野球〉本塁上を対角線に横切るような投球。または投球方法。十字架投球。

クロスフット [cross-step] 〈サーフィン〉ロングボードで足を交差させるように歩く技。

クロスプレー [close play] 〈野球〉判定が下しにくい微妙なプレー。

グロッキー [groggy] 〈ボクシング〉試合中、ダメージの蓄積によってダウン寸

前まで疲労困憊した状態。

クロッケー [croquet 仏]〈クロッケー〉クロッケーはイギリス式とフランス式に大別できる。木槌とボールはゲートボールよりひと回り大きく、フープ（通過ゲート）は6本で2周するので12回ボールを通過させる。クロッケーからゲートボールが生まれた。

クロッシング [crossing]〈スケート〉滑走技術のひとつ。スピードスケート、ショートトラックで、カーブするときに左右の足を交差させながら滑走する技術。フィギュアスケートでもカーブを描きながらスピードをつけるときに使われる。

クロッシングアップ [crossing up]〈ウインドサーフィン〉風上側にボードを裏返すように捻る、ジャンプしたときの技。

くろぼし [kuroboshi]〈相撲〉本場所の取り組みで負けること。「●」で表記される。

グンダーゼン方式 [Gundersen method]〈スキー〉ノルディックコンバインド（複合競技）で行われるクロスカントリーのスタート順を決める方法のこと。通常は1日目はジャンプ、2日目はクロスカントリーになっているため、ジャンプの成績・得点成績の差を時間に換算して、クロスカントリーのスタートを成績の上位のものから順に時間差をおいてスタートしていく方式をいう。⇒クロスカントリースキー

ぐんばい[軍配] [gunpai]〈相撲〉行司が土俵に上がるときに手に持って、力士の立会いを促したり、勝ち名乗りを差すのに用いる軍配うちわのこと。軍配の房で階級を表している。幕下以下は黒か青、十両格は青白、幕内が紅白、三役格は朱色、式守伊之助は紫白、木村庄之助は紫となっている。制限時間がくると軍配を縦に構え立会いを促す。このときの軍配の状態を「軍配が返った」という。

【け】

敬遠 [intentional walk]〈野球〉投手が意図的に打者にフォアボールを与え、一塁に歩かせる戦法。ランナー二塁、三塁で強打者を迎えたときあえてフォアボールを与え、次打者で打ち取ろうとしたり、走者二塁で次打者でダブルプレーを取るためにフォアボールを与えたりする策。

景気相撲 [keikizumou]〈相撲〉威勢がよく活気のある相撲。＝気合相撲

警告 [warning] 反則行為に対する審判からの強い注意。反則を繰り返すと退場を命ぜられるときがある。

稽古まわし [keikomawashi]〈相撲〉幕下以下の力士は黒、十両以上は白のまわし。幕下以下の力士はこれ一本しかないため本場所の取り組みもこのまわしでとらなくてはならない。

軽減走 [assisted sprint]〈陸上〉走トレーニングのひとつ。器具や地形を利用することによって、抵抗を減らし、素早い動作を可能にすることで、自分では

出せないような高いスピードを経験しようとするもの。

軽量 [weigh-in] 〈ボクシング〉プロボクシングの階級別の試合前の体重測定。試合開始前8時間から12時間の間に行われる。階級の規定体重以下かどうかを検査する。規定体重に達していないときは、再軽量までの猶予時間2時間で減量しなければならない。

ゲインライン [gain line] 〈ラグビー〉スクラム、ラインアウト、モール、ラックなどが形成されたときにできるゴールラインと平行なライン。現時点でのラインがスクラムやラインアウト後の、一次攻撃でそのラインを突破するかしないかで戦局が大いに変わることがある。

K点 [construction point・Konstruktionspunkt 独] 〈スキー〉ノルディックジャンプ競技を行うシャンツェの規模を表す建築基準点のこと。ランディングバーンの両サイドにKの文字を表示して、その地点を結び雪面に赤いラインが記されている。ノーマルヒルでは90m、ラージヒルでは120mとなっており、現在ではこのポイントをいかにして上回るかが勝負とされている。V字飛行などの技術の向上に伴い、従来の危険ライン・極限点の意味から、飛距離の基準点に考えが変わってきている。

ゲートボール [gate＋ball 和] 〈ゲートボール〉クロッケーを基に日本で生まれたスポーツ。木製のスティックで、木製のボールを打って3つのゲートを通過させ、ゴールのポールに当てて上がりとなる。屋外で1チーム5人の編成で2チームが30分間の対抗競技。1947年（昭和22）鈴木和伸がクロッケーをヒントに考案した。高齢者を中心に広がり、最近は若い人たちにも愛好者が増え、1984年（昭和59）に日本ゲートボール連合、1985年には世界ゲートボール連合が設立され、国際的な規模で普及している。

ゲーム [game] 競技・試合 〈テニス・卓球・バレーボールなど〉1試合がポイント、ゲーム、セットで構成されているうちのひとつ。

ゲームオール [game all] 〈卓球〉最終ゲームまで勝敗がもつれたときに使う用語。セットオールともいう。5ゲームマッチでは2－2、7ゲームマッチでは3－3になったときのことを指す。

ゲームカウント [game count] 〈テニス〉両選手の獲得したゲーム数。

ゲームキャプテン [game captain] 〈バレーボール〉コート内のプレーヤーのリーダー。メンバーの競技態度のすべてに責任を持ち、ただ1人主審に対し発言ができる。選手交代のときは代理を必ず立てる決まりになっている。

ゲーム・クロック [game clock] 〈アメフト〉特定の審判員の操作下で、各クォーターの残り時間を表示する装置。

ゲーム差 [games behind] 〈野球〉勝数・負数の差を加算して2で割った数字。首位または上位チームとの差を見るためのもの。

ゲームズマン [gamesman] 〈野球〉試合の駆け引きのうまい人。

ゲームセット [game＋set 和] 試合終了。

ゲームフィッシング [game fishing] 〈釣り〉同一平等の条件の下、竿とリールを用いて「より細い糸でより大きな同一種の魚を釣り競う」釣り。IGFA（国

際ゲームフィッシュ協会）がルール制定、記録公認などを統括している。

ゲームポイント [game point]〈テニス〉あと１ポイントでそのゲーム獲得できる状態のカウントのこと。

ゲームメーカー [game maker] 司令塔。味方チームをリードし、ゲームを組み立てる役割を担う選手。

蹴返し（けかえし） [kekaeshi]〈相撲〉いきなり相手の右（左）足首を右（左）足の裏で内側から外に蹴る。同時に体を開いて相手の肩をたたいて前に落とすことが多い。

けさ固め [kesagatame]〈柔道〉腰を相手の脇に密着させて体を開き、相手の腕を深く挟み込み、下からの攻撃に対し、足は大きく開き、首を抱えて抑える。抑え技のひとつ。

化粧まわし [keshoumawashi]〈相撲〉刺繍が入った豪華なまわし。場所中毎日取り組み前にこのまわしを着けて土俵入りをする。

蹴返し

蹴手繰り（けたぐり） [ketaguri]〈相撲〉立会いの瞬間、体を開いて相手の足を内側から外側に蹴り、肩などをたたくか、手を繰って前に倒すこと。

決勝用タイヤ [race tire]〈モータースポーツ〉予選で使われるクォリファイタイヤと違い、耐久性がある。Ｆ１の場合、タイヤの数は、１チームが晴天用２種類、雨天用３種類まで持ち込むことができる。

蹴手繰り

ゲッツー [get two]〈野球〉ダブルプレー。併殺。和製英語

ゲッティングアウト [getting-out]〈サーフィン〉パドリングでアウトに出て行くこと。＝パドルアウト

ゲットセット [get set] 競技でスタート用意の合図・号令。

けのび [in water start]〈水泳〉プールのかべや底を蹴って、カラダを一直線にのばした姿勢で進むこと。

ゲレンデ [Gelande 独]〈スキー〉スキーや岩登りの練習場。スキー場。

けんか相撲 [kenkazumou]〈相撲〉力まかせの荒っぽい相撲のこと。

けんがみね[剣が峰] [kengamine]〈相撲〉土俵の俵に足がかかり後がない状態。

けんか四つ [kenkayotsu]〈相撲〉対戦する２人の力士の得意の差し手が反対であること。差し手争いが激しくなることからつけられた。

けんたいいっち[懸待一致] [kentaiicchi]〈剣道〉攻めと守りが常に一致していること。

剣道 [kendo]〈剣道〉対戦する２人が防具を身に付け、竹刀を持って、定められた部位を打ち、また突くことで決め技を２本とったものが勝者となる。ま

たは一方のみが１本をとった場合に決まる。日本の武術から発展したもの
で、明治末期から大正初期に剣道といわれるようになった。剣道には段位と
称号があり、全日本剣道連盟から授与される。段位は初段から十段まで、称
号は、錬士、教士、範士の３種がある。

【こ】

コイントス [coin toss]〈アメフト〉試合開始前に行う。審判がコインを投げ、
両チームのキャプテンが裏表を当てる。当たったチームがキックオフする
か、レシーブするかを選択する。

広角打法 [spray hitting]〈野球〉一塁線、三塁線に打ち分けるバッティング技
術。フェアーの地域（90度）をまんべんなく狙い通りに打ち分けるだけのヒ
ッティング技術を身に付けた打者のみができる打法。

抗議 [protest]〈陸上〉競技会参加選手の資格、競技の進行や結果に関して、異
議のあることを申し出ること。その手順や裁定方法は、日本陸連競技規則に
よって細則が決められ、ルールブックに明記されている。

攻撃側 [attacking team]〈ラグビー〉競技規則でいう攻撃側とは、競技が停止し
たときの地点がハーフ・ウェー・ラインより相手陣内に入っているチームを
いう。一方、その地点が自陣内にあるチームを防御側という。

公式球「３スターボール」〈卓球〉試合で使う公式球は「３スターボール」と
いい、★印、「I.T.T.F.APPROVED」（ITTF 承認）のメーカー名か、商標が
印字され、これ以外の球は試合では使用できないことになっている。

公式予選 ⇒予選

公傷 [koushou]〈相撲〉本場所中にしたけがが次の本場所にも到底出場が無理
だと判断されたこと。公傷と認められると、次の場所を全休しても番付が下
がることはない。〈野球〉試合中のアクシデントによる負傷。

後陣 [back position]〈卓球〉台から３ｍ以上離れたプレー領域。

交替 [replacement]〈ラグビー〉負傷により選手を交代させること。

高弾性高摩擦ラバー〈卓球〉中・上級者用の裏ソフトラバーで、弾みがよく
強い回転が可能なラバー。

小内刈り [kouchigari]〈柔道〉小内刈りは、体重のかかっている一方の足を内
側から刈って倒す技。

合板 [blade]〈卓球〉複数の木材や特殊素材を貼り合せたラケット。⇔単板

交流試合〈野球〉パシフィックリーグが提唱し、プロ野球振興の一案。ペナン
トレースの中に両リーグの公式戦として盛り込む方式。大リーグではインタ
ーリーグと呼ばれ、1997年から実施されており新しい看板ゲームも見られ
て、人気を得ている。2005年の公式戦より、セ・パの交流戦が実現し、約１
か月のわたり熱戦が繰り広げられる。

ゴーグル [goggle]〈モータースポーツ・スキーなど〉防風メガネ。オートバイ
やスキーなどで使う。

ゴー・ザ・ルート [go the route / strike out / punch out]〈ボウリング〉1ゲーム中に3回以上のストライクを出して終わったゲームのこと。

コース [course] 進路。競争路。〈陸上〉マラソン、駅伝、競歩など、ロードで行われるレースや、クロスカントリーなどの走路のこと。〈ゴルフ〉コースとはプレーの許される場所の全域。これに対して、プレーの許されていない場所は、アウトオブバウンズ（OB）である。〈卓球〉ボールを打つ方向。クロス、ストレート、ミドルなどがある。またロングやショートなど、打つ距離（長さ）を意味することもある。

コースロープ [course rope]〈水泳・水球など〉水泳競技で各選手のコースを区切るための、水上に張られた綱。

コースアウト [course＋out 和]〈モータースポーツ〉ドライバーの運転操作ミスや車両の故障などで、レースコースを飛び出してしまうこと。自力でコースに戻れれば、レースの復帰ができる。

コースナンバー [course number] 走路につけられた番号。内側から外側へ1コース、2コースとなる。

コースマネジメント [course management]〈ゴルフ〉ホールごとに攻め方を組み立てること。グリーンをどの方向から狙えばやさしいかを考え、そのための第1打の落としどころを導き出す。

コースライン [course line] 競争路または競泳路に引かれた進路。

コースレート [course rate]〈ゴルフ〉コースの難易度を示す基準。JGAが査定しコースレートを公表している。ハンディキャップ算定の基準。（査定距離÷210ヤード）＋39.76＋難易度＋補正係数で割り出す。

コースレコード [course record]〈ゴルフ〉そのコースで行われた公式戦で記録されたベストグロススコア（最小スコア）。通常は男女別、プロアマ別で表示される。

コーチスボックス [coach's box]〈野球〉試合中にコーチが立つ場所。一、三塁の線外に白線で囲んだ地域。

コーチャー [coacher] スポーツの技術などを教える人。

コーチング [coaching]〈サッカー〉主にゴールキーパーや後方の選手が、前の選手に声を出して味方の選手に指示を出すこと。

コート [court]〈バドミントン〉ゲームが行なわれる場所。縦13.4m、横6.1m

コートカバリング [court covering]〈テニス〉自分のコートの守備を鉄壁にカバーすること。またその能力。

コートチェンジ [change of ends]〈バドミントン〉プレーするコートを変えること。各セット終了後、第3セットでどちらかが11点先取した時に行なわれる。

コードボール [cord ball]〈テニス〉ラリー中に、ボールがネット上部にあたり、相手のコート内に入ること。

コーナー [corner] 角。隅。〈陸上〉トラック曲走路部分のこと。400mのスタート地点から順に、第1コーナー、第2コーナー、第3コーナー、第4コー

ナーと呼ばれる。

コーナーキック [corner kick]〈**サッカー**〉ボールが守備側の選手に触れ、相手方のゴールライン外に出たとき、攻撃側が左右の隅からボールを蹴って試合を再開する方法。

コーナーストーン [cornerstone]〈**野球**〉捕手。土台、柱台の意味があり、要（かなめ）となるものという意味から。

コーナースロー [corner throw]〈**水球**〉水球競技で相手方が味方のゴールラインを越えて球を投げたとき、相手方に与えられる特典で、フリースローの一種。

コーナーフラッグ [corner flag]〈**サッカー・ラグビーなど**〉サッカー、ラグビーなどのコーナーに立てる旗。

コーナーポスト [corner post]〈**ラグビー**〉コーナーフラッグがついている棒。

コーナーワーク [corner work]〈**ボクシング**〉打ち合いでリングの四隅に追い込まれたり、追い詰めたりしたときの防御や攻撃のテクニック。またコーナーにいるセコンドのリングサイドのテクニック。〈**野球**〉投手がコントロールよく内・外角、高低にボールを散らし、打者を打ち取る投球術。

ゴービハインド [go behind]〈**レスリング**〉相手の背後に回って押さえる立ち技。

コービロンカップ [Corbillon Cup]〈**卓球**〉女子世界選手権優勝チームに授与される優勝杯。フランス人コービロンの寄贈。

コーフボール [korfball]〈**コーフボール**〉オランダで生まれたバスケットボールに似たスポーツ。バスケットボールのようなバックボードがなく、3.5mの高さにセッティングされている。1チームは男女混合8名で、半分の男女2名ずつがアタック専門とディフェンスに別れて行う。

コール [call]〈**陸上**〉競技会で、その競技に出場する意志があるかどうかを確認する点呼のこと。日本語では「招集」と訳される。これに遅れると、競技を棄権するものと見なされる。コールの開始・完了時刻は、種目ごとに規定されており（競技会の規模によって異なる）、詳細はプログラムの競技注意事項に明記されている。

ゴール [goal]〈**陸上、サッカーなど**〉目標。競争の決勝点。球技でボールを入れるところ。〈**ラグビー**〉蹴ったボールが、地面にも選手にも触れずクロスバーの上とゴールポストの間を越えたときの状況をいう。トライ後のゴールキックは得点が2点、ペナルティキックの成功は3点の得点が得られる。またドロップキックの場合は3点となる。〈**水泳**〉水泳におけるゴールは決勝線に定められたプールの壁にタッチすること。自由形は体の一部が壁にタッチすればよいが、平泳ぎとバタフライは、両肩を水平にして両手で同時にタッチしなければならない。また背泳ぎはあおむけのままで手と腕、頭、肩のいずれかがタッチすることと決められている。

ゴールクリーズ [goal crease]〈**スケート**〉ゴール前の赤い線で囲まれた区域のこと。

ゴールイン ［goal＋in 和］①決勝点に入ること。②目的を達成すること。

ゴールキーパー ［goalkeeper］相手チームのシュートを防ぐ守備専門のゴールを守る選手。GK と略す。

ゴールキック ［goal kick］〈**サッカー**〉攻撃側がボールをゴールラインの外に蹴るか、または守備側がゴールエリア内から蹴ってゲームを続けること。

ゴールゲッター ［goal getter］得点能力の優れている選手。

ゴールシュート ［goal＋shoot 和］〈**サッカー**〉ゴールへ球を蹴り入れること。

ゴールスロー ［goal throw］〈**バスケットボール**〉バスケットボールでボールをバスケットに向けて放つこと。

ゴールデングラブ ［golden＋glove 和］〈**ボクシング**〉日本のアマチュアボクシングの１位を決める大会。〈**野球**〉シーズンを通して各ポジションで最も素晴らしい活躍をした、「守備のスペシャリスト」に贈られる賞。投票によって選ばれる、非常に名誉のある賞のひとつである。ゴールドグラブ賞（Gold Glove Award）ともいう。

ゴールデンゲート ［golden gate］〈**ボウリング**〉ビッグ・フォーの別称。

ゴールデンゴール ［golden goal］〈**サッカー**〉延長戦の試合方法。先に得点したチームが勝ちとなる。

ゴールテンディング ［goal tending］〈**バスケットボール**〉シュートされたボールが頂点を過ぎ、なおかつそれがリングより高いところにある場合、プレーヤーがそのボールに触れるとゴール・テンディングになる。また、ボールがリングよりも高い位置でバックボードに触れた場合も、リングより上でボールに触れてはならない。ディフェンスが犯した場合には攻撃側の得点が認められる。

コールドゲーム ［called game］〈**野球**〉５回以上の回を終了した後、降雨、日没、得点差がかけ離れていて、試合続行の必要がないなどの事情により、その回までの得点で勝敗を決定し、審判員が試合終了を宣言する試合のこと。

ゴールドメダリスト ［gold medalist］オリンピックの優勝者。

ゴールボール ［goal ball］〈**障害者スポーツ**〉視覚障害者が参加。1976年（昭和51）トロントパラリンピック大会で正式競技。1978年（昭和53）、国際視覚障害者スポーツ協会による世界選手権が開催され、現在（2009年）では、90か国で競技されている。１チーム３人、交代要員３人で構成している。視力障害の程度の差をなくすために、全員目隠しをして競技しなくてはならない。コートの広さは18m × 9 m。コートの中で、ボールの中に鈴の入ったバスケットボール大のボールを、相手側ゴール（幅９m、高さ1.3m）を狙って、アンダースローで転がし、得点を競う競技。相手の転がしたボールが、自チームの後ろのゴールに入らないように３人が体全体で守る。ボールの転がる音を頼りにプレーするため、選手も観客も得点が入ったとき以外は、試合中は声を出してはならない。

ゴールポスト ［goalpost］〈**ラグビー**〉ゴールラインに立っている２本のH型のポスト。〈**サッカー**〉ゴールの支柱。決勝門柱。

ゴールライン [goal line] 競技場のゴールの横木を通って左右のコーナーに向かって引かれた線。グランドの四隅に立てられたコーナーフラッグを結ぶライン。〈ラグビー〉フィールドオブプレーとインゴールを分けるラインで、このラインはインゴールに含まれる。

硬球 〈野球〉コルクかゴムを芯にして毛糸を巻きつけ、牛革または馬革で包んだボール。馬革の不足により最近はプロ野球界も牛革のボールを使うようになってきている。直径7_p、縫い目が108個。重さは5.0〜5.25オンス（141.8〜148.8g）、大きさは周囲9.0〜9.25インチ（22.9〜23.5_p）でできている。

ごかくげいこ [互角稽古] 〈剣道〉実践練習。相手と対等の立場で自由に技を出したり、防御したりして、約束稽古などで練習した技が実際に使えるかどうか、実践で確認すること。

国技館 [kokugikan] 〈相撲〉相撲の殿堂で大相撲の東京場所が開かれるところ。1909年（明治42）に墨田区両国に建設され太平洋戦争で被災し、一時浅草蔵前に移転したが、1985年（昭和60年）1月にJR両国駅前に総工費150億円で新築された。

国際Aマッチ [International Match] 〈サッカー〉国際サッカー連盟が公認した各国の代表チームが出場する国際試合。世界ランキングなどはこれらの試合結果で決まる。

国際サッカー連盟 [Federation International de Football Association 仏] ⇒ FIFA

国際水泳連盟 [Federation Internationale de Natation Amateur 仏] 〈水泳〉世界のアマチュア水泳を統括する組織。FINAと略し、フィナと呼ぶ。1908年に第4回ロンドンオリンピックのときに発足した。水泳の競技種目と泳法の規定、競技規則を定め、記録の公認を行う。

国際スキー連盟 [Federation International de Ski 仏] ⇒ FIS

国際ストーク・マンデビル車椅子競技大会 [International Stoke Mandeville Wheelchair Sports Games] 〈障害者スポーツ〉イギリスのストーク・マンデビル病院のルードウィッヒ・グッドマン卿が、「手術よりスポーツを」の方針を掲げ、脊髄損傷患者のリハビリ訓練にスポーツへの参加を取り上げたことから始まった。グッドマン卿が1948年ロンドンオリンピック大会の開会日に車いす患者によるアーチェリー大会を開催し、以後毎年7月にイギリスで開催されるようになった。

国際スポーツ連盟機構 [General Association of International Sports Federations] 〈スポーツ一般〉国際スポーツ競技団体、および教育・科学・技術的な側面でスポーツに貢献している国際組織が加盟している世界最大のスポーツ団体。GAISF（ガイスフ）と呼ぶ。本部はモナコのモンテカルロ。

国際地域競技大会 [International Regional Games] 世界の各大陸・地域で開催される国際総合競技会。アジア競技大会、アフリカ競技大会、パンアメリカン競技大会などがあり、ほとんどが4年に一度開催され、各大陸・地域のNOC連合組織が主催する。

国際テニス連盟 [International Tennis Federation] 〈テニス〉ITFと略す。1913年

に設立された国際的なテニスの統括組織。当初アマチュアだけを統括していたが、1968年のプロとアマのオープン大会が行われるようになってプロの統括もするようになった。デビスカップ、フェドカップ、マスターズカップなどを主催するほか、テニスルールの改訂、審判の規定、各国協会の行うトーナメントの公認、審査をする。

国際パラリンピック委員会 [International Paralympic Committee]〈障害者スポーツ〉IPCと略す。1989年9月設立され、本部はドイツにある。「Body-Mind-Spirit」の精神の下に障害者の機会均等と完全参加、障害者のスポーツのエリート性を社会にアピールすることを使命とする国際組織。国際的な統括組織として定期的にパラリンピック大会を開催する。

国際フェアプレー賞 [International Fair Play Award] 1946年より国連のユネスコがIOC（国際オリンピック委員会）と協力して、年間を通じてさわやかなフェアプレーで最も感動を与えたとされる選手を選び表彰する制度。1988年から日本ユネスコでも同様の表彰を実施している。

国内オリンピック委員会 [National Olympic Committee] ⇒ NOC

国民体育大会 [National Sports Festival] 各都道府県の持ち回りで毎年開催されている日本国内最大の総合競技大会。1946年（昭和21）まだ第二次世界大戦の戦禍が癒えない頃、スポーツ愛好家が乏しい食料を持参して集まり、京都を中心にして第1回大会を開いた。以降、冬季、夏季、秋季に分けて実施されてきた。この大会は、各都道府県の持ち回りで毎年開催され、都道府県の成績を得点計算して、総合優勝に天皇杯、女子優勝に皇后杯が授与される。沖縄大会で全国を1巡し、現在2巡目に入っている。選手のプロ化への対応や、開催地の運営費の負担増など問題が山積しつつあり、企業協賛方式の導入も徐々に進んで運営方法も大きく変わってきている。

虎口 [kokou]〈弓道〉左手の親指と人差し指の又の中間の部分・皮。手の内の重要な箇所。

こころのしかい[心の四戒] [kokoro no shikai]〈剣道〉「驚・懼・疑・惑」の4つの心の動揺を戒めること。試合中にこのうちのひとつでも感じると心が乱れ、すきを生み、相手につけこまれるということ。気を出し、勇気をもって克服する気迫が大切である。

コサック [kozak ポーランド]〈スキー〉フリースタイルモーグルで行われる空中演技（エア）のひとつ。スキーを大きく開き（開脚）、上体を前に倒しかぶせるようにする演技。

腰かけキック [sit and kick]〈水泳〉プールサイドにすわってキックする練習。

腰砕け [koshikudake]〈相撲〉相手が技を仕掛けていないのに、体重が乱れて、体勢を崩して腰から落ちてしまうこと。

腰投げ [koshinage]〈相撲〉組み手の上手、下手にかかわらず、深く腰を入れて相手の体を自分の腰に乗せ、相

腰砕け

手を投げること。まわしを取らずに投げることもある。

五重十文字 [gojyujyumonji]〈弓道〉射形上において十文字になる５つの箇所をいう。①弓と矢②弓と左手の手の内③ゆがけの親指と弦④胸の中筋と両肩を結ぶ線⑤首筋と矢

腰投げ

個人メドレー [individual medley]〈水泳〉競泳種目のひとつで、１人の選手がバタフライ、背泳ぎ、平泳ぎ、自由形の順に泳ぐ競技。男女とも200（4×50）mと400（4×100）mの2種目がある。

こする [kosuru]〈野球〉流すスイングのときに起きるバッティングのひとつ。投球の球道に対してバットが斜めに当たること。

ごぜんがかり [御前掛かり] [gozengakari]〈相撲〉天覧相撲のときの土俵入りのやり方。東西別々に土俵に上がり、正面を向いてそんきょの姿勢で大関が最後列に着くのを待ち、着き終わると最前列の前頭下位の力士から紹介され、１人ずつ起立、一礼をしてそれぞれ土俵を下りる。最後は大関が紹介され終了となる。

小外刈り [kosotogari]〈柔道〉相手がまえに出てくるときや下がるとき、後ろスミに崩して、相手の体重を乗っている足を刈って投げる技。

古代オリンピック [Ancient Olympic Games] 古代ギリシャのオリンピアで、紀元前776年から紀元393年まで、４年ごとに１回も休まず293回にわたって行われた。ギリシャの主神、ゼウスにささげる祭典競技。競走、ボクシング、レスリング、五種競技のほかにパラクラチオン（ボクシングとレスリングを兼ねた残酷競技）、戦車競技、伝令競技、音楽競技、悲劇上演など20以上の競技があった。ただし、女子と奴隷は参加できなかった。また都市国家間で戦争していても、大会３か月前に「休戦使」が各都市を巡回し、戦争を一時中止して競技を開催した。ギリシャがローマ帝国に征服され、キリスト教を国教と定めたことや、他の宗教を一切禁止したことなどが起因して、1000年も続いた歴史に幕を下ろした。

コック [cock]〈ゴルフ〉両手首を曲げること。

コックス [cox]〈ボート〉舵手。舵を取り、漕手に速度を指示する選手。

コックピット [cockpit]〈ヨットなど〉飛行機、レーシングカー、ヨットなどの操縦席。

ごっつあん [gottsuan]〈相撲〉「ごちそうさま」のなまった言葉。「ありがとう」の広い意味で使われている。

こづまとり [小褄取り] [kozumatori]〈相撲〉相手の足首を正面からつかみ倒すこと。

小手投げ [kotenage]〈相撲〉相手に差し手を抱え込んでまわしを取らずに投げること。

小手捻り [kotehineri]〈相撲〉相手の腕を抱え、抱えたほうへ捻り倒すこと。

こ

小褄取り　　　　　小手投げ　　　　　小手捻り

五胴 [godo]〈弓道〉目的により使い分けられる胴の5つの姿。①反る、②屈む、③懸かる、④退く、⑤中（直ぐ）近的においては中の胴を最適とする。

コナウインド [kona wind]〈ウインドサーフィン〉ハワイ諸島に吹く南風。

コフィンコーナー [coffin corner]〈アメフト〉ゴールラインと10ヤードラインの間の左右のコーナーをいう。相手陣のこの部分を狙ってパントを蹴り、相手を自陣コーナーに釘付けにするのが狙いとなる。棺おけ（coffin）の角の意味がある。

小股掬い [komatasukui]〈相撲〉決まり手八二手のひとつ。出し投げを打つと、相手は引きつけられている側（手前のほう）の足を前に出してこらえようとする。このとき、その足の膝から上のあたりを内側からすくい上げ、相手をあお向けに倒す。

小股掬い

コミッショナー [commissioner] 委員・理事。〈野球〉各リーグ間の管理統制を執る最高権威者。プロ野球界の秩序と利益を守る上で、組織内でのすべての人や団体に対して指令を出したり、制裁を課したりする権限を持つ立場にある。また社団法人日本野球機構の会長を兼務する。〈ボクシング〉世界のプロボクシングの統括組織であるコミッションを代表して裁定権を持って試合に臨み、その試合を公式に認定する人。現在世界のコミッションは、WBA（世界ボクシング協会）、WBC（世界ボクシング評議会）、の2大組織のほかに近年台頭してきたIBF（国際ボクシング連盟）、WBO（世界ボクシング機構）、WBF（世界ボクシング連盟）、IBO（国際ボクシング機構）、WBU（世界ボクシング連合）などがあり、それぞれが独立した世界タイトルマッチを認定している。

ごめんこうむる[蒙御免] [gomenkoumuru]〈相撲〉興行するというお許しを得たという意味。番付表の一番中央に書かれている言葉。江戸時代の勧進相撲の名残り。

コモンウェルスゲームズ [Commonwealth Games]〈コモンウェルスゲームズ〉イギリスの旧植民地諸国が参加して開催する競技大会。

コラプシング [collapsing]〈ラグビー〉スクラム、ラック、モールなどを崩すプレー。

コル [col]〈登山〉山稜上のくぼんだところ。鞍部。

コルクセンター [cork center]〈**野球**〉野球のボールで芯がコルクのもの。

ゴルフ [golf]〈**ゴルフ**〉近代スポーツの中では最も古い歴史を持っている。発祥地はスコットランド。1924年（大正13年）で、1927年（昭和２年）に第１回日本オープン選手権競技が開催された。広大な芝生や原野を利用して、ゴム製のボールをクラブで打ち、ホールに入れる打数の多少で勝敗を決めるスポーツのこと。コースは18ホールをもってひとつとし、打数が少なく、全部のホールを回ったものが勝ちとなる。

ゴルファー [golfer]〈**ゴルフ**〉ゴルフをする人。

ゴルフウイドー [golf widow]〈**ゴルフ**〉ゴルフ未亡人。夫がゴルフに熱中しすぎて家庭を留守がちにするので、妻がいつもひとりぼっちになっていることの表現。

ゴルフスイング [golf swing]〈**ゴルフ**〉ゴルフクラブで球を打つときの振り。

ゴルフホース [golf hose]〈**ゴルフ**〉野外のスポーツ用の長靴。

これより三役 [koreyorisanyaku]〈**相撲**〉千秋楽の最後の三番。大関、関脇、小結同士の対戦が基本となる。現在では横綱も含めていう。

ゴロ [goro]〈**野球**〉grounder のなまりで和製英語。打球が地面をバウンドするか転がること。また、その打球。

ゴング [gong]〈**ボクシング**〉試合の開始と終了の合図の鐘。

コンケイブ [con-cave]〈**サーフィン**〉ボードのボトムのくぼみ。安定性、直進性、そしてボードスピードを増す働きがある。くぼみひとつでシングルコンケイ、２つでダブルコンケイ。

混合ダブルス [mixed doubles]〈**テニス**〉男女のペア同士が対戦するダブルス。テニスのゲームは男子ダブルス、女子ダブルス、男子シングルス、女子シングルス、混合ダブルスがある。〈**バドミントン**〉男女で組むダブルスの試合。別名ミックスドダブルス。

コンシード [concede]〈**ゴルフ**〉あえて打たなくても入ったと認めること。相手のボールがホールのすぐ近くにあるときに行う。

コンストラクター [constructor]〈**モータースポーツ**〉レース用車両の製造業者。製造業者にもいくつかのタイプがあり、製造と販売だけをする業者、製造・販売とレース活動をする業者、レース活動だけのために製造を行う業者などがある。

コンソレーション [consolation] 敗者復活。

コンソレーションゲーム [consolation game] 勝ち抜き試合で、早く負けた選手やチーム同士が、親善のために行う試合。敗者戦。

コンチネンタルグリップ [Continental grip]〈**テニス**〉ラケットの握り方のひとつ。ラケット面を地面に垂直の状態にして、グリップを真上から握るグリップ法。イングリッシュグリップともいう。ヨーロッパ大陸で普及した握り方なので呼ばれた。⇔イースタングリップ、⇔ウエスタングリップ

コンテンダー [contender]〈**ボクシング**〉チャンピオンに挑戦する実力が十分あるボクサーのこと。タイトルへの挑戦者。

コントロール [control]〈野球〉投手の制球力のこと。〈シンクロ〉シンクロにおける水中での基本姿勢であるデザインから、次のデザインに移る動作の正確さをいう。

コンバーション [conversion]〈バスケットボール〉ディフェンスからオフェンスへの切り替えのこと。ディフェンスがリバウンドなどでボールを保持した瞬間は、相手ゴール下にノーマークの空間が生じる。その空間にいかに早く到達し、シュートできるかは、オフェンスへの素早い切り替えが必要となる。

コンバージョンキック [conversion kick]〈ラグビー〉トライが得られたときにゴールを狙うキックのことで、プレースキックでもドロップキックでもよい。

コンバージョンゴール [conversion goal]〈ラグビー〉トライが得られたときに与えられるキックで、ゴールに成功すると2点が与えられる。

コンバート [convert]〈野球〉選手の守備位置を専門外の位置に転向させること。〈ラグビー〉トライ後のキックしたボールがクロスバーを越えてゴールすること。

コンバインド [combined]〈スキー〉複合競技のこと。ノルディックの複合はジャンプと15kmのクロスカントリーでノルディックコンバインドと呼び、アルペンはダウンヒルとスラロームでアルペンコンバインド、フリースタイルの複合はモーグル、エアリアル、アクロの3種目で行われる。

コンパウンド [compound]〈モータースポーツ〉タイヤが路面と接触する部分（トレッド）のゴムの材質。予選用と決勝用タイヤではコンパウンドが異なるタイヤが用いられ、決勝用ではレースの距離やコースの状況に応じて用いられる。

コンパルソリーフィギュア [compulsory figure]〈スケート〉フィギュアスケートの1種目。指定される（課題）2種類のダンスを正確に滑る規定演技。課題になるダンスは国際スケート連盟に登録されている20種類を超える中から2種類選ばれる。演技時間は2分以内、採点はテクニックとタイミング・アンド・エクスプレッションの2つで各6点満点で行われる。⇔フリースケーティング

コンビネーション [combination]〈スポーツ全般〉選手間の連係プレー、投手の配球などスポーツ全般。

コンビネーションバレー [combination volleyball]〈バレーボール〉いろいろな攻撃パターンを自在に組み合わせた戦術で行うバレーボールのスタイル。その攻撃内容は、クイック、時間差などで、相手の守備のタイミングをはずすものなど、長身とパワーに対抗するために開発された戦術である。

コンビネーションブロー [combination blow]〈ボクシング〉いろいろな打ち方を組み合わせた連打。

コンビバレー〈バレーボール〉⇒コンビネーションバレー

コンフェデレーションズ・カップ [confederations cup]〈サッカー〉「キングファルドカップ・インターコンチネンタル選手権」と呼ばれていたのが始まり。

各大陸のチャンピオンが集まったもの。1991年ゴールドカップ優勝のアメリカ、1992年アフリカ選手権優勝のコートジボワール、1991年コパ・アメリカ優勝のアルゼンチンの3大陸優勝国に1988年アジア・カップ優勝のサウジアラビアが加わって1992年開催地サウジアラビアで大会は行われた。1997年の第3回大会よりFIFA主催の大会となり6大会のチャンピオンが集まった。優勝国はブラジル。2001年第5回大会より日本が参加、優勝はフランス。4年に一回、ワールドカップの前年を開催ととしている。

コンプリート [complete]〈アメフト〉フォワードパスやフィールドゴールが成功すること。不成功の場合は「インコンプリート」という。〈ウインドサーフィン〉ボード部とリグ部を合わせたものを指す。

コンペ [competition]〈ゴルフ〉ゴルフの競技会。コンペティションの略称。

コンペティション [competition]〈ゴルフ〉競技会のこと。いわゆるコンペ。

コンベンショナルグリップ [conventional grip]〈ボウリング〉ボールの指穴に、中指と薬指の第2関節まで入れて握る握り方。

コンベンショナルボール [conventional ball]〈ボウリング〉標準型のボールで、指の第2関節まで入れて握るボール。ハウス・ボールはすべてこのボール。

コンポジション [composition]〈スケート〉フィギュアにおける構成点のこと。オリジナルダンスに対してなされる2つの採点のひとつ。ダンスの独創性や難易さ、正確さなどを評価する。6点満点で0.1点刻みで採点される。

【さ】

サーカス相撲 [sa-kasusumou]〈相撲〉見る者をハラハラさせながらも、相手の攻めに耐え抜いて勝利するような相撲。基本を無視した変化の激しい相撲にも使われる表現。

サーキット [circuit]〈ゴルフ〉巡回競技。決められた日程で各地を転戦する競技のこと。ツアーは米国式の表現。〈モータースポーツ〉レースが行われる周回コースのこと。サーキットには2通りある。常設のレース専用コースをクローズドサーキット。公道を臨時に閉鎖してコースとして使用する場合をオープンサーキットという。F1のシリーズレースは第1戦のモナコグランプリ（オープンサーキット）以外はクローズドサーキットである。

サーキットトレーニング [circuit training] 基礎体力の総合訓練法。何種類かの運動を組み合わせ、ワンセットとして反復練習する運動プログラム。1956年英国で始まった。

サークリング [circling]〈ボクシング〉相手を中心に円を描くようにして移動すること。

サークル走 [circle running]〈陸上〉走高跳の助走トレーニングのひとつ。

サード [third]〈野球〉三塁または三塁手。

サードコーチャー [third-coarcher]〈野球〉三塁ベース脇のファウルグラウンドにある決められた場所で、コーチなどがベンチからの指示を、相手方に分

からないように選手（走者や打者など）に伝達する役割の人。和製英語。英語では"third base coach"と表現する。また、その場所を日本語でコーチャーズボックスというが英語では"coach's box"といっている。

サーバー [server]〈テニス・卓球・バレーボール・バドミントンなど〉プレーの始まりにサーブをするプレーヤーの通称。

サービス [service]〈テニス・バレーボール・卓球・バドミントンなど〉プレー開始のとき攻撃側がボールを打ち出すこと。1回のサービスは2本までで、ファーストサービスが入ればそのままプレーを続行し、入らなければセカンドサービスを打つ。2本とも失敗したときはダブルフォールトといい、相手に1ポイントが入る。

サービスエース [service ace]〈テニス・バレーボールなど〉相手がレシーブできないくらいの鋭いサーブ。サービスで得点すること。

サービスオーバー [service over]〈バドミントン〉サーブ権がレシーブ側のプレーヤーに移ること。

サービスキープ [service＋keep 和]〈テニス〉自分のサービス権を持つサービスゲームを勝つこと。

サービスゲーム [service game]〈テニス〉サービス権を持つ側から見たゲームのこと。

サービスコート [service court]〈バドミントン〉サービスを行なうエリア。

サービスジャッジ [service judge]〈バドミントン〉ゲームにおいて、サービスのジャッジのみを行う審判。

サービスゾーン [service zone]〈バレーボール〉コートのエンドライン後方からフリーゾーンまでの幅9mのサーブを打つエリア。

サービスダウン [service down]〈テニス〉自分が持つサービスゲームを負けること。相手側から見た場合、サービスブレークしたという。

サービスフォールト [service fault]〈バレーボール〉サービスの失敗のこと。サービスがネットを正しく越えないとき、ネットに触れたとき、相手コートの選手に触れずに相手コートの外に落ちたとき、などの場合はサービスの失敗となり、相手側に得点が与えられ、サーブ権も移動する。ただし、1999年のワールドカップ以降はネットに触れて相手コートに入ったサービスは有効球として扱われるようになった。

サービスポイント [service point]〈モータースポーツ〉ラリーで競技中に燃料の補給や故障の修復作業などを行う場所。国内ラリーでは1ラリーで大体1～2か所設けられるが、国際ラリーでは30～40か所のサービスポイントがある。

サービスホール [service hole]〈ゴルフ〉パーのとりやすいホールのこと。俗語。和製英語。

サーブ [serve] ⇒サービス

サーブ・アンド・ボレー [serve and volley]〈テニス〉サービスした後相手からのリターンをすかさずネット際に詰め、ノーバウンドで打ち返すプレーのこと。

サーファー [surfer] サーフィンをする人。

サーフィン [surfing]〈サーフィン〉水上のスポーツのひとつ。ボードの上に乗り、バランスを取りながら波乗りを競技する。ポリネシア人の遊びからはじまったといわれる。1956年オーストラリアで第1回国際大会を開く。

サーフェイス [surface]〈テニス〉コートの表面素材のこと。素材によるコートを大別すると、①クレーコート（粘着性のある赤土を使ったコート）②アン・ツー・カー・コート（焼いた赤土を使ったコート）③ローンコート（芝生のもの）④ハードコート（アスファルト系）⑤室内コート（カーペットタイプ）がある。

サーフスキー [surf-ski]〈スキー〉雪の上でするサーフィン用のスキー。

サーフスラローム [surf slalom]〈ウインドサーフィン〉波のある水面で行うスラロームのこと。

サーフトリップ [surf-trip]〈サーフィン〉サーフィンするための波を求めた旅。

サーフボード [surfboard]〈サーフィン〉サーフィン用の長楕円形の板。

サーブミス [service fault]〈バドミントン〉サービスを正しく打つことができなかったこと。相手にポイントが入る。

サーフライダー [surfrider]〈サーフィン〉波乗りをする人。⇒サーファー

サーブル [saber]〈フェンシング〉上半身への突きと斬りで勝負を決める種目、またはその剣。

サイクルヒット [cycle＋hit 和]〈野球〉1人で1試合に、単打、二塁打、三塁打、本塁打の全部を打つこと。

最後尾の足 [hindmost foot]〈ラグビー〉スクラム、タック、モールを形成するプレーヤーの自陣ゴールラインに近いほうの足。

財団法人日本障害者スポーツ協会 [Japan Sports Association Forth Disabled] あらゆる障害を持つ人々のスポーツを担当する。1999年（平成11）に㈶日本身体障害者スポーツ協会を改名し、㈶日本障害者スポーツ協会となった。

採点基準 [scale of marks]〈スケート〉フィギュア演技を採点する際に目安となる評価段階のこと。滑走しないもの、非常に劣るもの、劣るもの、中程度のもの、よいもの、非常によいもの、完全無欠のもの、の7段階に分けて採点をする。

サイド [side]〈サッカー〉陣。

サイドアウト [side out]〈バレーボール〉相手コートに打ったボールが相手選手に触れることなくサイドラインの外に落ちること。また、サービスする権利が相手側に移ることも意味する。

サイドアウト制 [side out system]〈バレーボール〉1998年以前に行われていたルールでサービスを行った側だけが得点を挙げることができ、レシーブ側は打ち合いに勝っても得点とならず、サービス権のみが移動するものだった。1999年の競技会からはサービス権に関係なく、ラリーに勝った側に得点が与えられるラリーポイント制となった。

サイドアタック [side attack]〈ラグビー〉スクラム、モール、ラックからのボールをバックスにパスで出さないで、フォワード自らが持ったまま前進する

ゲインライン突破のための代表的な戦法。

サイドウインド [side wind]〈ゴルフ〉横風のこと。

サイドウェイスタンス [sideway stance]〈スノーボード〉ボードに対して横向きに乗るスタンス。

サイドカット [sidecut]〈スキー・スノーボード〉板側面の湾曲部分。

サイドカーブ [side carve]〈スノーボード〉スノーボードの形は、ターンをしやすいように両サイドがカットされている。この曲線のことをサイドカーブという。

サイドキック [sidekick]〈水泳〉上体を横に傾けたまま片手を前にのばし、もう一方の手は体側につけてキックする練習。〈サッカー〉球を足の甲の内側でキックすること。

サイドコーチ [side coach]〈ハンドボール〉ゲーム中に両サイドにいて、選手にコーチをすること。またする人。

サイド攻撃 [side drive]〈卓球〉サイドラインを切るボールを打つこと。

サイドショア [side-shore]〈サーフィン〉波に対し横から吹く風。

サイドステップ [sidestep]〈ラグビー〉走路を急に変える走法。〈ボクシング〉フットワークの一種。相手の攻撃を左右にステップして避ける防御のこと。〈野球〉フットワークのひとつ。片方の足に、もう一方の足を近づけ（引きつけ）ながら移動するステップ。

サイドストローク [sidestroke]〈水泳〉からだを横にして泳ぐこと。

サイドスピン [sidespin]〈テニス〉ボールに回転を与えるスピンのひとつ。ボールに水平に近い横回転を与えるスピンのこと。

サイドスリップ [sideslip]〈サーフィン〉ライディング中にフェイスからフィンが外れて横滑りする状態。

サイドスロー [side throw]〈野球〉投手が横手から投球するフォームのこと。

サイドチェンジ [side change]〈サッカー〉相手の守備体系の手薄なところを狙った、グランドの横幅を最大限に活用して右から左へ、左から右へのロングパスで展開ががらりと変わる戦術。

サイド・バイ・サイド [side-by-side]〈バドミントン〉ダブルスで使用される、2人が横に並ぶ守備型のフォーメーション。

サイドバック [sideback]〈サッカー〉ゴール前の守備に当たるディフェンダーのうちの両サイドの2人の選手のこと。SBと略す。

サイドバンド [side＋band 和]〈バレーボール〉ネットの両サイド、アンテナの内側にある幅5cmの白帯。サイドラインの真上に取りつけられる。

サイド・ヒル・ライ [side hill lie]〈ゴルフ〉つま先上がりやつま先下がりになる傾斜地のこと。

サイドブリージング [side breathing]〈水泳〉顔を横に上げて息をする呼吸法。

サイドライン [sideline]〈テニス〉コートの縦のライン。シングルス、ダブルスとも23.77mと決められている。〈サッカー〉コートの両翼の区画線。〈バドミントン〉コート両サイドのライン。

さ

サイン [sign]〈野球〉選手とファンの距離を近づけるファンサービスのひとつ。ファンに書く自分の名前のことを日本では「サイン」と呼び、アメリカでは"autogranphed"という単語で表現される。サインボールを"autographed ball"、サインバットを"autographed bat"という。

サインプレー [sign＋play 和]〈野球〉監督などからのサインで行われるプレー。

サウスポー [southpaw] 左利き。左利きのボクサー。左腕投手。

サウスポースタイル [southpaw style]〈ボクシング〉右足、右手を前に出した構え方。オーソドックススタイルを鏡に映した形になる。

逆立ち飛び込み [arm stand dive]〈水泳〉飛び込み台の先端で逆立ちをした状態から、飛び込む型のこと。高飛び込みだけの技。

逆とったり [sakasatottari]〈相撲〉とったりを打たれたとき、とられた腕を抜くようにして腰を捻り、逆に相手を倒すこと。また、相手に取られた腕のひじを曲げて、逆に相手のひじを抱え込んで片方の手で相手の手首を取り、捻り倒すこともある。

逆とったり

下がり [sagari]〈相撲〉締め込みの前にはさんで下げている棒状のひものようなもの。1本1本ふのりで固められており、19本が普通で体の大きさで変わるが、本数は奇数でなければならない。

サクリファイス [sacrifice]〈野球〉犠牲。犠牲バント。送りバント。

支え釣り込み足 [sasaetsurikomiashi]〈柔道〉引き手と釣り手を働かせ上体のあおりで投げる技。

さじき [桟敷] [sajiki]〈相撲〉枡形に仕切られた観覧席。マス席ともいう。

差し違い [sashichigai]〈相撲〉きわどい勝負の結果で、いったんは軍配が上がったが物言いがつき、協議の結果、行司の軍配を上げた力士が負けになること。

差し手 [sashite]〈相撲〉相手の脇の下に入れた腕。そのまま、まわしを取れば下手を取ることになり、差し手争いに有利に展開することができる。

差し手を返す [sashite wo kaesu]〈相撲〉差した手を親指のほうへ捻り、ひじを張ること。ひじを張ることによって相手の腕が押し上げられ、まわしが取りにくくなり、また場合によっては差していたまわしを切ることができるし、巻きかえられにくくなる。⇒かいなをかえす

左進右退 [sashinutai]〈弓道〉左の足から前へ進み、右の足から後へ退くこと。

サスペンデッドゲーム [suspended game] やむを得ない理由で、試合の続行が不能となった場合、後日試合の続行を条件として打ち切る試合のこと。中断試合。

サッカー [soccer]〈サッカー〉1チーム11人で構成。2チームがフィールド上で相手方のゴールを目指し攻撃と防御を繰り返す。得点を競う時間は、前半後半各45分の合計90分。紀元前のギリシャやローマで球体の形をしたものを

使い遊んでいた、イギリスでデーン人の頭蓋骨をけって遊んでいた、古代ローマのハルパストウム "Harpastum" に始まるという話など起源については諸説ある。サッカーの正式名はアソシエーションフットボール "Association football" といい、"soccer" は "association" の綴りの中の "soc" に人の意の "er" を加えてつくられたという。1863年にイングランドサッカー協会が結成され、1904年に国際サッカー連盟（略称・FIFA）が創立された。日本では1873年（明治6）にイギリス人ダグラス海軍少佐によって紹介された。1921年（大正10）には大日本蹴球協会の発足より本格化した。ロンドンオリンピック大会より正式種目となる。1930年にはワールドカップが開催。1993年（平成5）には日本ではプロのJリーグが開催された。2002年（平成14）には日本と韓国でワールドカップが共同開催された。1968年メキシコオリンピック大会では、日本チームは銅メダル（3位）に輝いている。

サック [sack]〈アメフト〉ディフェンスのプレーヤーがスクリメージラインを超えて、パスする前のクォーターバックをタックルすること。

ザッツ [satz 独]〈スキー〉ノルディックジャンプ競技での踏み切りのこと。飛距離を伸ばすために飛行姿勢以上にテクニックを要する。

サテライト [satellite]〈サッカー〉Jリーグ各クラブチームの二軍チームのこと。

サドンデス [sudden death]〈サッカー〉PK戦のときに、最初の5人ずつが終了した時点で同点のとき、ゴール数に差がつくまで、1人ずつ蹴る方式。〈ゴルフ〉規定のホールで勝敗が決まらない場合の延長戦の1形式。1ホールごとの勝負で優勝を決める。原義は「突然の死」。勝敗が決まるまで延々と続けられる中で、1ホールで突然、勝敗が決まり勝負が終了することから。〈アメフト〉同点試合の場合にどちらかのチームが得点するまでゲームを続けること。〈テニス〉6対6の6ポイントオールになったとき、どちらか一方が2ポイントリードするまで行い、先に先取したほうが勝者となる。

さばおり [鯖折り] [sabaori]〈相撲〉外側から相手の腰を両まわしか両手で引きつけて、上からのしかかるようにして相手の腰を下につぶしてひざをつかせること。

鯖折り

サファリラリー [Safari rally]〈モータースポーツ〉東アフリカ・ケニアの首都ナイロビを基点に約5000kmを約4日間で走破する非常に厳しいラリー。サバンナやジャングルなど自然環境が過激なので、ルートブックに記されている道路もなくなってしまうことがある。1953年から始まり、1970年に入ってから日本車の活躍が始まった。

サブグリーン [sub＋green 和]〈ゴルフ〉通常、各ゴルフコースには2つのグリーンがあり、競技日に使用されていないグリーンのこと。芝によって夏用と冬用に分けて使用されている。

サブスティチューション [substitution]〈バレーボール〉1セット6回まで認められる選手交代。＝メンバーチェンジ

サブトラック [sub track]〈陸上競技〉メイン競技場の隣にある補助競技場。ウォーミングアップや練習用に使用される。

サブマリンピッチャー [submarine pitcher]〈野球〉下手投げ投手。⇒アンダースロー

サポーター [supporter]〈サッカー〉支持者。支援者。サッカーなどでひいきのチームを支持する応援者。ファン。

サポーティング [supporting]〈ラグビー〉ラインアウトでボールをキャッチするためジャンプした選手を、ほかの選手が両手で支え上げ、確実にボールを獲得しようとする手助けをする。選手がジャンプした後に支える行為は反則ではない。

サマーソルトターン [somersault turn]〈水泳・ダンスなど〉⇒クイックターン

サミング [thumbing]〈ボクシング〉グローブの親指の部分で相手の目を突くこと。反則行為となり警告を受ける。

サルコージャンプ [salchow jump]〈スケート〉フィギュアでジャンプしながら体を駒のように回転させる技のひとつ。時計と反対回りに回転する場合、左足で後進滑走し、そのまま踏み切って空中で1回転して、右足で着氷するジャンプのこと。単にサルコーともいう。2回転をダブル・サルコー・ジャンプ、3回転をトリプル・サルコー・ジャンプという。

サワーアップル [sour apple]〈ボウリング〉すっぱいリンゴという意味で、役に立たないボールのこと。回転が不十分で、ピンに当たっても効果が上がらないボール。

三角絞め [sankakujime]〈柔道〉両脚を使って、相手の首と腕を挟み込む絞め技。

三角波 [perfect]〈サーフィン〉ピークから左右どちらにもきれいに割れる波。

三冠王 [triple crown]〈野球・スキー・競馬など〉3つのタイトルを独占すること。野球では首位打者・打点王・ホームラン王。アルペンスキーでは滑降・回転・大回転。競馬では皐月賞・日本ダービー・菊花賞。⇒トリプルクラウン

3球目(攻撃) [third-ball attack]〈卓球〉1球目サービス、2球目レシーブ、そしてそのレシーブを打ち返すのが3球目。

三殺法〈剣道〉攻撃には相手の剣、技、気を殺すという3つの方法があるという教え。

三重殺 [triple play]〈野球〉トリプルプレー。TPと略す。

三賞 [sanshou]〈相撲〉関脇以下の活躍した力士に与えられる賞。殊勲賞、敢闘賞、技能賞のいずれかで本場所の成績が8勝以上したものに与えられる。

三振 [strikeout]〈野球〉打者が3ストライクを宣告されること。バットにかすったチップも捕手に直接捕球されたときや、スリーバントの失敗も三振となる。

残心 [zanshin]〈剣道〉打突した後にも油断しないで、次に起こるどんな変化にも直ちに対応できる心構えや、身構えをいう。

残身・残心 [zanshin] 〈弓道〉射法八節の8番目の項目。発射後の姿勢を保つことを残身という。またその時の精神状態をいう時には「残心」の文字をあてる。

三段攻撃 [counterattack] 〈バレーボール〉最も基本的な攻撃パターン。パス、トス、スパイクの順にレシーブ、セッター、スパイカーの3段階でテンポよく攻撃に移ること。

三段跳び [triple jump] 〈陸上〉ホップ・ステップ・ジャンプと3歩で跳躍してその距離を最も遠くへ跳んだ者が勝者となる競技。1896年の第1回アテネオリンピックから男子が、女子は1996年のアトランタオリンピックから正式種目になった。

暫定球 [provisional ball] 〈ゴルフ〉打球が池・川などのウォーターハザード以外で紛失の可能性がある場合や OB の可能性があると判断できるときに、別にもう一球打っておく処置の球。最初に打った球がプレー可能ならば暫定球は破棄し、最初の球で再開する。

暫定チャンピオン [provisional champion] 〈ボクシング〉チャンピオンが海外遠征、負傷その他正当な理由でタイトル防衛戦を行なえない場合におかれる暫定的なチャンピオンのこと。日本タイトルの場合、暫定チャンピオンはタイトル獲得後120日以内に正規チャンピオンと統一戦を行なわなければならない。

サンデーゴルファー [Sunday＋golfer 和] 〈ゴルフ〉休日だけゴルフに出かけるゴルファー。週イチゴルファーと同義。

サンデーピッチ [Sunday pitch] 〈野球〉決め球。とっておきの投球。

サンデーピッチャー [Sunday pitcher] 〈野球〉主戦投手。エース。

サンドイッチゲーム [sandwich game] 〈ボウリング〉別名『ダッチマン』といい、ストライクとスペアが交互に続いて、得点が200点になるゲームのこと。シーシーともいう。

サンドウエッジ [sand wedge] 〈ゴルフ〉ジーン・サラゼンが考案したバンカーショット専用のウエッジ。厚めのソールによって砂を爆発させて（エクスプロージョンショット）大きなロフトで、ボールをあげる。ソールの薄いアプローチ用のフェアウェイサンドも一種。

サンドグリーン [sand green] 〈ゴルフ〉基礎部分に砂を使って作ってあるグリーン。ベント芝を良好な状態に保つための最良の方法とされている。

サンドスキー [sand skiing] 〈スキー〉砂丘で行うスキー。

サンドトラップ [sand trap] 〈ゴルフ〉砂の罠。バンカーの俗称。

サンドバー [sand-bar] 〈サーフィン〉海底に堆積した砂。ビーチブレイクではいい波を作る。

サンドバッグ [sandbag] 〈スポーツ用具〉砂袋。パンチ力をつけるためにボクシングなどのトレーニングに使うもの。

三番稽古 [sanbankeiko] 〈相撲〉稽古方法のひとつで、実力の接近した力士どうしが2人だけで何番も続けて対戦する稽古のこと。

さ

三分の二 [sanbunnoni]〈弓道〉引き分ける途中、矢が眉の高さくらいでいったんとどめ、左右の力のバランスを最終確認する動作・位置をいう。日置流印西派浦上系で行なわれる射法。

サンボ [sambo 露]〈サンボ〉ロシアの格闘技。柔道によく似ている。「武器なき自己防衛」という意味のロシア語を訳したもの。

三役 [sanyaku]〈相撲〉普通、大関、関脇、小結を総称して「三役」という。

三役揃い踏み [sanyakusoroibumi]〈相撲〉本場所の千秋楽で結びを含めて最後の三番の取番、「これより三役」のときにまず東方から呼び上げられ、力士三人が土俵に上がり、そろって四股を踏むこと。

三割打者 [three-hundred hitter]〈野球〉打率3割の打者のこと。打数に対する安打の割合。

【し】

試合稽古〈剣道〉お互いに審判をし、また3人審判にして1.3.5.7本などの勝負をすること。

試合主催者 [union]〈ラグビー〉協会、複数の協会、インターナショナル・ボードなど、試合に対して責任のある組織のこと。

シーガル [seagull]〈ウインドサーフィン〉ウェットスーツのデザインのひとつ。ワンピース（半そで、長ズボン）。

シークレット [secret]〈サーフィン〉秘密のポイント、知られていないポイント。

シーサイドコース [seaside course]〈ゴルフ〉海辺に作られたコース。リゾート地に多い。

シーズンオフ [season＋off 和]〈スポーツ一般〉スポーツなどの休止期間。オフともいう。和製英語で、英語では "off-season" と表現する。

シーソーゲーム [seesaw game] 追いつ追われつの白熱したゲーム。

シート [seat]〈野球〉守備位置。〈ウインドサーフィン〉セールを各部分に繋ぐロープのこと。

シード [seed]〈スポーツ一般〉勝ち抜き試合（トーナメント）で、上位入賞が予測される強いもの同士が最初から対戦しないように、あらかじめ事前の組み合わせでそれらの選手を配置すること。この選手のことをシード選手という。

シートバッティング〈野球〉試合と同じ状況で全員守備につき、バッティング練習すること。

シートノック [seat＋knock 和]〈野球〉野手を位置につけて、それぞれに捕球練習のためのノック。

シーハイル [Schi Heil 独]〈スキー〉スキーに幸あれ。スキーヤー同士の挨拶の言葉。

シェイクハンド [shake-hands]〈卓球〉ラケットの握り方のひとつ。欧米を中

心に発展した握手をするような握り方。シェイクハンドグリップは片面でしか打球しないペンホルダーと違い、フォアとバックの両面にラバーを張り、両面で打球でき、また両サイドのボールが打ちやすい。特に、バックハンドがやりやすいという特徴がある。

シェイク・ハンド・ラケット [shake-hands racket]〈卓球〉シェイクハンドグリップの競技者用に作られたラケット。

ジェイジーエー（JGA） [Japan Golf Association]〈ゴルフ〉日本ゴルフ協会の略称。

J・B・C [Japan Professional Bowling Association]〈ボウリング〉全日本ボウリング協会の略称。

シェイプ [shape]〈サーフィン〉サーフボードを削ること。削る人はシェイパー。

塩 [shio]〈相撲〉土俵上で清めのためにまかれるもの。取り組みの仕切りの際にまかれ、制限時間までの間に力士は塩をまいてだんだん気合が入ってくる効果もある。

ジ・オリンピック・プログラム [The Olympic Program] 国際オリンピック委員会がオリンピック運動を推進するために、4年ごとに展開している財源調達プロジェクトのこと。トップと通称される。原則として1業種1社で、企業からは資金、商品、技術、サービスなどの提供を受け、その見返りとして企業は、オリンピック関連のマークや、キャラクターなどを独占的に宣伝活動に使用できる権利を手に入れることになる。集まった協賛金はIOCが承認したNOC（国内オリンピック委員会）連帯金として配分され、オリンピック選手の派遣費用などに当てられる。

ジガー [jigger]〈ゴルフ〉グリーン周りからランニングアプローチ用に使われるクラブ。7番くらいのロフト角があり、形はアイアンとパターの中間的。

時間差攻撃 [time differential]〈バレーボール〉相手のボールを受けてからの攻撃態勢のひとつ。前衛の攻撃にかかわる3人のうちの1人が、おとりのスパイカーになってスパイクをするかのような見せかけのジャンプを行い、相手のブロッカーを引きつけておいて、そのすきに本命のスパイカーがスパイクをするという攻撃法。また、トスのタイミングをずらし相手のブロックをかわす方法もある。1972年（昭和47）の第20回ミュンヘンオリンピックで日本男子チームが初めてこの攻撃法を使い、金メダルの獲得に貢献した。以後ネットに平行（横方向）な方法だけでなく、縦方向の時間差、また1人時間差など技術の開発が盛んになっている。

時間の空費 [time loss]〈ラグビー〉プレーヤーがぐずぐずして故意に時間を空費すること。

死球〈野球〉⇒デッドボール

四球〈野球〉⇒フォアボール

仕切り [shikiri]〈相撲〉土俵中央の仕切り線に手を下ろして構え、相手との気合・呼吸を合わせる。まれに時間前に両者の呼吸が合って立つことがある。

仕切り線 [shikirisen] 〈相撲〉土俵中央にある２本の白線。両者がこの白線に両手をつけ立会いをする。ただし、白線より前に手をつけてはならない。

軸 [pivot] 〈野球〉スイング中の、バットの先の軌跡は円を描くが、その円の中心を軸と呼ぶ。背骨が軸になる。

軸足 [pivot foot] 〈野球〉身体を支える軸となる足。打席で構えたときの捕手側の足。投手の場合は投球開始の挙げた足を支える他の足。

シケイン [chicane] 〈モータースポーツ〉サーキットのコースの途中にスピードを抑えるために設けられた障害物。最近は障害物の代わりに、従来のコースに新たな急カーブを増やし、他のものもシケインと呼ぶ。

しこ[四股] [shiko] 〈相撲〉力士が下半身を鍛える相撲の基本的な運動。両足を開きそのまま腰を下ろし、次に片方の足を横にできるだけ高く上げて下ろす。このときひざは真っすぐに伸び切るのが理想的な形といわれる。

しこな[四股名] [shikona] 〈相撲〉力士の呼び名。番付の位置が違っても同じ四股名は使えず、また同音異字の四股名も使えない。

シザーズジャンプ [scissors jump] 〈陸上競技〉挟み跳び。走り幅跳びで、空中を走るように両足を後ろ前に振る跳び方。

シザーズホールド [scissors hold] 〈レスリング〉挟み締め。

刺殺 [pickoff putout] 〈野球〉フライ、ライナーや送球されてきたボールを捕球して走者をアウトにすること。けん制での刺殺は pickoff、PK・PO と略す。

しじゅうはって[四十八手] [shijuuhatte] 〈相撲〉相撲の決まり手の数を称していう。投げ技12手、掛け技12手、反り技12手、捻り技12手の計48手のことをいう。実際はもっとあり、現在では相撲協会が82手に絞っている。

システム [system] 〈サッカー〉GK、守備、中盤、攻撃と４つに分けたポジションの選手をどのように配置するかを示すもの。フォーメーションと同じ。1-3-5-2など GK、守備、中盤、攻撃の順に、それぞれの人数をつなげて表現する。1-4-3-1-2など、1.5列（トップ下）も含めた５ケタもある。

システム練習 [systematic training] 〈卓球〉実戦に即して球種やコースを決め、それを組み合わせて行うパターン練習。

自責点 〈野球〉⇒アーンドラン

自然本体 [shizenhontai] 〈柔道〉相手の動作にすみやかに対処できる姿勢を「自然本体」と呼び、体のどの部分にも力を入れず、自然に立つ。

下押し [shitaoshi] 〈弓道〉弓の握りより下部分を押すようにべったりと握る手の内を言い、働きのない冴えない手の内。べた押しともいう。

下回転 [backspin] 〈卓球・ゴルフなど〉バックスピン、後進回転。またカットボールともいう。⇔上回転

下がけ [shitagake] 〈弓道〉弓懸けを装着する際に、弓懸け下として装着し、汗などが弓懸けに付かないようにする木綿製のもの。親指にはめて弓のつるを引時に指を傷つけない為の皮の手袋。

支度部屋 [shitakubeya] 〈相撲〉本場所中東西２つの大部屋に力士たちが明け荷を置くための控え室。正面に横綱が座り、以下左右に番付順に並ぶ。十両

以上がここに明荷を置いて出場の支度をする。

下手 [shitate]〈相撲〉まわしを持って組み合ったとき、下になっているほうの手をいう。相手の脇の下に腕を差し入れること。早く自分の得意の腕を差し入れたほうが有利になるので、激しい差し手争いが生じる。⇔うわて（上手）

下手出し投げ [shitatedashinage]〈相撲〉下手まわしを引き、脇を締めて体を開いて相手を引きずるように前に投げること。

下手投げ [shitatenage]〈相撲〉差し手でまわしをつかみ下手から投げること。

下手捻り [shitatehineri]〈相撲〉差し手でまわしを引き、まわしを取った下手のほうから、捻って相手を倒すこと。

下手出し投げ　　　　　下手投げ　　　　　下手捻り

失 [shitsu]〈弓道〉行射中に矢を落とす、弓を落とす、弦を切るなどのミスをいう。

シックスネーションズ [Six Nations]〈ラグビー〉北半球6か国対抗選手権。例年2月から4月まで総当たりのリーグ戦を行い、北の王者を決める。イングランド、スコットランド、アイルランド、ウエールズ、フランス、イタリア。全勝優勝をグランドスラム、英国勢の中での全勝はトリプルクラウンと呼ぶ。2000年にイタリアが加入するまでは5か国対抗だった。

6ビートキック [6 beat kick]〈水泳〉クロール、背泳ぎで基本となるストロークとキックのコンビネーション。1回ストロークする間に右足3回、左足3回、計6回のキックを行う。

失策 [error]〈野球〉エラー。Eと略す。

シッティングバレーボール [sitting volleyball]〈障害者スポーツ〉下肢の切断などによる下肢障害者が参加。6人制で選手すべてが座ってプレーをする。12人の登録選手中、「ミニマムプレーヤー」という障害の軽い選手が2名登録でき、コート上には1名の参加ができる。①ボールに触れるときに尻が床から離れてはいけない。立ち上がったり、飛び跳ねたりすると反則になる、②サーブをブロックしてもよい、などの特別なルールがある。コートの広さは縦10m、横6m、中央のネットは1.15m（女子1.05m）。ネットの張られたコートで座ったままでプレーをする。座位姿勢でいかに素早く動くかがポイントになる。

失点 [runs]〈野球〉主に投手が相手チームに与えた得点のこと。

自転車競技 [bicycle race]〈自転車〉大別すると、競技場で行うトラックレース

と、一般公道で行うロードレースがある。トラックレースには、着順競争と、タイム競争がある。着順競争には①スプリント②ケイリン③パーシュートレース④ポイントレース、またタイム競争にはタイムトライアルの競技がある。ロードレースにも着順とタイム競争がある。日本で生まれた競輪は2000年（平成12）の第27回シドニーオリンピックから「ケイリン」として正式種目になった。

シニア [senior]〈ゴルフ〉50歳以上の競技者のこと。同じ条件で競技をするのは体力的につらい面があるので年齢別に競技会が行われるようになった。

シニア競技 [senior tournament]〈ゴルフ〉満50歳または満60歳以上の人が参加する競技。

しにたい[死に体] [shinitai]〈相撲〉土俵際の激しい攻防の末もつれるように倒れたとき、逆転の可能性のない体の力士のこと。勝敗の大きな判定基準になる。⇔生き体

シバーリング [shivering]〈ウインドサーフィン〉セールに風をはらませないで、なびかせておくこと。

支配下選手〈野球〉球団が保有する選手数のことで、野球協約によって70名を超えてはならないと厳重に規定されている。これは球団保有戦力の公平を期することを狙いとしている。しかし70名の人数では一軍の激しい戦いの中での要請に十分に応えるだけの戦力供給には不足である。二軍、三軍で十分な選手の養成ができないのが現実になりつつある。アメリカの野球組織では、選手の保有は各球団の意欲と財力しだいで自由とされている。よって自由競争による豊かなファーム組織が展開され、選手の養成・幅広い野球市場の開拓に役立っている。

芝目 [grain]〈ゴルフ〉芝の葉の向いている方向。ボールを打つ方向に向いていれば順目、手前に向いていれば逆目。

ジブセール [jib sail]〈ヨット〉ヨットの帆柱の前方に張る三角帆。

シフト [shift]〈野球〉特定の打者に対して守備位置を変える。〈モータースポーツ〉トランスミッションのギアを操作すること。F1では近年ほとんどにセミオートマチック（半自動）が採用され、シフトはハンドルに装備されたシフトボタンで行われるようになった。〈ウインドサーフィン〉風向きが変化すること。

四本柱 [shihonbashira]〈相撲〉屋外興行だった頃に屋根を支えていた土俵の四隅に立てられた柱。正面東から、赤、白、黒の布を巻いて四季四神を表している。1952年（昭和27）から観客に見やすいように「柱」を「房」に変えた。

シミュレーション [simulation]〈サッカー〉相手から反則を受けたふりをして自分から倒れこみ、偽装してFKやPKを取ろうとする反則。違反した選手は反スポーツ的行為として警告される。

ジム [gym]〈スポーツ施設〉体育館。体操学校。ボクシングの練習場。

ジムナスチックス [gymnastics]〈スポーツ施設〉⇒ジム

指名打者 [designated hitter]〈野球〉本来打席に立つべき選手の打席がきたときに、代わりに指名されて打撃を行う選手。DHと略す。指名打者は守備に

つくことはない。アメリカ大リーグでは1973年からアメリカンリーグが採用している。日本では1975年からパシフィックリーグが採用しているが、セントラルリーグは採用していない。⇒ DH

締め込み [shimekomi]〈相撲〉力士が本場所で土俵に上がるときに締めるまわしのこと。色は紺または紫系統と定められているが、最近はファン拡大・サービスの観点から緑や朱色なども見受けられる。

ジャーク [jerk]〈重量挙げ〉重量挙げの一種目。バーベルを胸の位置まで一気に引き上げ、反動で頭上に差し上げる。

ジャージー [jersey]〈スポーツ用具〉柔らかく、伸縮性のある厚手のメリヤス編みの布地。特にラグビー選手が着るメリヤスのセーター。

射位 [shai]〈弓道〉の場における弓を引くべき位置をいう。射位を体の中央にして行射する。近的の場合は、射位から的表面までが28m。

ジャイアントスラローム [giant slalom]〈スキー〉アルペン競技のひとつ。急斜面に設けられた大・中・小の左右に大きく振られた旗門コースを滑走し、ゴールまでの所要タイムを競う競技。高速滑降による高度の正確なターン技術が必要とされる。大回転ともいう。競技は異なるコースを1回ずつ滑り、合計タイムで順位を決める。〈ウインドサーフィン〉スラロームコースの一辺を長くしたファンボード用のレースコース。

ジャイブ [jibe]〈ウインドサーフィン〉ノーズを風下に回し、風軸を超えて方向転換をすること。

ジャイロプレーン [gyroplane]〈スカイスポーツ〉ヘリコプターのように、パイロットの頭上にローターがあり、ローターの回転で生じる揚力で浮き上がる。操縦はウルトラライトプレーンに比べて難しく、飛行技術をマスターするにはかなりのトレーニングが必要となる。

射撃 [shooting]〈クレー射撃〉クレー射撃、ライフル射撃の2種目に大別できる。クレー射撃はスキート射撃とトラップ射撃に分けられる。またライフル射撃にはライフル種目とピストル種目がある。ライフル射撃は1896年の第1回アテネオリンピック、クレー射撃は1900年の第2回パリオリンピックから正式種目。

車検 [vehicle check]〈モータースポーツ〉競技車両規則に合致しているかどうかなどを、競技に出場する車両に対して、競技会技術委員会がチェックすること。車両検査という。この検査をパスしなければ予選に出場できない。また決勝レースのゴール後に2度目の車検に合格しなければ失格になる。ル・マン24時間の車検は、レースの前に2日間にわたって市内の広場で、車両のお披露目も兼ねてお祭りとして行われる一般公開車検となり、「優雅な車検」といわれる。

ジャザーサイズ [jazzercise]〈健康スポーツ〉健康づくりのためのジャズダンスの一種。

ジャズダンス [jazz dance]〈健康スポーツ〉ジャズに合わせて踊るダンス。

射台〈クレー射撃〉射撃をする場所。

ジャッグル [juggle]〈野球〉捕球のとき取りそこねて、グラブの中で何度か弾ませること。〈ハンドボール〉空中のボールに２度触れること。反則になる。

ジャッジ [judge]〈ボクシングなど〉①審判員。②ボクシング、レスリングの副審。③判定。判定する。

ジャッジペーパー [judge paper]〈ボクシングなど〉採点用紙。

ジャッジミス [judge miss] 誤審。

シャットアウト [shutout]〈野球〉相手に得点を与えないで、完封・零敗させること。初回から最終イニングまで失点「０」で終えること。⇒完封

シャッフル [shuffle]〈サーフィン〉横向きにすり足でスタンスをずらす、もしくは歩くこと。

シャッフルボード [shuffleboard] 細長い棒（キュー）で円盤（ディスク）を押し出すように得点エリアにシュートし得点を競うゲーム。日本では1979年(昭和54)、インターナショナル・シャッフル・ボード協会公認の日本シャッフルボード協会が設立された。

シャドー [shadow]〈スケート〉フィギュアスケートのペアとアイスダンスの競技における技術。男女が同じ技を並行して行う演技。

シャドーピッチング [shadow pitching]〈野球〉投手が球の代わりにタオルなどを握り、自分の投球フォームを鏡に写し、ウイークポイントなどを矯正・研究すること。

シャドープレー [shadow play]〈野球〉ボールを使わずに守備練習をして見せる。

シャドーボクシング [shadowboxing]〈ボクシング〉相手を想定しながら、１人で攻撃、防御、フットワークを練習すること。

シャトル [shuttle]〈バドミントン〉コルクに16枚の羽を差し込んで作られている競技用の羽根。重さは4.73〜5.50g。

シャトルコック [shuttlecock]〈バドミントン〉バドミントンで使う羽根。

蛇の目 [ja no me]〈相撲〉土俵の外周、30cm くらいの幅でサラサラの砂が敷かれているところ。力士の土俵際の足跡が分かりやすく勝敗の判定に利用する。

ジャパン・オープン・テニス [Japan Open Tennis]〈テニス〉日本テニス協会主催で1972年（昭和47年）から開催されているオープントーナメント。現在では４大トーナメントに次ぐ大会となり、世界各国から有名選手も多数参加するようになった。年々賞金金額もアップされ、スタートから田園コロシアムで開催されてきたが、1987年（昭和62）からは有明コロシアムに移され、日本テニス協会の看板大会となっている。

ジャパンパラリンピック [Japan Paralympic Games] ㈶日本障害者スポーツ協会と、競技団体が主催する国内最高峰の障害者スポーツ大会として毎年開催される。

シャビング [shoving]〈ボクシング〉相手の攻撃を外側から内側に払いのけたり押しのける方法のこと。

ジャブ [jab]〈ボクシング〉片手を伸ばして相手を軽くけん制し連打すること。肘の屈伸だけで連続して打つのが特徴。相手の体勢を崩してストレートなどの強打を打つ用意をするとともに相手の出ばなをくじく最大の防御の役目がある。

シャフト [shaft]〈ゴルフ〉クラブの柄の部分のこと。〈バドミントン〉ラケットのヘッドとハンドルをつなぐラケットの芯部分。

しゃほうはっせつ[射法八節] [shahouhassetsu]〈弓道〉弓を射るときの連続動作。足踏み→胴造り→弓構え→打起こし→引き分け→会→離れ→残心、この８つの動作が静と動のバランスによってスムーズに行われなくてはならない。この動作の順序のことをいう

射礼 [sharei]〈弓道〉礼法を伴った弓射を行なうこと、披露することをいう。儀式的な弓射。

シャロー [shallows]〈サーフィン〉浅瀬。または浅いこと。

シャン [champ 仏]〈スポーツ施設〉フェンシングの競技場。

シャンク [shank]〈ゴルフ〉アイアンヘッドのつけ根部分（ソケット）にボールが当たるミス。急角度で右に飛び出す。「ソケット」ともいう。

ジャンク [junk]〈サーフィン〉波のコンディションが最悪な状態。

シャンツェ [Sprungschanze 独、jumpinghill]〈スキー〉ジャンプ台。ノルディック・ジャンプ競技を行う施設。ジャンプ台。規模によってノーマルヒル（K点＝90m）、ラージヒル（K点＝120m）、フライングヒル（K点＝145〜180m）の３つの施設があり、オリンピックではノーマルヒルとラージヒルが行われる。

ジャンパー [jumper]〈陸上〉跳躍種目の競技者のこと。〈スキー〉スキージャンプの選手。

ジャンピングスマッシュ [jumping smash]〈テニス・バドミントンなど〉ジャンプしながらスマッシュすること。

ジャンプ [jump] 跳躍競技の跳躍。幅跳び、高跳び、スキージャンプ、フィギュアスケートなどの跳躍。〈ウインドサーフィン〉波をジャンプ台にみたてジャンプすること。主にアウトサイドへ出ていくときに見られる。

ジャンプシュート [jump＋shoot 和]〈ハンドボール〉パスを受けてから飛び上がって、空中の高い位置にある状態で着地前にシュートすること。

ジャンプターン [jump turn]〈スキー〉杖を軸にして飛び上がるようにして方向を変える技法。

ジャンプボール [jump ball]〈バスケットボール〉ゲーム開始時とどちらのボールか分からなくなったときに行う。両チームからプレーヤーが１人ずつ出て、審判が投げ上げたボールをジャンプしてタップで奪い合う。

首位打者 [batting champion]〈野球〉シーズン通算の最高打率を達成した打者のこと。シーズン途中で首位に立っている打者やチーム内の首位打者を leading hitter という。

自由形 [freestyle]〈水泳〉競泳種目のひとつ。どんなスタイルで泳いでもよい種目。最も速いクロールが多く用いられている。100、400、800、1500m の各種目がある。

自由型 [combination dive]〈水泳〉飛び込みの空中姿勢のひとつ。4タイプある。伸び型、えび型、抱え型、この3つにひねりを加えたものが自由型。

自由形 [free-style]〈水泳〉フリースタイル。ほとんどの場合クロールを指す。

自由契約選手 [free agent]〈野球〉球団が選手の保有権を放棄し、他球団との契約が自由にできるようになった選手。球団から解雇された選手とフリーエージェント制を行使する選手に対して使われる。⇒**フリーエージェント制**

十字絞め [jyujijime]〈柔道〉相手の正面より、自分の手を十字に交差させて相手の横襟を握り、自分の胸に引きつけるようにして絞める。

柔術〈柔術〉日本独自の武道のひとつ。江戸時代に発達した武術で、武器を使用せず、相手の攻撃力に順応して相手を投げ倒し、もしくは当て身などの攻撃・防御の技を行い、同時に身体の鍛錬や精神修養を目的とする術。

重心 [weight]〈スノーボード〉身体の中心になる部分。一般的にはおへそ付近と言われている。重心はバランスの要となる。

重心移動 [weight shift]〈卓球〉右足から左足へといったように、スイング時に体重をかける方向を動かすこと。

ジュース [deuce]〈テニス・バレーボール・卓球〉あと1点でそのゲームまたはセットが取れるというところで同点になること。以後どちらかが2ポイントを続けて取らなければ勝てない。2点連取できないとゲームは限りなく続くことになる。再びジュースになることをジュースアゲインという。

シュート [shoot]〈野球〉球に与える回転に強弱をつけ、意図的に曲げる投法。またはその球。右投手の場合は投球が右に曲がり。左投手の場合は左に曲がる。胸元にくい込んでくるために打者は打ちにくい。〈バスケットボール・サッカーなど〉ゴールに球を蹴り入れたり、投げ入れたりすること。またヘディングでのシュートがある。

柔道 [judo]〈柔道〉柔よく剛を制すという言葉によって代表される柔術で、1882年(明治15年)に嘉納治五郎によって講道館柔道という名称の下に確立された。受身を基本とし、技は投げ技、足技、寝技の3つに分かれている。試合の勝敗は投げ技または固め技で「一本」「技あり」を2回取ると一本勝ちとなる。第18回東京オリンピック大会で正式種目として採用された。1968年に一度正式種目から除かれたが、第20回ミュンヘンオリンピックからは再び正式種目として復活した。

10メートル規則 [10m rule]〈ラグビー〉後方の味方のキックによりオフサイドの位置になったプレーヤーは、ボールの落下地点から自陣に10メートル下がらなければ競技に参加できないと定めた規則。

重量 [jyuuryou]〈馬術〉障害飛び越しでは騎手は最低重量が75kgでなければならない。もしこれよりも少ない場合は鉛板を馬に乗せて競技しなくてはならない。

主審 [umpire]〈バドミントン〉ゲーム進行の責任を持つ、最も権限のある審判。

十両 [jyuuryou]〈相撲〉正式には「十枚目」という。通称の「十両」は、幕末から明治初期にかけて、幕下の上位十枚目までの力士に給金十両を与えたこ

とに由来する。

殊勲賞 [shukunshou] 〈相撲〉三賞のひとつ。特に横綱や大関、その場所の優勝
力士を倒した力士に与えられる。

出世力士 [shusserikishi] 〈相撲〉前相撲を取って、本場所の土俵上で新序出世
披露を受けた力士のこと。

十種競技 [decathlon] 〈陸上〉デカスロン。男子の混成競技で1912年の第5回
ストックホルムオリンピックから正式に採用されている。トラックとフィー
ルドにまたがる競技を連続した2日間で10種目の競技を行う。1日目100m、
走り幅跳び、砲丸投げ、走り高跳び、400m、2日目110mハードル、円盤投
げ、やり投げ、1500m、棒高跳び。採点表による総得点によって決定する。
⇒七種競技

出世披露 [shussehirou] 〈相撲〉前相撲にて3勝して、翌場所序の口に上がる資
格を得た力士のお披露目。披露は中日の三段目の取り組みの最中に行わ
れる。

シュテム [stemmen 独] 〈スキー〉スキーの先をV字形にくっつける動作。

シュテムボーゲン [stemmbogen 独] 〈スキー〉スキーの先をV字形にして進
行を制し、速度を緩めながら回転する技法。

ジュニアフェザー [junior featherweight] 〈プロボクシング〉体重別階級のひと
つ。スーパーバンタム級に変更。⇒スーパーバンタム級

ジュニアフライ [junior flyweight] 〈プロボクシング〉体重別階級のひとつ。ラ
イトフライ級に変更。⇒ライトフライ級

ジュニアミドル [junior middleweight] 〈プロボクシング〉体重別階級のひとつ。
スーパーウェルター級に変更。⇒スーパーウェルター級

ジュニアライト [junior lightweight] 〈プロボクシング〉体重別階級のひとつ。
スーパーフェザー級に変更。⇒スーパーフェザー級

守備妨害 ⇒インターフェア

シュプール [spur] 〈スキー〉スキーの滑った跡。

シュブンク [schwung 独] 〈スキー〉回転する際に体を捻って調子を取ること。
カカトを回転するときに押し出す技術。

しゅもくぞり[撞木反り] [shumokuzori] 〈相撲〉た
すき反りと同じ形で入って、相手を肩に担ぎ上げ
てから後ろに反り倒すこと。

シュライファー [schleifer] 〈ボウリング〉1番ピ
ンに薄く弱く当たったストライクで、ピンが1
本ずつ次々と倒れていく状態。

撞木反り

ジュリー [jury] 〈ボクシング〉アマチュアの試合で採点の確認、レフェリーの
誤審の訂正などを行なう監査役。〈スキー〉モーグル競技の競技委員長、主任
審判員、技術代表の3人で組織される競技会の最高意思決定機関。

純ジャンプ 〈スキー〉ノルディックジャンプ競技のことで、ノルディックコン
バインドと区別するためにこう呼ばれる。

準年寄制度 [juntoshiyoriseido]〈相撲〉引退した力士が年寄株を取得するまでの間、四股名のまま親方業をすることができる制度。5人以内と決められており、横綱は5年、大関は3年、三役以下は1年の期間が定められている。

ショアブレイク [shore break]〈サーフィン〉波打ち際の波。

生涯スポーツコンベンション 文部科学省、日本体育協会と、日本レクリエーション協会などの生涯スポーツ関連団体が主催する研究協議会。第1回は1990年（平成2）東京で開催された。

上下動 [flexion and extension]〈スノーボード〉足首、ヒザ、股関節を使って脚部を屈伸させること。エッジを切り換えるときや緩斜面でボードを走らせたいときに有効な動き。

上肢装具 [upper extremity]〈障害者スポーツ〉①BFO—頚髄損傷者、筋ジストロフィー等の上肢の筋力が弱い神経筋疾患者などに用いる。②手関節背屈装具—手関節を機能的肢位に保持し手指の動作を行ないやすくする装具。③対立装具—親指と他指の対立運動でつまみ動作を機能的に行なう装具。④把持装具—手指筋の麻痺などに対し、手関節の背屈によって、手指の屈曲を起こさせ可能にするための装具。⇒下肢装具

勝利打点 [game-winning]〈野球〉打者のヒットやフォアボール、デッドボールなどによって挙げた得点が勝利を決めたときの打点。日本プロ野球では、セントラルリーグのみが実施している。

勝利投手 [winning pitcher]〈野球〉最も勝利に貢献した投手。先発は最低5回を投げきる必要がある。また、降板するときに自チームがリードし、同点または逆転されることなく試合が終わった場合に付く。先発投手が5回を投げきる以前に降板したときは以後最も有効な投球をした救援投手に与えられる。ただし、試合が同点になったときは、その時点から新たに試合が始まったものとする。逆転されたときはそれまでの投球をした投手はすべて対象外になる。

ショート [short]〈野球〉ショートストップの略。遊撃手。〈ゴルフ〉ボールが狙ったグリーンやピンに届かないときに「ショートした」というように使う。

ショートアイアン [short iron]〈ゴルフ〉7〜9番アイアン。短いアイアンクラブのこと。

ショートカット [shortcut]〈ゴルフ〉ドッグレッグホールをコースの曲がり具合に進まず、林や池を飛び越して最短距離で攻めていくこと。

ショートゲーム [short game]〈ゴルフ〉グリーン近くになってからのプレーとそのあり方。アプローチとパッティングのこと。

ショート・トラック・スピード・スケート [short-track speed skating]〈スケート〉1周111.2mの楕円形のコースを、グループ分けされた選手が4〜8人ずつ同時に滑走し、着順を競い、勝ち抜き方式で勝者を決める。1976年にアメリカで初の競技会が開催され、1992年の第16回アルベールビル冬季オリンピックから正式種目になった。

ショートサービス [short service]〈バドミントン〉短い距離を打つサービス。

ダブルスでよく使われる。

ショート・サービス・ライン [short service line]〈バドミントン〉ショートサービスを行なう、ネットに一番近いライン。

ショートサイド [short side]〈ラグビー〉ボールの位置から見てタッチラインまでの距離の短いほうのフィールドのこと。反対に距離が長いほうをオープンサイドという。

ショートスプリント [short sprint]〈陸上〉短距離走種目のなかでも短めの距離である100m・200mを指す。

ショートバウンド [short bound]〈テニス・卓球〉球がコートに落ちて短く跳ね返ること。〈野球〉野手の手前で短くバウンドするボール。

ショートパス [short pass]〈ラグビー・アメフト・バスケットボールなど〉球を味方から味方にわたすこと。

ショートパンチ [short punch]〈ボクシング〉相手に近い距離から放たれるパンチ。

ショートパント [short punt]〈サッカー〉キックされた球が短いフライになって飛ぶこと。

ショートブロー [short blow]〈ボクシング〉近距離からのパンチのことで、ストレート、フック、アッパーカットなどの打撃方法。

ショートプログラム [short program]〈スケート〉フィギュア種目であらかじめ定められた演技要素を規定数盛り込んだ演技。男女のシングルと男女ペアの3種目が行われる。演技要素を盛り込む順番や、ほかの技との組み合わせの構成、使用する音楽などは自由になっている。演技要素の正確さと全体の表現力を競う。

ショートホール [short hole]〈ゴルフ〉規定打数（パー）が3のホール。男子は250ヤード以下、女子は210ヤード以下となっている。和製英語。正式にはパー3ホール。英語でショートホールといえば、単に短いホールのこと。パー3にもパー4にもパー5のホールにもあり得る。

ショートリリーフ [short relief]〈野球〉試合の途中に登板し、短いイニングを受け持つ救援投手。

ショートレンジ [short-range]〈ボクシング〉短距離のこと。接近戦を行なえるような選手間の距離。

ジョグ [jog]〈陸上〉もともとは「ゆっくり歩く」という意味だが、ゆっくりと走ることを指し、「ジョギング」ともいう。トレーニングとしてのほか、ウォーミングアップやクーリングダウン時、走練習のつなぎにも用いられる。

女子サッカー〈サッカー〉1979年に女子サッカー連盟が結成され、1980年3月に第一回全日本女子選手権が開催。1989年（平成元）に、日本女子サッカーリーグが発足した。1994年にレディーの頭文字をとってLリーグと改称した。1996年からはアトランタオリンピックの正式種目となった。また世界女子選手権は女子ワールドカップ（W杯）と名称を変えた。

助走 [running]〈水泳〉飛込競技において、踏み切りを効果的に行うために飛び

込み台の手前から走ること。助走が伴う飛び込みを「走り飛び込み（ランニング）ダイブズ」という。逆に助走のない飛び込みを「立ち飛び込み（スタンディングダイブズ）」と呼ぶ。

しょっきり［初っ切り］[shokkiri]〈相撲〉地方巡業で見られる、幕下力士以下の力士で相撲の決まり手や反則技などを面白おかしく解説しながらの余興。

ショックコード[shock cord]〈ウインドサーフィン〉何本ものゴムを編み合わせてできた繊維で覆ったロープ。

ショット[shot]〈ゴルフ〉ボールを打つこと。ルール上は、打つ＝当たるか、そうでないか（空振り）に関わらず、１打と数えるため、ショットとはいわず、ストロークと表現している。〈テニス・ゴルフ〉球を打つこと。〈バスケットボール・サッカー〉ボールをゴールに入れること。

ショットガン[shot gun]〈ゴルフ〉多くのホールから一斉にスタートさせる競技方法。散弾銃にたとえた呼び方。

ショットガンフォーメーション[shotgun formation]〈アメフト〉ショットガンのようにレシーバーをダウンフィールドいっぱいに散らすパス専用のオフェンス体型。

ショットメーカー[shot maker]〈ゴルフ〉いつも正確なショットをするプレーヤーのこと。

序二段[jonidan]〈相撲〉序の口の上で、三段目の下の位置になる。場所ごとに序二段で7000円の手当が出る。

序の口[jonokuchi]〈相撲〉番付に載る力士の中で最も下位の階級名、序二段の下になる。幕下以下の力士は十両以上の力士の身の回りの世話をする付け人となる。

ショルダー[shoulder]〈サーフィン〉波のブレイクしてない部分。波の切れ目。

ショルダーショット[shoulder shot]〈バスケットボール〉ボールを両手で持ち、肩の位置からシュートすること。

ショルダーブロッキング[shoulder blocking]〈アメフト〉肩を相手の大腿部に入れ、押し上げて倒すこと。

しらぬいがた［不知火型］[shiranuigata]〈相撲〉横綱の土俵入りの型のひとつ。腰を下ろして構えたとき両手を大きく開いて、せり上がるのが特徴。江戸末期の横綱不知火光右衛門が完成させた。⇒うんりゅうがた（雲竜型）

シリーズ[series]一連の試合。ワールドシリーズ、日本シリーズなど。

シリーズポイント[series point]〈モータースポーツ〉二輪、四輪ともに年間を通じてシリーズで行われるレースやラリーの１戦ごとに順位に応じて与えられるポイントのこと。年間の合計ポイントでチャンピオンのタイトルを競う。ドライバーズポイントとコンストラクターズにそれぞれポイントがつく。フランスのアラン・プロストは1980年〜1993年の14年間でＦ１レースに199回出場し、51回の最多優勝回数と通算ポイント798ポイントを獲得する最高記録を作った。

シリンダー[cylinder]〈バスケットボール〉プレーヤーの位置を確定するため

に想定したプレーできる範囲。上の空間を含むシリンダー内でプレーしていればファウルにならないという目安がある。

白星 [shiroboshi]〈相撲〉本場所の取り組みで勝つこと。「○」で表記される。

シン [thin]〈ボウリング〉シン・ヒットともいい、ボールがピンにかすめるように薄く当たった状態のこと。

シンカー [sinker]〈野球〉球に小さな回転を与え、打者の近くで急に沈むボール。〈ウインドサーフィン〉ある程度のスピードを得なければ、海面上に人を乗せて浮くことのできないボード。⇒ノンフローター

シングル [single]〈ゴルフ〉1対1のマッチプレーのこと。または、コースを1人で回る人。〈スケート〉1人で行うプレー。

シングルキャッチ [one-handed catch]〈野球〉両手で捕球せずにグラブだけで捕球すること。片手捕球。

シングルス [singles]〈テニス・卓球・バドミントン〉1人対1人の試合。

シングルスチール [single steal]〈野球〉ランナーが単独で走る盗塁。

シングルススティック [single tennis stick]〈テニス〉ダブルスのコートで、シングルスのゲームをするときネットの高さを調整するために立てるポスト。

シングルハンド [single hand]〈スケート〉スピード競技の滑走姿勢のひとつ。長距離レースのほか短距離でもコーナーを曲がるときにリズムまたはバランスをとるために一方の手を背に回し、片方の手だけを振って滑走する方法。

シングルヒット [single hit]〈野球〉単打。

シングルプレーヤー [single-handicap player]〈ゴルフ〉ハンディキャップが1〜9(1ケタ)までの上級者。正式にはシングルハンディキャッププレーヤー。

シンクロナイズドスイミング [synchronized swimming]〈シンクロ〉音楽に合わせて水中での規定演技と自由演技を行い芸術点と技術点を競う競技。ソロ、デュエット、チーム、の3種目がありそれぞれ自由演技と規定演技の2つの課題演技が行われる。1956年のメルボルンオリンピックからチームが、1984年ロサンゼルスオリンピックでデュエットが採用され、1988年の第24回ソウルオリンピックからソロが正式に加わった。日本の得意種目となっている。

シンクロナイズドダイビング [synchronized diving]〈水泳〉飛び込み種目のひとつで、2人の選手が同時に飛び込みの演技を行う競技。2人でまったく同じ演技を行うものと、左右対称形になる演技でコンビネーションを見せるものとがある。

シンシナティ [cincinnati]〈ボウリング〉8番・10番ピンのスプリット。

新序出世披露 [shinjyoshussehirou]〈相撲〉新弟子は、前相撲を取って新序となり、翌場所からしこ名が番付の序ノ口に記載される。この新序になったときに、土俵上で行司の出世披露言上とともに紹介される儀式をいう。

新体操 [rhythmic gymnastics]〈新体操〉今日の新体操は20世紀前半にロシア(ソ連)でバレーをベースに芸術的な体操を目指して生まれた。日本では戦後団

体徒手体操があり、1968年（昭和43）からは「個人」が加わって新体操と呼ばれるようになった。国体では男女ともに正式種目として行われているが、国際試合では男子種目はない。演技は12m四方の空間で音楽に合わせた自由演技だけを行う。その中には決められた難易度の技を規定数以上盛り込んで演技しなければならない。競技会主催者が選んだ5種の手具の中から4つを選んで行う。それらの手具には、ロープ、フープ、ボール、クラブ、リボンがある。オリンピック大会のほかに世界選手権が開催されている。

新卓球（ラージボール） [large ball] 1988年（昭和63）日本で始まった競技。軽くて大きいボール（ラージボール直径44mm、公式球40mm）、表ソフトラバーのみの使用、高いネット17.25cm を使ってプレーする競技。ゆっくりラリーが続く上に、使用ラバーが表ソフトのみの使用のため、ボールに強烈な回転がかからないので初心者でもラリーが楽しめる。高齢者を中心に人気を集め、生涯スポーツとして全国に普及している。現在世界では行われておらず日本のみで行われている。

新弟子検査 [shindeshikensa]〈相撲〉義務教育を終了し、23歳までの、大相撲に入門するための検査。

新ペリア方式 [new Peoria handicap system]〈ゴルフ〉簡易ハンディキャップ算出法のひとつ。ペリア方式を改良したもので、ダブルペリアとも呼ばれる。簡易な算出法の中では、最も公平なハンディキャップとみなされている。

進塁打〈野球〉塁上の各走者を進塁させるために、自分はアウトになってしまうのを覚悟で行う攻撃術・打撃術。

【す】

スイートスポット [sweetspot]〈テニス・ゴルフ・バドミントンなど〉ラケットのフェイス面で、芯に当たる部分をいう。スイートスポットにボールが当たると勢いのあるボールが打てる。

スイーパー [sweeper]〈サッカー〉バックスとキーパーの間にいて、自陣ゴール前で攻撃を阻止する専任の守備選手。バックスが抜かれたときには守備とともに攻撃にも参加できる選手。

水泳競技 [swimming]〈水泳〉近代的スポーツとしての水泳競技の始まりは、1869年イギリスにアマチュア水泳協会が設立され、規則などが定められてからになる。第1回アテネオリンピック大会（1896年）では、3種目の競技が行われた。日本がオリンピックの水泳競技に初めて参加したのは、第7回アントワープ大会（1902年）である。最近ではジュニアオリンピック大会からマスターズ大会まで、各種大会は幅広い年齢層にわたっている。競技は競泳だけでなく水球、遠泳、飛び込み、シンクロナイズドスイミングがある。

水球 [water polo]〈水泳〉イギリスが発祥地。水中で行うハンドボール。1チーム13人編成の2チームによって競技する。

スイッチ [switch]〈サッカー〉ボールを持っている選手に、味方の選手が別方

向から走り寄って、ボールを直接受け渡すプレー。〈野球〉投手を交代させること。〈ボクシング〉試合中に 1 人の選手がオーソドックススタイルからサウスポースタイルへ、またはその逆へとスタイルを変えて、相手の攻撃ペースを乱す戦法。

スイッチスタンス [switch stance]〈サーフィン〉本来のスタンスと逆のスタンス。

スイッチヒッター [switch hitter]〈野球〉左右どちらの打席でも同じように打てる打者。

スイッチング [switching]〈ラグビー〉パスやキックなどによって攻撃の方向を90度以上変えること。方向転換することによって相手の防御体制に乱れができることが狙い。

スイフト [swift]〈野球〉速球。速い球。

スイミングクラブ [swimming club]〈水泳〉水泳クラブ。

スイミングトランクス [swimming trunks]〈水泳〉男の水泳パンツ。

スイング [swing]〈ゴルフ・野球〉バットやクラブを振ること。〈ボクシング〉腕を横に振ること。〈卓球〉ラケットを振ること。〈スノーボード〉ボードを振ること。前脚を支点にしてテールを振る、後ろ足を支点にしてノーズを振る、両足を同時に動かしてボード全体をスピンさせる、という 3 つの操作がある。

スイングアウト [swing out]〈野球〉空振りの三振。

スイングバック [swing back]〈テニス〉強打するためにラケットを少し後ろに引いて構えること。

スウエー [swing sway]〈ゴルフ〉スイングをするとき、体の軸が左右に移動する（ぶれる）こと。〈野球〉打ちにいくときに上体から投手方向に突っ込んでしまい、体の軸がずれてしまった状態でボールを打つこと。

スウェーデンリレー [Swedish relay]〈陸上〉100m・200m・300m・400m とそれぞれ異なった距離を順に継走するリレー。

スウェーバック [swayback]〈ボクシング〉上体を後ろに反らして相手の攻撃をかわす防御方法のひとつ。

スウェル [swell]〈ウインドサーフィン〉沖から向かってくる大きなうねり。

スーパーエース [super ace]〈バレーボール〉⇒オポジット

スーパークロス [super cross]〈モータースポーツ〉モトクロスを野球場などのスタジアムで行う競技。スタジアムに土砂などを大量に持ち込み、人工的に造られたコースで、派手なジャンプが随所に見られ、娯楽性の強い競技として注目されている。

スーパーG 〈スキー〉⇒スーパー・ジャイアント・スラローム

スーパー・ジャイアント・スラローム [super giant slalom]〈スキー〉アルペンの競技種目のひとつ。急斜面に設けられた関門を次々に通過しゴールまでの速さを競う競技。ダウンヒルのスピードとジャイアントスラロームのターンテクニックの両方が要求される。1988年の第15回カルガリー冬季オリンピックから正式種目になった。

スーパー大回転〈スキー〉⇒スーパー・ジャイアント・スラローム

スーパーボウル [Super Bowl]〈アメフト〉全米プロフットボールの優勝決定
戦。NFLは2つのカンファレンスと6つのディビジョン AFC(アメリカンフッ
トボールカンファレンス／東部・中部・西部の14チーム)、NFC (ナショナルフット
ボールカンファレンス／東部・中部・西部の14チーム) に分かれており、ディビジ
ョンの優勝チーム6チームとカンファレンスでその次に勝率のよい2チーム
ずつの10チームでプレーオフが行われる。その決勝戦がスーパーボウルであ
る。毎年1月の第4日曜日に行われ、その日は全米がフットボール一色にな
る。また開催される都市では1週間前からお祭り騒ぎとなり、全米各地からキ
ャンピングカーで集まり、毎晩野外パーティーを開いたり、チャリティーゴル
フをしたりの連続で、この1週間をスーパーウィークと呼んでいる。

スーパーリーグ [Super League]〈バスケットボール〉バスケットボール日本リー
グ機構 (JBL) が主催する社会人男子リーグ。日本バスケットボールリーグ
1部を前身とし2000年に発足。〈卓球〉中国の最上位プロリーグ。

スープ [soup]〈サーフィン〉崩れて泡になった白波。=ホワイトウォーター

スウェル [swell]〈サーフィン〉うねり。

スカイダイビング [skydiving]〈スカイスポーツ〉パラシュート降下で空中で
の姿勢の美しさや、着地地点への精度を競うスポーツ。

スカイプレー [sky play]〈バスケットボール〉ゴールエリア上空へボールを投
げ、タイミングを合わせたプレーヤーが空中でボールをつかみ、そのまま着
地前にパスやシュートをすること。

スカウト [scout] 有望選手を発掘したり、引き抜いたりする人や企業。

スカッシュ [squash]〈スカッシュ〉四方の壁とコートを使い、2人の競技者が
ボールを打ち合い、相手ゾーンに入れることを競うスポーツ。1ゲーム9点、
5ゲーム中3ゲーム先取が勝ち、18世紀ロンドンの刑務所から誕生。日本に
は1971年に横浜にコートが初めてできた。

スカリング [sculling]〈水泳〉シンクロにおける水中移動のための技術のひと
つ。基本形には7種類ある。①上向き水平姿勢②下向き水平姿勢③ヘッドフ
ァースト④フィトファースト⑤トーピード⑥リバーストーピード⑦カヌー。
角度をつけた手を小刻みに動かすことで進む方向や水中での位置を変える
ことができる。

スキー [skiing]〈スキー〉雪の上を滑走する為の道具。また、早さ、技術、飛
距離を競うスポーツとして発展し、両手にストック (杖) をもって、スキー
と称した。北ヨーロッパを中心に発展。1908年 (明治41) スイス人のハンス
コラーによって日本に紹介された。1860年にノルウェー王室がスキーの勝者
に賞を与えたことからスポーツとして発展した。スキー競技にはアルペン、
ノルディック、フリースタイルの3種類がある。アルペンには (ダウンヒル、
スーパー・ジャイアント・スラローム、ジャイアントスラローム、スラローム、アル
ペンコンバインド)、ノルディックには (ジャンプ、クロスカントリー、ノルデ
ィックコンバインド)、フリースタイルには (モーグル、エアリアル、アクロ、フリ

ースタイルコンバインド）とそれぞれの競技種目がある。

スキーイング [skiing] 〈スキー〉スキー滑りをすること。

スキーフライト [ski flight] 〈スキー〉距離が100m以上に設計されたシャンツェで行うジャンプ競技のひとつ。

スキューバダイビング [scuba diving] 〈水泳〉ウエットスーツのほかにマスク、フィンなどをつけ、スキューバを用い海などに潜るスポーツ。スキューバともスクーバともいう。

スキンズマッチ [skins match] 〈ゴルフ〉各ホールにかけられた賞金をマッチプレーで取り合う競技方法。同じスコアのプレーヤーがふたり以上いれば、賞金は次のホールに持ち越される（キャリーオーバー）。

スキンダイビング [skin diving] 〈水泳〉スキューバダイビングと違いスキューバを使わず、シュノーケルをつけて行う素潜り。

スクイズ [squeeze] 〈野球〉スクイズバントといい、サクリファイス（犠牲バント）、バント・エンド・ランの一種。ランナーとバッターのサインが徹底していることが大事である。三塁ランナーをホームインさせるのが第一の目標となる。空振りやフライは許されない。

スクイズプレー [squeeze play] 〈野球〉三塁走者をホームに迎え入れ、得点を得るためのバント攻撃によるチームプレー。

掬い投げ [sukuinage] 〈相撲〉決まり手八二手のひとつ。下手を差したら廻しを取らずに、腕を返して、相手の脇の下から上のほうへすくい上げるように投げを打って倒す。

スクープ [scoop] 〈ウインドサーフィン〉うねりをスムーズに切っていく働きを持つ、ノーズ部分の反り。

掬い投げ

スクールフィギュア [school figure] 〈スケート〉国際スケート連盟で規定した、17種類の滑り方。

スクエアスタンス [square stance] 〈野球〉構えたときの両足がバッターボックスのラインと平行に立つこと。片方の足を前に出す場合と、後に引く場合でオープンスタンスとクローズドスタンスに分けられる。

スクエアテール [square tail] 〈サーフィン〉角張った形状のテール。

スクエアパス [square pass] 〈サッカー〉フィールドを横切って行うパス。横パス。

スクラッチ [scratch] 〈ボウリング・ゴルフ〉お互いにハンディキャップをつけず、ゲームをすること。

スクラッチヒット [scratch hit] 〈野球〉まぐれ当たりのヒット。凡打が偶然ヒットになったもの。

スクラッチレース [scratch race] 〈スポーツ一般〉ハンディなしの競技。

スクラム [scrum] 〈ラグビー〉両チームの8人のフォワード前から3人、4人、1人の3列の隊形を組み相手側の隊形と肩で組み合うこと。スクラムハーフ

がスクラムの中にボールを入れることでゲームが再開される。

スクラム・オフサイド・ライン [scrum offside line] 〈ラグビー〉スクラムが作られたときに、暫定的に引かれる想定線。ゴールラインに平行な2本の想定線。

スクラムトライ [scrum try] 〈ラグビー〉攻撃側がスクラムの中にボールをキープしたまま相手のスクラムを押し切り、インゴールに入りトライすること。

スクラムハーフ [scrum half] 〈ラグビー〉スクラムにボールを投入する役目のプレーヤー。

スクランブルレース [scramble race] 〈モータースポーツ〉凸凹の激しい道や整地されていない砂地や草地などのコースを走るオートバイ競争のひとつ。

スクリーン [screen] 〈バレーボール〉自チームのサーブ時に、サーブのコース上で、相手チームのプレーヤーにボールが見えないように邪魔をする反則。〈サッカー〉ボールを相手側の選手と自分の体に挟むように入れてボールを奪われないようにすること。

スクリーンプレー [screen play] 〈バスケットボール〉シュートのときに敵の防御を避けるため、味方の2人がスクリーン（ついたて）としてポジションを取り、相手がスクリーンにぶつかり、スクリーンをよけることによって生じるスペースを利用して攻める攻撃方法。〈バレーボール〉サービスを打つときに、サービスを打つ側がチームの選手を2人以上並べたり、サービスを行う選手を故意に見えなくしたり、1人が手を振ったり跳ねたりして相手選手の視界をさえぎるような行為。反則であり相手側に得点が入る。

スクリメージ [scrimmage] 〈アメフト〉攻守両チーム（オフェンスとディフェンス）が開始位置につき、攻撃側のセンターがバックにボールを渡すことから始まるプレー前の向かい合った状態。

スクリメージライン [scrimmage line] 〈アメフト〉ボールを中心に両チームが向かい合ったとき、ボールの先端から両サイドへ、ゴールラインと平行に引いたライン。

スクリューボール [screwball] 〈野球〉変化球。カーブとは逆の回転をしながら落ちるボール。シュートと握り方はほとんど同じだがシュートより親指は深く置く。

スケーティング [skating] 〈スキー〉スピードをつけるときなどに用いられる滑走法。スキーの先端部を逆ハの字形に開き左右のスキーを交互に滑らせるテクニック。アルペン競技でもスタートのときやゴール前のラストスパートに使われる。

スケーティングレッグ [skating leg] 〈スケート〉フィギュアにおける滑走中に氷面に接しているほうの足のこと。⇒フリーレッグ

スケート [ice skating] 〈スケート〉スケート競技には3種類ある。①スピードスケート②ショート・トラック・スピード・スケート③フィギュアスケート。

スケートボード [skateboard] 〈スケートボード〉スケートボード。裏面の前後にローラーをつけた長円形板。1965年ごろに、アメリカのカリフォルニアで、サーフィンをヒントに考案された。種目は、ボウルとフリースタイルの2種

目。またそれに乗る遊び。

スケグ [skeg]〈ウインドサーフィン〉ひれ状の板で、ボードのボトム後方についているもので、ボードを真っすぐに（直進性を）安定させる役目をするもの。

スケルトン [skeleton]〈スケルトン〉滑走部分と台座だけのそりにうつぶせに乗り、頭を前方にして氷の滑走コースを頭から滑り降り、タイムを競う競技。シンプルな形状のソリから「骨格、骨組み」を意味し、この名が付いた。

スコア [score] 得点。記録。

スコア・シート [score sheet]〈ボウリング〉得点を記入する集計用紙のこと。

スコア・テーブル [score table]〈ボウリング〉得点を記入するテーブル。

スコアブック [scorebook] 試合経過を記録しておくノート。

スコアボード [scoreboard] 競技の得点を表示する掲示板。

スコアラー [scorer] 競技の得点や経過を記録する人。

スコアリングポジション [scoring position]〈野球〉ヒットが出れば走者が本塁に生還できる、得点可能な二塁や三塁に走者がいる状況。

スコンク [skunk]〈スポーツ一般〉完封負け。ゼロ点負けすること。

鈴鹿サーキット [Suzuka Circuit]〈モータースポーツ〉1962年（昭和37）に建設された日本初のサーキット。建設者はホンダの当時の社長・本田宗一郎（故人）。1964年（昭和39）にホンダはこのサーキットで開発した日本発の国産F1マシンでF1への初参戦を果たし、1987年からF1日本グランプリが毎年開催されている。また二輪でも「鈴鹿8時間耐久ロードレース」など数多くの人気レースが行われている。

鈴鹿8時間耐久ロードレース [Suzuka 8-hour Endurance Road Race]〈モータースポーツ〉二輪の耐久世界選手権シリーズ第6戦として1978年に始められ、例年7月に鈴鹿サーキットで行われている。鈴鹿8耐、または8耐とも称される。2人のライダーが交代しながら、8時間にどれだけ走れるかの距離を競うもの。1人の連続走行は3時間以内。8時間の時点のチェッカーフラッグが振られた瞬間にレースが終わる。周回数の多いものが勝者になる。

裾取り

裾取り [susotori]〈相撲〉決まり手八二手のひとつ。四つに組んで、相手が上手投げを打ってきたときに、足を送って投げを残しながら下手廻しを放し、その手で相手の投げを支えているほうの足首を取ってあお向けに倒す。

裾払い

裾払い [susoharai]〈相撲〉決まり手八二手のひとつ。出し投げを打ったり引っかけたりして相手の体を横に向け、相手の手前側になった足首のくるぶしあたりを後方から前にけり払うようにして、相手をあお向けに倒す。

スターター [starter]〈スポーツ一般〉競走などの出発の合図をする人。

スターティング [starting] 出発すること。

スターティングピッチャー [starting pitcher]〈野球〉先発投手。

スターティングブロック [starting block]〈陸上〉短距離走のスタート時に足の蹴りでダッシュをしやすくするための金具。

スターティングメンバー [starting member] 競技に先発するひと。試合開始のときの出場選手。

スターティングラインアップ [starting lineup]〈バレーボール〉各セットのスタート時にコートに入る先発メンバー。

スタートダッシュ [start dash]〈陸上〉スタート直後の全力疾走。

スタープレーヤー [star player] 花形選手。

スターボード [starboard]〈ウインドサーフィン〉右舷。

スターボードタック [starboard tack]〈ウインドサーフィン〉ボードの右舷側から風を受け、左側にセイルを出してセイリングをする状態をいう。

スターン [stern]〈ウインドサーフィン〉ボードの船尾。⇒テイル

スタイミー [stymie]〈ゴルフ〉グリーンで自分のボールとホールの間に相手のボールが障害物になっている状態。

スタジアム [stadium] 観客席を備えた競技場。野球場。

スタック [stuck]〈モータースポーツ〉ラリーで走行中に競技車両が、泥、砂、砂利、雪などで身動きができなくなる状態のこと。

スタッド [stud]〈ラグビー〉靴の底に付いているびょう。

スタメン [starting member] スターティングメンバー。

スタンス [stance]〈ボウリング〉投球するためにアプローチ上に立つ位置のこと。一般には、投球前の構えのこと。〈卓球〉打球するときの足の位置をいうが、身体全体の打球への構えや姿勢を意味することもある。〈野球・ゴルフ〉打つときの足の位置・構えた位置。

スタンディングカウント [standing count]〈ボクシング〉アマチュアの試合の場合、打撃を受け、攻撃も防御もできない状態でロープに寄り掛かっているとき、または立っている状態でも半ば意識を失って競技を続けられないとレフリーが判断したときにダウンと見なされて数えられるカウントのこと。プロの試合では行なわれていない。

スタンディングスタート [standing start]〈陸上〉陸上競技で立ったままの姿勢でスタートすること。⇔クラウチングスタート

スタンディングダウン [standing down]〈ボクシング〉相手の攻撃に対し、攻撃も防御もできず一方的に打撃を受け、立っているだけという状態のときに、レフリーの判断によってダウンしたものとみなされること。そのままテクニカルノックアウト（TKO）になる。

スタンドオフ [standoff]〈ラグビー〉ハーフバックの1人でバックス攻撃の要となるプレーヤー。

スタンドプレー [stand play] 観客を沸かせるための派手なプレー。観衆を意

識して行う派手な動作や行動。軽率のそしりを受けることが多い。

スチール [steal]〈野球〉盗塁。〈バスケットボール〉相手チームのプレーヤーが保持しているボールを奪い取ること。

スティック [stick]〈アイスホッケー〉アイスホッケーなどのパックやボールを打つ木製の棒。

スティフ・アーム・タックル [stiff arm tackle]〈ラグビー〉腕を相手の首にひっかける危険なタックルのこと。

ステイフアレー [stiff alley]〈ボウリング〉フックやカーブの出にくい、速いレーンのこと。ファースト・レーンともいう。

スティンプメーター [stimpmeter]〈ゴルフ〉グリーンの速さを測定する器具。一定の高さから斜めに転がしたボールが、グリーン上でどの程度転がるかを見る。

ステップ [step]〈スケート〉フィギュアの滑走の最も基本的な動作のひとつ。足を前後左右に踏み変えながら滑ること。

ステップイン [step-in]〈スノーボード〉素早いボードの脱着ができるワンタッチ式のブーツとバインディングのこと。ストラップ式よりもボードへの反応が早く、コントロールはシビアになる。

ステップシュート [step shoot]〈ハンドボール〉パスを受けてから素早いステップでシュートコースを駆け抜け、クイックモーションでシュートすること。

ステップスロー [step throw]〈野球〉ステップしながら送球すること。

ステップバック [step-back]〈サーフィン〉ボードのノーズ寄りからテール方向に歩いて戻ること。

ステップバック投法 [step back technique]〈陸上〉砲丸投の準備動作のひとつ。

ストーブリーグ [stove league]〈野球〉シーズンオフの冬季における各チーム間での有力選手獲得をめぐっての動静。

ストール [stall]〈サーフィン〉テールを踏んでノーズを上げてブレーキをかけること。

ストック [stock]〈スキー〉スキーの杖。

ストッパー [stopper]〈野球〉救援投手。試合の終盤でピンチの投手をリリーフする人。

ストッピング [stopping]〈ボクシング〉グローブの手のひらを使って相手のパンチを押さえ込むようにして受け止める防御技術。

ストップ [counter drive]〈卓球〉バウンド直後に打球して、相手コートに短く入れること。

ストップボレー [stop volley]〈テニス〉相手の打球をバウンドする前に、相手のコートに切るように打ち返すこと。〈バレーボール〉味方がネット脇で両手をそろえて、相手のスマッシュを防ぐために防御すること。

ストライカー [striker]〈サッカー・バレーボール〉攻撃力・得点力のある選手。

ストライク [strike]〈ボウリング〉1投目で10本のピンを全部倒すこと。〈野球〉投手の投球がストライクゾーンを通り、ストライクと判定されたボール

またはそのこと。ストライクには空振り（swinging strike）、判定による見逃しのストライク（called straike）、ファール（foul strike）、そしてファールチップ（foul tip）の4種類がある。

ストライクゾーン [strike zone]〈野球〉投手の投球がストライクと判定される領域。

ストライド [stride]〈陸上〉歩幅。長距離レースの歩幅を大きくして走る走法。⇔ピッチ走法

ストライド走法 [stride]〈スキー〉ノルディックのクロスカントリー競技の滑走法のひとつ。歩幅を大きくとりスキーを交互に滑らして進める走法。〈スケート〉スピード競技での主に長距離レースに見られる走法。左右の足を交互に滑らせるスケーティングの歩幅を長くとる滑走法。

ストラット・タワー・バー [strut tower bar]〈モータースポーツ〉車のボディ剛性を高めるものとして使用される。

ストラップ [strap]〈スノーボード〉ブーツを固定するパーツ。ソフトバインディングでは、つま先と足首に着いている。ブーツについている場合もある。〈障害者スポーツ〉競技用車いすで競技中の衝撃などによる落下防止のための防具。

ストリーマ [streamer]〈ウインドサーフィン〉風向き、選手の識別のためなどに使われる、マストのトップに付ける帯状の布。

ストリング [stringed area]〈バドミントン〉ラケットの網目の部分。ガットともいう。

ストリームライン [streamline]〈水泳〉けのび姿勢のこと。水中で指先から足先にかけて1本の棒を通したイメージで、カラダをまっすぐに伸ばした状態のこと。

ストレート [straight]〈野球〉直球。〈ボクシング〉スイングしないで腕を真っすぐに伸ばして打つ技法。同じことが連続していること。ストレート勝ち・ストレート負け。〈卓球〉台のサイドラインと平行のコース。〈スケート〉滑った跡が直線になるように片足で真っすぐ滑ること。

ストレートスパイク [straight spike]〈バレーボール〉スパイクを打つコースのことでサイドラインに沿った方向にスパイクすること。⇔クロススパイク

ストレート・ボール [straight ball]〈ボウリング〉途中で曲がらずに、ピンまでまっすぐに直進するボールのこと。

ストレッチング [stretching]〈陸上〉筋肉を伸展させて柔軟性を向上させる運動の総称。「ストレッチ」といわれることもある。筋肉を伸展させて数秒間静止する静的（スタティック）ストレッチングと反動を利用して行う動的（ダイナミック）ストレッチングに分けられる。

ストローク [stroke]〈ゴルフ・テニスなど〉クラブ（ラケット）でボールを打つ動作のこと。テニスではグランドストロークを指す場合がある。〈水泳〉泳いでいるときの水をかく腕の動きのこと。〈卓球〉ロング打法、ショート打法、カット打法に大別される。〈バドミントン〉ラケットでシャトルを打つこと。

ストロークカウンター [stroke counter]〈卓球〉促進ルールが適用された場合、レシーバーの打球回数を数える人。

ストロークプレー [stroke play]〈ゴルフ〉総打数で勝敗を決める方式。⇔マッチプレー 〈テニス〉グランドストロークの打ち合いのこと。

ストロークメカニクス [stroke mechanics]〈水泳〉スポーツ生体機構学の研究テーマのひとつで、速く泳ぐためにはどのようにして腕を動かして、水をかいでいけばよいかの研究が進められている。泳ぐときの水をかく腕の動き方のこと。

砂かぶり [sunakaburi]〈相撲〉土俵のすぐ下のたまり席。一般の観客には開放されていない席で、日本相撲協会の事業や普及のために特別会費を払い、理事会で認められた人のみが座れる。

スナッチ [snatch]〈重量挙げ〉水平に置かれたバーベルを、手のひらを下向きにして握り、頭上に両腕が伸びきるまで一気に引き上げ、両足を伸ばして立ち上がること。

スナップ [snap]〈ゴルフ・野球〉投球・打球の際に手首の力を利かせること。スナップショットの略。〈アメフト〉スクリメージでオフェンスのセンターからのパスを背後のクォーターバックに送る行為で片手で行うのを、ワンハンドスナップ、両手で行うのを、ツーハンドスナップ、また直接手渡しをするイックスチェンジがあり、そのほかにロングスナップ、ディープスナップなどがある。

スナップスロー [snap-throw]〈野球〉手首を利かせて投げること。

スネーキング [snaking]〈スキー〉蛇行しながらうねって滑ること。〈サーフィン〉ライディングの邪魔をすること。

スネーク [snake]〈スケート〉足を氷から離さないでへびが動くように、左右交互にうねうねと氷を押す動作。バックとフォア共にある。

スネーク・アイ [snake eyes]〈ボウリング〉7番・10番ピンの、一番とりにくいといわれるスプリットのこと。ヘビの目のようにいやらしい、という意味で呼ばれている。

スネーク走 [curve running]〈陸上〉走高跳のトレーニングのひとつ。背面跳びにおける助走終盤（曲走部分）の回り込みを練習する。

スノークロス [snow cross]〈スキー〉雪の斜面にウエーブ、バンク、テーブルトップ、キャニオンなどの人口の障害物を設置して6〜8人の選手が同時にスタートし、先にゴールしたものが勝者になる競技。スキー、スノーボード、スキーボードなどで実施されている。

スノーシュー [snowshoe]〈スキー〉かんじき風の雪上歩行用具。雪靴。難しい斜面をストックを手に登ったり、雪原を歩いたりすることができる。

スノースクート [snow scoot]〈スキー〉自転車の車輪の代わりに短い2枚のスノーボードが付いた乗り物。前のボードを操作して自転車と同じくフレームをまたぎ片足を後ろのボードに乗せて滑走する。

スノーチュービング [snow tubing]〈スキー〉大きなチューブ型のそりで真ん

中のくぼみに腰を下ろし、または腹ばいになって雪面を一気に滑り降りるスポーツ。くるくる回る不安定さと、見た目以上のスピード感があり独特の楽しさがある。

スノープローストップ [snowplow stop]〈スケート〉後ろから逆Tの字に置いた片足をインに思い切って倒し、エッジの内側で氷を削りながら止まる方法。

スノーボード [snowboading]〈スノーボード〉一枚の幅広のスキー板に横向きに乗ってゲレンデを滑降するスポーツ。1998年（平成10）の第18回長野冬季オリンピックから正式種目。1960年代にアメリカのミシガン地方で始められたスノーボードは、モノスキーよりも幅広の板に横のりで楽しむスポーツ。ワールドカップでは、スラロームとダウンヒルのアルペン競技がある。ハーフパイプとモーグルのスリースタイル競技の4種目のポイントを競う。

スパート [spurt]〈陸上・水泳〉競走・競泳で、状況を見て全力を出して力走・力泳すること。

スパーリング [sparring]〈ボクシング〉グローブと防具をつけて実戦形式で行う練習。

スパーリングパートナー [sparring partner]〈ボクシング〉練習相手。

スパイカー [spiker]〈バレーボール〉スパイク攻撃をするプレーヤー。

スパイク [spike]〈野球・陸上・サッカー・ゴルフなど〉競技用の靴の底につける滑り止めの金具。〈野球〉プレー中にスパイクで相手の選手に傷つけること。〈バレーボール〉ジャンプして、ネットの上部より高い位置から、強く鋭いボールを打ち込む技術。キルともいう。オープン攻撃のスパイクとクイック攻撃のスパイクがあり、またコースによるストレートスパイクとクロススパイクの2種類がある。

スパイクシューズ [spiked shoes]〈野球・サッカー・ホッケーなど〉靴の底に滑り止めの金具がついた競技用の靴。

スパイラル [spiral]〈スケート〉らせん状に滑ること。フィギュアにおいて両腕を左右にまたは前後に水平に伸ばし、上体と氷面が平行になるように前に倒して片足を後ろに伸ばしたまま、もう一方の足で渦巻状に滑走する技術のこと。

スパット [spot]〈ボウリング〉レーンやアプローチ上の目印のこと。

スパットボウリング [spot bowling]〈ボウリング〉ボウリングの投球方法のひとつ。レーン上のスパットを目印にして投球したほうが、直接ピンを狙うより効率がよいといわれる投法。

スパン [span]〈ボウリング〉ボールに開けられた、親指の穴と他の2本の指（中指・薬指）穴の間隔のこと。

スピード [speed]〈卓球〉とくに打球の速さを指す。スイング、フットワークの速さを意味することもある。

スピードガン [speed gun]〈野球〉投手の球速を測る装置。

スピードクロッシング [speed crossing]〈ウインドサーフィン〉島と島などの

2つの目標地点を決め、その間を横断して、着順を争うこと。

スピードスキー [speed skiing]〈スキー〉1000〜2000mの急斜面のコースに設けられた100mの計測区間のスピードを競う競技。1990年にワールドカップの正式種目となり、1992年の第16回アルベールビル冬季オリンピックでは公開競技として行われた。

スピードスケート [speed skating]〈スケート〉2本の滑走路を持つ1周400mの楕円形のコースを2人ずつ滑走し、決められた距離を滑ってタイムを競う競技。オリンピックでは種目別の競技種目を採用している。1763年にイギリスで直線コースによる最初の競技会が開催された。男子の第1回世界選手権大会は1893年、女子は1933年から実施されている。オリンピックでは1924年の第1回シャモニー・モンブラン冬季オリンピック、女子は1960年の第8回スコーバレー冬季オリンピックからそれぞれ正式種目になっている。

スピード持久力 [speed endurance]〈陸上〉高いスピードを持続することのできる能力のこと。生理学的には、体内に生じる乳酸に耐え、筋肉を速く強く動かし続ける能力を指す。400mなどの種目に求められる。

スピードトライアル [speed trial]〈ウインドサーフィン〉直線コースでスピードを競う競技。

スピードトレーニング [speed training]〈陸上〉スピード能力を高めるために、実施するトレーニングの総称。

スピードボール [speed＋ball 和]〈野球〉速球。

スピアヘッド [spear head]〈サッカー〉ヤリの穂先の意味。フォワードの1人ないし2人を頂点に、ヤリの穂先で突くように速攻を狙う戦法。そのフォワードのこと。2人の場合は2スピアヘッドという。

スピアリング [spearing]〈アメフト〉相手を強打する目的で、ヘルメットやフェイスマスクを故意に使用すること。

素引き [subiki]〈弓道〉矢を番えずに弓を引くことで、肩慣らしをする、弓の力を知る、弓の形状の確認をする、弦を落ち着かせるなどの目的で行われるもの。

スピッツ [spitz 独]スキーの先端。とがった。鋭い。(小型で口のとがった犬の)スピッツから。

スピットボール [spitball]〈野球〉投手がボールにつばをつけて投げる不正投球。反則投球。

スピン [spin]〈テニス・卓球・スケートなど〉テニス・卓球などで球に回転を与えること。ダンス・フィギュアは足先で立って、1か所で回転すること。〈モータースポーツ〉走行中にタイヤがグリップ力を失い、車両のコントロールが利かなくなり、横滑りしてコマのように回転してしまう状態。またラリーでは逆に運転テクニックとしてハンドル操作、急激なパワーオン・オフ、サイドブレーキなどを使っての走行に対応している。〈スキー〉フリー・スタイル・アクロで使われるスキー面を雪面から離さず体を軸にして駒のように水平に1回転すること。これに反して空中で360度水平回転するテクニック

をヘリコプターと呼ぶ。〈フィギュアスケート〉一定の場所で駒のように体を回転させる技術。姿勢には5つの基本型がある。①サイド・ウェー・リーニング・スピン②シットスピン③キャメルスピン④アップライトスピン⑤レイバックスピンがある。〈ボウリング〉ボールの回転力やボールに与えるひねり。

スピンアウト [spin-out]〈サーフィン〉テールやフィンがフェイスから抜けること。

スピンネット [spin net shot]〈バドミントン〉スピンをかけてネット際に落とすショット。

スプーン [spoon]〈ゴルフ〉3番ウッドの別名。

ずぶねり [zubuneri]〈相撲〉相手の肩か胸に頭をつけて食い下がり、相手の差し手を抱え込むか、ひじをつかんで手と首を同時に捻りながら倒す。頭を使って捻り倒すことから頭捻りといい、これが訛ってずぶねりというようになった。

ずぶねり

スプラッシュ [splasher]〈ボウリング〉ボールがピンに当たった瞬間に10本のピンが勢いよく吹っ飛ぶようなストライク。

素振り〈野球〉バッティング練習のひとつで、ボールを打たずにスイングだけの練習。コースとタイミングを意識してしっかりとスイングをする。

スプリット [split]〈ボウリング〉第1投で2本以上のピンが左右に離れた位置に残ること。

スプリットステップ [split step]〈テニス〉相手がボールを打った瞬間に両足で軽くジャンプすること。着地の反動を利用して、次の動作に入りやすくする。

スプリットタイム [split time]〈水泳・距離競技など〉競泳などの途中タイムのこと。公式には、50m、100mごとに計時する。〈陸上〉走種目における途中計時、通過時間のこと。トラックで周回を重ねない種目（400m以下）やマラソン、または周回とは別の区切り（10000mの1000m毎など）で用いられる。「スプリット」と略する場合もある。

スプリットディシジョン [split decision]〈ボクシング〉試合後のジャッジの採点による優劣が一致せず2-1などとなること。

スプリングボード [springboard]〈水泳〉飛込競技で飛び板飛込みに使用される飛び板のこと。

スプリンクラー [sprinkler]〈ゴルフ〉芝生に水をまく自動散水器。

スプリンター [sprinter]〈水泳〉競泳自由形の選手で短距離（50m、100m、200m）に強い泳者のこと。〈陸上〉短距離走者のこと。

スプリント [sprint]〈陸上〉①短距離競争。②短距離を全力で走る。

スプレー [spray]〈サーフィン〉波の上をボードが走ったときに飛ぶ水しぶき。

スプレッドイーグル [spread eagle]〈スキー〉フリースタイルスキーの空中演技のひとつ。両腕、両足を大きく広げ（大の字）、空でワシが羽根を広げてい

るような姿勢を取るテクニック。スプレッドまたはスプともいう。〈スケート〉両足滑走でつま先を180度開き、脚を前後にずらして後ろ側の足はよく伸ばし、もう片方は膝をやや曲げたポジションで滑走するフィギュアスケートの技。股関節が柔らかくないとうまくできない。単にイーグルということが多い。また、最初に演じた旧西ドイツの選手の名前からイナバウアーと呼ばれることも多い。⇒イナバウアー

スペア [spare]〈ボウリング〉第1投目で残ったピンを、第2投目で全部倒してしまうこと。

スペシャルオリンピックス大会 [Special Olympics Games]〈障害者スポーツ〉知的発達障害のある人たちに、年間を通じて日常的にスポーツのトレーニングプログラムを提供しようという故ケネディ大統領の妹ユニス・ケネディ・シュライバー夫人が設立したスペシャルオリンピックスが主催する大会。知的障害者がスポーツを通じて社会参加を目指す世界的な取り組みで、競技性の高いパラリンピックとは異なる。1994年（平成6）にスペシャルオリンピックス（SOI）日本が設立された。2003年6月21日アイルランドのダブリンで夏季世界大会が開催され、166か国約7000人が参加し、21競技が行われた。4年ごとに夏季、冬季大会を開催。

スペシャルテーブル [special table]〈マラソン〉道路競争で競技者が用意した飲食物を置くテーブル。

スポーツ [sport]〈スポーツ〉運動（競技）を示し、陸上、野外運動（狩猟、魚釣、競馬）室内運動（テニス）などを意味していた。本来、スポーツ（sport）はdisportが源語とされ、①気晴らし②娯楽③遊ぶ④楽しませる、と訳されている。水泳、スケート等は次々と加えられた。気晴らしの意味からも時間と労力を割くことの出来る人特権階級の人々（貴族）を指している。多くのスポーツは英国をはじめ貴族的社会制度のある国、古い国から生まれている。米国ではスポーツは流行の先端を行く粋な男性、きざな男達を称した歴史がある。

スポーツ医学 [sports medicine] スポーツが選手の身体および精神にどのような影響を及ぼすかを、医学的な観点から研究する学問。運動中の身体における時々刻々と変化する働きを測定することや、運動後やスポーツを長期間継続することによって生ずる、障害や疾病などの発症原因を究明し、その治療法や予防法を研究・実践していくこともスポーツ医学の目標となっている。

スポーツウエア [sports wear] 運動のできる軽快な服装。運動着。

スポーツ憲章 [Sports Charter] 国際オリンピック委員会（IOC）をはじめとする国際スポーツ界のプロ化、興行化の流れに対し、アマチュアリズムを守ってきた日本体育協会（体協）も1986年（昭和61）にアマ規定を廃止し、それに代わるものとして作ったのがスポーツ憲章。特徴は体協がすべての加盟団体を同じ「規定」で規制・干渉するのをやめ、各団体の自主性に任せたこと。体協が各団体や選手への拘束力を放棄したことで選手のプロ化が大いに進んだ。

スポーツ生理学 [sports physiology] スポーツをすることによって、選手の筋肉や内臓、神経などがどのような物理化学的な反応を示すか、またそれに対しての適応・現象をいかに引き起こしているか、それらの生理学的なメカニズムを解明しようとする医学の一分野。

スポーツセンター [sports center] 〈スポーツ施設〉各種のスポーツ競技ができるように、運動器具などの設備が整った施設。

スポーツテスト [sports test] 一定の基準を定めてする体力・運動能力テスト。

スポーツドリンク [sports drink] 〈スポーツ飲料〉スポーツの途中や終了時に飲む疲労回復用の飲み物。塩分があり栄養分を吸収しやすい。

スポーツトレーナー [sports trainer] 公認の資格を待ったスポーツ指導員。

スポーツハンティング [sports hunting] スポーツとしての狩猟。

スポーツブック [sports book] スポーツ賭博。いろいろのスポーツを対象にして行う賭け。

スポーツマン [sportsman] スポーツ愛好家。運動家。

スポーツマンシップ [sportsmanship] フェアプレーの精神で規則を守り、正々堂々とした態度。

スポールブール [sport-boules 仏] 〈スポールブール〉ペタンクの兄弟のようなゲーム。小さな目標球に近づけることを競うゲーム。1983年（昭和58）に日本スポールブール連盟が発足し、国際スポールブール連盟に加盟している。

スポンジ [sponge] 〈卓球〉ラケットのゴムシートの下に張り合わされているもの。スポンジを張り合わせたラバーをソフトラバーという。スポンジにはいくつかの硬度と種類があり、極薄、薄、中、厚、特厚のように分けられ、スポンジは薄いほどコントロールに優れ、厚いほど威力が出るといわれる。

スポンジラバー [sponge rubber] 〈卓球〉球に回転を与えやすくするために、表面にフォームラバーを張ったラケット。

すまいのせちえ[相撲節会] [sumai no sechie] 〈相撲〉相撲節（すまいのせち）[sumai no sechi] ともいう。季節の変わり目に行われる相撲行事。桓武天皇が793年の七夕に相撲を天覧した。その当時から天覧は年中行事とされた。また宮中行事として行われ、相撲節会として、独立した催事となった。承安年間（1175年）頃まで約388年にわたって続いた。

スマック [smack] 〈スマック〉1970年頃に一度紹介されたが、1977年に「スマック」として再び紹介された。長さ70cm・直径20cm程度のウレタン製バットで頭、脚、腕を除く部分を突く競技。試合時間は5分5本先取で勝ち。

スマッシュ [smash] 〈バドミントン〉上から下にうち下ろす、最も威力のあるストローク。〈テニス・卓球〉相手のコートに球をたたきつけるように打ち込むこと。強打のことだが、高く返球されたチャンスボールを決定打として、高いラケット位置から振り降ろすように打つことを指すこともある。

スムース＆ラフ [smooth & rough] 〈テニス〉ラケットの表側をスムース。ラケットの裏側をラフという。サーブ権を決める際にも使用。

相撲 [sumou] 〈相撲〉2人の競技者が素手で土俵内で勝負を争う競技。日本古

来からの格闘技のひとつ。まわしを着けただけの裸体で闘う姿は、古代以来の儀式的要素を維持し、独特で固有な発展を遂げている。文献では、『古事記』に「国譲りの神話」として「力くらべ」が記され、『日本書紀』にも伝説として記されている。「相撲」という表記は『日本書紀』に登場し、それ以降江戸時代まで使われた。明治大正時代には「角力」を「すもう」と表記したこともあったが、昭和以降「相撲」に統一された。

相撲協会 [sumoukyoukai]〈相撲〉財団法人日本相撲協会。1925年（大正14）に財団法人大日本相撲協会として文部省の認可を受けた後、1958年（昭和33）に名称を変更し現在に至る。

相撲教習所 [sumoukyoushuujo]〈相撲〉新弟子検査に合格し、日本相撲協会に新たに登録された新人力士が基礎教育を受けるところ。実技と教養に分けて教育・指導することを目的に施行された。

相撲研修所 [sumoukenshujo]〈相撲〉アマチュア相撲指導者の研修を行うためのところ。「草津相撲研修所」がある。

相撲巧者 [sumoukousha]〈相撲〉技能的な相撲を取る力士や、前さばきのうまい力士、対戦相手によって多彩な技を使い分けることのできる力士などをいう。

すもうじんく[相撲甚句] [sumouzinku]〈相撲〉巡業や花相撲の余興に唄われる力士の唄。力士の哀歓をしみじみ唄い上げる前唄・後唄から始まり、「花ずくし」「山ずくし」「出世かがみ」などを唄い最後に「ごあいさつ」を唄ってしめくくる。行司の作る甚句もある。

スライス [slice]〈ゴルフ〉右に曲がる球筋のこと。左利きの人は左に曲がる。①左に飛び出してから速度が落ちるにしたがって右に曲がる②ボールが真っすぐに飛び出し、しだいに右に曲がる③初めから右に飛び出し、さらに右に曲がる、の３つのパターンがある。⇒スライスボール 〈テニス〉ボールの下部を打ち、逆回転のかかったボール。バウンドしたあと、急にすべる。

スライスボール [slice ball]〈ゴルフ〉打球が飛んでいる途中で右方向に大きく曲がる性質の球のこと（右打ちの人は右、左打ちの人は左に）。打球時に体の開きが速いことなどが原因でもある。

スライスライン [slice line]〈ゴルフ〉グリーン上でボールが右へ曲がるラインのこと。英米では「レフト・トゥ・ライト」という。

スライダー [slider]〈野球〉変化球のひとつ。横に滑るように曲がるカーブと曲がり方は同じだが、本来はカーブのように曲がり落ちない球。

スライディング [sliding]〈野球〉滑り込み。走者が塁に滑り込むこと。

スライディングキャッチ [sliding catch]〈野球〉滑り込みながら、地面すれすれの難しい打球を捕球すること。

スライディング・マスト・システム [sliding mast system]〈ウインドサーフィン〉風の状態に応じて、マストそのものを適切な位置にスライドして、移動させることができる仕組み。

スライディングシート [sliding seat]〈競漕〉漕ぎ手の動作・足の動きによってレールの上を前後にスライドする座席のこと。

119

スライディングタックル [sliding tackle] 〈**サッカー**〉相手が持っているボールを、体を投げ出して滑り込みながら行うタックル。

スライド [slide] 〈**野球**〉滑り込み。

スラッガー [slugger] 〈**野球**〉強打者。長打力のある打者。〈**ボクシング**〉強打力のあるボクサー。

スラッギングアベレージ [slugging average] 〈**野球**〉長打率。単打を1、二塁打を2、三塁打を3、本塁打を4としてその合計を打数で割ったもの。

スラップショット [slap shot] 〈**アイスホッケー**〉強くシュートすること。大きく振りかぶって、パックを打つシュート。

スラップスケート [slap skate] 〈**スケート**〉スケート靴の底部の金属部分(ブレード)から、靴のかかと部分だけが離れる構造を持つ新しいタイプの靴。1997年頃から普及し始めた。蹴る力が効率よく下に伝わり、また選手の健康(疲労)の点からも多用されている。

スラローム [slalom 独] 〈**スキー**〉回転競技。急斜面に設けられた旗門コースを1人ずつ滑走し、旗門を通り抜け、ゴールまでのスピードを競う種目。⇒ **回転競技** 〈**ウインドサーフィン**〉海面に短い間隔で打たれたブイを、ジャイビング、ボートスピード、タッキングなどの技術使って競うスリリングなレース。2つのブイの周りを8の字を描いてのスラローム(フィギュアエイト)と、波のある水面で行うサーフスラロームがある。

スランプ [slump] 〈**野球**〉打者が突然、ヒットが打てなくなる状態のこと。その期間には個人差があり、原因には、「技術的なもの」「肉体的なもの」「精神的なもの」などが挙げられる。

すり足 [shuffle step] 〈**バドミントン**〉打球を追う時に使う、地面を擦るようなステップ。

すり足 [suriashi] 〈**相撲**〉基本的な運び足で足を前後左右に運ぶとき、足の裏を地面から離さないように歩く。相撲をとるときの基本動作。両足のつま先、特に親指に力を入れることが大切である。

スリークォーター [three-quarter] 〈**野球**〉投手の投球方法のひとつで、やや斜め上から投げるもの。オーバースローとサイドスローの中間ぐらいの投法。

スリー・クォーター・ショット [three-quarter shot] 〈**ゴルフ**〉4分の3ショット。フルショットの4分の3程度の大きさでクラブを振ること。

スリー・クォーター・バック [three-quarter backs] 〈**ラグビー**〉ハーフバックの後ろに位置する4人の選手。

スリーサム [threesome] 〈**ゴルフ**〉1対2で行なうプレー。両サイドとも各1個のボールでプレーする。

スリージャンプ [waltz jump] 〈**スケート**〉アクセルの基本となるジャンプで、2分の1回転する。

スリーターン [three turn] 〈**スケート**〉カーブで曲がって行く方向と同じ回転方向に体を回して片足のままでターンを行う。エッジの軌跡が3を描くことに由来し、「スリーを書く」ともいう。

スリートップ [three＋top 和]〈サッカー〉攻撃中心となるフォワードに3人の選手を配置する布陣。

スリーノックダウン制〈ボクシング〉1ラウンドに3回のノックダウンがあるとその時点で負けとなるルール。WBA（世界ボクシング協会）が採用している。⇒WBA

スリーバック [three backs]〈サッカー〉自陣のゴール前の守備陣を3人に配置する布陣。

スリーバント [two-strike bunt]〈野球〉打者が2ストライク後に行うバント。ファウルになると三振扱いになりバッターアウトになる。

スリー・フィート・ライン [three-foot＋line 和]〈野球〉3フィート線。本塁と一塁を結ぶ中間地点から一塁の方へ、内野の外側に引いた長さ48フィート、幅3フィートの長方形を示す線。タッチプレーで、走者はこのラインを超えて避けることはできない。ラインオーバーでアウトになる。⇒**スリー・フィート・ライン・オーバー**

スリー・ポイント・シュート [three-point shoot]〈バスケットボール〉スリー・ポイント・エリアからのシュートによるゴール。得点は3点。

スリー・ポイント・ライン [three-point line]〈バスケットボール〉外側からシュートしたボールがゴールすれば3得点になるライン。このときのシュートはスリー・ポイント・シュートと呼ばれ、身長の低い選手でも活躍の場が広がった。

スリーラン [three＋run homer]〈野球〉打者を含めて3人の走者。その得点や打球のこと。スリーランホームランのようにいう。

スリックタイヤ [slick tire]〈モータースポーツ〉レース用タイヤでトレッドパターン（溝）がないもの。路面が乾いていればタイヤのグリップ力が高く、スピードが高くなる。F1では1997年シーズンまでは使われたが、車両性能の技術向上に伴い競技中のスピードが高くなりすぎるために、使用されなくなった。1998年以降はグルーブドタイヤ（溝つきタイヤ）が使われるようになった。

スリッピング [slipping]〈ボクシング〉上体を左右に捻るように動かし、相手の打撃をかわす防御法。ヘッドスリップともいう。

スリップストリーミング [slipstreaming]〈モータースポーツ〉レースで前方を走る車両の後ろにぴたりとつけて走ること。高速走行する車両の後方には空気の乱流が生じて気圧が低下するため、後続車がその中に入ると、非常に強い力で前車に引っ張られる現象が起きる。後続車はアクセルのパワーを30％以上も節約したまま前車を追走可能なため、直線で追い越そうとする直前に行われる。

スリップダウン [slip down]〈ボクシング〉マット上の汗や相手との弾みによって足を滑らせること。カウントされず減点対象にならない。

スルー [through]〈サッカー〉自分のほうに向けて出されたパスを受けるように見せかけながら、自分と同じ方向に走っている味方の選手にノータッチで通すけん制プレー。〈テニス〉打ったボールがネットの網目や破れ目をすり抜けたり、下をくぐったりして相手のコートに入ること。この場合打ったほう

が失点になる。

スルーパス [through pass]〈サッカー〉相手陣営に走りこむ味方選手の進行方向に向けて、相手選手のすき間を抜けて通すパス。得点に結び付く確率の高いパス。

スロー [throw]〈陸上〉投げること。投てき動作のこと。

スロー・アレー [slow alley]〈ボウリング〉ボールの転がりかたが遅く、フックやカーブのつきやすいレーンのこと。

スローイン [throw-in]〈サッカー〉ラインの外に出たボールをルールに従ってコート内に再び戻すこと。サッカーでは、ボールを両手で持ち、頭上から両手で同時に離してグランドに投げ入れる。〈バスケットボール〉アウト・オブ・バウンズ、バイオレーション、ファウル、ヘルドボール、ゴール後などにゲームを再開する方法。コート外からボールを投げ入れる。

スローイング [throwing]〈ラグビー〉タッチからラインアウトにボールを投げ入れること。スローインともいう。〈野球〉ボールを捕球した後の送球のこと。送球相手が捕球しやすい位置にコントロールして投げるように心掛ける。

スローフォワード [throw forward]〈ラグビー〉ボールを相手側のデッドラインの方向に投げたり、パスしたりすること。反則となり、ペナルティキックやスクラムを取られる。

スローボール [throw ball]〈ニュースポーツ〉7人対7人のバレーボールに似たゲームだがボールをキャッチしたら3秒以内に相手コートに投げ入れる、相手がキャッチしにくいボールを投げるのが特徴。

スローワー [thrower]〈陸上〉砲丸投を除く投てき競技者のこと。

スロッグ [slog]〈ボクシング〉強く連打すること。強打する。

【せ】

聖火 [Olympic flame] 古代オリンピックが行われていたギリシャのオリンピアで太陽光から採火され、オリンピック開催期間中競技場の聖火台で燃え続ける火のこと。オリンピアで採火された聖火は開催国に渡った後はいくつものルートを通って開催都市の競技場まで各地をリレー方式で受け継がれる。これを「聖火リレー」または「トーチリレー」と呼ぶ。

セービング [saving]〈サッカー・ラグビー〉地上を転がるボールを体を投げ出して止め、相手の得点を阻むこと。

セーフ [safe]〈野球〉アウトを免れて進塁・生還ができること。〈テニスなど〉球がコートの線内に入ること。

セーブ [save]〈野球〉勝ち試合の救援投手として登板し、リードを保ったままゲームを最後まで投げきった投手に与えられる。その条件は、①3点リード（無走者）で登板し、最低1イニングを投げる。②2者連続本塁打で同点または逆転となる場面で登板し、リードを守りきる。③点差に関係なくリードを

守って３イニング以上投げきる。セーブポイントは勝利とセーブ数の合計。（セーブポイントとはいわない。）

セーフティー [safety] 安全・無事。〈アメフト〉ディフェンスチームに２点の得点が与えられるもので、２つのケースがある。自軍のエンドゾーン内でディフェンスにタックルされたりしてボールがデッドになったとき。または自陣ゴールライン後方からボールをフィールド外へ出したりすること。

セーフティーバント [safety＋bunt 和] 〈野球〉打者自身が、一塁に生きようとするバント。⇒ドラッグバント

セーフティーリード [safety＋lead 和] 〈野球〉走者が牽制球でアウトにされない範囲のリードのこと。

セーブポイント [save] 〈野球〉セーブ数と救援勝利数を加えたもの。（英語でセーブポイントとはいわない）

セール [sail] 〈ウインドサーフィン〉帆。

セールアップ [sail up] 〈ウインドサーフィン〉ボード上に乗って、アップホールラインを引いて水面のセールを引き起こすこと。

セール手 〈ウインドサーフィン〉セーリング中のマストから遠いほうの手を指す。

セールボード [sailboard] 〈ウインドサーフィン〉ウインドサーフィン（WSF）用具一式の総称をいう。

背負い投げ [seoinage] 〈柔道〉相手を前に崩しながら、背中全体が相手の体に密着するように相手を背負って肩越しに投げる技。相手より重心が低く、ひざを十分に曲げる。引き手を１回引き上げるようにするなどがポイントである。

背泳ぎ [backstroke] 〈水泳〉競泳の泳法のひとつ。あおむけで、腕は体にそって交互に回転させながら水をかき、足も交互に水をキックする泳法。

世界水泳選手権 [World Swimming Championship] 〈水泳〉世界水泳は1973年にユーゴスラビアのベオグラードで第１回大会が開催された。以後オリンピック開催の中間年に開催されていたが、2001年からはオリンピックの翌年からの隔年開催となった。2003年７月はバルセロナで第10回大会が開催。

世界選手権自転車競技大会 [World Championships in Bicycle] 〈自転車〉1893年シカゴを第１回大会とし、1895年以降はプロ部門を設け1958年には女子部門が追加された。UCI 主催でオリンピック年はプロ部門と五輪種目以外のアマ部門で開催される。

世界選手権大会 [World Championships] IF が主催するスポーツ競技ごとの、世界一を決める競技大会のこと。1893年に自転車競技が開催し、オリンピック開催年以外の毎年開催する競技、２年ごとのもの、また、オリンピックの中間年の４年ごとに行っている競技もあり、それぞれの IF（国際競技連盟）によって異なる。呼び方も世界選手権大会やワールドカップと呼称している。

世界マスターズ競技会 [World Masters Games] 男子35歳以上、女子30歳以上を対象にした世界規模での国際総合競技大会。参加資格に制限はなく、競技は５歳刻みで競われる。1985年第１回大会がカナダのトロントで開催された。

世界陸上競技選手権大会 [IAAF World Championships in Athletics] IAAF（国際陸上競技連盟）が主催して行われる競技会。1983年にフィンランドのヘルシンキで第1回大会が開かれた。2年ごとに開催されている。1997年第6回アテネ大会から賞金制度が導入され、金メダルが6万ドル、銀メダルに3万ドル、そして銅メダルは2万ドルが支払われ、世界記録達成者には10万ドルのボーナスが支給されている。

セカンド [second] 〈野球〉二塁手。〈ボクシング〉付添い人。セコンドともいう。

セカンドエフォート [second effort] 〈アメフト〉ランナーがタックルを受けても、なおも前進しようと走ることをやめず、突き進んでいく行為をいう。

セカンドサーバー [second server] 〈バドミントン〉ダブルスで2番目にサービスを行なうプレーヤー。

セカンドサービス [second service] 〈テニス〉ファーストサービスを失敗した後のサービス。セカンドサービスは確実性を重視してスピードを抑え、スピンのボールが多く使われる。

セカンドロー [second row] 〈ラグビー〉フォワードの2列目の守備位置。

関取 [sekitori] 〈相撲〉横綱から十両までの力士のこと。給料がもらえる相撲取り。

セクション [section] 〈サーフィン〉波の先が崩れてしまう部分。

セコンド [second] 〈ボクシング〉選手のスタッフで選手に付き添い、試合中の1分間の休憩タイムに作戦を与えたり、汗や、傷の手当てなどをしたりする。また、チーフセコンドのみがリングの中に入ることができる。プロは3人まで認められている。

ゼッケン [zeichen 独] 競技者の胸、背中などに付ける番号が書かれた布。

セッター [setter] 〈バレーボール〉スパイクを打つ選手にトスを上げ攻撃させる役目の選手。サインプレーなどでスパイクの指示を出したりする。チームの司令塔のような役割を担うことの多い選手。

セッティング [setting] 〈バドミントン〉15点（11点）ゲームの場合、14点オールになったときにのみ、改めてゲームのポイントをセットしなおすこと。15点ゲームを続行するか、17点ゲームにするか選択できる。〈モータースポーツ〉競技でできるだけよいタイムを出すために、エンジン、サスペンション、エアロ装備などのすべてを、コースにマッチするよう調整すること。

セット [set] 〈テニス〉テニスの試合はポイント、ゲーム、セットで構成されて、その最も大きい単位のこと。1試合は3セットマッチか5セットマッチで進められている。〈サーフィン〉周期的に数本単位でやってくるサイズの大きめのうねり。

セットアップ [setup] 〈ボウリング〉ピンを正しい位置に並べること。〈アメフト〉クォーターバックがパスを投げることができる体勢をとること。

セットオール [set＋all 和] 〈テニス・卓球〉両者の勝ったセット数が同じになること。

セットオフェンス [set offense] 〈バスケットボール〉味方の攻撃布陣が整うの

を待ってゆっくり攻める攻撃法。

セットスクラム [set scrum]〈ラグビー〉審判の支持で両チームがスクラムを組むこと。

セットスコア [set score] 双方の勝ち取ったセット数。

セットプレー [set play]〈サッカー〉定められた位置から始めるプレー。フリーキック、コーナーキックなどのときに使われ、成否が得点に大きく左右する。

セットポイント [set point]〈テニス・バレーボール・バドミントンなど〉セットの勝敗を決める最後の 1 点。

セットポジション [set position]〈野球〉投手が両足をそろえ、軸足でプレートを踏み、球を両手で持ち 1 秒以上の静止した投球姿勢。⇒ノーワインドアップ

ゼネラルテーブル [general table]〈マラソン〉道路競争において、主催者が用意した飲み物を置くテーブル。

セパタクロー [Sepak takraw マレーシア＋タイ] 藤製のボールでネットを挟んで足で蹴り合う競技。9 世紀の昔から東南アジア各国で行われている、伝統的なスポーツ。「セパ」はマレー語で「蹴る」、「タクロー」はタイ語で「ボール」の意味となる。日本の平安貴族の間で盛んだった「蹴鞠（けまり）」にあたる。1965年に競技ルールが統一された。バドミントンと同じネットの高さ、コートの広さで、3 人 1 チームのバレーボールのように行う。セット21点のラリーポイント制で、2 セット先取したほうが勝ちとなる。日本セパタクロー連盟が1989年（平成元）に設立され、同年国際連盟とアジア連盟に加盟している。

セパレート [separate]〈陸上〉トラック種目で各競技者の走路（レーン）が規定されていること。種目に応じてセパレートで行われる区間が決まっている。各レーンの幅は1.22〜1.25m に規定され、50mm の幅の白線で区切られている。競技者は自分の割り当てられたレーンを走らなければならず、レーン外に出た場合は、一部の例外を除き失格となる。

セパレートコース [separate course]〈陸上〉トラック競技などの、走者 1 人ひとりに区分けされている走路。⇔オープンコース

セミパブリック [semi-public]〈ゴルフ〉会員の使わない時間を非会員に開放するコース。数は少ない。ゴルファーの少ない地域に多い。

セミファイナル [semifinal] 準決勝。メーンイベントの前の前座試合。

セミフィンガーグリップ [semi-fingertip]〈ボウリング〉ボールの指穴の間隔が多少広く、中指と薬指の第 1 関節と第 2 関節の中間まで入れて握る握り方のこと。

セミ・フィンガー・ボール [semi-finger ball]〈ボウリング〉中指、薬指の第 1 関節と第 2 関節の中間まで入れて握るボールのこと。

セミプロ [semipro] セミプロフェッショナルの略。

セミプロフェッショナル [semiprofessional] 半職業的なスポーツ選手。

セリエA [Serie A]〈サッカー〉シリーズ A を意味するイタリア語で、イタリア

のスポーツ界では「1部リーグ」を指す。イタリアのこのリーグは世界最高峰のリーグといわれる。

セルフジャッジ [self＋judge 和]〈テニス〉審判員がつかない状況で試合を行い、プレーヤー同士が自分で判定を行う。ジャッジする範囲は、通常自陣コートに落ちたボールを自分が判定する。

全英オープン [The Open Championship]〈ゴルフ〉イギリスのゴルフ競技団体R&A（ロイヤル・アンド・エンシェントゴルフクラブ）主催の世界4大大会のひとつ。毎年7月中旬に開催される。正式名称は"The Open Championship"と呼ばれ、他に"The Open""British Open"とも呼ばれ親しまれている。特徴として開催ゴルフ場はシーサイドリンクス（海岸に立地する場）に限るという不文律がある。さらに、人の手を加えない「あるがままの自然の状態」のコースで開催されている。5年に1度は世界的にも有名な「ゴルフの聖地」といわれる。セント・アンドリュースで開催される事が慣例となっている。

全豪オープン [Australian Open]〈テニス〉テニス4大国際大会のひとつ。毎年1月下旬頃にオーストラリアのメルボルンで行われる。1世紀を超える歴史のある大会。もともと、1905年にオーストラリアとニュージーランドの共同大会で、「オーストラレージアンテニス選手権」として創設。男子シングル、ダブルスの2部門で始まる。1922年には女子が加わり1969年に大会もオープン化し「全豪オープン」と正式名称とされた。大会会場もメルボルンを固定開催として今日に至る。2002年には車いすテニス部門を創設。

先行動作 [precede working]〈スノーボード〉スムーズにターンに入っていくために、視線や上体をリードさせる動き。

戦型 [formation]〈卓球〉プレースタイル。

全国高等学校野球選手権大会〈野球〉朝日新聞社が主催し、全国の都道府県からそれぞれ地区大会を勝ち抜いた代表高校が、甲子園球場でトーナメント方式で勝敗を競う大会のこと。「夏の甲子園」と呼ばれ高校球児の憧れである。1915年に第1回大会が行われた。⇒選抜高等学校野球選手権大会

全国JOCジュニア・オリンピックカップ〈水泳〉日本水泳連盟（JASF）主催で行われ、全国各地の予選を突破した18歳以下の選手が出場し、各年代で日本一を決定する。

全国障害者スポーツ大会〈障害者スポーツ〉「全国身体障害者スポーツ大会」と「全国知的障害者スポーツ大会」を統合した、すべての障害者を対象とする総合スポーツ大会で、身体障害者の社会参加の推進を目的に行われる。

千秋楽 [sensyuuraku]〈相撲〉相撲興行の最終日。本場所の15日目のこと。

線審 [line judge]〈バドミントン〉ライン際の打球がアウトかどうか判断する審判。試合に応じて人数が増える場合もある。通称ライズマン。

前陣 [front position]〈卓球〉台から1m以内でのプレー領域。

前進守備 [double-play depth]〈野球〉走者のホームインを防ぐために、野手が通常の守備位置よりも前のほうで守り、バックホームに備えること。

センター [center]〈野球〉外野守備位置の中央のポジション。

センターサークル［center circle］〈ラグビー・サッカーなど〉ハーフ・ウエー・ラインの中央に描いた半径9.15mの円。

センター・サービス・ライン［center service line］〈テニス〉コート中央のラインで、サービスのときこのラインを超えるとフォールトになる。

センターシャフト［center shaft］〈ゴルフ〉シャフトがヘッドの中心部に取り付けられたもの。パターにのみ認められる構造。

センタースクラム［center scrum］〈ラグビー〉キックオフのボールが10mラインに達しなかった場合、また、ボールが直接タッチに出たときに、相手ボールのスクラムで、ハーフウエーラインの中央で組むスクラム。

センターフィルダー［center fielder］〈野球〉中堅手。

センターフォワード［center forward］〈ラグビー〉中央のフォワード。CFと略す。

センターマーク［center mark］〈テニス〉ベースラインを左右に分けるためのもの。センターマークからサイドラインの間でサーブを打たなければいけない。

センターマーク ⇒センターサークル

センターライン［centerline］〈卓球〉卓球台の中央にネットに対して垂直に引かれたライン。〈バドミントン〉サービスコート中央に引かれたライン。

センタリング［centering］〈サッカー〉ゴールライン近くの両サイドからのゴール前へ送るパス。

セントラルリーグ［Central League］〈野球〉日本プロ野球のリーグのひとつ。ほかにパシフィックリーグがある。セリーグ・パリーグ、セントラル・パシフィックともいう。

全日本テニス選手権大会〈テニス〉1922年（大正11）から開催され、東京と大阪で隔年に開催されていたが、有明コロシアムが新設されてからは毎年東京で行われるようになった。シングルスの優勝者には天皇杯が授与される。日本の国内チャンピオンを決める大会。

選抜高等学校野球選手権大会〈野球〉毎日新聞社が主催し、「夏の甲子園」に対し「春の甲子園」と呼ばれる。都道府県代表の「夏の甲子園」と異なり、地方ブロックの代表が、前年の秋季大会の成績などによって選ばれる大会である。1924年（大正13）に第1回大会が行われた。

全仏オープン［The French Open 英語、Les Internationaux de France, Le Tournoi de Roland - Garros 仏語］〈テニス〉テニス4大大会（グランドスラム）のひとつ。毎年5月末日から6月初めに開催。フランス・首都パリの名所である。「ブローニュの森」のそばにあるスタッド・ローラン・ギャロス（Stade Roland Garros）で行われる。「ローラン・ギャロス・トーナメント」（Le Tournoi de Roland (Torros)とも呼ばれている。ローラン・ギャロスは飛行家で、彼の功績を称えて会場に名前が冠されている。全仏オープンは唯一、クレーコート（赤土＝レンガの粉）を利用している。「赤土には気まぐれな神が棲んでいる」と評されることも多く、世界的に有名な大会でもある。

全米オープンゴルフ［United States Open Golf Championship］〈ゴルフ〉ゴルフ

の世界4大大会のひとつ。正式名はユナイテッドステイトオープンゴルフチャンピオンシップ。アメリカのゴルフ競技団体全米ゴルフ協会が主催している。毎年6月中旬に開催されている。

全米オープンテニス選手権大会 [U.S.Open Tennis Championship]〈テニス〉1881年アメリカ国内選手権が発足し、後、1968年大会がオープン化し、現在の全米オープンとなる。現在世界最大のテニスイベントとして世界中に知られている。1997年2万3000席以上の客席をもつテニススタジアム"アーサー・アッシュ・スタジアム"が世界最大のテニススタジアムとして登場、全米オープンの会場となっている。

全米プロゴルフ選手権 [PGA Championship]〈ゴルフ〉ゴルフの世界4大大会のひとつ。アメリカで毎年8月中旬頃に全米プロゴルフ協会（PGA OF AMERICA）の主催で開催されている。創設が1916年、その年に第1回大会が開催された。全世界約200か国で中継枚挙される注目度 NO.1 で権威も高い大会として評されている。

【そ】

ソアラー [soarer]〈グライダー〉上級用のグライダー。プライマリー、セコンドリーの種類がある。

送球 [throw]〈野球〉野手が他のポジションの野手にボールを投げること。メジャーリーグでは弾丸のような送球を"rifle"という。

装具 [orthosis]〈障害者スポーツ〉四肢、体幹の機能障害の軽減を目的として使用する補助器具。使用部位により、上肢装具、下肢装具、体幹装具に分けられる。また目的別に見ると、固定用装具（一定肢位に身体の一部を固定する）、矯正用装具（変形を矯正する矯正用）、免苛装具（下肢にかかる体重を軽減するもの）、歩行用装具（歩行を容易にする）、夜間装具（主に夜間に変形の予防や矯正を目的に使用するもの）、牽引装具（骨折などの治療で牽引を必要とする）、補高用装具（下肢の脚長差の補正に用いられる）などがある。

総合格闘技〈格闘技〉試合ルールの中に打撃技（突き・蹴り）と組み技（投げ・締め技・関節技）の両方が含まれている格闘技の一分野を総合格闘技という。

走塁妨害〈野球〉球を保持していない野手が、走者の進塁を妨げる行為。走者にはひとつの進塁が認められる。⇒オブストラクション

ソーシャルダンス [social dance] 社交ダンス。

ソール [sole]〈スノーボード〉ボードの裏面、雪と接する面のこと。〈ゴルフ〉クラブの部分名称。ヘッドの底面部分。あるいは底面部分を地面につけることを「ソールする」という。ハザード外でスタンスをとり「ソールする」と、ボールに対してアドレスしたとみなされる。

ゾーン [zone]〈バスケットボール〉守る位置と配位。⇒ゾーンディフェンス

ゾーンディフェンス [zone defense]〈バスケットボール〉守る地域を1人ひとりが分担し、互いに協力し合って守る防御法。⇔マン・ツー・マン・ディフェ

ンス

ゾーンプレス [zone press] 攻撃の前線と守備の最終ラインの間隔を詰め、相手を囲い込むようにしてプレッシャーを与える戦法。

促進ルール 〈卓球〉粘り合いのような長時間の試合をなくすためのルール。2通りのケースがある。①ゲーム開始後10分たっても1ゲームが終了しないとき。②両方の競技者（またはダブルスのペア）からの要請があった場合。促進ルールが適用されるとサービスは1本交換となり、レシーバーが13回返球するとレシーバー側のポイントになる。この回数をカウントするのが副審、または別のものがストロークカウンターを務める。ただし、スコアが9対9以降のときには促進ルールは適用されないし、一度ルールが適用されると引き続くゲームはすべて促進ルールで進められる。

素首落とし [sokubiotoshi] 〈相撲〉相手の首または後頭部を、手首または腕でたたき落として倒すこと。

素首落とし

ソケット [socket] 〈ゴルフ〉クラブの部分の名称。ヘッドとシャフトの接続部分。接合部分にボールが当たり、ボールが曲がって予定外の方向に飛んでいくこと。

速攻 [first break] 〈卓球〉サービスからの3球目攻撃やレシーブからの4球目攻撃をいう。また速いピッチやタイミング、前陣でスピードボールで攻撃すること。

速攻相撲 [sokkousumou] 〈相撲〉立ち合いから一気に出て、出足をきかせて勝負をつけるようなタイプの相撲。

ソップ型 [soppugata] 〈相撲〉体がやせていること。⇔あんこ型

袖釣り込み腰 [sodetsurikomigoshi] 〈柔道〉相手が自分の道衣を片方しか持っていない状態にして、相手の袖を釣り上げるように入り、投げる。

外掛け [sotogake] 〈相撲〉自分の右（左）足を相手の左（右）足の外側に掛け、その足を引き、相手を倒すこと。

外小股 [sotokomata] 〈相撲〉投げや引っかけをうち、相手が残そうと前に出した右（左）足を、右（左）手で外側からすくい上げて相手を仰向けに倒すこと。

外掛け　　　　　　外小股

外たすき反り [sototasukizori]〈相撲〉相手の差し手を抱えて、その上からもう一方の手を相手の差し手のほうの内股に入れ、自分から反るようにして相手を倒すこと。

そとむそう[外無双] [sotomusou]〈相撲〉差している右（左）手を抜き、その手で相手の右（左）ひざの外側を払いながら、左（右）手で相手の右（左）差し手を抱えて捻り倒すこと。

外たすき反り　　　　　　外無双

ソフトテニス [soft tennis]〈テニス〉明治初期にイギリスから「ローンテニス（硬式庭球）」が横浜居留地に伝わり、体育伝習所教官であったリーランドが学生に教えたのが始まりとされ、その後日本独自のゴムボールを使用する軟式庭球が生まれたといわれる。ローンテニスのボールの国産が難しく、輸入品も高価であったために、安価のゴムボールを代用したと伝えられる。「軟式庭球」「軟式テニス」とも呼ばれるが、1992年（平成4）の全面的なルール改定の際に「ソフトテニス」が正式名称となった。

ソフトバレーボール [soft volleyball]〈バレーボール〉㈶日本バレーボール協会（JVA）・指導普及委員会によって考案され、1988年（昭和63）の評議会で正式に承認された。1990年（平成2）には日本ソフトバレーボール連盟が発足、JVAの傘下団体として承認された。競技は、ソフト化したボールを6人制、9人制バレーボールのルールに準じて、ネット越しに打ち合うゲーム。ボールが大きく軽く柔らかいため、「パス」が安全にしかも容易にできるので取り組みやすく、手軽なので普及してきている。

ソフトボール [softball]〈ソフトボール〉野球のボールより大きくて、柔らかいボールを使う野球に似たスポーツ。ソフトとも呼ばれる。日本でのソフトボールは1920年（大正9）に大谷武一によって、「インドアベースボール」「プレーグランドボール」という名称で紹介され、1927年（昭和2）に学校の体育に採用されている。1949年（昭和24）に日本ソフトボール協会が発足し、1952年（昭和27）に国際ソフトボール連盟（ISF）に加盟し、国際舞台での活躍が著しい。1996年アトランタオリンピックで正式種目に採用されている。

ソフトラバー [soft rubber]〈卓球〉ラケットの表面にスポンジを張り、裏面にラバーを張り合わせたもの。

そり跳び [hang style / sail style]〈陸上〉走幅跳における空中のフォームのひ

とつ。

ソルトデッキ [salt deck]〈ウインドサーフィン〉滑り止めのためにデッキ部の表面が、塩を一緒にコーティングされザラザラにしてあるもの。

ソロ [solo]〈水泳〉シンクロ3種目のうちのひとつ。規定要素を盛り込んで行うテクニカルルーティンと、振り付け。演技内容ともに自由なフリールーティンの2つの課題演技を行う。

ソロホーマー [solo homer]〈野球〉塁上に走者がいないときに打ったホームラン。

そんきょ [蹲踞] [sonkyo]〈相撲〉力士が土俵に上がり、仕切りに入る前の基本姿勢。つま先立ちで腰を下ろし、ひざは左右に開き、両手をひざの上に置き相手を静かに見つめ、精神の統一を図り、集中させる姿勢。

ゾンメルスキー [sommer ski 独]〈スキー〉夏季や残雪期などに行う短いスキー。

【た】

ターキー [turkey]〈ボウリング〉ストライクを連続して3回出すこと。

ターゲット・スパット [target arrow]〈ボウリング〉レーン上の、▲形の目印。

ターゲット・バード・ゴルフ [target bird golf]〈ゴルフ〉ゴルフボールにバドミントンのシャトルを付けたような、羽根突きのボールをゴルフクラブで打つミニゴルフの一種。ホールは傘を逆さにして立てられた形状をしている。

ターゲットライン [target line]〈ゴルフ〉ボールから目標へと向かうライン。

タートルマラソン [turtle marathon]〈マラソン〉健康のために時間を気にせず、ゆっくり走るマラソン。

ターニング [turning]〈ホッケー〉球の周囲を回りながら体で相手の動きを妨害する。

ダービーマッチ [Derby Match]〈サッカー〉チームの本拠地が同じ都市にある2つのチームの試合のこと。

ターフ [turf]〈ゴルフ〉芝。ゴルフのグリーンやフェアウェーなどの芝生を植えた地域。

ターマック [tarmac]〈モータースポーツ〉ラリーのコースで、舗装路のこと。

ターン [turn]〈ゴルフ〉前半の9ホールを終え後半の9ホールに移ること。〈スケート〉フィギュアの滑走中に前進から後進、後進から前進というように、滑走方向が同一のままでスケートの向きだけを変えるテクニック。

ターンオーバー [turnover]〈バスケットボール・アメフト〉ボールの保持権がインターセプトやファンブルのリカバーなどにより相手にボールが奪われ、攻守が入れ代わること。または反則により相手側に移動すること。

タイ [tie] 同点となること。

ダイアゴナル [diagonal]〈バドミントン〉コートの対角線で二分し、1人がネット寄り、もう1人がバックライン寄りを守る陣形。

ダイアゴナルラン [diagonal runs]〈**サッカー**〉中央からサイド、サイドから中央へと斜めに走る動き。スペースをつくったり、スペースを利用するために必要となる。

体落とし [taiotoshi]〈**柔道**〉後ろ回りさばきで相手を前に崩し、右足を踏み出して、相手の出足を止めると同時に、引き手とつり手を利かせて前方に投げる。投げ技のひとつ。

対角 [opposing corner]〈**バレーボール**〉定められたポジションで、ある選手が前衛にいる時には必ず後衛になるというように、対角に位置すること。

体幹装具〈**障害者スポーツ**〉体幹筋の麻痺・変形に対する予防、矯正、固定のための装具。

耐久レース [long distance race]〈**モータースポーツ**〉Ｆ１のレースが300km程度で行われるのに対して、500km、800km、1000kmの長距離で競われるレースのこと。耐久レースは１台の車両を、２〜３人のドライバーが交代で運転し、そのときに行われるガソリンの補給、タイヤ交換、故障の修理などピットでの連携作業が、勝敗を大きく左右する。有名な耐久レースに、フランスで行われる「ル・マン24時間レース」がある。

タイゲーム [tie game]〈**野球**〉引き分け試合。同じ得点で終わった試合。

大三 [daisan]〈**弓道**〉弓を引く際の左右のバランスのあり方。また、正面打起しで、弓を引き分ける途中にいったん止める動作・位置をいう場合もある(中力)。

第3タッチジャッジ [third touch judge]〈**ラグビー**〉選手の交替などを管理するために、試合主催者によって指名された３人目の審判補助員のこと。

体軸 [axis]〈**スノーボード**〉ボードに対して効率よく力を伝えられる、頭と足裏を結ぶ線のこと。

体脂肪率 [percent of body fat] 全体重に占める体脂肪量の割合。最近の測定法は、両手、両足から生態の電気抵抗値（インピューダンス）を測定して体脂肪率を推定するインピューダンス法が急速に普及している。体脂肪率は成人男子25％、女子30％を超えると「肥満」と判定される。

退場 [send-off]〈**ラグビー**〉レフリーにより退場を命じられること。このプレーヤーは競技を続けることができず、事後所属協会より出場停止などの処分を受ける。

退場処分 [ejection]〈**野球**〉審判の判定に対して暴言をはいたり、暴力をふるった場合などに、審判に試合からの除外宣告を受けること。

台上プレー [stop block]〈**卓球**〉テーブルの上でのネット際の短いボールに対する打球。

体操 [gymnastics]〈**体操**〉男子６種目、女子４種目に定められた演技を行い最も高得点を得たものが勝者になる。男子６種目（床、あん馬、吊り輪、跳馬、平行棒、鉄棒）、女子４種目（跳馬、段違い平行棒、平均台、床）。団体、個人総合、個人種目別の競技がある。19世紀初めにドイツで生まれた器械体操が起源といわれる。1896年の第１回アテネオリンピックから正式種目。日本は1960年の第17回ローマオリンピックから1976年の第21回モントリオールオリンピ

ックまで男子団体総合5連勝を遂げ、体操王国として君臨した。日本の全盛期といえる時期だった。「ウルトラC」という言葉が1964年あたりからいわれ出し、男子の高難度の技の開発に拍車がかかり、また女子は力強い演技から、優美さと独創性に富んだ演技へと変遷している。選手の年齢層も女子は十代の選手が主流となりつつある。

代打 〈野球〉⇒ピンチヒッター

タイトスクラム [tight scrum] 〈ラグビー〉ラグビーで、両チームの選手が密集して作るスクラム。

タイトT [tightT] 〈アメフト〉攻撃のフォーメーションの最も基本的なもの。

タイト・ヘッド・プロップ [tight-head prop] 〈ラグビー〉フロントローの右側のプレーヤー。

タイトル [title] 選手権。

タイトルホルダー [titleholder] 〈野球〉各部門の1位獲得者。首位打者、ホームラン王、打点王、最多勝利投手などの受賞者。

タイトルマッチ [title match] 選手権試合。タイトルをかけた試合のこと。

ダイバー [diver] 〈水泳〉潜水夫。飛び込み競技の選手。

体配 [taihai] 〈弓道〉弓を引く時の動作・作法、またその前後の動作・作法。

ダイビングキャッチ [diving catch] 〈野球〉野手が飛び込むようにして打球を捕球すること。

ダイビングヘッド [diving＋head 和] 〈サッカー〉低い位置へ飛んできたボールに対して、ボールに向かって頭から体を投げ出し、飛び込みながらのヘディングをいう。ゴール前のシュートやコーナーキックなどに多く対応される。

ダイブプレー [dive play] 〈アメフト〉ボールキャリアーが、オフェンスラインの中央付近に飛び込むランニングプレーの一種。

タイブレイク [tie-break] 〈テニス〉タイブレイクは試合時間短縮化のためのルールシステム。セットカウントが6−6（8ゲームプロセットでは8−8）となったら、次のゲームはタイブレーク方式で勝者を決定する。2ポイント以上の差をつけて、7ポイントを先取したほうが勝ちとなる。2ポイント以上差がつかない場合は差がつくまで続ける。

タイミング・アンド・エクスプレッション [timing and expression] 〈スケート〉フィギュアコンパルソリー（規定演技）に対する採点方法のひとつ。男女のステップのタイミング、手の組み方などが変化するときの動きと流れなどを採点の対象とし、評価する。

タイム [time] 〈野球〉審判によって告げられるプレーの一時的な停止の宣告。

タイムアウト [time-out] 試合時間の決まった試合で、選手交代、作戦などのための一時停止時間。〈バレーボール〉リードしているチームが5点と10点に達したときに自動的に与えられる1分間の休憩（テクニカルタイム）がある。そのほか各セット30秒間の1回ずつ一時停止時間がある。〈アメフト〉チームが要求するチームタイムアウトとレフリーが要請するレフリータイムアウトがある。チームタイムアウトは前後半3回ずつ与えられる。

タイムアップ ［time＋up 和］試合終了。

タイムキーパー ［timekeeper］〈ボクシング〉試合の進行中、時間を計測する役員。ラウンド、インターバル、中断時間、ダウンのカウントを管理する。

ダイム・ストア ［dime store］〈ボウリング〉5番・10番ピンのスプリットのこと。5セントや10セントの安物店という意味。

タイムテーブル ［timetable］〈陸上〉競技日程のこと。

タイムトライアル ［time trial］〈陸上〉トレーニングの一環としてタイムを測定すること。英語の頭文字をとって「TT」と記されたり、単に「トライアル」と呼ばれたりもする。

タイムリー ［timely］〈野球〉適時安打。

タイムリーエラー ［timely＋error 和］〈野球〉相手の得点に絡んだ手痛い失策。大事な場面での失策。

タイムリーヒット ［timely hit］〈野球〉走者が塁にいるときに味方の得点につながる適時安打。タイムリーと略される。

タイムレース ［time race］勝ち負けの着順でなく記録によって順位を決める競技。自転車競技の中には一定の時間疾走し、その走行距離によって順位を決める競技もある。

ダイヤモンド ［diamond］〈野球〉内野。内野の形がダイヤモンドに似ていることからの名称。

代理人交渉 〈野球〉選手と球団との契約更改交渉を、選手本人でなく代理人を立てて交渉しようという選手側からの要望で実現した。現在は、1選手につき1名の弁護士にその資格が認められている。しかし、野球協約には特にこの件に関する規則はない。

ダイレクト ［direct］〈ゴルフ〉ピンなどを直接狙っていくこと。グリーンの外から打ったボールが直接ホールインした場合、「ダイレクトイン」「チップイン」という。〈野球〉打球や送球が途中でバウンドしないでいくさま。

ダイレクトキック ［direct kick］〈サッカー〉自分に向かってきたボールを一度体などで止めてからパスするのではなく、直接蹴るプレーのこと。

ダイレクトスパイク ［direct spike］〈バレーボール〉相手からのボールを直接ネット際で相手コートにスパイクすること。

ダイレクトタッチ ［direct touch］〈ラグビー〉ペナルティキックおよび自陣22メートル地域より後方からのキックを除き、キックされたボールが直接タッチに出ること。

台湾野球 〈野球〉現在1990年発足の「中華連盟」と1997年発足の「台湾大連盟」の2リーグがあり、中華連盟は統一ライオンズ、中信ホエールズ、兄弟エレファンツ、興農ブルズ、の4球団。台湾大連盟は金剛、雷公、太陽、勇士の4球団があった。ただし八百長問題や球団経営などの諸問題で揺れ動き、現在は1リーグ6球団で落ち着いている。「中華大連盟」として、①誠泰太陽②兄弟像③統一獅④興農牛⑤中信鯨⑥第一金剛。

ダウン ［down］〈テニス〉カウントで相手選手にリードされていること。ゲー

ムカウントが5対3の場合「2ゲームダウン」という。〈**アメフト**〉プレーが開始されてボールデッドになるまでの1単位。〈**ボクシング**〉ノックダウンのこと。〈**ゴルフ**〉マッチプレーで負けを表す。アップの逆。〈**水泳**〉クーリングダウンのこと。運動後、興奮した体をしずめていく冷却期間。

ダウン・ザ・ライン [down the line]〈**テニス**〉ストレートともいうが、コートのサイドラインと平行に飛ぶようにボールを打つこと。

ダウンスイング [downswing]〈**野球**〉バットの振り方で、水平より下方向にたたきつけるようなスイング。他の打法より球に回転がつく。⇒アッパースイング

ダウンヒル [downhill]〈**スキー**〉アルペン競技の1種目。急斜面に設けられた関門のあるコースを、関門を通過しながら一気に滑走する高速滑走の高い技術が問われるスピード系の競技。時速130kmを超えるスピードでジャンピングポイントを40〜60mも飛び、斜面を落ちるがごとく滑り降りるアルペンの花形である。⇒滑降

ダウンヒルライ [downhill lie]〈**ゴルフ**〉左足下がりの斜面（右打ちの場合）。

ダウンフィールド [down field]〈**アメフト**〉相手側陣地のこと。オフェンス側から見た場合は、ニュートラルゾーンより前方のことをさす。これに対し、自陣のことをバックフィールドという。

ダウンブロー [down blow]〈**野球・ゴルフ**〉ボールをたたきつけるように打つやり方。

ダウンホール [down hole]〈**ウインドサーフィン**〉セールのタックに設けられた穴。

ダウンボックス [down box]〈**アメフト**〉1〜4までのダウン表を表示するカードをつけた棒。

タオリング [toweling]〈**卓球**〉タオルなどで汗をぬぐう時間。ゲーム開始から6本ごとと最終ゲームのチェンジエンド時のみと決まっている。また、眼鏡、ラバーなどに汗がついたときは審判の許可があればタオルを使うことができる。

倒れ込みシュート〈**ハンドボール**〉ゴールエリア内に倒れ込んだり、飛び込んで体を捻ったりしてシュートを打つこと。アクロバット的なプレーも見られる。

高飛び込み [platform diving]〈**水泳**〉飛び込み種目の一種で5m、7.5m、10mのそれぞれに定められた固定の飛び込み台から飛び込みを行う競技のこと。競技会ごとにどの高さの台を使うか定められている。

多球練習 [multiple ball training]〈**卓球**〉多くのボールを使って、比較的速いピッチでボールを出して打つ練習方法。⇔1球練習

打球点 [hit point]〈**卓球**〉ボールを打つポイント。

タグ・アンド・リリース [tag and release]〈**釣り**〉釣った魚に標識を付けて放流すること。

打撃フォーム〈**野球**〉打者が高打率を残すための自分に合った打撃スタイル。打者は自分に合ったものを常に追求し、自分のものにすればコンスタントに成績を残すことができる。

打撃妨害 [interference]〈野球〉打者が振ろうとしたときに、捕手がその投球を取ろうとしてミットがバットに触れるなどの、打撃の妨害をすること。

打数 [at bat]〈野球〉打者の打撃の回数。四死球、犠打、犠牲フライ、打撃妨害は打数に加えない。

たすき反り [tasukizori]〈相撲〉相手に差し手のひじを抱え、その腕の下にもぐり込んで腰を落とし、一方の手で相手の脚を内側から取って、たすきを掛けるように反って相手を後ろに倒すこと。

ダスター [duster]〈野球〉投手が打者に対して脅かすことを目的に、内角の近めに投げる球。⇒ビーンボール

たすき反り

打席 [plate appearance]〈野球〉打者がバッターボックスに入って打撃を行う行為をいう。安打、四球およびデッドボール、犠打、犠牲フライ、打撃妨害などでも打席と呼ぶ。

立会い [tachiai]〈相撲〉力士が仕切線に手を下ろして立ち上がる瞬間。

立順 〈弓道〉弓を射る順番。

立ち飛び込み [standing dives]〈水泳〉飛び込み台の先端に立ち、静止した状態で踏み切って飛び込む型。

卓球 [table tennis]〈卓球〉台（テーブル）の上にネットを張ってボール（セルロイド製）をネット越しに打ち合い、得点を競う競技（室内競技）。台の上のコートにワンバウンドしたボールを打ち合う。1880年代、英国の上流階級が雨やどりに食卓でテニスを楽しみ、これを（テーブルテニス）と呼んで楽しんだといわれる。日本で初めて「卓球」という言葉が使われたのは1918年（大正7）といわれる。1898年にセルロイドのボールの発明により、仔牛の革張りのラケットで打つと「ピン」「ポン」と音がするところから「ピンポン」と呼ばれるようになった。その後1926年に国際卓球連盟によりテーブルテニス（卓球）と命名され、1927年に第1回ヨーロッパ選手権が開催された。1988年（昭和63）のソウルオリンピックから正式種目として採用された。世界卓球選手権は、1926年英国ロンドンで行われた。男子団体優勝はハンガリー。日本では1952年、インド・ボンベイで女子が団体優勝、男子はシングルスで佐藤博治が優勝した。

卓球台 [table]〈卓球〉大きさ、幅152.5cm、長さ274cm、高さ76cmと規定されているが、これは1900年頃に「卓球台のサイズ9フィート×5フィート」と決められたものに準じている。

タッキング [tacking]〈ウインドサーフィン〉風向きに対する帆の整え方。ノーズを風上に回して行う方向転換。タックと略す。ラフの下の部分。フットとラフの交わるところ。タックと略す。

ダッキング [ducking]〈ボクシング〉上体を左右斜め方向に低くかがめて相手の攻撃をかわす防御法。接近したまま防御ができ、素早い攻撃に移れる利点がある。

た

タック [tack]〈ウインドサーフィン〉タッキングの略。

ダックジャイブ [duck jibe]〈ウインドサーフィン〉セールのフットの下を、くぐるようにしてジャイビングを行うテクニック。

ダックタック [duck tack]〈ウインドサーフィン〉フットの下をくぐって行うタッキングテクニック。

ダッグアウト [dugout]〈野球〉球場の一塁側と三塁側にある監督、コーチ、選手の控え席・ベンチ。

ダッグフック [duck hook]〈ゴルフ〉曲がり方が激しいフックのこと。チーピンともいう。

タッグプレー〈野球〉タッチともいう。塁を離れている走者に、ボールタッチを行う。

タッグマッチ [tag match]〈プロレス〉2人1組で行う試合。

タックラー [tackler]〈ラグビー〉タックルし、相手のプレーヤーを捕えて、地面にともに倒れたプレーヤーのこと。

タックル [tackle]〈ラグビー・アメフト〉ボールを持つ選手が相手側の選手に捕らえられ地面に倒されること。片ひざが地面についても倒されたとみなされる。タックルが成立するとタックルをされた選手は、直ちにボールをパスするか、離さなければならない。タックルには正面から当たるフロントタックル、横からのサイドタックル、背後からの背面タックル、走ろうとする選手に抱きついて倒すマザータックルなどがある。

奪三振率〈野球〉9イニングあたりの奪三振数を表す。(奪三振数×9)÷投球回数。

タッチ [touch]〈プロレス〉リング外の味方と手を触れて、リング内の競技者と交代すること。〈ラグビー〉タッチラインおよびその外側の区域のこと。ボールやボールを持った選手が、その区域の地面に触れると「タッチに出る」と表現する。〈ゴルフ〉パターに球が当たる理想的な強度のパッティング。〈テニス〉プレーの最中に、選手の体やラケットが審判員や審判台に触れること。失点となり相手にポイントが入る。

タッチアウト [touch＋out 和]〈野球〉守備側の選手が走者に対し球を触れさせてアウトにすること。

タッチアップ [touch-up]〈野球〉塁上のランナーが、打者がフライを打ち上げたとき、守備が捕球の瞬間まで塁を離れないでいて、捕球動作が終了して次の動作に移ると同時に進塁を試みることができること。

タッチ・イン・ゴールライン [touch-in-goal line]〈ラグビー〉インゴールとデッドボールラインに直角に引かれた2本の実線。このラインはタッチインゴールである。

タッチキック [touch kick]〈ラグビー〉タッチに出すことを狙ってボールを蹴ること。自陣まで攻め込まれて、体勢を立て直すためによく使われる。

タッチ・ザ・ボディ [touched the body]〈バドミントン〉打球がプレーヤーの体や着衣に直接当たること。

タッチ・ザ・ネット [touch the net] 〈バドミントン〉プレー中、体の一部がネットに触れること。

タッチジャッジ [touch judge] 〈ラグビー〉レフリーを補佐する2人の線審のこと。

タッチダウン [touchdown] 〈アメフト〉代表的な得点方法。6点の得点が入る。①ボールを持ったランナーが相手チームのゴールライン上やエンドゾーン内にボールを持ち込んだとき。②オフェンスチームの選手がゴールライン上やエンドゾーン内で、フォワードパスをキャッチしたとき。③相手のゴールライン上やエンドゾーン内でファンブルをリカバーするか、バックワードパスのボールをキャッチしたとき、の3つの形がある。

タッチダウンタイム [touchdown time] 〈陸上〉ハードル種目でスタート合図からそれぞれのハードルの設置瞬間までのタイムのこと。

タッチネット [touch＋net 和] 〈テニス・バレーボール〉プレーの最中に、選手の体やラケットがネットに触れること。失点となり相手にポイントが入る。

タッチバック [touchback] 〈アメフト〉2通りあり、キックオフやパントキックにおいて、エンドゾーン内でレシービングチームがボールを確保してボールデッドが宣言されたときと、キックオフやパントキックにおいて、ボールが誰にも触れずにゴールラインを超えてアウト・オブ・バウンズになった場合がある。それぞれタッチバックとなりレシービングチームの自陣20ヤード地点から攻撃が再開される。

ダッチマン [Dutchman] 〈ボウリング〉ストライクとスペアが交互に続いた200点ゲーム。ダッチ、ダッチ200ともいう。

タッチライン [touchline] 競技場の両ゴールラインと直角なコートとの境界線。

タッチラグビー [touch rugby] 〈レクリエーションスポーツ〉ラグビーからスクラムやタックル、キックを除いた、鬼ごっことボールゲームを組み合わせたようなレクリエーションスポーツ。

タップ [tap] 〈ボウリング〉ピンがレーンに1本だけ残ること。〈バスケットボール〉ボールを叩くプレー。ジャンプボールやリバウンドのときに多用する。

タップイン [tap in] 〈ゴルフ〉ごく短いパットを、軽く叩くように打ってホールインさせること。

たてぎょうじ [立行司] [tategyouji] 〈相撲〉行司の最高位。横綱の取り組みしか裁かない。木村庄之助と式守伊之助がいる。

縦四方固め [tateshihoukatame] 〈柔道〉右手で相手の右肩越しに後ろ帯を握って引き、左手は相手の右腕をすくい、上体を制する。

打点 [run batted in] 〈野球〉打者が打った球で得点した場合、その得点分が打者のポイントになる。打撃によって走者がホームインすれば得点になる。満塁で本塁打を打てば打点4となる。RBIと略す。

打点王 [run batted in king] 〈野球〉RBI king

谷落し [taniotoshi] 〈柔道〉体を捨てながら、相手を後方に崩すように投げる。

内股や払い腰がきたときに返す技として、谷落しはよく使われる。

たにまち [tanimachi]〈相撲〉贔屓（ひいき）力士のために食事をおごったり、金銭的にバックアップしてくれるファンのこと。大阪市谷町に相撲好きの医者が力士を無料で診察したことからいわれるようになった。

谷回り [open side]〈スノーボード〉トラバースからフォールラインに向かってターンしていくこと。ターン前半部。

ダフ [duff]〈ゴルフ〉ショットのとき、球の手前の地面（芝など）を打つこと。

ダファー [duffer]〈ゴルフ〉下手なプレーヤーのこと。

ダフィ [daffy]〈スキー〉フリースタイル競技の空中演技のひとつで空中で両足を前後に大きく開く技。2度繰り返すとダブルダフィと呼ぶ。

ダフる [fat shot]〈ゴルフ〉ボールの手前の地面を打つこと。

ダブル [double] 2倍の。二重。〈ボウリング〉ストライクを2回続けて出すこと。

ダブルアクセル [double axel]〈スケート〉⇒アクセル・パウルゼン・ジャンプ

ダブルイーグル [double eagle]〈ゴルフ〉アルバトロス（パーより3打少なくホールインすること）の別名。米国の表現。

ダブルウッド [double wood]〈ボウリング〉2本残ったピンの状態が前後に重なって1本に見えること。

ダブルコンタクト [double contact]〈バレーボール〉1人の選手が続けて2回以上ボールに手を触れること。反則となり、相手側に得点が入る。ただし、ブロック時に触れた選手が再びそのボールに触れる場合や、相手からのレシーブ（1回目の処理）をするときは許される。

ダブルサルコー [double salchow]〈スケート〉⇒サルコージャンプ

ダブルス [doubles]〈バドミントン・テニス・卓球〉2人組のプレーヤーで行う試合形式。

ダブルスチール [double steal]〈野球〉2人の走者が同時に盗塁を試みること。重盗。

ダブルタッチ [double touch]〈バドミントン〉ダブルスの試合において、プレーヤーとパートナーが続けてシャトルを打ってしまうこと。

ダブル・トー・ループ [double toe loop]〈スケート〉⇒トウ・ループ・ジャンプ

ダブル・トラック・レース [double track race]〈スケート〉1周400mの滑走路2本からなる楕円形のダブルトラックで行われるレースのこと。選手は2人同時にスタートし、1周の距離が平等になるためにバックストレッチのクロッシングゾーンでアウトコースの選手とインコースの選手が入れ替わって滑走する。

ダブルドリブル [double dribbling]〈バスケットボール〉一度ドリブルを終えたあとに再びドリブルを開始する行為。

ダブルネルソン [double nelson]〈プロレス〉後方から羽交い絞めにし、両手で首を押さえつける技。

ダブルピナクル [double pinochle]〈ボウリング〉ビッグ・フォーの別称。

ダブルファウル [double foul]〈バスケット・ラグビー等〉両チームのプレーヤーが、ひとつの接触プレーで同時にパーソナル・ファウルを犯すこと。

ダブルフォールト [double fault]〈テニス〉サービスが「ファーストサーブ、セカンドサーブ」とも失敗したときにコールされる。相手の得点になる。

ダブルプレー [double play]〈野球〉重殺。併殺。ゲッツー。守備側が連続プレーで、相手選手を2人アウトにすること。

ダブルブロー [double blow]〈ボクシング〉同じ手で2度続けて打つこと。ダブルパンチともいう。これに対して左右のブローを続けることをワン・ツー・ブローという。

ダブルヘッダー [doubleheader]〈野球など〉1日に同一チームと2試合消化すること。また、異なるチームとの2試合は変則ダブルヘッダーという。

ダブルボール [double balling]〈ボウリング〉第1投目を投げて、自分のボールが返ってこないうちに、別なボールで第2投目を投げること。これはエチケット違反であるばかりでなく、マシン・トラブルの原因ともなるので厳禁。

ダブルボギー [double bogey]〈ゴルフ〉1ホールのスコアがそのホールの標準打数より2打多いこと。1打の場合はボギー。

ダブルボランチ ⇒ボランチ

卵型姿勢 ⇒クローチング姿勢

ダミー [dummy]〈アメフト・ラクビー・サッカーなど〉パスをすると見せかけて実際にはパスをしないプレー。相手の動きをかわす戦法。

ため〈野球〉打者がトップからインパクトに向けてスイングするとき、タイミングをとるために力をためること。腰と肩が一緒に回ったり、腰より先に肩が回ってしまうと大きな瞬発力が出せない。ボールを正確にとらえるため、また腰を回してから肩を回さないと本来の力が出ないために、一瞬肩を止める動作をいう。

駄目押し [dameoshi]〈相撲〉ほぼ勝ちを手中にしている状態でさらに技を出すなどして勝利を決定させること。

打率 [batting average]〈野球〉打者の打数に対する安打数の比率。安打数を打数で割った数字。普通は小数点以下3桁までを算出する。

ダンクシュート [dunk＋shoot 和]〈バスケットボール〉ボールを手に持ち、離れた位置からシュートするのではなく直接リングにボールをたたき込むようにシュートすること。日本では1990年代にマイケル・ジョーダンの滞空時間の長い「エア」と呼ばれたダンクシュートに人気が集まり、一気に日本のバスケットボール人口が増加していった。

たんだ[**単打**] [hit/single hit]〈野球〉安打（塁をひとつのみ走者を進めること）。⇒シングルヒット

タンデム自転車 [tandem bicycle]自転車競技の視覚障害者クラスの競技で使用される2人乗りの自転車。前にパイロット（晴眼者）、後ろに視覚障害者が乗る。後ろの視覚障害者は前の選手（パイロット）の背中に頭をつけ、その動きに合わせて、身体のバランスをとり競技をする。

たんでんにちから[胆田に力]〈剣道〉胆田と呼ばれるへそその下の部分に力を入れることで、かけ声の効果とともに交感神経への刺激となり、「心」と「気」の働きが高まるといわれている。

ダンパー [dumper]〈サーフィン〉一気に崩れる波。=クローズアウト

タンパリング [tampering]〈野球〉他球団に所属している選手に対して、契約勧誘の目的で接触するすべての行為。野球協約第68条および73条で禁止され、プロ野球傘下の選手全員が野球協約による「統一契約書」によって契約している球団に身分を拘束されており、他のいかなるものもこの権利を侵すことはできない。万一違反をした場合は、違反球団と該当選手との契約が永久的に禁止され、またこれに携わった球団職員は職務停止の処分を受ける。

単板 [single panel]〈卓球〉1枚の板で構成されたラケット。⇔合板

タンブリング [tumbling]〈体操〉とんぼ返りや跳躍運動を競う競技。

段跳び [sequential jump]〈陸上〉立位姿勢から、左右交互または片足で跳躍して前進し、砂場に着地する練習の総称。立ち3段跳び、立ち5段跳びなどがある。

【ち】

チアガール [cheer+girl 和]女子の応援団員。

チーピン [duck hook]〈ゴルフ〉曲がりの激しいフックボールのこと。ダッグフック、ヒッカケ。

チーフアンパイア [chief umpire]〈野球〉主審。主任審判員。

チーム [team]団体競技の1組。一団。

チームキャプテン [team+captain 和]〈バレーボール〉試合で登録されるキャプテン。ユニフォームのナンバー下にラインでキャプテンマークをつけ、試合中のプレーヤの行動の責任を持つ。

チームゲーム [team competition]団体試合。

チームバッティング [team batting]〈野球〉チーム全体が統一された意思のもとに、効率のよい攻撃で貴重な得点を重ねるための基本となる作戦。そのためには自分勝手なバッティングは避け、打者全員が狙い球を絞り、セーフティバントで揺すぶったり、逆らわないバッティングで、センター中心の逆方向に打つように心掛けたりする。

チームプレー [team play]①チームの全員が目標に向かって協力して行うプレー。②個人の成績よりも団体競技の成績を重視してプレーすること。

チームメート [teammate]組・チームの仲間。

チームレース [team+race 和]団体競技（team sports）。

チームワーク [teamwork]チームとしての共同作業。協力体制。

チェアスキー [chair ski]〈障害者スポーツ〉下肢障害者が座ってアルペン競技を行なうために改良された用具。1本のスキー板にパケットシートを装着し、シートに座り体を固定して滑る。2本のアウトリガー（先端に小さなスキー板が付いたストック）を操作して滑走する

チェストパス [chest pass]〈バスケットボール〉胸のあたりからパスをする。

チェッカーフラッグ [checkered flag]〈モータースポーツ〉白と黒の市松模様の旗で、競技をしていた車両がゴールしたときに振られる。

チェリー [cherry]〈ボウリング〉スペアをとるときに、前方のピンを倒して、後方あるいは左右のピンを残してしまうこと。

チェンジ [change] ①交換。交代。②攻守交替。

チェンジ・オブ・ペース [change of pace]〈野球〉⇒チェンジアップ

チェンジアップ [change-up]〈野球〉投手が球速に変化をつけて、打者のタイミングをはずす投球方法。またその球。

チェンジエンド [change of ends]〈卓球〉競技する場所を交換すること。各ゲームが終わるときや最終ゲームにどちらかの得点が5点に達したときに行われる。

チェンジギア [change gear]〈ラグビー〉急に歩調を変えて、相手を惑わす走法。

チェンジコート [change＋court 和]〈テニス・バレーボール〉各セット終了後、または各セットの中間の奇数番でコートを入れ替わること。

チェンジサービス [change service]〈卓球〉通常の試合展開であれば、2本ごとにサービス権が替わることをいう。ジュースになったり、促進ルールになると、サービスは1本に替わる。

力紙 [chikaragami]〈相撲〉半紙を半分に切ったもの。仕切りに入るときに力士が身を清めたあと、顔をぬぐうのに使う。化粧紙ともいう。

力水 [chikaramizu]〈相撲〉力士が身を清めるのに使う水。東西花道の赤房、白房の土俵下に備えてある手桶の中に入っている水のこと。「化粧水」「清めの水」ともいう。前の勝ち力士が土俵上の出番の力士に、柄杓ですくって差し出す。負け力士が水をつけることはなく結びの前の力士が負けた場合は結びの力士の付き人が代わって行う。

チップ [tip]〈野球〉打者の振ったバットにかすかにボールがかすること。

チップイン [chip in]〈ゴルフ〉アプローチショットでグリーンの外から直接ボールをホールインすること。

チップイン [tip-in]〈バスケットボール〉リバウンドのボールを指先で触れるだけでゴールに入れること。

チップショット [chip shot]〈ゴルフ〉グリーン周りからホールに向かって低く転がるように打つショット。

チャージダウン〈ラグビー・アメフトなど〉⇒チャージング

チャージド・タイム・アウト [charged time-out]〈バスケットボール〉試合中にチームの要求でとれる作戦タイム。

チャージング [charging]〈サッカー〉相手選手に故意にぶつかること。ショルダーチャージのみが許されて、それ以外はファウルチャージで反則となる。相手側の直接フリーキックとなる。⇒ファウルチャージ〈バスケットボール〉攻撃側チームのプレーヤーが突破をはかる際、ディフェンス側のプレー

ヤーを突き飛ばしたり、押し倒すパーソナル・ファウル。〈ラグビー〉ゴール
キック、フリーキック、ペナルティキックの際に、蹴られたボールを阻止す
るために、相手側の選手がボールに向かって走る動作のこと。ただし相手側
の選手はボールから自陣に10m後退して、キッカーがキックの動作を開始す
るまで走り出してはならない。また、ペナルティーゴールのときは、キック
終了まで走り出してはならない。チャージに成功することをチャージダウン
という。

着 [place] 〈陸上〉走種目のレースで、フィニッシュした順番を示す単位。

チャレンジ [challenge] 〈サッカー〉主に、守備の選手が相手のボールを奪うた
めに、仕掛けること。挑戦、という意味では、ボールを持っている選手が相
手を抜きにいくこともチャレンジではある。〈ボクシング〉試合の申し入れ、
挑戦。〈テニス〉ライン際のイン・アウトの微妙な判定に対し、1セットにつ
き3回までビデオ判定を要求（チャレンジ）できる選手の権利（ビデオ判定の
結果誤審であった場合は、要求権は保持される）。

チャレンジャー [challenger] 挑戦者。チャンピオンに対し挑戦する資格を持
つ選手。

ちゃんこ [chanko] 〈相撲〉力士の鍋料理。

チャンスメーカー [chance＋maker 和] 得点のきっかけをつくり出す選手。

チャンネル [channel] 〈サーフィン〉深めになっていて沖へ向かって潮が流れ
るところ。

チャンピオン [champion] 優勝者。選手権保持者。

チャンピオンシップ [championship] 選手権。

チャンピオンズリーグ [Champions League] 〈サッカー〉⇒欧州チャンピオンズ
リーグ

チャンピオンベルト [champion belt] プロのボクシングやレスリングでチャ
ンピオンに贈られる飾りのついたベルト。

宙返り [somersault] 〈水泳〉飛び込みの空中における動作のひとつ。前宙返り、
後ろ宙返り、踏み切った直後から宙返りを開始するもの、空中に飛んでから
開始する途中宙返り、の4つの基本形がある。この基本形の組み合わせと回
転数によって、高飛び込み種目で87種、飛び板飛込み種目で67種が競技規定
に登録されている。

チューブ [tube] 〈ウインドサーフィン〉波がブレイクするときに作るチューブ
状の空洞のこと。

中陣 [mid position] 〈卓球〉台から2～3m内でのプレー領域。

注文 [chuumon] 〈相撲〉立会いに左右へ変化して相手の意表をつく奇襲作戦。

チュチュ [tutu 仏] バレリーナーが着ける短いスカート。

チュックボール [tchoukball] 〈チュックボール〉弾力のあるネットにボールを
シュートし、シュートしたボールのリバウンドボールをダイレクトにキャッ
チできるかどうかを競うゲーム。非攻撃的なゲームである。

長打率 [slugging percentage] 〈野球〉シングルヒット以外のヒットで二塁打、三

143

塁打、本塁打のことをいう。ヒットによる長打の割合。計算方法はヒットによる塁打数の合計（単打は1、二塁打は2、三塁打は3、本塁打は4と計算する）を全打数で割る。長打率＝塁打数÷打数。SLGと略する。

調停委員会〈野球〉次年度シーズンに備え球団と選手は、支配下選手契約を締結するが、参稼報酬の金額が合意に達していない場合、所属連盟会長に金額の調停を求めることができる。連盟会長は委員会を構成し、調停を受理した日から30日以内に妥当とされる金額を決定する。

直接フリーキック [direct free kick]〈サッカー〉相手側の反則によって得たフリーキックのひとつ。反則のあった地点から地面にボールを置き直接ゴールを狙うことができる。

チョクトウターン [Choctaw turn]〈スケート〉ターンと同時にインからアウト、アウトからインに前後でエッジを替えて方向転換すること。

チョッピー [choppy]〈サーフィン〉波の面が風の影響でざわついている状態。

チョップ [chop]〈テニス・卓球〉相手の球を切るように打って球に逆回転を与える打法。〈プロレス〉切るように打つ水平打ち。〈ボウリング〉チェリーで前方のピンだけを倒すこと。

チョップブロー [chop blow]〈ボクシング〉ナックルパート以外のグローブの面（内側・側面・手首など）で、空手チョップのように上から打ち下ろすように打つこと。反則となり警告を受ける。

ちょん掛け [chongake]〈相撲〉自分の右足のつま先を相手の右足のかかとに内側から掛けて手前に引き、上体を反らして相手を横か後ろに捻り倒すこと。

ちりちょうず[塵浄水] [chirijouzu]〈相撲〉力士が仕切り前に行う儀式。そんきょ（蹲踞）の姿勢からかしわ手を打って、両手を左右に大きく開いた後のしぐさで、上を向いた手のひらを下向きに返す動作のこと。ちりを切るという。両手を開くのは、何も持っていないことの意思表示。

チンミュージック [chin music]〈野球〉あごをすれすれにかすめる投球。

チンロック [chin lock]〈プロレス〉プロレスであごのあたりを腕で挟み、絞めつける技。

【つ】

ツアー [tour]〈テニス〉年間を通じてのトーナメントシステムのこと。

ツイスター [twister]〈スキー〉フリースタイルでの空中演技のひとつ。上体と下半身を90度以上捻る技。ダブルツイスター、トリプルツイスターと回数によって呼ばれる。またほかの技と組み合わせて競技される。

ツーアタック [dump]〈バレーボール〉前衛にいるセッターが2打目で直接相手コートに攻撃すること。

ツー・トップ・システム [two top system]〈サッカー〉攻撃の最前線のフォワードを2人にして、中盤を厚くする戦法。3-5-2、4-4-2システムがこの布陣と

なる。

ツー・ピース・ボール [two piece ball]〈ゴルフ〉ボールの内部が糸巻きでなく、二重構造になっているボール。

ツー・ピース・マスト [two piece mast]〈ヨット〉2つに分解できるマスト。

ツー・プラトーン・システム [two-platoon system]〈野球〉2人の選手を交代で出場させる方式。また、相手ピッチャーの起用を読み、右ピッチャーには左打者、左ピッチャーには右打者を並べた打線を組むこと。(プラトーンには①選手をひとつのポジションに交代で使う②ひとつのポジションに交代で2人以上の選手を使う③各選手の攻撃・守備力を生かして他の選手との交代で出場する、がある)

ちょん掛け

ツー・ベース・ヒット [two-base hit]〈野球〉二塁打。

ツーボールフォアサム [twosome]〈ゴルフ〉2人対2人で、お互いに1個のボールをプレーするマッチプレーのこと。

ツー・ラン・ホーマー [two-run homer]〈野球〉打った打者を含めて2人がホームへ生還するホームラン。塁上に走者が1人いるときのホームラン。

ツーミニッツ [two minutes]〈アメフト〉試合終了2分前に時計が止まること。拮抗した試合ではここからの攻撃が大きな見どころになる。

ツームストーン [tombstone]〈ゴルフ〉規定打数に自分のハンディキャップ数を足し、スタートしてからその合計数に達した地点に旗を立てる。それがスタートからいちばん遠くだったプレーヤーが勝利となる競技。ツームストーンは「墓石」の意。別名、旗立て競技ともいう。

ツーリングカー [touring car]〈モータースポーツ〉市販車をベースに改造された競技車両のこと。レース専用に製造された車両はレーシングカーという。

ツール・ド・フランス [Tour de France 仏]〈自転車〉1903年以来、毎年7月、フランスで行われる20日間4000kmにわたるフランス1周国際自転車ロードレースのこと。通算成績がトップの選手には、黄色のジャージが着せられ、英雄としてたたえられる。1983年からプロ・アマ区別なしのオープンレースとなった。参加のほとんどが複数スポンサーによる企業ブランドプロチームである。アルプスやピレネーを越える山岳地帯もある過酷なレースだが、沿道には毎年1000万人以上もの観衆が集まり、フランス国内だけでなく欧州中はもとより世界中が騒いでいる。ゴールはパリの凱旋門。

杖 [cane]〈障害者スポーツ〉握り、支柱、杖先からなり、手に持って歩行の助けとなる細長い棒。単脚杖多脚杖(三脚、四脚)。

つかみ投げ [tsukaminage]〈相撲〉腕を伸ばして相手の後ろまわしをつかみ、つかみ上げた後、左(右)側に投げる荒技のこと。

突き落とし [tsukiotoshi]〈相撲〉片手を相手の脇の下から脇腹に当て、体を開きながら相手の重心を傾けさせ、斜め下に押さえつけるように倒すこと。

つかみ投げ　　　　　　　　突き落とし

突き倒し [tsukitaoshi]〈相撲〉相手を突っ張りで倒すこと。土俵の内外は関係ない。

突き出し [tsukidashi]〈相撲〉相手の胸などを手のひらで突っ張って土俵の外に出すこと。元横綱千代の山は相手を「45日」で片付けたといわれた。あまりにも突きが強いため、一月（突き）と半分で土俵の外に突き出したのである（30日＋15日＝45日）。 [putting]〈陸上〉砲丸投における投げの局面の動作。グライドや回転などによって得たエネルギーを利用して、砲丸を投げき方向に突き出すことをいう。砲丸を突き出す感覚やタイミングを身につけるために行う練習。砲丸やメディシンボールなどを利用して行う。

突き倒し　　　　　　　　突き出し

つき手　　　　　　　つき膝　　　　　　　伝え反り

つき手 [tsukite]〈相撲〉相手の力が加わらないまま手が土俵につくこと。

つき膝 [tsukihiza]〈相撲〉相手の力が加わらないままひざが土俵につくこと。

付け出し [tsukedashi]〈相撲〉入門前の成績が認められた者が前相撲から土俵に上がらず、幕下から土俵に上がること。学生相撲出身の学生横綱、全日本横綱などの経歴を持つ新人に見られる。

付け人 [tsukebito]〈相撲〉十両以上の関取の身の回りの世話をする人。幕下以下力士が行う。横綱には10人以上付け人を従え身の回りの世話をしてもらうが、横綱は関取の礼儀作法から、強い力士に育てる義務と責任を持つ。幕内5人、十両で2〜3人。

つたえぞり [伝え反り] [tsutaezori]〈相撲〉相手の脇の下をすり抜けて、相手を倒すこと。

突っ込み [plant]〈陸上〉棒高跳の動作局面のひとつ。助走のあと、ボールをボックスに突き立てる動作を指す。

ツッツキ打ち [attack against push]〈卓球〉相手のツッツキを攻撃すること。ドライブでなくミート打法ではじくように打つときに多く使われる用語。

綱打ち式 [tsunauchishiki]〈相撲〉特に新横綱が誕生したときに多く行なわれる。横綱（横綱の腰に締めている白い綱）をよりあげるための儀式。一門の力士が総出で白い鉢巻、手袋で掛け声をかけ威勢良くよりあげる。でき上がると早速新横綱が締め、土俵入りの初練習となる。

綱引き [tug-of-war]〈綱引き〉スポーツとしての綱引きは、すでに紀元前500年頃には体力訓練や競技スポーツとして行われていた。1960年に国際綱引き連盟（TWIF）が設立され、ヨーロッパ選手権、世界選手権大会などが開催されている。日本では、運動会の種目でしか行われていない感がするが、1981年（昭和56）に日本綱引き連盟（JTWF）が結成され、国際連盟のルールに従って競技として取り入れ、日本選手権大会を開催した。ゲームは3セットマッチで、1チーム8〜10名で行われる。全国スポーツレクリエーション祭の正式種目になっている。

ツブ高ラバー [long-pimples rubber]〈卓球〉ツブの長い表ラバー。規定ではゴムの長さは2mm以内とされているができるだけ高くしたラバー。相手の強打を受けたとき、長いツブが曲がり勢いを吸収して、その威力がそのまま相手に返る特性がある。上回転球を打たれると下回転球になって返り、下回転球は上回転球や無回転球になり、変化攻撃をするカットマンなどの選手に多く使われる。

角見 [tsunomi]〈弓道〉左手親指根の弓があたる部分のこと。手の内をととのえる時や手の内の働きのために重要な部位である。

角見の働き [tsunominohataraki]〈弓道〉弓の右内角を親指根（角見）で押しねじる働きのこと。日本の弓射上、たいへん重要な技で、大切な働きである。

つばめ返し [tsubamegaeshi]〈柔道〉相手が攻撃してきた出足払いなどを外し、その外した足で相手の足を払う返し技。

つまとり [褄取り] [tsumatori]〈相撲〉相手の体の横につくようにして、前に泳いだ相手のつま先を取って、後ろに引き上げて相手を倒すこと。

つまる〈野球〉バットスイングでインパクトの

褄取り

ときにバットの芯より下（グリップ寄り）の位置にボールが当たってしまうこと。打球の勢いがそがれる。

詰合い [tsumeai]〈弓道〉形の上で発射の姿勢をととのえること。引くべき矢の長さを引きおさめ、矢が頬に付き、胸に弦が接触し、狙いを完了させること。

つゆはらい[露払い] [tsuyuharai]〈相撲〉横綱の土俵入りの先導を務める力士。同時に土俵入りに従う「太刀持ち」よりも下位の力士が務める。横綱と同門か同系列の幕内力士が行う。

中・貫・久 [chu・kan・kyu]〈弓道〉矢が的に中ること、貫徹力のある矢であること、それらがしばらく継続することをいう。射術上の最高目標。「貫・中・久」とも。

吊り落とし [tsuriotoshi]〈相撲〉正面から相手の体をつり上げて、その場に落として倒すこと。

釣り込み腰 [tsurikomigoshi]〈柔道〉右足前回りさばきで右をつり上げながら大腰と同じように投げること。

吊り出し [tsuridashi]〈相撲〉両まわしを引きつけて、腰を入れて相手の正面から体をつり上げて土俵外に出すこと。また、まわしを取らずに相手を抱えてつることもある。

吊り落とし

弦 [tsuru]〈弓道〉麻のほか、近年はケブラー、ザイロン、ベクトラン、テクノーラなど化学繊維も使用される。

弦音 [tsurune]〈弓道〉発射後、弦が弓に接触して発生する衝撃音。発射の良し悪しにより、この弦音も変化する。弓・矢・弦のバランスがよく、射手の技量もよければ美しい音がする。

弦巻 [tsurumaki]〈弓道〉中仕掛けを付けた予備の弦（替弦）を巻いておくドーナツ状の道具。籐製のもののほか、安価にはプラスチック製などもある。

吊り出し

つるみち[弦道]〈弓道〉弓を引き分けるときの、弦を引く手の通り道をいう。正しくなければ発射が成功しない。

弦輪 [tsuruwa]〈弓道〉弓弭に弦をかけるための輪。弦が伸びたらこの弦輪を調整して、弓の握と弦の間隔を一定に保つ。

【て】

出足 [deashi]〈相撲〉立ち合いの瞬間から勝負を決めるまでの、土俵内で前に出る足の運びのこと。相撲は常に前に出ることが基本であり、出足のよしあしが重要になる。

出足払い [deashibarai] 〈柔道〉相手が前に移動して足が畳につく瞬間に、足を払うこと。

ティー [tee] 〈ゴルフ〉ティーグラウンドで球を打つときに乗せる釘のような小さな台座。

ティーグラウンド [tee ground] 〈ゴルフ〉各ホールの第一打を打ち出す場所。

ティーアップ [tee up] 〈ゴルフ〉ティーグラウンドでティーに球を乗せること。

ティーショット [tee shot] 〈ゴルフ〉ティーグラウンドで球を打つこと。

Tの字型ストップ [T-stop] 〈スケート〉片足のアウトエッジを使って止まる方法。足を前に出すTの字型と、後ろから逆Tの字にエッジを使う逆Tの字型ストップがある。

ティーバッティング [tee batting] 〈野球〉ゴルフのティーよりも高さのある台に球を乗せ、打撃練習をすること。

ティーペッグ [tee pegs] 〈ゴルフ〉ティーショットの際にボールを乗せる「球台」。

ティーボール [tee ball] 〈レクリエーションスポーツ〉野球やソフトボールに似たゲームで、ピッチャーを置かず本塁プレートの後方のバッティングティーにボールを置き、そのボールを打者が打つゲーム。

ティーマーカー [tee marker] 〈ゴルフ〉ティーインググラウンドの区域を定めるための標示物。2個1セットで前方と横幅の範囲を決める。

テイクバック 〈野球〉打者がピッチャーの投球動作に合わせて、軸足側に体重を移動し、スイングに向けて腰と肩を捻る力をためこむ動作。

ティー台 〈野球〉ティーバッティングの練習のためのボールを載せる用具。バットコントロールが正確でないと、なかなかジャストミートできない。

ディスクォリファイング・ファウル [disqualifying foul] 〈バスケットボール〉もっとも悪質とされるファウル。審判の判断により即刻退場となる。

ディスタンス [distance] 〈水泳〉長距離レース。自由形の800m、1500mの競技を指す。

ディップ [dip] 〈陸上〉ハードルを越える時に、上体を前傾させる動作のこと。

ディフェンス [defense] 〈サッカー〉ゴールキーパーを除いて、味方ゴール前を中心に守備固めをする態勢。ディフェンスにはマン・ツー・マンディフェンスとゾーンディフェンスの2つがある。防御、またそのためのポジションや役割をする選手のこと。

ディフェンスエンド [defensive end] 〈アメフト〉スクリメージラインで、タックルの外側に位置する2人の選手のポジションの名。

ディフェンスタックル [defensive tackle] 〈アメフト〉スクリメージライン上、エンドの間に位置する2人の選手のポジションの名。

ディフェンスバック [defensive back] 〈アメフト〉ラインバッカーの後ろに位置する、通常2人のコーナーバックとセーフティー。

ディフェンスライン [defense line] 〈アメフト・サッカーなど〉防御のためにバ

ックスがつくる1列に並んだライン。このラインを相手側陣営に前進させて守る布陣を「浅いライン」、自陣側に深く後退させて守る布陣を「深いライン」と呼ぶ。

ディフェンダー [defender] 〈サッカー〉守備に当たるポジション。またはその選手。DFと略す。〈競技〉選手権保持者。

ディボット [divot] 〈ゴルフ〉アイアンショットなどで切り取られた芝（ターフ）のこと。それによってできた芝面の穴は、ディボット跡（ディボットマーク）という。

テイル [tail] 〈ウインドサーフィン〉ボード後部先端部。⇒スターン

ディレー [delay] 〈サッカー〉相手の攻撃を遅らせること。味方が戻り、守備の陣形を整え時間をかせぐ。

ディレー・イン・サービス [delay in service] 〈バレーボール〉主審が合図の笛を吹いてから8秒以内にサービスを打たないと反則になること。相手側の得点になりサービス権も移る。

ディレー・オブ・ザ・ゲーム [delay of game] 〈アメフト〉主審からレディ・オブ・ザ・ゲームの合図があった後、25秒以内にプレーしない場合の反則。

ディレードスチール [delayed steal] 〈野球〉捕手が投手への返球やほかの走者をけん制しているすきを突いて、盗塁をすること。

ディング [ding] 〈サーフィン〉ボードにできたへこみ。

ディンプル [dimple] 〈ゴルフ〉ゴルフボールの表面にある小さなくぼみ。

テーク・オーバー・ゾーン [take-over zone] 〈陸上〉リレー種目でバトンの受け渡しを行う区域のこと。「リレーゾーン」とも呼ばれる。

テークバック [backswing] 〈卓球〉バックスイング動作の意味で使われることが多い。

テークバック [take back] 〈野球・ゴルフ〉ボールを打つためにクラブ・バットなどを後方に振り上げること。

デーゲーム [day game] 昼間行う試合。⇔ナイトゲーム

テーブルオフィシャルズ [table officials] 〈バスケットボール〉コートサイドのテーブルで試合の進行を管理するスタッフのこと。

テーブルテニス [table tennis] 〈卓球〉台の上でするテニス。卓球の歴史の中に、1879年にイギリスの学校の生徒が、シャンパンのコルク栓をボールにして、木製のシガレットケースのふたを用いて始めたのが起源といわれる。上流階級のレクリエーションとして行われたり、雨の日のテニスの代わりに屋内の食堂などのテーブルで行われた。

テール・ツー・ノーズ [tail to nose] 〈モータースポーツ〉2台以上の車両がレース中に、前を走行する車両の後部と後ろを走行する車両の前部を、接触せんばかりに接近しながら走行すること。

デカスリート [decathlete] 〈陸上〉10種目競技の競技者のこと。

デカスロン [decathlon] 〈陸上〉陸上競技の10種競技のこと。100m走・400m走・110mハードル走・走り幅跳び・砲丸投げ・走り高跳び・円盤投げ・棒

高跳び・やり投げ・1500m 走の総合成績を競う、オリンピック種目のひとつ。

てがたなをきる［手刀を切る］［tegatana wo kiru］〈相撲〉勝ち名乗りを受ける
ときの懸賞金の受け取り方。左、右、中央の順に手で空を切り、行司から懸
賞金を受ける。左：紙産巣日神（かみむすびのかみ）、右：高御産巣日神（たか
みむすびのかみ）、中央：天御中主神（あめのみなかぬしのかみ）という三神に感
謝する意味がある。

テキサスヒット［Texas＋hit 和］〈野球〉内野手と外野手中間にポトリと落ち
るヒット。英語では Texas leaguer。ポテンヒットともいう。⇒**ポテンヒット**

出木弓［dekiyumi］〈弓道〉弦が張られた弓を弦の方から見て、弦が弓幹の左側
に寄ったもの。日本弓は若干のねじれを持って作製され、弦が若干弓の右側
に位置するのが標準的な形状であるので、左側に位置する出木弓は、状態の
よくない弓である。

テクニカル・タイム・アウト［technical time-out］〈バレーボール〉5 セットマ
ッチの第1〜4セットでどちらかのチームが8点、16点になった時点で自動
的に行なわれる1分間のタイム・アウト。

テクニカルノックアウト［technical knockout］〈ボクシング〉審判の判断で一
方の選手にノックアウト勝利を宣言すること。両者に実力差があり、攻撃・
防御できる状態でないとき、一方が負傷して試合続行が不可能と判断したと
き、試合中にリングにセコンドからタオルが投げ入れられたとき、1分の休
憩時間中に危険を申し立てて審判が認めたときなどに宣言される。TKO と
略す。

テクニカルファウル［technical foul］〈バスケットボール〉スポーツマンシップ
やフェアプレーの精神に反したり、審判の警告を無視したりした場合の反則
行為。

テクニカルポイント［technical point］〈スケート〉技による得点。

テクニカルメリット［technical merit］〈スケート〉フィギュア競技の技術点の
こと。演技に盛り込まれる技の難易度や、正確さ、変化に富んだ構成にでき
上がっているかどうか、フリー（自由演技）に対してなされる2つの採点のひ
とつ。6点満点で、0.1点刻みの減点方式で採点が行われる。⇒**アーティスティ
ックインプレッション** 〈水泳〉シンクロにおける技術点のこと。アーティス
ティックインプレッション（芸術点）に対するもうひとつの採点方法。ソロ（1
人）、デュエット（2人）、チーム（4〜8人）の3種目の規定演技（テクニカル
ルーティン）と自由演技（フリールーティン）ともに、この2種類の採点がされ
る。採点は、完遂性（技術・パターンの正確さ）、同調性（泳者相互と音楽）、難
易度の3点を対象に10点満点で0.1点刻みの減点方式で行われる。

テクニカルルーティン［technical routine］〈水泳〉シンクロの規定演技。演技
の内容は、自由に選んだ曲に合わせて、定められた技術要素を8〜11盛り込
んで行う。このほかに、内容、振り付けともに自由なフリールーティン（自
由演技）がある。ソロ（1人）、デュエット（2人）、チーム（4〜8人）の3種
目とも、この2つの課題演技を行う。

テクニック [technic] 〈スケート〉フィギュアのコンパルソリー（規定演技）に対してなされる2つの採点のひとつ。指定されたダンス演技で男女のペアが氷面に描いた特定の図形の滑走跡を再び正確になぞって滑走できるかどうか、また、その際の男女の手の組み方の変化や、体の動きの正確さなどを評価する。6点満点で、0.1点刻みの減点方式で採点が行われる。

でげいこ [出稽古] [degeiko] 〈相撲〉同門の部屋に出向いて実力の違う力士との稽古に行くこと。経験を積むためたくさんの部屋に出向き稽古をすること。

テコンドー [tae kwon do] 〈テコンドー〉朝鮮半島に古くからあった伝統的な格闘技。韓国の国技になっている。空手とキックボクシングを混合したような競技。1980年に国際オリンピック委員会によって国際競技として認定され、第24回、25回大会では公開競技として実施された。2000年の第27回シドニーオリンピックで正式種目となった。

デザイン [design] 〈水泳〉シンクロの水中での基本姿勢のこと。ベントニー姿勢、フラミンゴ、タック、スプリット姿勢など20種が競技規定に登録されている。2つ以上のデザインを組み合わせた動きをフィギュアという。シンクロナイズドスイミングは150種以上あるフィギュアの連続による演技である。

デススパイラル [death spirals] 〈スケート〉フィギュアのペアで用いられる、男性が片手で女性の手を握り、片足を軸として、コンパスで円を描くように回転させること。女性は全身が氷面と平行に近い姿勢で男性の周りをつながれた手を伸ばし、1回以上回転する技。⇒ピボットサークル

テスティングマーク [testing marks] 〈バドミントン〉試打の時、シャトルの正しいストロークの範囲を表す。

テストマッチ [test match] 〈ラグビー〉国際ラグビー機構の認めた国際試合の呼称。

デッキ [deck] 〈ウインドサーフィン〉セーラーが乗るボードの上部側の面。

デッキパッチ [deck-pat] 〈サーフィン〉デッキ用の貼るタイプのスポンジ状の滑り止め。

デッド [dead] 〈ラグビー〉ボールが競技外にあるとき、レフリーが笛を吹いたとき、コンバージョンキックが行われたときなど、ボールが競技外にあること。〈ゴルフ〉打球が落ちた地点でバウンドしないで止まること。③〈バスケットボール〉プレーが一旦停止し、ゲーム・クロックが止まっている状態。

デッドゾーン [dead zone] 〈ウインドサーフィン〉帆走の不可能な範囲。風軸が左右45度程度の区域。（風上に向かって）

デッドヒート [dead heat] 優劣のつけがたいほどの激しい競り合いになること。

デッドボール [dead ball] 〈野球〉死球。和製英語で英語では"hit by pitch"という。〈球技〉一時停止状態にあるボール。〈アメフト〉プレー中にないボール。〈ボウリング〉得点に加算されない無効の投球。

デッドリフト [dead lift]〈パワーリフティング〉立った姿勢で腰の高さまでバーベルを持ち上げる種目。ほかにスクワット、ベンチプレスがある。

鉄砲 [teppou]〈相撲〉稽古場にある鉄砲柱に向かつて左右交互に手を開いて前に出す運動。腕力、手首の強化などの体を鍛えるトレーニング。

テニス [tennis]〈テニス〉コートの中央のネットをはさんで、ラケットを使用して互いに打ち合い、失策を与え、ポイントを取り合う競技。1人対1人または2人対2人の組み合わせで試合は行われる。テニスの歴史については、紀元前500年頃エジプトペルシアに始まったという説、11世紀にフランスを中心に人気のある「ジュ・ドゥ・ポーム」と呼ばれるゲームが原型ではないかという説など諸説ある。イギリスでコートやラケットが改良され、1873年イギリスのウィングフィールドが近年テニスを考えだしたといわれている。日本には、1878年（明治11年）アメリカ人のG. E. リーランドによって紹介された。1896年第1回アテネオリンピックから正式種目になっているが、それ以前の1877年全英トーナメントの第1回大会がウィンブルドン、全米（1881年）、全仏（1891年）、全豪（1905年）の4大タイトルが実施される様になり、その他デビスカップも開催され、オリンピック以上に重要な位置づけがあったため、1928年のアムステルダムオリンピックから1988年のソウルオリンピックまでオリンピック種目から除外されていた。正式名称は "lawn tennis"（ローン・テニス）と呼ぶ。

手の内 [tenouchi]〈弓道〉左手で弓を握る方法・形。よい働きを得るために古来より秘伝の教えがあり、極めて重要な技法のひとつ。

出ばなわざ [debanawaza]〈剣道〉相手が仕掛けてくる一瞬のすきをすかさず、こちらから打ち込む技のこと。

デビジョンシリーズ [Division Series]〈野球〉アメリカ大リーグのアメリカンリーグとナショナルリーグで戦われる、ワールドシリーズ出場枠を獲得するための地区優勝決定戦（3地区、東・中・西の2位チーム中、最も勝率の高いチームと3地区の首位チームで争われる）。

デビスカップ [Davis Cup]〈テニス〉国際テニス選手権大会。世界各国の男子選手による国別対抗戦。略してデ杯。1900年にアメリカのトッププレーヤーだったドワイト・F・デビスが寄贈した勝者に贈られる純銀製の優勝杯の争奪戦として当初は始まった。現在はワールドグループと呼ばれる16か国のトーナメントでタイトルが争われる。

デュアルスラローム [dual slalom]〈スキー〉アルペン競技で斜面に設けられた2つのコースを、2人の選手が同時にスタートして速さを競うスラローム競技。コースを入れ替えて2回滑走した合計タイムで勝者を決める。パラレルレースともいう。

デュアルモーグル [dual mogul]〈スキー〉フリースタイル競技でこぶの多い急斜面に平行する2つのコースを設け、同時にスタートし、ターン、エア、スピードなどの滑走演技を競うモーグルのこと。

テリトリー [territory] 守備・攻撃地域。

テレフォンブロー [telephone blow] 〈ボクシング〉パンチの事前動作が大きく、攻撃することを相手に知らせているかのようなパンチ。

テレホン・ポール [telephone poles] 〈ボウリング〉7番・10番ピンのスプリットのことで、電柱のように離れて立っているから。

テレマーク [Telemark ノルウェー] 〈スキー〉片ひざを深く曲げる大半径の回転技術。ノルウェーのテレマーク地方で始まった。

テレマーク姿勢 〈スキー〉スキージャンプ競技中に選手が着地のときに見せる、両手を横に上げた姿勢。その姿が「T」文字に似ているところから呼ばれている。

電車道 [denshamichi] 〈相撲〉立会いから一気に一直線に相手を土俵の外に押し出すこと。

テンション [tension] 〈テニス〉ストリングの張り具合（強さ）。

てんのうしはい[天皇賜杯] [tennoushihai] 〈相撲〉幕内最高優勝の力士に与えられる優勝カップ。昭和3年1月場所から授与された純銀製。台座に優勝力士の名前が彫られた銀の札が張られている。

天皇杯全日本選手権 〈サッカー〉日本サッカー協会創設と同じ1921年（大正10）に始まり、天皇杯としては1948年（昭和23年）に下賜され大会名に冠されるようになった。1972年度には協会登録チームすべてに参加機会を与えるオープン化を実現した。1996年（平成6）の76回大会からは決勝大会出場チームを増やし、約80チームの参加で日本一を競う大会となった。

テン・ポイント・マスト・システム [Ten points must system] 〈ボクシング〉プロの試合において、ラウンド中の試合の優劣を採点する場合、優れていたほうに10点を、劣っていたほうは10点からの減点をする採点方式。

テンポ走 [tempo running] 〈陸上〉走練習のひとつ。ウォーミングアップの一環、あるいはリラックスを身につける手段として、全力疾走ではなく余裕のあるスピードでリズムよく走る。

【と】

ドイスボランチ [dois volante ポルトガル] 〈サッカー〉守備／ミッドフィルダーの役割を2人の選手に行わせること。ドイスはポルトガル語で「2」。

トウ [toe] 〈スケート〉スケート靴の底部の金属部分の先端のこと。フィギュアスケート用のトウはギザギザになっておりこの部分をトウピックと呼ぶ。

20ポイントオール [20-all] 〈バドミントン〉20対20になった状況。以降は2点差がついた時点で1セットが終了する。

トウ・サルコー・ジャンプ [toe salchow jump] 〈スケート〉フィギュアのジャンプをしながら体を駒のように回転させる技。トウサルコーまたはフリップジャンプとも呼ばれる。時計回りと反対に回転する場合、左足で後進滑走しながら、右足のトウをついて踏み切り、空中で1回転して、右足で後ろ向きに着氷するジャンプのこと。踏み切るときに右足のトウを突かなければ、サル

コージャンプになる。⇒フリップジャンプ

胴造り [doudukuri] 〈弓道〉射法八節の第2項目。正しく踏み開かれた両足の上に腰をしっかりとすえた全身のあり方で自然な姿勢が必要。

トウ・ループ・ジャンプ [toe loop jump] 〈スケート〉フィギュアのジャンプをしながら体を駒のように回転させる技。単にトウループとも呼ばれる。時計回りと反対に回転する場合、右足で後進滑走しながら、左足のトウをついて踏み切り、空中で1回転して、右足で後ろ向きに着氷するジャンプのこと。踏み切るときに左足のトウを突かなければ、ループジャンプになる。

胴がまえ 〈アーチェリー〉矢を射る際のアーチェリー八節のひとつで、肩、腰、両足（車いす）が真っすぐになるようにし、身体の重心を腰の中央に置くこと。このとき、両肩の力を抜き、背骨から頭の先まで伸ばすこと。両手は下げた状態で力を抜き全身の均整をとる。

東京六大学野球リーグ戦 〈野球〉1925年（大正14）に東京六大学野球連盟が発足して以来、毎年、春と秋の2シーズン行われている。東京の慶應義塾大学、早稲田大学、法政大学、明治大学、立教大学、東京大学の六大学の野球部によるリーグ戦。⇒東都大学野球リーグ戦

同体 [doutai] 〈相撲〉土俵際の攻防で両力士がもつれて同時に土俵を割ってしまい勝敗の判断が難しい状態のこと。たとえ同体でも行司はどちらかに軍配を上げなければならない。

動体視力 [kinetic vision] 動いている目の前の物体を見極める視力のことで、野球、ボクシング、卓球、バドミントンなどの動きの速いものを見るための重要な能力となる。またこの他に移動視力（動きながら静止している物体を見極めるもの）、移動動体視力（自分が移動しながら移動している物体を見る）、静止視力（移動しながら静止したものの位置関係を正確に見定める）、遠近視力（接近してくるものの距離感を読み取る）、立体視力、周辺視力などがある。

トウダンス [toe dance] 〈ダンス〉トウシューズをはいてつま先で踊るダンス。

東都大学野球リーグ戦 〈野球〉首都圏にある東都大学連盟に所属する21の大学によるリーグ戦。1931年（昭和6）から発足し、6大学を1リーグとし、1部から4部に分かれている。⇒東京六大学野球リーグ戦

投入 [throw-in] 〈ラグビー〉スクラムまたはラインアウトへボールを投げ入れること。

盗塁 〈野球〉⇒スチール

トーション [torsion] 〈スノーボード〉スノーボードのねじれに対する強さの度合いを表す。

トータル 〈ウエイトリフティング〉スナッチとクリーンアンドジャークの持ち上げた重量の合計。

トーナメント [tournament] 勝ち抜き試合で優勝を決める方法。⇔リーグ戦

ドーピング／筋肉増強剤 [doping / muscular strengthening drag] スポーツ選手が運動能力を高めるために、興奮剤や薬物を使用する不正行為。人に限らず競走馬にも使用されるアナボリック系ステロイドホルモンは、筋肉増強効果

が強いことから、人為的に投与して筋肉トレーニングを行うとその効果を高めることができる。しかし副作用として、男性は生殖機能不全、女性は男性化や不妊症に陥るだけでなく、運動中の突然死の危険が高まる。国際オリンピック委員会（IOC）の医事委員会では1964年の第18回東京オリンピックでドーピングの定義を打ち出し、1967年の総会で全面禁止を決定した。1972年の第20回ミュンヘンオリンピックからドーピング検査（尿検査）を実施している。

ドープチェック [dope check] スポーツ選手や競走馬が興奮剤や薬物を使用していないかどうかを検査すること。ドーピング検査ともいう。

トーホールド [toehold] 〈レスリング〉足首をつかんでの足取り固めの技。

ドーミーホール [dormie hole] 〈ゴルフ〉マッチプレーで、アップした（勝った）ホール数と残りのホール数が同じになったホール。そのホールを引き分けてもマッチの勝ちとなる。

ドクターストップ [doctor＋stop 和] 〈ボクシング〉試合中に選手が負傷をして、これ以上の続行は不可能だと医師が判断し、レフリーが試合中止を宣言すること。

とくだわら[徳俵] [tokudawara] 〈相撲〉東西南北の方向にはみ出した俵のこと。俵ひとつ分外に出ているので、土俵際で踏ん張るのに徳になるところからついた。かって屋外に土俵があったころ、土俵にたまった水を掃き出すために考えられた名残。

得点 [runs scored] 〈野球〉Rと略す。

得点圏打率 〈野球〉走者が二塁以上にいた場合の打率。

とこやま[床山] [tokoyama] 〈相撲〉力士専用の床屋。箱山ともいう。定員50名。各部屋に所属となり協会から給料が支給される。大銀杏が結えるまでに10年かかるといわれる。

年寄り [toshiyori] 〈相撲〉引退した力士の中で相撲部屋や相撲協会の運営、弟子の指導の養成に当たる者の総称をいう。年寄りの資格は、三役以上1場所皆勤、幕内で通算20場所以上、十両、幕内で30場所勤めた者に限られる。年寄りになるには105ある年寄株のうちひとつを相続しなければならない。横綱に限り引退後5年間、株を持たなくても年寄りとして委員待遇を受けられる。

年寄株 [toshiyorikabu] 〈相撲〉関取が引退した後、親方になるための資格。⇒としより（年寄り）

トス [toss] 〈バレーボール〉スパイク攻撃がしやすいように、ネット際でボールを上げること。真上トス、オーバートス、オープントス、クイックトス、並行トス、ジャンピングトス、二段トスなどがあり、セッターがそのときそのときの状況を見て打ちやすいボールを上げる。〈野球〉近くの選手に手先で下から軽く送球すること。〈テニス〉サービスをするときに片手でボールを頭上に投げ上げること。〈卓球〉サービスでボールを投げ上げること。また試合前にコインを投げてサービス、レシーブ、エンドを決めること。〈バドミントン〉ゲーム前、サーブ権とコートを選ぶ時に行われる。ジャンケンの場合もある。

トスバッティング［toss batting］〈野球〉打者に近い位置から軽く球を投げて行う打撃練習。

ドックボール［dock ball］〈野球〉準硬式野球のボール。

とっくりなげ［徳利投げ］［tokkurinage］〈相撲〉相手の首・頭を両手で挟んで左右に捻り倒すこと。

ドッグレッグホール［dogleg hole］〈ゴルフ〉犬の足のように、左右に曲がっているホール。

ドッグレッグ［dogleg］〈ゴルフ〉ゴルフコースでフェアウェーがくの字に曲がったホール。

ドッジ［dodge］身をかわす。あちこちに動く。

ドッジボール［dodge ball］〈ドッジボール〉2組に別れ、相手コートの選手にボールを当てて、体に当てられた選手は退き、残った選手の数で勝敗を決める競技。発祥地はイギリスといわれるが、1910年にアメリカにわたってデッドボールとして流行し、1926年（昭和元）に日本に伝えられた。1991年（平成3）に日本ドッジ・ボール協会が設立された。

徳利投げ

とったり［tottari］〈相撲〉突き押しの攻防や差して争いの中で、相手の片腕を両手で抱え取り体を開いて手前に捻り倒すこと。

とったり

トップ［top］先頭。首位。〈ゴルフ〉球の上部を打つ。低い弾道で飛び出すミスショット。球に回転がついていないのでブレーキが利かず思ったよりオーバーすることもある。〈野球〉イニングの表。ストライクゾーンの上部。トップバッター。ボールをたたきつけるように打つ。〈ウインドサーフィン〉崩れる波の上の部分。

トップ・アンド・バック［up-and-back］〈バドミントン〉ダブルスで使用される、2人が縦に並ぶ攻撃型のフォーメーション。

トップスイング［top of the swing］〈野球〉テイクバックの頂点。テイクバックからフォワードスイングに移るときの体を捻り、捻り終わったところでバットが止まる位置。この位置は人によって違うが、常に同じにすることが、確実性のあるバッティングとなる。

トップスピン［topspin］〈テニス〉ボールの上部をたたくことにより、前進する回転を与えること。ドライブともいう。相手の近くでボールが急激に落ち込んだり、バウンドしてから不規則に跳ね上がり球速が増すのが特徴。⇔バックスピン

トップバッター［top＋batter 和］〈野球〉1番打者。選球眼がよく、俊足で、粘りがあり、出塁率の高い選手が必要な条件でもある。アメリカでは各イニングの先頭打者という意味で使われ、"top batter"はむしろ首位打者の意味に解釈される。

トップランナー［top＋runner 和］一流の走者。リレー競技の第一走者。

ドド [dodo]〈ボウリング〉ボールのコースに変化をつけるため、不正に重くしたボールのこと。

トトカルチョ [totocalcio 伊]イタリアのプロサッカー試合で行われる、宝くじ式の賭け事のひとつ。日本でも1998年（平成10）にサッカーくじとして法案が成立し、現在行われている。

飛びつき [crossover]〈卓球〉フォアのコースへのボールをとっさに大きく動いて打つ動作。

土俵 [dohyou]〈相撲〉力士が相撲競技をする場所。

土俵入り [dohyouiri]〈相撲〉本場所中毎日、横綱、幕内、十両が化粧まわしをつけ、土俵に上がって行う儀式。

トボガニング [tobogganing 仏]〈リュージュ〉そり競技。急カーブのあるコースを一気に滑り、タイムを競う競技

トボガン [toboggan 仏]〈リュージュ〉先端がスキーのような形になっている平たいそり。正式にはリュージュ。

巴投げ [tomoenage]〈柔道〉捨て身技の代表的な技。両手を利かせて相手を手前に崩す。すばやく相手の左足かかと近くに腰を落とし、右足で相手の下腹部を押し上げて、後方に投げる。

トライ [try]〈ラグビー〉得点方法のひとつ。相手のインゴールにボールをグラウンディングすること（インゴール内の地面にボールをつけること）。得点は5点。さらにトライするとゴールキックが与えられ、成功するとさらに2点獲得することになる。ゴールキックが確実に決められるようにトライはできるだけインゴールの中央にするのが望ましい。

トライアスロン [triathlon]〈トライアスロン〉ハワイ生まれの人気スポーツ。泳ぐ、漕ぐ、走る、というスポーツの基本的な3つの要素を組み合わせた複合競技。過酷なハワイ・アイアンマンレースは遠泳（3.8m）・長距離自転車（179.2km）・マラソン（42.2km）の3種目を1日で行う耐久レース。最も一般的なのは、遠泳（1.5km）・長距離自転車（40.0km）・ラン（10km）の総距離51.5km。2000年の第27回シドニーオリンピックで正式種目。

トライアル [trial]〈陸上、他〉試合や競技を行う前の競技などをいう。

トライアングル [triangle]〈サッカー〉ボールを持っている選手を中心に、味方の2人の選手が三角形の頂点の位置を取り、パスコースをつくってサポートすること。

トライアングルパス [triangle pass]〈サッカー〉パスをして、そのリターンを再び受け取ること。ボールの動きと選手の動きが三角形になる。

ドライスーツ [dry suits]〈ウインドサーフィン〉スーツと身体の間に水の浸入を完全に防いだセイリングスーツ。寒冷時に使用する。⇒ウエットスーツ

ドライバー [driver]〈ゴルフ〉1番ウッド・クラブの別称。

ドライバーショット [driver shot]〈ゴルフ〉ドライバーでボールを打つこと。ティーショットで使うことが多いため、ティーショットの意味で使われることが多い。

ドライブ [drive]〈テニス・卓球〉球に前進回転を与えて強打すること。ヨーロッパでは「トップスピン」と呼ばれる。いろいろなドライブ打法がある。ループドライブ、スピードドライブ、パワードライブ、頂点ドライブ、カーブドライブ、シュートドライブ、カウンタードライブ。⇒**トップスピン** 〈野球〉打球が一直線に飛ぶこと。〈アメフト〉ブロック時に相手を押し込むこと。〈バドミントン〉サイドアームストロングでシャトルをネットの高さすれすれに床と平行に飛ばすショット。

トライフィン [tryfin]〈サーフィン〉3本のフィンを持つフィンシステム。

ドライブサーブ [drive serve]〈バレーボール〉ボールに順回転を与えて強打するサーブ。

トライ・フォア・ポイント [Try for point]〈アメフト〉タッチダウンすると、そのチームにゴールライン3ヤード前の地点よりもう1回の攻撃が与えられる。ランニングまたはパスプレーで成功すれば2点、フィールドゴールで成功すれば1点が追加される。

ドライブターン [drive turn]〈サーフィン〉スピードに乗ってレールを波の面に入れ、しっかり加重した伸びのあるターン。

トラクション [traction]〈モータースポーツ〉駆動力。

トラック [track]〈ウインドサーフィン〉サーフボードが走った軌跡。〈陸上〉陸上競技場の走路。競走路。

トラック種目 [track events]〈陸上〉トラックで行う競技種目のこと。短距離・中距離・長距離・ハードル・リレー・競歩などがある。

ドラッグバント [drag bunt]〈野球〉打者自身が生きようとバットを軽く押し出すようにして球を短く転がす攻撃法。一塁側へのバント。

トラッピング [trapping]〈サッカー〉パスされたボールを腕や手以外の体の各部を使って止めるとともに、相手を惑わす方向にボールを運ぶようなプレーのこと。〈アメフト〉脚の下部、または足を使って相手プレーヤーのヒザから下を妨害すること。

トラップ [trap]〈ゴルフ〉コースを作る際に、設計家が仕掛けた「ワナ」のこと。バンカーや池など。

トラップハウス [trap house]〈クレー射撃〉トラップ射撃場において、射台の15m前に設置されたクレーを放出する器械を収容する建造物。屋根の高さが射台と同じ高さに作られている。

トラップブロック [trap block]〈アメフト〉ディフェンスラインをスクリメージの中に入れて、ガードやタックルが横から当たること。

トラバース [traverse]〈スノーボード〉斜面を斜めに滑って横切ること。斜滑降ともいう。エッジの立て方、重心の位置によって移動方向をコントロールする。〈スキー〉山の斜面を横切るの意味。斜滑降。

ドラフト制度 [draft system]〈野球〉球団勢力の均衡・契約金の高騰を阻止する目的で設けられたプロ野球の新人選手選択制度。新人選手の選択・交渉権を会議で決定する制度。1965年（昭和40）から実施された。

トラブルショット [trouble shot] 〈ゴルフ〉悪いライから打つショット。脱出が容易ではないショットのこと。斜面やバンカー、深いラフや林の中などからのショット。

トラベリング [traveling] 〈バスケットボール〉ボールを持ったプレーヤーが3歩以上歩いたり、ターンの最中に軸足がブレるなど、ルールで規定された範囲を超えて足を動かした場合に科されるバイオレーション（反則）。

トランクス [trunks] 〈ボクシング〉ボクサーのはく、特に試合用のパンツ。選手個々にデザインを考えた派手なものも見られる。

トランポリン [trampoline] 〈トランポリン〉2000年のシドニーオリンピックから正式種目となった。回転競技と宙返りを含まないシャトル競技がある。

ドリームゲーム [dream＋game 和] 〈野球〉オール・スター・ゲームの別称。夢の球宴。〈バスケットボール〉1992年バルセロナオリンピック大会より、バスケットボール競技ではプロの選手の参加が認められ、アメリカはプロ選手11名、アマ選手1名からなるスタープレーヤーをそろえ、「ドリームチーム」を結成した。アトランタオリンピックに続いてシドニー大会でも「ドリームチーム」で臨み金メダルを獲得している。

取懸け [torikake] 〈弓道〉ゆがけを着用した右手で弦と矢を保持すること。

取り組み編成 [torikumihensei] 〈相撲〉初日、2日目の分は本場所の始まる2日前に決定する。3日目以降は本場所が始まってから、前日に編成される。

トリック [trick] 〈スノーボード〉フリースタイル系の技の総称。

トリックプレー [trick play] 〈野球〉かくし球や見せかけのけん制や失策などで走者を惑わすプレー。

トリッピング [tripping] 〈バスケットボール〉故意に相手選手をつまずかせたり倒したりする反則プレー。

ドリブル [dribble] 〈サッカー〉ボールを軽く蹴りながら進むこと。〈バスケットボール〉ボールを手でつきながら進むこと。〈バレーボール〉同じ選手が続けて2度ボールに触れること。〈アイスホッケー〉スティックでパックを運ぶこと。〈ラグビー〉地面にあるボールを足で小さく蹴りながら前進すること。〈バドミントン〉1人のプレーヤーがシャトルを2回ストロークで連続して打ってしまうこと。〈ボウリング〉ストライクが3回連続で出た場合のことで、ターキーの別名。

トリプルA [triple A] 〈野球〉マイナーリーグの最上級クラス。Class AAA=triple A（3A）Class AA=Doublo A（2A）Class A=single A（1A）

トリプル・キット [triple kit] 〈ボウリング〉同じスコアのゲームを3回続けること。

トリプルクラウン [triple crown] 〈野球〉三冠王。3つのタイトルを独占すること。野球では首位打者・打点王・ホームラン王。1リーグ時代に東京巨人軍の中島晴康が初の三冠王になった。〈アルペンスキー〉滑降・回転・大回転。〈競馬〉皐月賞・日本ダービー・菊花賞の3つ。⇒三冠王

トリプルジャンプ [triple jump] 〈陸上〉陸上競技の三段跳びのこと。以前はホ

ップ・ステップ・ジャンプと呼んでいた。

トリプルプレー [triple play]〈野球〉三重殺。守備側が連続して一度の守備機会で3人をアウトにすること。

ドリブンクリア [driven clear]〈バドミントン〉低い弾道で早く飛ばす攻撃的なショット。

ドリブンサービス[**driven** service]〈バドミントン〉直線的で強烈なサーブ。

取矢 [toriya]〈弓道〉甲矢を射る際に、乙矢を右手に取り添えること。

執弓 [toriyumi]〈弓道〉左手に弓を保持し、両手こぶしを腰に位置させて立って構えること。弓を持った時の基本となる姿勢。弓の先端（末弭）は身体の中心線で床から10cm程度に維持する。

トリミング [trimming]〈サーフィン〉波と技のタイミングをはかるために小刻みにボードを動かし調整すること。

とりゆみのしせい[**執弓の姿勢**] [toriyumi no shisei]〈弓道〉左手に弓、右手に矢を持ち、正しく立った（または跪座）姿勢。射る前後はこの姿勢をとる。⇒跪座（きざ）

トルソ [torso]〈陸上〉胴体部分のこと。頭部・首・肩・腕・脚を除いた肩から腰までの部分。

ドルフィンキック [dolphin kick]〈水泳〉両足をそろえ足の甲で水を上下に蹴って進む泳法。その動きがイルカの尾びれの動きに似ていることから呼ばれる。

ドルフィンフリー [dolphin free]〈水泳〉ストロークはクロール、キックはドルフィンキックで泳ぐ練習。

ドルフィンブレスト [dolphin breast]〈水泳〉ストローク平泳ぎ、キックはドルフィンキックで泳ぐ練習。

トレース [trace]〈スケート〉滑走したときに氷面に残る滑走跡のこと。

トレードマネー [trade＋money 和]〈野球〉選手の譲渡金。選手が他球団に移籍するときに取り引きされる金額。

トレーナー [trainer] 運動選手の健康管理や練習を指導する人。調教師。

トレパン [training-pants]〈スポーツ用具〉運動用のトレーニングパンツの略。

ドロー [draw] 競技の引き分け。〈テニス〉トーナメント形式の競技会での試合の組み合わせ。トーナメント表のこと。〈ボクシング〉引き分けのことで、チャンピオンタイトルが懸かっていた試合でのドローはチャンピオンベルトなどタイトルは移行しない。

ドローボール [draw ball]〈ゴルフ〉ボールが左に曲がるショット（右打ちの場合）。落ち際にわずかに曲がる程度をいう。

トローリング [trolling]〈釣り〉えさ、ルアーなどをボートで引いて釣る釣り。対象は、海の中表層を生活圏とするカツオ、カジキ、マグロなど大小多彩な魚が多い。竿とリールによるスポーティーな欧米スタイルの釣りで、リールを引いた釣りの醍醐味が味わえ人気がある。

ドロップ [drop]〈野球〉投手の投球が打者の近くで大きく急に落ちる変化球。〈ゴルフ〉トラブルショットの打ち直しをするためのやり方。決められた範囲

内に、直立した姿勢で手を水平に伸ばしたまま、元の位置からホールに近づかない個所に球を落とす。〈バドミントン〉ゆるいスピードでネット手前に落とすショット。

ドロップアウト [dropout]〈ラグビー〉防御側が自陣22メートルラインの後方からドロップキックで競技を再開すること。

ドロップイン [drop-in]〈サーフィン〉人が乗っている波に横から割り込んでテイクオフする違反行為。＝前乗り

ドロップキック [drop kick]〈ラグビー〉ボールを地上に落とし、最初に跳ね返ったときに蹴るキックのこと。

ドロップゴール [drop goal]〈サッカー〉ドロップキックしたボールがゴールを超えて得点になること。〈ラグビー〉フィールド・オブ・プレーからドロップキックされたボールが、ゴールポスト間のクロスバーの上を越えたときに得られるもので得点は3点。

ドロップショット [drop shot]〈テニス〉ボールを相手コートのネット際にポトンと落とすショット。〈バドミントン〉シャトルをネットすれすれに打ち、ネットを越えると急速に相手コートに落ちるようなショット。

ドロップニー [drop-knee]〈サーフィン〉片ヒザをつくようにして重心を落とすこと。

ドロップボール [drop ball]〈サッカー〉ゲームを一時中断した場合（負傷者が出るなど）の再開方法。主審が中断時の地点で両チームの2人の選手間にボールを落とし、それを奪い合って再開となる。

ドロップボレー [drop volley]〈テニス〉相手からのボールをノーバウンドで打ち返すこと。

トロフィー [trophy] 優勝杯。競技で優勝や入賞したときに与えられるカップ・盾など。

トンネル〈野球〉通常なら取れる平凡なゴロが、股間を抜けてしまうこと。失策が記録される。和製英語。

【な】

ナイスショット [good shot]〈ゴルフ〉いいショットのこと。それに対して発せられる賞賛の言葉。本来はグッドショット。ファイン、ビューティフルなどの形容詞も英語では使われる。

ナイター [nighter 和]〈野球〉夜間試合。ナイトゲーム（night game）の和製英語。

ナイトラリー [night rally]〈モータースポーツ〉夜間行われるラリー。和製英語。

内野安打 [infield hit]〈野球〉足の速い左打者に多く見られ、内野の守備範囲に飛んだ打球を、正常に処理してもアウトにできなかったヒット。

内野手 [infielder]〈野球〉一塁手、二塁手、三塁手、遊撃手の4人の総称。

ナイロンストリング [nylon strings]〈テニス〉ナイロン製のストリングスで、ナチュラルガットに比べると比較的に安価。

ナイン [nine]〈野球〉野球のチーム。イレブンはサッカーチームを指す。

ナインティーンスホール [nineteenth hole]〈ゴルフ〉ゴルフ場のクラブハウスのこと。18番ホールの後に行くところからいわれる。

中入り [nakairi]〈相撲〉十両と幕内の、取り組みの間の時間。休憩時間。中入り後に横綱の土俵入り、幕内土俵入りが行われ、また審判の交代や翌日の取り組みの発表などがある。

中押し [nakaoshi]〈弓道〉弓の押し方で、上下にかたよりなく弓を正しく押す手の内。上押しや下押しにかたよらないよい押し方。

流し打ち [inside out, push]〈野球〉おっつけるともいう。右打者ならば右へ、左打者なら左に、バットをインサイドからアウトへのスイングでバットコントロールする打ち方。

中仕掛け [nakajikake]〈弓道〉弦の部分の名称で、矢を番えるべき位置に麻などが巻かれたやや太くなった部分をいう。弦と矢筈がしっかりと絡み合うように細工された弦の箇所。

中日 [nakabi]〈相撲〉本場所の真ん中の日、15日間あるので8日目が中日になる。

投げ上げサービス [nageage sabisu]〈卓球〉ボールを2〜5mほど上空に上げ、そのボールの落下スピードを利用して、インパクトを強くする効果と、相手のタイミングをはずす効果を利用したサービス。

ナショナルチーム [national team] 国を代表するチーム。選手団。

ナショナルリーグ [National League]〈野球〉米国プロ野球の2大リーグのひとつ。他に、アメリカンリーグがある。1876年に創設された。1998年から16球団制、略してナ・リーグ、NLとも呼ぶ。東地区、中地区、西地区で16チームが所属している。⇒アメリカンリーグ

ナスタースキー [NASTAR skiing]〈スキー〉ハンディキャップ制を取り入れたスキーの回転競技。1970年代にアメリカで始められた。

ナスターレース [NASTAR]〈スキー〉National Standard Race から名付けられた、スキーのハンディキャップレースのこと。ゴルフのオフィシャルハンディのように数字で表示される。

ナチュラルガット [natural gut strings]〈テニス〉ストリングの素材に羊や牛の腸を使用したモノ。ストリング自体を、「ガット」と呼ぶこともしばしばある。テンションの持続性や打球感に優れる。

ナチュラルターン [natural turn]〈ダンス〉右回りの自然な回転。⇔リバースターン

ナチュラルグリップ [natural grip]〈ゴルフ〉指を重ねない自然なクラブの握り方。

ナックル [knuckle ball]〈卓球〉無回転や回転の少ないボールのこと。

ナックルパート [knuckle part]〈ボクシング〉こぶしを握ったときに親指以外

163

の指の第一関節と第二関節の間にできる平らな部分のこと。空手の正拳の握り。

ナックルフォア [knuckle four]〈ボート〉4人で漕ぐスライディングシートをつけた幅の広いボート。

ナックルボール [knuckleball]〈野球〉指3本を折り曲げ、第一関節の裏側でボールを押さえ、親指、小指は支える程度にしたまま投げる瞬間、3本の指のつめではじき出すように投げる変化球。スピードがなくボールに回転がかからず揺れながら落ちるので打ちにくい。

ナッソー [nassau]〈ゴルフ〉勝負を争う方法、ベット方法のひとつ。18ホールをアウト、イン、トータルの3つに区分し、それぞれの勝負を争う。

ナットアウト [not out]〈野球〉打者は三振したが捕手が落球したときのこと。

ナットアップ [not up]〈テニス〉第1バウンドを打ち損じたこと。

ナットイン [not in]〈ラグビー〉スクラムにボールが入らないときのこと。

七種競技 [heptathlon]〈陸上〉ヘプタスロン。女子の混成競技で1984年の第23回ロサンゼルスオリンピックから正式種目に採用されている。トラックとフィールドにまたがる競技を連続した2日間で7種目の競技を行う。1日目100mハードル、走り高跳び、砲丸投げ、200m、2日目走り幅跳び、やり投げ、800mの7種目を採点表による総得点によって決定する。⇒十種競技

7人制ラグビー [seven a side rugby]〈ラグビー〉1チーム7人ずつで行う変則ラグビー。フォワード3人、バックス4人の構成で15人制の正規のラグビーと同じ広さのグラウンドで行われる。人数の少ない分目まぐるしく変わる攻防で、スタミナを消耗するため、試合時間は7分または10分ハーフと短い。1999年度から国際ラグビー機構(IRB)が主導して世界で行われている主要な10の大会をワールド・グランプリ・セブンスとしてまとめ、国際大会シリーズとして位置付けている。

斜め回転〈卓球〉横下回転、横上回転という。横回転に下回転が混じっていたり、上回転が混じっていたりするときのことを、斜め回転という。

ナビゲーター [navigator]〈モータースポーツ〉ラリーで助手席に同乗してドライバーにルートブックやペースノートを読みながらいろいろな指示を出し、ドライバーの女房役ともいえる人。2人の息が合っていないと競技はもちろん完走も困難になる。

なまくら四つ [namakurayotsu]〈相撲〉四つ相撲をとるのに右四つでも、左四つでもどちらでも同等に力の出せること。

並弓 [namiyumi]〈弓道〉標準的なサイズで、約221cm。

ナンバーエイト [number eight]〈ラグビー〉フォワードの最後尾にあたり、攻撃の起点となるポジション。前後どちらから数えても8番目にあたる位置。

ナンバーカード [number card]〈陸上〉競技会で競技者が胸と背中につける「番号布」のこと。

【に】

ニアピン〈ゴルフ〉ホールに一番近い距離にあるボールのことをいう。

ニア・ピン・コンテスト [nearest to the pin contest]〈ゴルフ〉ボールを打って誰がピンに一番寄ったかを競うゲーム。

ニーキャップ [kneecap]〈アメフト〉ひざ当て。

ニーパドル [knee paddle]〈サーフィン〉ボード上に正座してパドルすること。

握 [nigiri]〈弓道〉弓を持つ部分で、鹿革が巻かれた弓の部位。

二段攻撃 [multiple offense]〈バレーボール〉レシーブが乱れた場合などに行なわれる、ハイセットによるスパイク攻撃。

二丁投げ [nichounage]〈相撲〉四つに組み、右足を相手の右足のひざの外側に掛けて、払うように投げること。二丁とは2本の足のことをいう。

二丁投げ

ニーリング [kneeing]〈ラグビー〉スクラムまたはラックのなかで故意に膝をつくこと。

22メートル区域 [twenty-two dropout]〈ラグビー〉22メートルラインとゴールラインの間の区域。

二の字型ストップ [hockey stop]〈アイスホッケー〉両足を同時に横に振って前足のインと後ろ足のアウトでブレーキをかける止まり方。ホッケーストップともいわれる。〈スケート〉フィギュアでは両足のストップは使われず、片足ストップがほとんど。

にのじぐち[二の字口]〈相撲〉東西の土俵の上がり口。

ニブリック [niblic]〈ゴルフ〉9番アイアンの別名。

日本オリンピック委員会 ⇒ JOC

日本サッカー協会 ⇒ JFA

日本自動車連盟 ⇒ JAF

日本シリーズ [Japan Series]〈野球〉日本プロ野球のセントラルリーグとパシフィックリーグのペナントレース優勝チームが日本一を争う選手権試合。7回戦形式で行われ先に4勝したほうがタイトルをとる。このシリーズはコミッショナーの管理の下で、社団法人日本野球機構が主催する。

日本スーパーリーグ〈ラグビー〉2003年(平成15)より日本ラグビー協会が設立準備を開始している。関東、関西、九州の3地域から社会人上位の12チームの構成になる。毎年10月から12月にかけて合計約70試合を予定している。上位12チーム以下の3地域におけるリーグ戦は今後も継続され、毎年のシーズン終了後にスーパーリーグチームとの入れ替え戦が行われる。

日本スポーツ仲裁機構 [JSAA] 国際大会の代表選考やドーピング(禁止薬物使用)違反などにかかわる選手と競技団体間の紛争を仲裁する機構。2003年(平成15)4月に発足した。機構長に道垣内正人・東大教授、理事に元五輪メダ

リストの荻原健司らが就任した。申し立てができるのは、競技会への参加資格、代表選考結果、ドーピング検査による処分に関する内容。不服のある選手は、日本オリンピック委員会、日本体育協会、日本障害者スポーツ協会と加盟団体（準加盟を含む）を相手取って申し立てができる。JSAA は 3 週間以内に判断を下すか和解を促す。あくまでも「仲裁」機関であるため、審理手続きに入るには両当事者の合意が必要。

日本選手権　各々の競技団体ごとに、1 年に 1 回、日本一を決める競技会のこと。各競技団体によって選出方法が違う日本選手権がある。一般的には、地方予選を行い、その上位選手が集まり日本一を競うもの、野球のようにリーグ戦の成績 1 位のもの、また他のリーグ優勝同士が最終決戦をするもの、ラグビーのように学生と社会人の優勝者との日本一決戦もある。

日本体育協会［Japan Amateur Sports Association］日本のアマチュアスポーツを統括する財団法人。通称体協と呼ばれる。JASA と略す。加盟団体は、各競技団体と47都道府県の体育協会。1911年（明治44）に第 5 回ストックホルムオリンピックに選手団を派遣するため設立された。1989年（平成元）に中核組織であった JOC（日本オリンピック協会）が独立して現在は国民体育大会の主催と国民の生涯スポーツの振興を使命としている。

日本テニス協会［Japan Tennis Association］国内テニス界の統括団体。全日本選手権と ATP ツアー、WTA ツアーの公式大会のジャパンオープンを主催し、日本人のための JOP ランキングで 2 週間ごとに各選手の獲得ポイントを発表する。

日本パラリンピック委員会［Japan Paralympics Committee］〈障害者スポーツ〉1999年（平成11）8 月20日厚生省（現厚生労働省）の認可を受け、㈶日本障害者スポーツ協会の内部組織として発足。国際競技団体に参画し、エリート性の高い競技スポーツを促進するための競技大会への派遣や選手の強化を担当する。

日本フットボールリーグ［Japan Football League］〈サッカー〉1993年（平成 5）J リーグの発足に合わせて日本サッカーリーグ（JSL）は改編され、J リーグの下部組織としてジャパンフットボールリーグが発足した。1999年（平成11）の J リーグの 1、2 部制移行に伴いアマチュアの全国リーグとなって、日本フットボールリーグと改称した。

日本プロフェショナル野球組織［Nippon Professional Baseball］〈野球〉セントラルリーグとパシフィックリーグの両連盟を総称していう。

日本プロ野球選手会［Japan Professional Baseball Players Association］〈野球〉12球団の選手の共通問題を協議し、選手間の親睦を図るための組織。退職後の生活安定を図って退職共済制度も実施しており、同時に選手による労働組合としての認定も受け、年金や FA 制度、代理人による団体交渉権の確立などについて機構側との交渉にも当たる。

日本プロ野球名球会〈野球〉1978年（昭和53）、金田正一、長嶋茂雄、王貞治らの提案で社会の恵まれない人たちへの還元と日本プロ野球界の底辺拡大

に寄与することを目的とし、プロ野球界で実績のあった選手の親睦会として発足した。入会資格は昭和以降生まれで、投手は通算200勝、打者は2000本安打を記録した選手（2003年から日米通算成績で達成しても有資格者となった）。入会は自由であり、選手は入会を誇りとしている（落合博満は入会を拒否した）。
⇒名球会

日本ボクシングコミッション（JBC）〔Japan Boxing Commission〕〈ボクシング〉1952年（昭和27）日本のプロボクシングを統括するために設立された機関。プロテスト、ライセンスの発行、国内で開催される試合の管理などを行っている。

日本野球機構〔The Professional Baseball Organization of Japan〕〈野球〉「コミッショナー事務局」「セントラル野球連盟」「パシフィック野球連盟」の3者の合同体を指す。日本選手権シリーズ試合とオールスター試合を主催する団体で社団法人格を持っている。事務局は、セ・パ両リーグを管理し、平行して日本シリーズとオールスターを主催し、その収益をコミッショナー、セ・パ3局の費用や選手の年金資金に当てている。

日本野球連盟〔Japan Amateur Baseball Association〕〈野球〉日本アマチュア野球の統括団体。JABA と略す。

日本リーグ〔Japan League〕主に実業団が組織している競技連合のこと。1965年（昭和40）にサッカーがトーナメント方式からリーグ形式に一番早く改めた。以後アイスホッケー、バレーボール、バスケットボール、卓球、ハンドボールが相次いで結成した。また1993年（平成5年）サッカーがJリーグの結成、バレーボールが翌年Vリーグ、バスケットが2005年（平成17年）bjリーグを結成している。

日本ワールドゲームズ協会〔Japan World Games Association〕IOC が後援する非オリンピック種目の国際総合競技大会で国際ワールドゲームズ協会（IWGA）の加盟競技の中から開催地の既存施設で開催可能なものを公式競技として1981年（昭和56）より4年に一度開催している。国内の競技連盟などによって日本ワールドゲームズ委員会が発足したが、1991年（平成3）に日本ワールドゲームズ委員会から改組し、国際ワールドゲームズ協会との連絡とともにワールドゲームズの普及に努めている。2001年（平成13）8月に秋田県で第6回大会が開催された。

二枚蹴り〔nimaigeri〕〈相撲〉相手の体をつり上げ、右（左）足で相手の左（右）足のくるぶしあたりを外側から蹴って、蹴った足のほうへ倒すこと。

入水〔nyusui〕〔entry〕〈水泳〉飛び込みの演技で水に入る瞬間のこと。演技は選手の全身が完全に水面下に没した時点で演技終了となる。入水の良しあしが得点に大きな影響を与える。入水には頭と足からの場合がある。

ニュートラル〔neutral〕〈卓球〉「基本姿勢」参照。

二枚蹴り

ニュートラルコーナー〔neutral corner〕〈ボクシング〉中立のコーナー。2人

の選手のコーナー以外の2コーナーのこと。相手をダウンさせたときに待機するコーナー。

ニュートラルゾーン [neutral zone] 中間の地域。〈アイスホッケー〉ブルーのラインで囲まれたリンク中央付近の地域。〈アメフト〉オフェンス側とディフェンス側のスクリメージラインの間のことをいう。ゾーンの幅はボールの両端と同じで長さはサイドラインまで。

ニューローラ [new roller]〈ローラースケート〉スケート靴のエッジの代わりにゴム製の車をつけてコンクリートやフロアの上を自由に滑るスケート。

【ぬ】

抜き [Nuki]〈陸上〉①棒高跳の記録から握りの位置の高さを引いたもの。②走高跳の記録から身長を引いたもの。

抜き脚 [trail leg]〈陸上〉ハードリングの際に、あとからハードル上を通過する側の脚。踏切脚でもある。

抜き技 [nukiwaza]〈剣道〉打ち込んでくる相手の竹刀と交わすことなく、相手には空を打たせ、体をさばきながら打つ技。

ぬけぬけ [nukenuke]〈相撲〉白星と黒星がきれいに交互に並んでいること。また東西の勝敗が東と西が交互に勝つ場合にもいわれる。

【ね】

根岸流 [negishiryu]〈相撲〉相撲文字。根岸家が番付の印刷を担当していたことからきている。白地の部分が少なくしてあるのは、お客が詰めかけて隙間のない大入りの、縁起を担いだものとされている。寄席文字の橘流や芝居の勘亭流も同様の縁起文字である。

ネクスト・バッターズ・サークル [next batter's circle]〈野球〉打者が打席に入っている間、次打者が素振りをしたり、相手の投手の球筋を見たりして待機する場所。直径5フィートの円。アメリカでは待機する円には"on-deck circle"と書かれている。英語では、ダッグアウトからグラウンドに出ることを、船のデッキ（deck）に上がるのに例えて、野球用語として使われている。

ねじる [nejiru]〈弓道〉左手の手の内の動きで、弓幹に回転力を与える力の働きのこと。このねじる働きの良否が矢の方向性・貫徹力などと大きく関係するため、日本弓の大切な技術である。右手で回転力を与える力の働きは「ひねる」と表現し、左手の力の働きと区別している。

熱気球 [balloons]〈スカイスポーツ〉年齢・性別を問わず、気球で飛び出したいという気持ちがあれば、誰でもが楽しめるスカイスポーツ。日本気球連盟があり、「パイロットセミナー」を開いている。

ネック [neck]〈ゴルフ〉クラブヘッドとシャフトを接続している部分。ソケットともいう。

熱中症 [heat injury] 〈スポーツ医学〉高温環境によって引き起こされる障害をいう。①熱けいれん②熱疲労③熱射病の傷害をいう。倦怠感、欠伸、めまいなどから始まり、頭痛、吐き気、顔面蒼白などの症状が出て、さらに進むと高熱での熱けいれん、意識障害そして死に至る場合もある。水分やミネラルの補給、通気性の良い運動着や着帽、そして休息が必要である。

ネット [net] 〈テニス・バレーボール・卓球・バドミントンなど〉コート中間のコートを仕切る網。〈野球〉捕手後方に張られた網。

ネットアンパイア [net umpire] 〈テニス〉ネットポストと審判台の間に位置し、サービスがネットに触れたかどうかを確かめる審判員のこと。

ネットイン [net in] 〈テニス・バレーボールなど〉テニス、バレーボール、卓球で打球がネットの上をかすって相手側のコート・地域に入ること。サービスの場合はノーカウントでやり直しになるが、それ以外では有効球になる。

ネットインサーブ [serve into the net] 〈バレーボール〉サーブがネットに触れた後、相手コートに入るサーブ。6人制では有効となる。

ネットオーバー [net over] 〈テニス・バレーボールなど〉⇒オーバーネット

ネットスコア [net score] 〈ゴルフ〉18ホールの合計打数から、競技者のハンディキャップ数を差し引いた打数のこと。

ネットタッチ [net touch] ⇒タッチネット

ネットプレー [net play] 〈バレーボール〉ネット際で自陣のネットに当たり跳ね返ったボールを処理すること。〈テニス〉ネット際に前進していきボレーやスマッシュなどの積極的なプレーができる。〈卓球〉フリック、ストップ、ツッツキなど、ネット際のプレー。〈バドミントン〉ネットをはさんで行われる打ち合い。ヘアピンやプッシュを打つことが多い。

ネットボール [netball] 〈テニス・バレーボール〉ネットに触れて入ったサーブ。〈バレーボール〉ボールをキャッチするバレーボール形式のゲーム。ボールをノーバウンドでキャッチしたら3秒以上保持してはならず、その場で送球しなければいけない。ボールはアタックするときのみ両手で送球できる。〈バスケットボール〉バスケットボール形式のスポーツ。特徴は、プレーヤーの1人ひとりの動く範囲が決められており、自分の位置するポジションを示すゼッケンを着けてプレーする。ゴールポストにつけられた篭（バスケット）をリングとネットに替えたところから名付けられた。GS（ゴールシューター）、GA（ゴールアタック）、WA（ウイングアタック）、C（センター）、WD（ウイングディフェンス）、GD（ゴールディフェンス）。

ネットポスト [net post] 〈テニス〉ネットを張るためにコートの左右に立てるポストで、高さは1.07mと決められている。

ネバー・ギブ・アップ [Never give up] 決してあきらめるな。

粘着性ラバー 〈卓球〉裏ソフトの表面が粘着性になっていて、よく回転のかかるラバーの種類。

【の】

ノー [no] 否。なし。禁止。

ノーアウト [no＋out 和]〈野球〉攻撃がまだ1人もアウトになっていないこと。

ノーアドバンテージ方式 [no-ad scoring system]〈テニス〉ゲーム中〈40－40〉になったとき、次の1ポイントを先取した方が、そのゲームを獲得するシステム。

ノーカウント [no＋count 和] 無効。点数に入れないこと。得点として計算しないこと。

ノーゲーム [no＋game 和] 無効試合。公式記録に載らない無効試合。

ノーゴール [no goal] シュートして球がゴールに入っても、その前に反則があって得点にならないこと。

ノーコン [bad control]〈野球〉投手のコントロールが悪く、ストライクが入らないこと。また、その投手。ノーコンは和製英語。

ノーコンテスト [no contest]〈ボクシングなど〉無効試合。成立しなかった試合。

ノーサイド [no side]〈ラグビー〉試合終了。試合終了の笛とともに、グランドを敵と味方に分けていたサイドがなくなるという意味。

ノーズ [nose]〈ウインドサーフィン〉ボードの先端部分。　⇒バウ

ノーズドロップ [nose drop]〈スノーボード〉トラバースまたは停止状態から重心移動によって、ノーズをフォールラインへ向けていくこと。「先落とし」ともいう。

ノーズロ〈ゴルフ〉グリーンの外から直接ボールをカップインさせること。

ノータイム [no＋time 和] ①競技のタイム終了。②試合中断の後、再開すること。③時間に制限がないこと。

ノータッチ [no＋touch 和]〈野球〉走者にタッチしないこと。

ノータッチエース [ace serve]〈バレーボール〉打ったサーブが相手のプレーヤーに触れずにサービスエースとなること。

ノーヒット・ノーラン・ゲーム [no-hit and norun game]〈野球〉無安打無得点試合。先発投手または複数の投手が、相手チームに安打・得点をまったく許さなかった試合。四球、死球、エラーのランナーをいくら出しても得点されなければ成立する。英語では "no-hitter" ともいう。

ノー・ホイッスル・トライ [no whistle try]〈ラグビー〉キックオフから、レフリーのホイッスルに中断されることなくトライすること。

ノーマライゼーション [normalization] 正常化、標準化。福祉の基本的な理念のひとつ。高齢者、障害者が施設で隔離されて生活するのではなく、健常者とともに生活するのが当然とする考え。

ノーマルヒル [nomal hill]〈スキー〉ノルディックのジャンプを行うシャンツェの規模を指す。K点と呼ばれる飛距離の基準点が90mのシャンツェの

こと。

ノーラン [no-run]〈野球〉無得点。

ノーワインドアップ [no windup position] ⇒セットポジション

のこった [nokotta]〈相撲〉力士が激しく攻め合っているときに土俵上の行司がまだ土俵に残っているという意味で発する掛け声。また動きの止まった力士に対しては、「はっけよい」の掛け声で勝負を促す。

ノッカー [knocker]〈野球〉ノックする人。

ノック [knock]〈野球〉監督やコーチが自分でボールを放り上げて、専用のバットで野手に対してフライやゴロを打つ守備練習のひとつ。「ノック」という野球用語は和製英語でアメリカでは "fungo" と呼んでいる。

ノックアウト [knockout]〈野球〉相手投手を打ち込んで交代させること。〈ボクシング〉相手を有効打によりマットに打ち倒して、10秒以内に起き上がれないとき。開始ゴングが鳴ってから10秒以内に開始ができないとき。1ラウンド3回ノックダウンしたとき「スリーノックダウン」などをいう。

ノックオン [knock-on]〈ラグビー〉ボールを持った選手が前方（相手側ゴールラインの方向）にボールを落としたり、はじいたり押したりすること。反則になる。

ノックダウン [knockdown]〈ボクシング〉レフリーによってカウントされる状態になったとき。有効打を受け足の裏以外の部分がリングの床に触れたとき、また倒れたとき、防御も攻撃もできないくらいの状態のときなどの場合がある。それぞれ10カウントが数えられる。ただしリング外に落下したときは、20秒のカウントがなされる。

ノックバット [knock+bat 和]〈野球〉守備練習のときのノッカーが使う軽くて細い専用バット。

ノット [knot]〈ウインドサーフィン〉①速度の単位。1ノットは1.852km/h。②ロープを結ぶときの結び目のこと。

ノットアップ [not up]〈テニス〉相手に返球されたボールを、ノーバウンドもしくはワンバウンドで返球できず、ツーバウンド以上で打ってしまうこと。相手の得点になる。

ノット・リリース・ザ・ボール [not release the ball]〈ラグビー〉ボールを持っている選手がタックルされてもボールを手放さない反則行為。

ノット1メートル [not 1 meter]〈ラグビー〉スクラムのとき、ボールを投げ入れるプレーヤーがスクラムから1m離れていないこと。またラインアウトのときに隣り合ったプレーヤーの肩が、ラインオブタッチを挟んで1m以上離れていない状態。

ノットイン [not in]〈ラグビー〉スクラムに入れたボールが、トンネルからこぼれ出てしまうこと。

ノット5メートル [not 5 meters]〈ラグビー〉ラインアウトで入れられたボールが5m届く前に、地面やプレーヤーに接すること。相手側の選択によりスクラムかラインアウトで再開する。

171

ノット10メートル [not 10 meters] 〈ラグビー〉キックオフで蹴られたボール
が10m ラインに達しない反則。相手側の選択で、再びキックオフするか中央
でスクラムを組んで再開する。

ノットストレート [not straight] 〈ラグビー〉スクラムやラインアウトでボー
ルの投げ入れが真っすぐに行われないこと。

ノット22メートル [not 22 meters] 〈ラグビー〉ドロップアウトで蹴ったボー
ルが、22m ラインに達しなかった場合の反則。再びドロップアウトか、22m
ライン上で相手側のスクラムで再開する。

ノットレディ [not ready] 〈テニス〉レシーバーが用意できていないタイミン
グで（構えていない）、サーブを打ってしまうこと。フォールトやグッドに関
わらず、サーブがやり直しになる。

伸合い [nobiai] 〈弓道〉詰合った後、その形を変えず、矢の方向も変えず、左右
に張り合って心気と力の充実をはかること。左手で弓を押しねじり、右手で弦
を引っ張り、右手・腕で弦にひねりを加え、継続的に力を働かせる重要な技。

のどわ ［喉輪］ [nodowa] 〈相撲〉相手の喉をはず押しすること。⇒はず

伸び型 [straight position] 〈水泳〉飛び込みの空中姿勢のひとつ。腰、膝を曲げ
ず両足首をそろえてつま先を伸ばして飛び込む型のこと。

伸弓 [nobiyumi] 〈弓道〉標準的なサイズの弓である並弓よりも長い弓。2寸伸
び、4寸伸び、6寸伸びなどがあるが、単に伸弓と称する場合には2寸伸び
の弓を意味し、約227cm。

上り角度 [noborikakudo] 〈ウインドサーフィン〉風上にセーリングするときの
ボードの進行方向と風軸が形成する角度。⇒風軸

ノルディックコンバインド [Nordic combined] 〈スキー〉ノルディックの複合
競技のこと。ジャンプとクロスカントリーを2日間にわたり競技する。競技
会によっては1日で2種目の日程のときもある。

ノルディック種目 [Nordic Events] 〈スキー〉距離競技・ジャンプ競技・複合競
技の3種目の総称。

ノンカデンス [no cadence] 〈アメフト〉スクリメージラインについたクォー
ターバックは、スナップ合図のシグナルを叫ぶが、このとき不規則なリズム
を用いて守備を惑わす方法。

ノンストップトレーニング [nonstop training] 〈スキー〉アルペンダウンヒル
の公式練習のこと。高速で滑走するダウンヒルではあらかじめコースを熟知
していなければならない。危険なために、本番2〜3日前から入念な滑走練
習を行うもの。日程が設けられ、選手は参加を義務付けられており、参加し
ないと本番レースに出場できない。

ノン・タイトル・マッチ [non-titled match] 〈ボクシングなど〉チャンピオンが
タイトルをかけないでする試合。

ノンプロ [nonprofessional] 職業として専門に行っていないこと。特に野球で
は社会人・学生野球のチーム・選手。

ノンフローター [no floater] 〈ウインドサーフィン〉⇒シンカー

172

【は】

ハードラー [hurdler]〈陸上〉ハードル種目の競技者のこと。

ハードリング [hurdling]〈陸上〉ハードル種目において、ハードルを越える際の踏み切りから、抜き脚接地までの局面全般の動作を示す。

バー [bar]〈陸上〉走高跳・棒高跳で2本の支柱の間に渡す棒のこと。競技者はこの上を越える。横木。

バー(シャフト) [shaft]〈ウエイトリフティングなど〉バーベルの心棒。ゴルフクラブの柄。テニスなどラケットの柄。

パー [par]〈ゴルフ〉各ホールの基準打数のこと。

パーシモン [persimmon]〈ゴルフ〉ウッドクラブのヘッドの素材として使われた柿の木。

バースト [tire burst]〈モータースポーツ〉走行中にタイヤが破裂すること。高熱などで路面に接するトレッドゴムがはがれてグリップ力を失う状態になってきているときに起こる。

パーセーブ率 [par save percentage]〈ゴルフ〉パーがとれる確率。プレーの安定性を計る目安となる。

パーセンテージテニス [percentage tennis]〈テニス〉ゲーム戦術のひとつ。成功のパーセンテージの高いパターンに従ってプレーすることをいい、パターンテニス、ポジションテニスともいう。自分のエラーの危険性の少ないショット、相手からの返球を打ち返しやすい位置に楽に動けるようなショットを続けて、相手にすきが出たときに一気に攻めるという戦法。

パーソナルファウル [personal foul]〈アメフト〉フットボールに不必要な言動や乱暴行為をした場合の反則。

バーディー [birdie]〈ゴルフ〉パーより1ストローク少ないスコア。

ハード [hard] 堅い。厳しい。困難な。

ハードコート [hard court]〈テニス〉芝生以外の表面素材の違いによるコートのひとつ。アスファルト系、ケミカル素材を用いた硬質のコート。ボールの跳ね返りが特に高いのが特徴。4大タイトルでは、全米オープン、全豪オープンの2つの大会で使用している。

ハードトレーニング [hard training] 猛練習。猛訓練。

ハードパンチャー [hard puncher]〈ボクシング〉強打者のこと。スラッガーともいう。

ハードボール [hardball]〈スポーツ用具〉テニス、野球で使う硬球。

ハードル [hurdle]〈スポーツ用具〉障害物競技に使う枠型の道具。

ハーフ [half]〈ゴルフなど〉半分。試合の前半または後半。ゴルフでは18ホールの半分の9ホールを指す。

ハーフウエーライン [halfway line]〈サッカーなど〉競技場のフィールド・オブ・プレーの中央にある、ゴールラインと平行に引かれた線。

ハーフウエー [halfway]〈野球〉走者が打球の行方を見ながら、次の塁を狙っ

は

て進む塁間の真中あたり。または走者が少しずつ離塁すること。

パーフェクト [perfect]〈野球など〉完全な。パーフェクトゲームの略。⇒パーフェクトゲーム 〈ボウリング〉第1から第10フレームまですべてストライクで、300点のゲームのこと。

パーフェクトゲーム [perfect game]〈野球〉完全試合。無安打・無失点・無四死球・無失策で相手チームを抑えること。1950年（昭和25年）に読売ジャイアンツの藤本英雄投手が初めて達成した。

パーフェクトボーラー [perfect bowler]〈ボウリング〉パーフェクト・ゲームを達成したことのあるボウラーのこと。

ハーフスイング [half swing]〈野球〉バットを振りかけて途中で思いとどまり、バットを止めること。判断が微妙なときは一塁塁審か三塁塁審に、監督・捕手が判断を求めることができる。

ハーフタイム [halftime] 前半、後半の中間の休憩時間。

ハーフパイプ [half pipe]〈スキー〉スノーボード競技の1種目。全長120mの半円筒形に雪面をくりぬいたコースで1人ずつ滑走し、せり上がったコースの縁を利用して空中回転などの演技を行なう。5人の審判が採点をする。

ハーフバックス [halfback]〈ラグビー・サッカー〉バックスの中のひとつで、HBと略す。他にスリークオーター（TB）、フルバック（FB）がある。

ハーフバッティング [half＋batting 和]〈野球〉バッティング練習のひとつ。3分の2くらいの距離からハーフスピード程度のボールを投げてもらい、正しいスイングを身に付けるための練習方法。

ハーフボレー [half volley]〈卓球・テニスなど〉ボールが頂点に達しない前に打つこと。

ハーフ・ボレー・キック [half volley kick]〈ラグビー〉ボールが地面から跳ね上がる瞬間に打つ方法。ハーフボレーともいう。

ハーフ・ロング・サービス [half-long service]〈卓球〉相手コートでツーバウンド目がエンドラインぎりぎりに落ちる、ロングでもなくショートでもないサービス。相手も、ストップもドライブレシーブもできない長さのサービス。

バーベル [bar-bell]〈重量挙げ〉両端に鉄の円盤をつけた鉄の棒。

パーマネントフィクスチュア [permanent fixture]〈テニス〉ネット、ポスト、コート周辺の固定または移動可能な椅子、審判台などのコート周辺に常設してあるモノ。

パーム [palm] 手のひら。

パームグリップ [palm grip]〈野球〉手のひらでバットを握る方法。

パームボール [palm ball]〈野球〉手首を硬くしたまま、ボールの下部に手のひらと3本の指の中間まで接触させ、親指と小指で支えるように握り、そのまま真っすぐに投げる投球。

ハーラー [hurler]〈野球〉hurlの意は、強く投げること。⇒ピッチャー

ハーラーダービー [hurler derby]〈野球〉投手のシーズン最多勝い争い。

パーリング [parrying]〈ボクシング〉相手の打撃を手のひらで払う技術。〈サー

フィン〉テイクオフ時のノーズが刺さること。

バーン [bahn 独] スキーコースの斜面。

バイアスロン [biathlon]〈スキー〉スキーの距離競技とライフル射撃を組み合わせた競技。選手はライフルを背負って定められた距離を滑走し、規定の場所で射撃を行いゴールまでのタイムを競う。第1回世界選手権大会は1958年にオーストリアで、1960年には第8回スコーバレー冬季オリンピックから正式種目になった。

ハイアライ [jai-alai スペイン]〈ニュースポーツ〉スペインで始められたスポーツ。スカッシュに似たスポーツで大理石で囲まれた壁に交互に硬球をぶつけて得点を競うスポーツ。スペイン・フランスにまたがるバスク地方の民族スポーツ。

バイオレーション [violation]〈バスケットボールなど〉ファウル以外の反則。

はいぎょう[廃業] [haigyou]〈相撲〉現役力士が年寄り株を襲名せず退き、また親方が親方業を退いて、相撲協会の組織を去ること。親方は年寄りとなってから借株の期限がきたり、病気などで第三者に年寄り株を委譲したりして廃業となる場合もある。1996年（平成8）から引退という言葉に統一された。

ハイクリア [high clear]〈バドミントン〉バックライン近くまで高くシャトルを飛ばす。

ハイゲーム [high game]〈ボウリング〉最高のスコアの出たゲーム。

バイシクルトライアル [bicycle trial]〈自転車〉専用自転車（直径20インチの車輪）で岩、丸木橋、人工的に造られた急坂道、障害物を定められた時間内に走破できるかを競うゲーム。オートバイのトライアル競技の自転車版。BTRともいう。

バイシクルモトクロス [bicycle motocross]〈自転車〉専用自転車（直径20インチ以下の車輪）で山林や原野など200～600mのコースを1周する競技。5～6名の選手によって着順を競うスポーツ。BMX ともいう。

ハイタイド [high-tide]〈サーフィン〉満潮。

ハイタッチ [high touch]〈野球〉右手（両手）を高く挙げて、チームメイトと手を合わせてたたく喜びの表現のひとつ。

ハイ・トス・サービス [high-toss service]〈卓球〉何メートルも高くボールを上げるサービス。これよりも低い1～2mほど上げるサービスをミッドトスサービスという。

ハイハードル [high hurdles]〈陸上〉高障害競走。

ハイハウス [high house]〈クレー射撃〉スキート射撃場1番台の左後方に設置され、クレーを3.05mの高さから放出する。⇔ローハウス

ハイバック [highback]〈バドミントン〉頭より高い位置で打つバックハンドストローク。

ハイピッチ [high＋pitch 和]〈ボート〉オールを漕ぐ速度が速いこと。

ハイ・ヒット [high hit]〈ボウリング〉1番ピンに、ボールをまともに強く当てること。スプリットになりやすい。

は

ハイボール [high＋ball 和]〈野球〉打者よりも高い球。

背面跳び [Fosbury flop]〈陸上〉走高跳の飛び方のひとつ。D・フォスベリー（アメリカ）が1968年メキシコ・オリンピックに優勝した際に行い、その後、普及した。

ハイボレー [high volley]〈テニス〉自分の頭より高い位置のボールを打つボレー。

パイリングオン [pilling on]〈アメフト〉相手の上に倒れ掛かる、または体を投げ出すこと。ボールがデッドになった後の行為は反則となり、15ヤードの罰則を受ける。

パイルアップ [pile-up]〈ラグビー〉タックルまたはラックで、反則がないのにプレーヤーが重なり合って倒れ、ボールが出ない状態になること。

パイロット [pilot]〈障害者スポーツ〉多くの場合、健常者が務める。視覚障害部門の自転車タンデム（2人乗り）種目で前のシートで障害者をサポートし、ともに競技をする選手（健常者・青眼者）。選手としての位置付けがあり、メダルの授与も受ける。

バインディング [binding]〈ラグビー〉スクラムやタックルのときにほかの選手に腕を回してしっかりと組み合うこと。

バウ [bow]〈ウインドサーフィン〉艇首部。

ハウスシューズ [house shoes]〈ボウリング〉ボウリング場に備えつけてある貸し出し用の靴のこと。

ハウスボール [house ball]〈ボウリング〉ボウリング場に備えてある貸し出し用のボールのこと。

ハウスキャディー [house caddie]〈ゴルフ〉コース専属のキャディーのこと。

バウンス [bounce] 球のはずみ。

バウンディング [bounding]〈陸上〉補強運動のひとつ。全身でバランスをとりながら、跳びながら前進していく。

バケット [bucket]〈ボウリング〉右投げの人は2番・4番・5番・7番ピン、左投げの人は3番・5番・6番・9番ピンの形に残った4本のピンのこと。

バケットシート [bucket seat]〈モータースポーツ〉運転者の体を保護するための、包み込むような形をしたシート。ボックスタイプとリクライニングタイプがある。

はさみ跳び [scissors style]〈陸上〉①走高跳の跳び方のひとつ。②走高跳における空中フォームのひとつ。

ハザード [hazard]〈ゴルフ〉コース中にある障害物、水溜り、溝、砂、穴など。

バサロ [Vassallo]〈水泳〉競泳・背泳ぎ独特の潜水泳法。スタートやターンの後潜ったままあおむけで両足をそろえてドルフィンキックで進む技術のこと。アメリカのジェシー・バサロが考案した。1988年のソウルオリンピック大会で鈴木大地が背泳ぎ100mで30m潜行し、金メダルを獲得した。その後国際水泳連盟が潜水距離を15mまでと制限している。

バサロスタート [Vassallo start]〈水泳〉背泳ぎのスタート法の一種で、ドルフ

ィンキックを使って水にもぐっている距離を長くする。

パシフィックリーグ [Pacific League]〈野球〉日本プロ野球のリーグのひとつ。
⇔セントラルリーグ

パシュート [pursuit]〈スキー〉クロスカントリーの種目のひとつ。ひとつ前に
行われた種目の成績タイムによってその時間差をおいてスタートし、着順を
競う種目のこと。

馬術 [equestrian events]〈馬術〉人馬一体となって馬の能力、騎手の乗馬技術を
競う競技。馬場馬術（馬場において常歩、早歩、駆歩の各歩法を正確に、また馬の
動きの美しさを競う）、障害飛越（馬場内に設置された障害物を時間内に過失なく跳
び越して得点を競う）、総合馬術（総合得点の順位を競う。）の３種目がある。1900
年の第２回パリオリンピックから大賞典障害飛越の個人種目が、1912年の第
５回ストックホルムオリンピックからはすべての種目が正式種目になった。
日本が初参加をしたのは第９回アムステルダムオリンピックで、第10回ロサ
ンゼルスオリンピックでは西竹一中尉が大障害競技で見事に優勝する成績
を収めた。

走り高跳び [high jump]〈陸上〉バーの高さを次第に上げて最も高い位置を越
えた者が勝者になる。1908年の第４回ロンドンオリンピックから男子、1928
年の第９回アムステルダムオリンピックから女子が正式種目になった。バー
を越える技術も時代とともに開発され、記録は飛躍的に更新されてきてい
る。初期の「正面跳び」、「ロールオーバー」、1960年には「ベリーロール」が
普及し、1968年には「背面跳び」が開発されている。

走り飛び込み [hashiri tobikomi]〈水泳〉⇔立ち飛び込み

走り幅跳び [long jump]〈陸上〉助走からジャンプして最も遠くへ跳んだ者が
勝者となる競技。1896年の第１回アテネオリンピックから男子が、1948年の
第14回ロンドンオリンピックから女子が正式種目になっている。跳び方には
空中で両足をそろえて全身を反り返らせる「そり跳び」、空中を走るように
両足を前後させる「はさみ跳び」の２種類ある。

はず[筈] [hazu]〈相撲〉親指と人差し指以下をＹ字形の矢はずのように開い
た手の型のひとつで、相手の脇の下や脇腹に当てる。当てて押すのをは
ず押し、当てる手によって右筈、左筈、両手で双筈（もろはず）という。

筈 [hazu]〈弓道〉矢の末端の弦に番える部分。弦にかみ合うように溝が刻んで
ある部分。矢筈。プラスチック筈、角筈などがある。

弭 [hazu]〈弓道〉弓の上下の先端で弦をかける部分。弓弭。

パス [pass]〈ラグビー〉プレーヤーが他のプレーヤーにボールを投げること。
手渡ししたときもパスである。〈バレーボール〉相手の打ち込んできたボール
をレシーブしてトスを上げるセッターに送る技術。パスの仕方にはアンダー
パス、オーバーハンドパス、バックパス、ジャンピングパスなどがある。

パスアウト [pass out]〈ラグビー〉スクラム、ラインアウト、モール、ラック
などから出たボールを選手が集中している地域から遠ざけるためのパス。

パスインターセプト [pass intercept]〈アメフト〉⇒インターセプト

パスインターフェアランス [pass interference] 〈アメフト〉空中にあるボールを受けようとしているレシーバー、あるいはディフェンダーへの妨害。

パスガング走法 [passgang 独] 〈スキー〉パスガングはドイツ語で、「四足動物の歩き方」という意味がある。ノルディッククロスカントリーの滑走法のひとつ。ストックを突きながら左右のスキーを平行に前に滑らせて、人が歩くと同じような手足の動きから推進力を得ながら進む走法。交互滑走法ともいう。

バスケットキャッチ [basket＋catch 和] 〈野球〉ベルトのところで両手を上向きに構えて捕球すること。

バスケットボール [basketball] 〈バスケットボール〉１チーム５人（出場選手は12名以内）で、両チームに設けたバスケットにボールを入れ合い、得点を競うスポーツ。1891年にアメリカ・マサチューセッツ州スプリングフィールド在住のカナダ人青年ジェイムズ・ネイスミスが考案した。ルールが３年程で作り上げられ、"free throw"（フリースロー）と呼ばれるルールもこの頃誕生した。日本では1914年（大正３）F. H. ブラウンが YMCA を通じて本格的に広めた。1936年（昭和11）ベルリン大会では男子が、1976年（昭和51）モントリオール大会より女子がオリンピックの正式種目となった。

バスターバント [slash bunt] 〈野球〉打者がバントの構えから投球と同時に強振に切り替えてヒッティングに変わること。

パスパターン [pass pattern] 〈アメフト〉レシーバーが走る様々なパスコースの総称。パス・パターンをまとめて図に書くと木の型に似てくる事から、パッシング・ツリーとも呼ばれる。

パスボール [passed ball] 〈野球〉捕逸。捕手が本来取れるべき投球を、サイン違い、塁上の走者を気にするなど何らかの理由により、ボールを後ろに反らすこと。

パター [putter] 〈ゴルフ〉グリーン上でホールに球を入れる専用のクラブ。転がすことをパターまたはパットという。

バタ足 [kicking] 〈水泳〉脚を左右交互に上下動させるキック。

裸締め [hadakajime] 〈柔道〉道衣を利用しないで、相手の気管を直接圧迫して絞めること。

旗竿 [flagstick] 〈ゴルフ〉旗竿はホールの位置を示すために、ホールの中心に立てる、動かせる標識。

はたきこみ[叩き込み] [hatakikomi] 〈相撲〉相手が低く出てきたとき、体を開きながら片手または両手で相手の肩、背中、腕などをたたいて落とすこと。

叩き込み

バタフライ [butterfly] 〈水泳〉水泳競技の１種目。両腕を同時に後ろから持ち上げ、前方に大きく入水させて水をかき、両足はそろえてキックするドルフィンキックで泳ぐ泳法。平泳ぎから進化した泳法で、現在のスタイルに完成させたのは、1972年の第20回ミュンヘンオリンピックの100m、200m の金メ

ダリストのアメリカのマーク・スピッツ。世界新記録を12回も更新しており、自由形を上回るスピード時代に入った。男女共50、100、200mの３種目がある。

はっきん・せっきん［白筋・赤筋］[white muscle/red muscle]　筋肉を構成している繊維（筋線維）には収縮に特性があるものと、代謝性に特性のあるものがあり、前者を白筋（速筋）、後者を赤筋（遅筋）といい２つのタイプに分けられる。白筋（速筋）は収縮速度も速く、発揮張力も大きいが酸化能力に劣り、疲れやすい。赤筋（遅筋）はこれに対して、収縮速度が遅く、発揮張力も小さいが酸化能力に優れ、疲労しにくい。短距離選手や跳躍選手は白筋、長距離選手やマラソン選手は赤筋が多いほうが有利である。

ハッキング[hacking]〈バスケットボール・ラグビー・サッカーなど〉相手の腕を抑えたり打ったり、また蹴ったりする反則。悪質な場合は退場処分になることもある。

バック[back]　背。背後。後衛。後援。〈スケート〉バックワードのこと。エッジが後ろ向きに滑る状態。〈卓球〉ラケットハンドとは反対の側。右利きでは身体の左側を指す。

パック[packs]〈ラグビー〉フォワードの８人のこと。フォワードパックの略。[puck]〈アイスホッケー〉硬質ゴムでできた円盤状のもの。氷上でも滑りやすくパックは冷やされてある。

バックグリーン[back green]〈野球〉球を見る打者の目のための、後方の緑色の壁。バックスクリーン。

バックアタック[back attack]〈バレーボール〉後衛にいる３人の選手がアタックラインの後方から行うスパイク攻撃。

バックアップ[backup]〈野球〉野手の失策などに備え、他の野手がその後方に回り込んで構えること。

バックアップボール[backup ball]〈ボウリング〉右投げの人が投球した場合に、左から右へと曲がるボールのこと。左投げの場合はこの反対。手首の弱い人におこりやすい。

バックウォッシュ[back-wash]〈サーフィン〉沖の戻る波が沖から来る波とぶつかるときのしぶき。

バックコート（フロントコート）[backcourt]〈バスケットボール〉自チームがディフェンスをする側のコートのこと。反対に攻撃していく側をフロントコートという。

バックコートバイオレーション[backcourt violation]〈バスケットボール〉ボールをキープした側のチームが一度フロントコートに入れたボールを、再びバックコートに戻すこと。

バックコーナー[backcorner]〈卓球〉卓球台のバック側の隅を指す。

バックサイド[backside]〈卓球〉「バック」と同意だが、「バックサイドを突く」といった場合、バックサイドライン付近に打つことをいう。〈サーフィン〉波を背にして乗るスタイル。

バックス［backs］〈サッカー・ホッケーなど〉後衛。〈野球〉投手と捕手を除いたほかの守備陣。

バックスイング［backswing］〈ボウリング・卓球・ゴルフ・テニスなど〉投球動作のうち、振り下ろしたボールを、後ろへ振り上げる動作のこと。

バックスクラッチャー［back scratcher］〈スキー〉フリースタイルの空中演技のひとつ。両方のスキーの先を下げ、テール（後部）部分を背中に引きつけ、全身を反り返らせる技。

バックストレッチ［backstretch］〈陸上〉競技場の向こう正面の直線走路。スケートではレーンが２レーンの場合この区域に「クロッシングゾーン」が設けられ、インとアウトの選手の入れ替え場所になっている。⇔ホームストレッチ

バックストローク［backstroke］〈水泳〉背泳ぎ。

バックスピン［backspin］〈ゴルフ〉ボールに逆回転をかけること。⇒アンダースピン

バックゾーン［back zone］〈バレーボール〉コートのアタックラインからエンドラインまでのエリア。

バックチャージ［back charge］〈サッカー〉ボールを持った相手選手の後ろから故意にぶつかっていく反則行為。相手には直接フリーキックが与えられる。

バックティー［back＋tee 和］〈ゴルフ〉いくつか設けられたティーインググラウンドのうち、最も後方のもの。公式競技やプロのトーナメントで使う。黒いティーで示されることが多い。最近ではさらに後ろにチャンピオンティーが設けられていることもある。

バックナイン［back nine］〈ゴルフ〉後半の９ホール。インコースのこと。

バックネット［back＋net 和］〈野球〉捕手の後方に高く張られた金網。

バック・バウンダリー・ライン［back boundary line］〈バドミントン〉ネットに対して平行に引かれたラインのうち、コートの一番後ろにあるバックライン。

バックパス［back pass］〈サッカー〉後ろへパスすること。主にゴールキーパーへのパスを指し、これをゴールキーパーが手でプレーすると反則になる。〈ラグビー〉スクラムハーフからフルバックまでフォワード以外の７人のプレーヤーの総称。

バックハンド［backhand］〈テニス・バドミントンなど〉ラケットを持った利き腕の反対側で打ち返すこと。

バック、バックストローク［back-stroke］〈水泳〉背泳ぎのこと。

バックハンドブロー［backhand blow］〈ボクシング〉手の甲を使った攻撃。反則となる。

バックプレーヤー［back＋player 和］〈バレーボール〉コート内でプレーする６人のうち、定められたポジションで後衛になる３人のプレーヤーのこと。

バックハンドスイング（打法）［backhand］〈卓球〉利腕と反対側で打つことやその打法技術。バックハンドサービス、バックハンド・ハーフボレー。バッ

クハンド・ドライブなど。

バックホーム [back＋home和]〈野球〉野手から本塁に進塁する走者を阻止するための、捕手への返球のこと。アメリカでは "back home" は「家に帰れ」「ここから出て行け」などと解釈されるので "throw to plate" という。

バックボード [backboard] バスケットボールのリングの後方の板。

バックボレー [backhand volley]〈テニス〉バックハンドで行うボレー（ノーバウンドのボールをバックハンドで打ち返すプレー）。

バックライン [back line]〈ラグビー〉バックスに就いた7人の選手が作るライン。

はっけよい [hakkeyoi]〈相撲〉取り組み中に両力士の動きが止まったときに、行司が戦いを促すための掛け声。「発気揚々」が語源。両力士が技をかけず、動かない場合に用いる。「八卦良い」「発気用意」との説もある。柔道では「待て」の声がかかり、場合によっては「注意」「指導」の減点ポイントが課せられることがある。

バッケンレコード [bakken record ノルウェー＋英]〈スキー〉ノルディックジャンプ競技でそのシャンツェ（ジャンプ台）で記録された最長不倒距離記録。

バッシング [bussing]〈釣り〉ブラックバス（ラージマウスバス）釣りのこと。

パッシング・ザ・センターライン [centerline violation]〈バレーボール〉完全にセンターラインを踏み越える反則。⇒ペネトレーションフォールト

パッシングショット [passing shot]〈テニス〉ネット際に出た相手の横を鋭く抜く打球。

バッター [batter]〈野球〉打者。打席に立っている打者のことをいう。

バッター・イン・ザ・ホール [batter in the hole]〈野球〉ボールカウントが打者に不利になったときのこと。⇔イン・ザ・ホール

バッターランナー [batter runner]〈野球〉打者走者。ボールを打った後、そのプレーが継続している間に走っている走者のこと。

バッティング [batting]〈野球〉ボールを打つこと。打撃。[butting]〈ボクシング〉頭、肩前腕、ひじなどによる攻撃。反則行為になる。

パッティング [patting]〈ゴルフ〉ボールをホール（カップ）に入れるために軽く打つこと。パット。

バッティングアイ [batting eye]〈野球〉ヒットを打つために投球を見極める打者の目。選球眼。

バッティングオーダー [batting order]〈野球〉打順。

パッティンググリーン [putting green]〈ゴルフ〉パッティングのために特に設けられた場所。あるいはそのように指定された場所。

バッティングケージ [batting cage]〈野球〉打撃練習用の金網。

バッティングセンター [batting practice center]〈野球〉野球の打撃練習場。

バッティングタイトル [batting champion]〈野球〉首位打者のタイトルのこと。チームの総試合数×3.1以上の打席数を有する打者のうち、各リーグで最高打率を残した選手に与えられるタイトル。

は

181

バッティングピッチャー [batting＋pitcher和]〈野球〉打撃練習でバッターとの打ち合わせによる調整法で登板する投手。アメリカでは"batting-practice pitcher"と呼んでいる。

バッテリー [battery]〈野球〉投手と捕手。

パット [putt]〈ゴルフ〉グリーン上でボールを転がすこと。パッティング。

バット [bat]〈野球〉野球を行うとき、投手の投げる球を打ち返す道具（木製、金属製）。長さ1.067m（42in）以下、直径7cm（2.3/4in）以下、素材木製（金属バットは耐久性があるためアマチュア野球では連盟の承認によって使用）と定められている。

バットコントロール [bat control]〈野球〉バットを自在に扱って、投球に対処できる技術。

バットの芯 [hitting area]〈野球〉バットの先端から15〜20cmぐらい下にあり、ボールが当たると一番よく飛ぶ部分。

初土俵 [hatsudohyou]〈相撲〉新弟子検査に合格した後、初めて本場所の土俵で前相撲や幕下付出しとして相撲を取ること。

バットマン [batsman]〈野球〉投手の投げるボールを打つ選手のこと。打者、バッターのこと。

ハットトリック [hat trick]〈サッカー〉1選手が1試合に3得点獲得すること。

バッドマーク [bad mark]〈レスリング〉罰点。試合内容によって選手に失点を与える採点方法で、罰点が6点を超えると失格になる。

バテン [batten]〈ウインドサーフィン〉セールのリーチ部が風にばたつくのを防ぎ、風の流れを整えるためにセイルのバテンポケットに差し込む芯材のこと。

バドミントン [badminton]〈バドミントン〉コートをはさんでラケットと独特な形状をしたシャトルを使い打ち合う競技。インドで行われていた「プーナゲーム」がバドミントンの原型とされている。イギリス人将校が本国のクロスター州バドミントン村の英国貴族の別荘で紹介し広まったという。1899年にはルールが統一され第1回全英選手権が開催、以降スポーツ競技として世界に広がった。1934年に国際バドミントン連盟（IBF）が結成され、世界選手権大会として、1949年に男子トマス杯、1957年に女子のユーバー杯が実施された。1992年のバルセロナオリンピックで正式競技として実施。日本には大正末期に渡来し、1930年代横浜のYMCAを中心に普及した。1952年国際バドミントン連盟に加盟。1954年の第3回トマス杯に初参加した。

パドリング [paddling]〈カヌー〉櫂（かい）を使って漕ぐこと。〈ウインドサーフィン〉ボードに腹ばいになり、両手で水をかいてボードを進める。

ハドル [huddle]〈アメフト〉選手が次のサインを決めるために集まること。

パドルアウト [puddle-out]〈サーフィン〉沖へ向かうこと。＝ゲッティングアウト

パドルテニス [paddle tennis]〈テニス〉木製ラケットとスポンジボールを使うテニスに似たスポーツ。硬式テニスを小型化したミニテニス。

バトン [baton]〈陸上〉リレー競技で次の走者に手渡す筒。

バトンタッチ [baton touch]〈陸上〉リレー競技で次の走者にバトンを手渡す競技。

花相撲 [hanazumou]〈相撲〉本場所の開かれていないときに行われる、勝ち負けが番付の昇降や給金にかかわりのない相撲興行のこと。引退相撲、追善相撲、福祉や慈善を目的とした寄付相撲、トーナメント方式の相撲大会などを総称していう。

バナナボール [banana ball]〈ゴルフ〉極端なスライスボールのこと。

花道 [hanamichi]〈相撲〉力士が土俵と仕度部屋を往復するとき、また、審判委員、行司、呼出などが入退場をするときに利用する通路。「花道」は、平安時代の相撲節で、相撲人（力士）が髪に造花を挿して登場したことにちなんだ名称。〈ゴルフ〉グリーンの手前のフェアウェイとつながる障害物のない区域。エプロン。

離れ [hanare]〈弓道〉射法八節の第7番目の項目。左手は弓を押しねじり（角見を働かせ）、右手から弦が開放され、弓の反発力により矢が押し出されていく発射のこと。発射の瞬間の左右の働きの適正な一致は射術上最も練習を必要とする。

ハの字型ストップ [two-foot snowplow]〈スケート〉両足のインエッジを使ってイの字を左右同時にやって止まる方法。

バニーホップ [bunny hop jump]〈スケート〉ジャンプというよりはステップで、滑ってから飛び上がり、降りるというジャンプの基本。

バフィー [baffy]〈ゴルフ〉ウッドの4番のこと。打球が高く上がるのが特徴。

パブリックコース [public course]〈ゴルフ〉会員制ではなく、誰でもプレーできるコース。

甲矢 [haya]〈弓道〉1番目の矢のこと。奇数番目の矢。甲矢は右回転して飛行する。

早気 [hayake]〈弓道〉射癖のひとつで、伸合いが十分でないままに発射する癖。多くの射手が経験する癖であるが、時として矯正が困難な場合がある。

払い腰 [haraikoshi]〈柔道〉腰技の代表的な技で、腰を浅く入れて、相手の足を払い上げて投げます。

払い技〈剣道〉相手の竹刀を払って体勢を崩し、仕掛ける技。

パラグライダー [paraglider]〈ハングライダー〉パラシュートタイプのハングライダー。競技方法は、指定されたタイムにできるだけ近い時間飛行を競うもの（デュレーション）、指定されたフライトコースに設置されたシークレットマークを確認することを競う（シークレット）、指定されたターゲットへより精度よく着地することを競うもの（ターゲット）がある。

パラセール [parasail]〈パラセール〉パラシュートをつけ、自動車やモーターボートで引っ張って、空に舞い上がるスポーツ。

はらはら相撲 [haraharasumou]〈相撲〉不安定な相撲を取るが、結果として勝利をおさめる相撲。取り口が不安定で、安心して見ていられない相撲。

は

パラリンピック [Paralympics]〈障害者スポーツ〉国際パラリンピック委員会が主催する身体・視覚・知的障害者によるオリンピック。正式名は"International Stoke Mandeville Games"。1960年ローマ大会から4年に1回オリンピック開催都市で開催される。パラリンピック［パラ（parallel- もうひとつの）＋Olympic］という大会名を1988年ソウル大会より公式に使用するようになった。競技種目はアーチェリー、陸上競技、バスケットボール、自転車、重量挙げ、フェンシングなど19の競技が行われた。翌1989年に国際パラリンピック委員会（IPC）が創設された。

パラレルレース〈スキー〉⇒デュアルスラローム

馬力相撲 [barikisumou]〈相撲〉「技やうまさを備えず力に頼る」という悪い意味も含まれる。

パリ・ダカール・ラリー [Paris-Dakar Rally]〈モータースポーツ〉1979年に始まった最も人気のある冒険ラリー。フランスのパリからアフリカ西岸セネガルの首都ダカールまで一万数千キロを約2週間にわたり走破する。名称も「パリ・ル・カップ」、「パリ－ダカ」、「グラナダ－ダガール-カップ」、「グラナダ－ダガール」とスタート地点同様めまぐるしく変わってきたが、「パリ－ダカ」で親しまれている。

バリアフリー [barrier free]〈障害者スポーツ〉高齢者や障害者の日常生活において妨げとなる障害を取り除き、生活しやすくすること。スロープ、手すりなどの工夫が見られる。

張り手 [harite]〈相撲〉相手の顔を取り組み中に平手でひっぱたくこと。

はりまなげ[波離間投げ] [harimanage]〈相撲〉右手で上手を取る場合、右手を相手の頭の上から回して相手の右腰のまわしを取り、右のほうに捻りながら引き、そして投げる技。

波離間投げ

バレー [volley]〈バレーボール〉バレーボールの略。

バレーボール [volleyball]〈バレーボール・排球〉6人制、9人制があり、2ゲームがネットをはさみ、ボールを落とさないように打ち合う競技。1895年、アメリカのYMCA体育指導者ウイリアムG.モルガンが、テニスにヒントを得て考案。ネット越しにボールをボレーしあうことから、バレーボールと命名された。1913年（大正2）に日本に紹介され、1949年に男子世界選手権が開始され、1951年国際バレーボール連盟（FIVB）に加盟、1964年（昭和39）の東京オリンピックで6人制が正式種目に採用された。女子は優勝し、「東洋の魔女」と呼ばれた。1965年（昭和40）からは日本が提唱したワールドカップが行われている。6人制と9人制がある。現在日本バレーボールは男女それぞれVリーグが戦われており、男子8チーム、女子10チームがある。また、下部リーグとしてはそれぞれ7チームがある。

パワーゾーン [impact point]〈サーフィン〉波のもっともパワーのある場所。

パワーフット [power foot]〈ウインドサーフィン〉フット部にフルバテンを加え、フット面積を大きくし、アスペクト比を下げた、セールのアウトラインの形状。

パワープレー [power play]〈アイスホッケー〉ペナルティーで相手より多い人数でプレーすること。

パワーヘッド [power head]〈ウインドサーフィン〉マストトップに近いリーチの部分にバテンを設け、アウトラインを膨らませ、セール上部の面積を稼いだ、セールのアウトラインの形状。

パワーポジション [power position]〈陸上〉投てき種目で準備動作から投げに移った時の姿勢。準備動作中に投てき物の速度が高まっていることと体に捻りができていることで、体に大きなエネルギーがためこまれた状態になっている。

パワーリフティング [power lifting]〈**重量挙げ**〉基本的な運動要素である立つ、押す、引くの力をスクワット（脚力）、ベンチプレス（腕力）、デッドリフト（背筋力）の3つの競技種目の合計重量を競うスポーツ。⇒ウエイトリフティング

バンカー [bunker]〈ゴルフ〉造られた砂地のくぼみ。

バンカーショット [bunker shot]〈ゴルフ〉バンカーからボールを打つこと。通常、ボールを直接打たず、ボールの手前にヘッドを打ち込み、砂の爆発を利用してボールを上げるエクスプロージョンショットのこと。

バンカーレーキ [bunker rake]〈ゴルフ〉バンカーの砂をならすための道具。バンカーならし。あるいは単にレーキ。

ハンググライダー [hang glider]〈スカイスポーツ〉人工衛星のカプセルを回収するために NASA の研究員が考案した翼型を応用し、人間がぶら下がって飛べるようにしたもの。パイロットの脚力のみで離着陸でき、体重移動によって操縦を行うクラス、レーダーなど空気力学的操縦装置を用いるクラス、これら以外のものすべてを含むクラス、がある。

ハングテン [hung-ten]〈サーフィン〉足の指10本をノーズにかける技。

ハングファイブ [hung-five]〈サーフィン〉足の指5本をノーズにかける技。

パンチ [punch]〈ボクシング〉相手を打つこと。強打。相手を圧倒する迫力。

パンチショット [punch shot]〈ゴルフ〉向かい風のときなどに、クラブを短めに持ち、しっかりと球をぶつけるように打つ。逆回転が少なくぶれずに転がる。

パンチング [punching]〈サッカー〉ゴールキーパーがシュートされたボールを、キャッチするのが難しいとき、こぶしでボールをたたいたり押し込んだりしてゴールに入るのを防ぐこと。

パンチンググローブ [punching glove]〈ボクシング〉サンドバッグなどを叩くときに用いるグローブ。

番付 [banzuke]〈相撲〉力士、行司、日本相撲協会関係者の名前を階級別に分けた一覧表。毎場所初日の13日前に発行される。文字は独特の相撲文字で行司が書く。

番付編成会議 [banzukehenseikaigi]〈相撲〉本場所の成績を参考にして来場所の番付を決める会議。審判部委員によって千秋楽の3日後に会議される。本場所13日前に新番付が発表される。

判定 [decision]〈ボクシング〉試合の決着を決める方法のひとつ。最終ラウンドまで試合の決着がつかず、レフリーとジャッジの採点に基づき多数決で勝者を決めるやり方。採点方法は、WBA（世界ボクシング協会）の10点法で各ラウンドごとに優劣の得点をつけ、優位者には10点を、敗者には減点法で得点を与える。引き分けのラウンドは共に10点を与える。

ハンディキャップ [handicap]〈ゴルフ・ボーリング・競馬など〉プレーヤーの技量レベルを数値で表したもの。公平かつプレイを楽しくするために負担分を分け合うことに使われている。単に、ハンディ、ハンデともいわれる。オフィシャルハンディキャップとプライベートハンディキャップがある。

番組編成 [compilation of the program]〈陸上〉競技会において、準決勝・決勝などの組を編成すること。また、編成した状態。ルールブックに記載されている規定にしたがって行われる。

バンデージ [bandage]〈ボクシング〉手を保護するために、グローブを着用する前に手に巻きつける包帯。バンデージを巻くときは試合関係者の立会いのもとで行い包帯の中にはいかなるものも入れてはいけない。

ハンド [hand]〈ラグビー〉スクラムやラックの中のボールを手でプレーすること。本来足でかき出す（ヒールアウト）もので反則になる。相手側にペナルティキックが与えられるか、相手ボールによるスクラムとなる。⇒ヒールアウト 〈サッカー〉ゴールキーパー以外の選手がボールに触れること。反則になる。

ハンドワーク [handwork]〈野球〉強い打球を打つための正しい腕の使い方。

バント [bunt]〈野球〉バットを振らずに球をバットに軽く当てて、走者の進塁を助けるバッティングのひとつ。自らの出塁を考えてするセーフティーバントなどがある。

バント・エンド・ラン [bunt and run]〈野球〉投球と同時にランナーがスタートし、打者はその進塁を助けるために、バントをする作戦。

パントキック [punt＋kick 和]〈アメフト〉オフェンス側チームが陣地を挽回するために用いるキック。おもにフォースダウンで、ファーストダウン獲得までの距離が残っている場合に使う、攻撃権の放棄を意味するキック。〈ラグビー〉手から離れたボールを地面に着く前に蹴ること。

バントヒット [bant＋hit 和]〈野球〉セーフティーバントともいう。走者を確実に進塁させるものでなく、自らも生きようとする走力を使った、かつ、意表を突いた攻撃のひとつ。また、結果的に相手方の守備体制の乱れなどでヒットになることもある。

ハンドボール [handball]〈ハンドボール〉1916年デンマークのニールセンにより競技規則が作られ、1923年国際アマチュアハンドボール連盟が結成され、国際統一競技規則ができた。11人制は1936年のベルリンオリンピックのときに

正式種目に加えられ、7人制は、1972年の第20回ミュンヘンオリンピックから正式種目になった。現在、国際試合はすべて7人制で行われる。日本リーグは男子8チーム、女子6チームで行われている。また、男子は2部リーグが4チームあり、女子は首都圏女子リーグとして5チームで争われている。

ハンドリュウム 〈障害者スポーツ〉車いすの、左右の車輪の外側に付いている輪で、競技者が自分の力で車輪に動きを伝達するための部位。これを前後に移動して操作をする。直径37〜38cm が多く使用されており、競技者がそれぞれの体型に合ったものを選択している。

ハンドリング [handling] 〈サッカー〉ゴールキーパー以外の選手がボールに触れる反則のこと。〈バスケットボール・ラグビーなど〉ボールの手さばき・扱い。

パンパシフィック水泳選手権 [Pan Pacific Swimming Championships] 〈水泳〉1984年（昭和59）アメリカ、カナダ、オーストラリア、日本の4か国が、環太平洋の「水泳のレベル向上」を図る目的でパンパシフィック水泳協会を設立。1985年（昭和60）東京で第1回大会が開催され、隔年開催が続いていたが、2002年（平成14）の横浜大会からオリンピックの中間年に開催されることになった。なおこの大会は、飛び込み・シンクロ・水球競技は行わない。

半端相撲 [hanpasumou] 〈相撲〉自分の相撲の型を持たない力士。

パンピング [pumping] 〈ウインドサーフィン〉セールをあおってスピードを上げるテクニックのひとつで、セールを前後に動かすこと。

ハンブル [fumble] 〈野球〉ボールを取り損ねること。ファンブルともいう。

ハンマー [hammer] 〈陸上〉ハンマー投げの略。

ハンマー投げ [hammer throw] 〈陸上〉鉄線の先に金属製の重い玉を付け（ハンマー）、投げた距離を競う競技。1900年の第2回パリオリンピックから男子が、2000年の第27回シドニーオリンピックから女子が正式種目になった。ハンマーは男子で全長1.175〜1.215m・重さ7.25kg、女子は全長1.16〜1.195m・重さ4kg となっている。ハンマーは球が鉄か真鍮でできているものをピアノ線でつないだもの。

ハンマーロック [hammerlock] 〈レスリング〉相手の腕を逆にねじ上げる反則行為。

【ひ】

ピーク [peak] 〈サーフィン〉波が崩れようとする一番高い部分。

ビーチスタート [beach start] 〈ウインドサーフィン〉波打ち際からのスタート。セールを立ててボードに飛び乗りそのまま一気にスタートし、セーリングする技。

ビーチバレー [beach volleyball] 〈ビーチバレー〉砂地のコートで1チーム2人の対戦で、6人制バレーボールと同様の試合形式と同じ規格のコートを使用して行われる。下が砂地のため、プレーが非常にしにくい競技。1996年の第

26回アトランタオリンピックから正式種目。発祥は1930年代にアメリカの西海岸で流行した遊びといわれている。

ビーチブレイク [beach-break]〈サーフィン〉砂浜や海底が砂のポイントで割れる波。

ビーチボール [beachball] 空気入りのビニールボールで楽しむミニバレーボール。アメリカ西海岸で流行している2人対2人でやるビーチバレーとは異なったゲーム。

ビーチング [beaching]〈ウインドサーフィン〉セイリングして沖から帰ってくるときに、スムーズに陸に上がるテクニック。上陸。

ビーティング [beating]〈ウインドサーフィン〉タッキングを繰り返しながら、風上へ帆走すること。

ビート [beat]〈水泳〉競泳のクロールや背泳で泳ぐときに交互に左右の足で水をたたくキックのこと。

ビート板 [kick board]〈水泳〉板状の浮きを確保するための練習補助用具。手に持ったり、脚に挟んで使う。キックボードともいう。

ヒール [heel]〈ゴルフ〉クラブヘッドのシャフトよりの部分。根本。

ヒールバック [heel back]〈ラグビー〉ボールをかかとで後方に蹴り、または押してやること。

ヒールアウト [heel out]〈ラグビー〉スクラムやラックの中ボールを足で後ろに蹴り出す。

ピールオフ [peel off]〈ラグビー〉ラインアウトでの攻撃方法。ラインアウトからボールがタップされたとき、そのボールを受けるためにラインアウトプレーヤーがラインアウトを離れること。

ビーンボール [bean ball]〈野球〉投手が故意に打者の頭部を狙って投げるボール。危険球。⇒危険球

控え [hikae]〈弓道〉弓道場射場内の坐ることの出来る場所。行射の順番を待つ場所。また行射の順番を待っている人・グループをいう場合もある。

控え布団 [hikaebuton]〈相撲〉関取が土俵下で控えるときに使う座布団。幕内力士は「四股名の入った座布団」が使え、十両の力士は相撲協会が用意した「控え座布団」を使うが、幕下以下の力士は使用を認められていない。

控え力士 [hikaerikishi]〈相撲〉控え力士として土俵下に競技順番の2番前に出場しなければならない。控え力士は勝負判定に物言いをつけることはできるが表決には参加できない。対戦相手が自分より格上の力士の場合は、自分が先に入り相手を待つのが礼儀とされているが、最近では無視される傾向が見られる。

引き落とし [hikiotoshi]〈相撲〉相手の腕を引いたり、肩を手前に引いたりして相手を自分の手前に引き落とすこと。

引き落とし

ビギナー [beginner]〈ゴルフ〉ゴルフを始めたばかりの初心者のこと。

飛距離点 [distance point]〈スキー〉ジャンプ競技で、飛行した距離によって与えられる得点。飛型点との合計が1回の飛行での得点になる。K点を60点とし、飛んだ距離がそれより長いか、短いかでノーマルヒルでは1mにつき2点、ラージヒルでは1.8点が加算または減算される。

引き分け [hikiwake]〈相撲〉水入りの大一番の取り組みが、二番後取り直しでも勝敗がつかないときに「引き分け」とするもの。〈アーチェリー〉矢を射る際のアーチェリー八節のひとつで、セットアップされた弓を、左右均等に引き分ける動作。ドローイングという。

引分け [hikiwake]〈弓道〉射法八節の第5項目。弓を引き分ける動作のこと。

引き技 [hikiwaza]〈剣道〉体当たりやつばぜり合いなどで、間合いが近いとき、身を引きながら打つ技。

飛型点 [style point]〈スキー〉ノルディックのジャンプ競技における、踏切から着地までの飛行姿勢を採点して得られる得点のこと。飛距離点との合計が1回目の得点になる。採点の基準は、踏み切り、空中での姿勢、着地などの正確さ、完璧性そして安全性などを5人の飛型審判員が1人20点満点の減点方式で行う。

ピケットフェンス [picket fence]〈ボウリング〉右投げの1番・2番・4番・7番ピン、左投げの1番・3番・6番・10番ピンが残った形のこと。フェンスともいう。

膝車 [hizaguruma]〈柔道〉体を開きながら相手の重心がかかった膝に足裏を当て、そこを支点として両手で崩して投げる。

ビジター [visitor]〈野球・サッカーなど〉相手チームのホームグランドで試合をする遠征チーム。〈ゴルフ〉メンバーでないフリーの競技者。〈サーフィン〉遠方から来た、ローカルでないサーファー。

ビジターフィー [visitor's fee]〈ゴルフ〉メンバーでないフリーの競技者の競技料金。

ビジティングチーム [visiting team]〈野球〉⇒ビジター　⇔ホームチーム

ビスク [bisque]〈テニス・ゴルフ〉弱者に与えるハンディキャップ。

左四つ [hidariyotsu]〈相撲〉差し手が左になること。またその状態。

ヒッカケ [hikkake]〈ゴルフ〉チーピン、ダッグフックと同じで、左に引っかけること（右打ちの場合）。

引っ掛け [hikkake]〈相撲〉相手が突いてくるか差してくるかしたとき、その腕を一方の手で内側から、もう一方の手で外側から引っ掛けるようにして体を開き、相手を前に落とすか土俵の外に飛び出させること。

引っ掛け

引っかける〈野球〉投球にタイミングが合わずスウェーしながらバットが早く返ってしまい、中途半端なスイングになること。

ビッグイヤーズ [big ears] 〈ボウリング〉ビッグ・フォーの別名。

ピックオフプレー [pick-off play] 〈野球〉投手が塁上の走者に対し、捕手・野手からのサインによってけん制球を送ること。

ピックアップ [pickup] 〈ラグビー〉スクラムラックの中のボールを拾い上げる反則行為。

ビッグファイブ [big five] 〈ボウリング〉4番・6番・7番・9番・10番ピンのように、左右に2本と3本に分かれて残ったスプリットのこと。

ビッグフィル [big fill] 〈ボウリング〉8本以上残ったピンを倒してスペアをとること。

ビッグフォー [big four] 〈ボウリング〉4番・6番・7番・10番ピンのスプリットのこと。

ヒッコリーシャフト [hickory shaft] 〈ゴルフ〉クルミ科のヒッコリーで作られた木製のシャフト。

ヒッチ [hitch] 〈野球〉テイクバックのときに腕を動かしタイミングを取ること。

ピッチ [pitch] 〈野球〉投球。〈ボート〉1分間にオールを漕ぐ回数。〈サッカー〉サッカー場のフィールド、グラウンド。〈水泳〉泳ぐときのストロークとキックのテンポのことで、短距離レースでは特にスピードの速いピッチが見られ、この場合をピッチ泳法という。〈アメフト〉クォーターバックがオプションプレーのときに、ランニングバックにボールをトスすること。〈ボウリング〉ボールの指穴の角度のこと。〈卓球〉打ち合うボールの時間の速さ。〈陸上〉走動作において、一定の時間に足が接地する回数のこと。スプリント種目では、1秒あたりの歩数で示されることが多い。

ピッチ・アンド・ラン [pitch and run] 〈ゴルフ〉ボールを打ち上げ、落下してからの転がりで距離を出す打法。

ピッチ走法 [pitch] 〈スキー〉ノルディッククロスカントリーの滑走法のひとつ。歩幅を狭くしてその分足の回転を早めて滑走する走法。〈スケート〉左右の足を交互に滑らせてスケーティングの歩幅を短く取る滑走法。主に短距離レースのほか、長距離レースでもコーナーを曲がるときに用いられる。

ピッチアウト [pitchout] 〈野球〉打者の打ち気をそらしたり、盗塁、スクイズを防いだりするために投げる捨て球。

ピッチマーク [pitch mark] 〈ゴルフ〉ボールがフェアウェイや短く刈った区域内で、落下によって作った穴。

ピッチャー [pitcher] 〈野球〉投手。

ピッチャー・イン・ザ・ホール [pitcher in the hole] 〈野球〉ボールが先行し投手が追い込まれ、打者に有利な状態にあること。

ピッチャーゴロ 〈野球〉投手が打者の打った打球を捕球すること。和製英語。

ピッチング [pitching] 〈野球〉投球。

ピッチングウエッジ [pitching wedge] 〈ゴルフ〉アプローチ用に作られたロフト用の大きいアイアンクラブ。

ピッチングスタッフ [pitching staff]〈野球〉投手陣。

ヒッティング [hitting]〈野球〉打撃。打つこと。

ヒット [hit]〈野球〉安打。大当り。打者の打った球が野手の間を抜けたり、野手の頭上を越える打球。さらに、その打球が一塁または進塁する塁に送球される前に打者が一塁ベースをかけ抜ける状態を「安打」という。

ピット [pit]〈モータースポーツ〉サーキットのコース脇に設けられた、各レーシングチームの車両整備や修理、タイヤ交換、燃料補給などが行われる本拠地。また車両がピットに入ることをピットイン、出て行くことをピットアウトという。〈陸上〉砂場。跳躍競技で競技者が着地する場所。走幅跳・三段跳では砂場。走り高跳・棒高跳ではマットが用いられている。〈ボウリング〉倒れたピンが落ちるレーンの後ろの部分。

ヒット・アンド・アウェー [hit and away]〈ボクシング〉一定の距離をとって戦うアウトボクシングのスタイルに多く見られる。相手に対して、打ったら素早く後退し、相手のパンチを受けないでポイントを上げる戦法。

ピットイン [pit＋in 和]〈モータースポーツ〉自動車レースでの給油、整備をする所。⇒ピット

ヒット・エンド・ラン [hit and run]〈野球〉投手が投球動作に入ると同時に、塁上の走者は、サインプレーによって進塁を試み、バッターがその投球を必ず打ち確実に進塁させるプレーのこと。

一手 [hitote]〈弓道〉甲矢・乙矢の２本をいう。

一人時間差〈バレーボール〉セッターの上げたトスに対して、スパイカーが相手側のタイミングをはずしてスパイクを打つこと。

ひねり飛び込み [twist dive]〈水泳〉踏み切った後に空中で捻りを加えた型のこと。１回捻りから４回半捻りまでを含めて、高飛び込み種目に50種、飛び板飛び込み種目に42種登録されている。

日の丸飛行隊〈スキー〉1972年第11回札幌冬季オリンピックのジャンプ70m級で、日本の笠谷幸生、金野昭次、青地清二の３人が金・銀・銅メダルを独占し、表彰台に３本の日の丸が揚がり、テレビ中継でNHKのアナウンサーが「日の丸飛行隊」と名付けた。以後新聞、テレビ、活字で、また一般的にジャンプで活躍する日本勢のこともこう呼ぶようになった。

ビハインド [behind]負けている状態。

ビブ [bib]〈スキー〉選手のつけるゼッケン。

ピボット [pivot]〈ゴルフ〉スイングのときの腰の捻り。体の軸を動かさずに行なう、体の捻りのこと。〈バスケットボール〉ボールを持った選手が、片足を軸に相手の動きを交わしながら回転すること。

ピボットサークル [pivot circle]〈スケート〉フィギュアの男女のシングル競技における技のひとつ。片足を軸にして、もう一方の足がコンパスで円を描くように、体をこまのように回転させること。⇒デススパイラル

ピボット走〈障害者スポーツ〉車いすで、素早い手の動きを身体で覚えるために、片手のワンプッシュをジグザグに行なう。

ピボットブロー [pivot blow] 〈ボクシング〉体を回転させ、その反動によって
パンチを出すこと。反則になり、警告を受ける。

ヒューマン [human stroke] 〈水泳〉ヒューマンスイムともいう。水中でリカバ
リーすることにより、水の抵抗を減らし、安定した姿勢を保つ。

標高差 [difference in height] 〈スキー〉競技が行われるコースの最高地点と最低
地点の海抜差。アルペンとクロスカントリー競技では標高差の規定がある。

ひょうたん [swizzles] 〈スケート〉両足のインエッジで左右同時に氷を押し、
戻しを繰り返す動作。トレースがひょうたんのような形になる。バックとフ
ォア共にある。

平泳ぎ [breaststroke] 〈水泳〉うつ伏せの状態で、腕は肩のあたりから前方に大
きく伸ばし、横に広げて水をかき、足はカエル足を使い両腕、両足は左右対
称となる。泳法にはフォーマル・ブレスト・ストロークと、ナチュラル・ブ
レスト・ストロークの2通りがある。かつては常に頭の一部が水面に出てい
なければならなかったが、潜水泳法の禁止の規制が緩和され、腕を伸ばすリ
カバリーの間は頭が水面下に入っていてもよいことになった。

ビルドアップ [build-up] 〈サッカー〉攻撃を主にショートパスで組み立てて、
前線へボールを運んでいくこと。ていねいにつなぎながら、人数をかける厚
い攻撃になりやすい。

ビルドアップ走 [building-up run] 〈陸上〉長距離走のトレーニング手段。

ピン [pin] 〈ゴルフ・ボーリング〉①ゴルフのグリーン上のポール。②ボーリン
グの10本の標的。

ピンアクション [pin action] 〈ボウリング〉倒れたピンが、その勢いで他のピ
ンを倒す連鎖反応のこと。

ピンスパット [pin spots] 〈ボウリング〉ピンが正しく配置されるように、ピ
ン・デッキ上に標示されている目印のこと。

ピンセッター [pin setter] 〈ボウリング〉ピンを配置する機械。

ピンチヒッター [pinch hitter] 〈野球〉チャンスなどに交代出場する打者。

ピンチランナー [pinch runner] 〈野球〉代走者。

ビンディング [bindung 独] 〈スキー〉スキー靴を取り付ける締め具。

ピンテール [pintail] 〈サーフィン〉尖った形状のテール。

ピンデッキ [pin deck] 〈ボウリング〉ピンを三角形に並べて置くレーン上の部
分のこと。特に堅い木材で作られている。

ヒンドランス [hindrance] 〈テニス〉プレーヤーが対戦相手を「故意に妨害」し
たとき。

ピンポン [ping-pong] 〈卓球〉卓球。テーブルテニスともいう。19世紀、イギ
リスに始まる。このボールに羊皮紙を貼った中が空洞のラケットで打ったと
きの音が「ピン」、台に弾んだときの音が「ポン」で「ピンポン」と呼ばれ
るようになりヨーロッパで流行った。日本では1902年（明治35）坪井玄道・下
田次郎らによって普及したという。現在では「卓球」といういい方が普通に
なった。

【ふ】

ファースト [first]〈**野球**〉一塁。一塁手。

ファーストカット [rough]〈**ゴルフ**〉フェアウェイの左右に、芝がフェアウェイよりは長めに刈られている帯状の区域。

ファーストサーバー [first server]〈**バドミントン**〉ダブルスで最初にサービスを行うプレーヤー。

ファーストサービス [first service]〈**テニス**〉サービスは1回に2度まで認められているが、1本目に打つサービスのこと。失敗するとセカンドサービスとなる。2本とも失敗するとダブルフォールトとなり相手に1ポイント与えられる。

ファーストフライ [first fly]〈**野球**〉一塁手のところに打ち上げられたフライのこと。セカンドフライ（second fly）、サードフライ（third fly）とともに和製英語。

ファーストブレーク [first break]〈**バスケットボールなど**〉相手の守備体制が整わないうちに、素早い攻撃をかけること。速攻。

ファーストミット〈**野球**〉普通の野手用のグラブ（fielder's glove）と違い、親指と他の指が分かれてミトン（二又手袋）になっている。アメリカでは"first baseman's glove"と呼んでいる。

ファーストレーン [fast]〈**ボウリング**〉ボールの走りの速いレーン。

ファーム [farm]〈**野球**〉プロ野球の二軍。日本では現在12球団あり、それぞれがイースタンリーグとウエスタンリーグに分かれ上部リーグに向け技術の向上に励んでいる。

ファームシステム [farm system]〈**野球**〉一軍、二軍の選手の好・不調の状態などを見て入れ替えを行う仕組み。

ファイター [fighter]闘志のある人。〈**ボクシング**〉接近戦を得意とするボクサー。闘志をむき出しにして激しく戦うタイプのボクサー。

ファイト [fight]①闘志。②試合。勝負。③闘志を促すような掛け声。

ファイトマネー [fight money]〈**ボクシングなど**〉格闘技の興行試合の選手に支払われる報酬。

ファイナル [final]①最終の。最後の。②決勝戦。

ファイナルセット [final set]〈**バレー・テニスなど**〉勝敗が決まる最後の回。

ファインプレー [fine play]〈**野球**〉好守備・好判断などで起きるプレー。美技。

ファウル [foul]〈**ボウリング**〉投球の際に、足先や身体の一部がファール・ラインに触れたり超えること。得点は無効。〈**陸上**〉試技、トライアルの失敗。跳躍種目においては踏切板を踏み越した場合、また、投てきではサークルやスターティングラインを踏み越した場合と投てき物が有効試線を超えて落下した場合のことをいい、記録は測定されない。〈**野球**〉ファウルボールのこと。打球がファウルラインより一塁側、三塁側ともに外側（スタンド側）に出ること。またその球。反則。⇔フェア

ファウルグランド [foul ground]〈野球〉野球場のファウル線外の地域。⇔フェアーグランド

ファウルショット [foul shot]〈テニス〉①故意に2度打ちをした場合や、ダブルスのパートナー同士が続けて売ったとき。②ボールがネットを越える前に打ったとき。③ラケットを投げて返球したとき。④故意に著しくラケットの形を変えたとき。

ファウルスロー [foul throw]〈サッカー〉不正に行われたスローイン。

ファウルチップ [foul tip]〈野球〉打球がバットをかすめファウル線外に出たもの。

ファウルチャージ [foul charging]〈サッカー〉ボールを持った相手選手に対し故意に肩以外でぶつかること。反則となり直接フリーキックが相手側に与えられる。⇒チャージング

ファウルフライ [foul fly]〈野球〉ファウルラインの外側に飛んだフライ。邪飛球。

ファウルポップ [foul pop]〈野球〉捕手の頭上に上がった平凡なファウルフライ。

ファウルライン [foul line]〈野球〉本塁と一塁、本塁と三塁をそれぞれ結んだ線の延長を外野まで引いた線。線からセンター寄りに入ればフェア、内野スタンド寄りならばファウルになる。

ファンシーダイビング [fancy diving]〈水泳〉難易度が高い、飛込競技における、宙返りや捻りなどを組み合わせた複雑な演技のこと。逆にシンプルな組み合わせの飛び込みをプレーンダイビングという。⇒プレーンダイビング

ファンデーション [foundation fill]〈ボウリング〉第9フレームのストライク。

ファンブル [fumble]〈野球・アメフトなど〉野手が打球を処理するとき、ボールを手やグラブに触れながら取り損なうこと。⇒ジャックル

ファンボード [funboard]〈サーフィン〉ショートボードとロングボードの中間の長さのボード。ウエーブジャンプ、サーフィン用のショートボード。240〜290cmぐらいの長さが一般的。

フィード [feed]〈サッカー〉前にいる味方のプレーヤにボールをつなぐこと。

フィールディング [fielding]〈野球〉守備。守備力。〈ラグビー〉蹴られたボールをキャッチすること。

フィールド [field]〈陸上〉陸上競技場のトラックの内側の地域。跳躍、投てき競技の行われる場所。

フィールドアーチェリー [field archery]〈アーチェリー〉山野のコースに設けた14の的を弓で4人1組が次々に射抜きながら回る競技。

フィールドアスレチック [Field Athletic]野外の自然の地形を利用したスポーツ施設。

フィールド・オブ・プレー [field of play]〈ラグビー〉ゴールラインとタッチラインに囲まれた区域のこと。

フィールドゴール [field goal]〈アメフト〉プレースキックで蹴ったオフェン

スチームのボールが、相手チームのクロスバーを直接超えたとき。3点の得点が入る。〈バスケットボール〉フリースロー以外のゴール。

フィールド種目 [field events]〈陸上〉フィールドで行われる競技種目のこと。跳躍種目と投てき種目全般が含まれる。

フィギュア [figure]〈スケート〉フィギュアスケーティングの略。

フィギュアスケート [figure skating]〈スケート〉スケート競技のひとつ。シングル、ペア、アイスダンスの3種目がある。氷上で一定の時間内にステップ、スピン、ジャンプなどの技を盛り込み音楽に合わせて滑走演技を行う。オリンピックでは、男子と女子のシングル、ペア、アイスダンスの4種目が行われる。オリンピック種目としては1924年の第1回シャモニー・モンブラン冬季オリンピックに、男子と女子のシングルとペアが正式種目になり、1976年の第12回インスブルック冬季オリンピックからアイスダンスが正式種目になった。

V字ジャンプ〈スキー〉⇒V字飛行

フィフティーン [fifteen]〈ラグビー〉ラグビーチーム15人のメンバーやチームそのものをいう。

フィニッシュ [finish]〈スポーツ全般〉競技の最後の部分、動作の終りをいう。〈卓球〉スイングが止まったポイント。

フィニッシュライン [finish line]〈スケート〉スピード競技などの決勝線。陸上でのゴールラインのこと。陸上の場合は選手の体の一部がラインに到達すればゴールインになるが、スケート競技はスケートの先端がラインに触れた瞬間、また転倒した場合もスケートがラインに達した瞬間でゴールインの計測がなされる。

フィル [fill]〈ボウリング〉スペアのときの2投目で倒したピンの数。

フィルダー [fielder]〈野球〉内野手・外野手のこと。

フィルダーズチョイス [fielder's choice]〈野球〉野手選択。ランナーがいてバッターが内野ゴロを打ったのを、野手がバッターをアウトにせず、ランナーをアウトにしようとしてできなかったプレー。略して野選。

フィン [fin]〈ヨット〉ボードに直進性や安定性を与える、ひれ状の板。

フィンガーグリップ [finger grip]〈ボウリング〉親指、中指、薬指の、それぞれ第1関節でボールを握る握り方のこと。

フィンガー・スピン・サービス [finger spin service]〈卓球〉アメリカの選手がボールを指ではじきながらトスをして、ボールに急激な回転を与えて出したサービスのこと。相手選手がレシーブできずラリーがサービスだけで決まるために、「サービスボールは手のひらの上においてからサービスをする」というルールに改正されている。

フィンガーボール [finger ball]〈ボウリング〉スパンを長くして、親指、中指、薬指の第1関節で握るボールのこと。

フィンスイミング [fin swimming]〈水泳〉マリンスポーツのひとつ。足ヒレ（フィン）とシュノーケルを使って、水中または水面を泳ぐスポーツ。両足そ

ふ

れぞれにフィンをつけるビーフィンと、両足にひとつのフィンをつけるモノフィンの2種類がある。1959年に世界水中連盟（CMAS）が発足し、1970年にスポーツとして確立した。

フィンボックス [fin box] 〈**サーフィン**〉フィンをはめるためのボトム面にあるボックス。

ふうじく [風軸] 〈**ウインドサーフィン**〉風の吹いている方向と現在の位置を結ぶ直線。

プーナゲーム [Poona game] 〈**バドミントン**〉インドで発祥された、バドミントンの起源といわれているゲーム。

ブービー [booby] 〈**ゴルフ**〉競技成績が最下位または最後から2番目の競技者。

フープ [hoop] 〈**新体操**〉新体操などで使う内径が80～90cmの輪。〈**クロッケー**〉ボールを通過させる鉄のゲート。

ブーム [boom] 〈**ウインドサーフィン**〉マストとセールを固定し、支えるための弓状のバー。このバーでセールを操作する。

フーリガン [hooligan] 元来イングランドの暴力的なサッカーファンのことを称していたが、最近では各国で熱狂的なファン（サポーター）が増え、競技場内外で暴力や乱闘行為に及ぶ暴徒化したファンを指すようになった。1970年代の半ばからイングランドのサポーターの相次ぐ暴徒化が社会的・国際的な問題に発展し、フーリガンという呼び名が全世界にも広まった。

プール [pool] 〈**スポーツ施設**〉水泳場。

フェア [fair] 〈**野球**〉本塁から一塁または三塁を結ぶ、外野まで延びる線の内側のこと。またその打球（フェアボール）のことを略してフェアという。

フェアプレー [fair play] 正々堂々と戦って勝敗を決する態度。公明正大な態度でプレーに臨む姿。

フェアウエー [fairway] 〈**ゴルフ**〉ティーグラウンドからグリーンまでの芝の刈り込んだ地域。

フェアウェイウッド [fairway wood] 〈**ゴルフ**〉主としてフェアウェイから使うウッドの総称。かつては3番から5番までだったが、近年7番9番など、さらに短い番手も登場している。

フェアキャッチ [fair catch] 〈**ラグビー**〉相手側の蹴ったボールを直接捕球すること。自軍22mラインよりも手前で直接キャッチしながら「マーク」と叫んだときに認められるもの。〈**アメフト**〉リターナーがボールを取った後に前進できないと判断したときに行うプレー。キャッチするプレーヤーは、片手だけを頭より高く上げ、その手を2回以上左右に大きく振り、キャッチする意思を示さなくてはならない。またキャッチしたプレーヤーは3歩以上動いてはならない。フェアキャッチしたプレーヤーにタックルは禁止されている。

フェアーグランド [fair-ground] 〈**野球**〉ファウルラインの内側の部分をいう
⇔フェウルグランド

フェイク [fake]〈アメフト〉クォーターバックがランニングバックにボールを渡すふりをすること。〈バスケットボール〉相手を惑わす見せかけの動きのことで、シュートフェイク（上下左右）、ピボットフェイク（左右）の２通りがある。

フェイス [face]〈ゴルフ〉ゴルフクラブのボールを打つ面。〈ウインドサーフィン〉波の斜面。

フェイドターン [fade-turn]〈サーフィン〉崩れる波と逆方向にテイクオフして、大回りして波とタイミングを合わせるターン。

フェイスマスク [face mask]〈アメフト〉フェイスマスクを握ったり、手をかけたりする危険なプレーのこと。

フェイント [feint]〈バレーボール・アメフト・バドミントン〉相手をけん制し、判断を迷わせ他の攻撃を仕掛けること。

フェースオフ [face off]〈アイスホッケー〉試合開始のときに、向かい合った両チームの２人の競技者の間にレフェリーがパックを入れること。

フェード [fade]〈ゴルフ〉打球が途中から右方向へ曲がるショット。ただしその度合いをコントロールできるもの。

フェードボール [fade ball]〈ゴルフ〉真っすぐに飛んだ球が落ちるときに軽く曲がること。右打ちのひとは右に曲がりながら落ち、また左打ちの人は左に曲がりながら落ちる。

フェザー級 [feather-weight]〈ボクシング〉重量別階級のひとつ。⇒スーパー級

フェザーショット [feather shot]〈ゴルフ〉クラブフェースをオープンにしてスイングすること。

フェスピック（FESPIC）大会 [Far East and South Pacific Games Federation for the Disabled]〈障害者スポーツ〉極東・南太平洋障害者スポーツ連盟（FESPIC）が主催するスポーツの大会。スポーツを通じた障害者の社会参加の推進を目指すという理念を持っている。1975年（昭和50）に第１回大会が大分県別府市で開催された。

フェデレーションカップ〈テニス〉⇒フェドカップ

フェドカップ [Fed Cup]〈テニス〉国際テニス連盟創立50周年を記念して1963年に始まった女子テニスの国別対抗戦。2000年から８か国によるワールドグループのトーナメント戦でタイトルが争われる。ワールドグループ以外は世界を３ゾーンに分け、予選を行いその上位国がワールドグループの下位国と毎年入れ替え戦をする。

フェンシング [fencing]〈フェンシング〉１人対１人で剣技を競う。剣を片手に持つのが原則。相手の体の有効面（体、面、顔）を突いたり、切ったりする競技。中世ヨーロッパ騎士道の剣技として発達。18世紀半ばはスポーツ化した。日本には1932年（昭和７）岩倉見清が大学生に広めたという。第１回アテネオリンピックから正式競技とされ、日本は1960年ローマオリンピック大会より参加し、競技が活発化した。「身を守る」「名誉を守る」がフェンシングの精神とされている。

フォア [fore]〈卓球〉利腕サイドや利腕側から振りだすスイングのこと。右利きでは身体の右側がフォアになる。フォアハンド・スイングを指すこともある。

フォア [four]〈ボート〉4本オールのレース用のボートまたその競技。

フォア [for]〈スケート〉フォワードのこと。エッジが前向きに滑る状態。体の向きは問わない。

フォアサイド [foreside]〈卓球〉卓球台のセンターに立ち、利き腕側の場所をフォアサイドという。利き腕が右の選手の場合は、センターラインより右側がフォアサイドになる。また左利きの選手は同じくセンターラインより左側がフォアサイドになる。

フォアサム [foursome]〈ゴルフ〉2人対2人で、それぞれ1個のボールを交互に打って競うマッチプレー。

フォアハンド [forehand]〈テニス・卓球・バドミントン〉ラケットを持った側にきた球をそのまま打つ自然な打ち方。利き腕で打つこと。⇔バックハンド

フォアハンドストローク [forehand stroke]〈テニス〉自分の利き腕側でボールを打つストローク。

フォアハンドスイング(打法) [forehand]〈卓球〉利腕側で打つこと。またフォアハンドサービス、フォアハンドスマッシュ、フォアハンドドライブのように、利腕側の打法のこと。

フォアヒット [four hits]〈バレーボール〉相手側の打ち込んだボールを最大3回で相手コートに返さねばならないが、この回数を超えて返す反則のこと。オーバータイムスのこと。

フォアボール [four＋ball 和]〈野球〉四球のこと。打者が4つのボールと判定されて得た、一塁に進塁できる権利。投手が故意にフォアボールを与えることを敬遠という。

フォアチェック [fore checking]〈サッカー〉前線からフォワードがボールを持っている相手を追い込み、ボールを奪いにいく守備。そこで奪えなくても、後ろの選手が守りやすくなる。

フォー [fore]〈ゴルフ〉前方などのプレーヤーに、打球が向かっていることを知らせ、注意を促すかけ声。前方という意味。

フォークボール [fork ball]〈野球〉広げた人差し指と中指の間にボールを挟んで投げる投球。球の回転が少なく打者の近くで落ちるので、決め球として最近は多く使われている。

フォース [fourth]〈ボウリング〉ストライクを4回連続で出すこと。

フォースアウト [force-out]〈野球〉封殺。打者の打球によって進塁しなければならない走者を、その塁に送球してアウトにすること。

フォースプレー [force play]〈野球〉封殺。打者の打球によって進塁しなければならない走者が次の塁に達する前に送球してアウトにすること。⇒封殺

フォータイマー [four timer]〈ボウリング〉フォースと同じ。

フォーマル・ブレスト・ストローク〈水泳〉⇒平泳ぎ

フォーミュラー [formula car]〈モータースポーツ〉国際自動車連盟（FIA）が定めた規格に基づく、レース専用車両のこと。タイヤが車体からむき出しになった屋根のない1人乗りのレーシングカーを指す。

フォーム [form]〈スポーツ全般〉プレーをするときの姿勢。

フォーメーション [formation]〈サッカー・バスケットボール・アメフトなど〉攻撃・防御の選手の配置。陣形。たとえばサッカーでは相手チームの攻撃力が高い場合は守備を固める配置4-4-2システム（守備・中盤・攻撃）や、ワントップと呼ばれる4-5-1システム、3-6-1システムがとられ、攻めのゲームを展開する場合はスリートップである3-4-3システム、実力が接近しているときには3-5-2システムなどのさまざまなフォーメーションがとられる。〈バドミントン〉ダブルスでの守備の陣形。

フォーメーションラップ [formation lap]〈モータースポーツ〉決勝レースのスタート前に予選順位によるスタート位置からコースをペースカーに従って1周すること。1周した後再びスタート位置につき、全車が停止した後、赤信号が点灯し、4〜7秒後に青信号が全灯するとスタートになる。

フォーリングダウン [falling down]〈ラグビー〉スクラムを崩すこと。

フォール [fall]〈レスリング〉相手の選手の両肩を、同時に1秒以上マットにつけること。

フォール・オン・ザ・ボール [fall on the ball]〈ラグビー〉タックルまたはラックでボールの上に倒れ込んでボールが出ることを妨げるプレー。

フォールススタート [false start]〈水泳〉スタートの合図より早く飛び出す不正スタートのこと。スタートの二度目のフォールススタートはその時点で失格になる。

フォールト [fault]〈テニス・卓球など〉サーブの失敗。〈バドミントン〉プレー中の反則行為。相手にポイントが入る。

フォールライン [fall line]〈スノーボード〉斜面上で、物体が自然に落下していく方向。最大傾斜線ともいう。

フォロー [follow]続く。後に従うこと。〈サッカー〉ボールを持っている選手の後を追って走ること。〈バスケットボール〉味方のシュートの外れたボールを取り、続けてシュートすること。

フォローウインド [follow wind]〈ゴルフ〉追い風のこと。

フォロースルー [follow through]〈野球・テニス・ゴルフ・卓球・ボーリングなど〉ボールを打った後の打球の方向に腕を伸ばしていくこと。プレー後のフォームのこと。

フォワード [forward]〈ラグビー・サッカー〉前衛。守備体系の前方に位置し攻撃を主としている選手。FWと略して用いる。

フォワードパス [forward pass]〈サッカー・アメフト〉前方にいる味方に向かってパスをすること。

負荷走 [resisted sprint]〈陸上〉走トレーニングのひとつ。器具や地形を利用し、体に負荷をかけた状態で走るもの。

ふ

吹き流し [streamer]〈陸上〉競技の際に、競技者がおよその風向や風力を知ることができるように設置する用具。設置される場所は競技規則によって決められている。

不行跡 [misbehave]〈ラグビー〉殴る、蹴る、踏み付ける、相手に報復するなど、スポーツマンシップに反する行為のこと。

房 [fusa]〈相撲〉土俵の上に設置された釣屋根の四隅に吊り下げられた房のこと。四本柱があったときは、柱に巻かれてあった布である。それぞれ違う色の房で四季と神を表している。黒房は冬と玄武神、青房は春と青竜神、赤房は夏と朱雀神、白房は秋と白虎神を表す。

富士スピードウェイ [Fuji Speedway]〈モータースポーツ〉通称フィスコ（FISCO）と呼ばれ、1966年（昭和41）に静岡県にオープンしたサーキット。1周4.441km。1976〜1977年に連続で日本初のＦ１レースの舞台になった。

不従順 [fujujun]〈馬術〉障害飛越競技においての拒止、逃避、反抗などの過失のこと。

不正なプレー [foul play]〈ラグビー〉妨害、不当なプレー、反則の繰り返し、危険なプレー、不行跡など、競技規則の字義および精神に反する競技場内でのプレーヤーの行動。

不戦勝 [fusenshou]〈相撲〉本場所の取り組みが決まった後に、相手力士がけがなどで急に休場することになり、取り組みの変更ができないとき勝ち星を得ることができる。

ぶちかまし [buchikamashi]〈相撲〉頭を下げて相手の胸に突進し頭からぶつかること。

フッカー [hooker]〈ラグビー〉フロントローの真ん中のプレーヤー。スクラムの最前列に位置し、投入者の手からボールが離れると同時に、右足を飛ばしボールをかき込む役目がある。

ぶつかり稽古 [butsukarigeiko]〈相撲〉受け止め役の力士の胸をめがけて突進し、相手をそのまま土俵際まで押し込み、また当たっても動かないときは離れて再度繰り返し、土俵際まできたら転がしてもらい、受身の練習をする。受ける側は普通上位の力士が受け持ち、稽古の仕上げのときに行う。

フッキング [hooking]〈ラグビー〉通常フッカーがスクラムからボールをかき出すこと。

フック [hook]〈ボクシング〉ひじを曲げ小さく体を捻るようにして相手の側面を打つ。ストレートに次いで多く用いられる打撃で、相手の出鼻をスピードのあるフックでの防御することは、最大の防御である。

フックアレー [hook alley]〈ボウリング〉スロー・アレーと同じ。

フックスライド [hook slide]〈野球〉滑り込みの際、相手のタッチを避けるために足をかぎ型に曲げ滑り込む技法。

フックボール [hook ball]〈ゴルフ〉左に曲がる打球（右打ちの場合）。早い段階から曲がり出すので、ドローボールに比べ、方向のズレが大きくなる。〈ボウリング〉投球直後はまっすぐに進み、ピンの手前で、右投げは左に、左投げ

は右に曲がるボールのこと。破壊力のある有効なボール。

フックライン [hook line]〈ゴルフ〉グリーン上でボールが左に曲がるラインのこと（右打ちの場合）。英米ではライト・トゥ・レフトという。

プッシュ [push]〈スポーツ全般〉押す。突き出す。〈野球〉バットを軽く当てる打ち方。〈サッカー〉ボールを軽くゴールに押し込む。

プッシュアウト [push＋out 和]〈ゴルフ〉押し出されるように、右に出るボール（右打ちの場合）。単にプッシュということもある。

プッシュオーバートライ [pushover try]〈ラグビー〉攻撃側がスクラムやモールでボールをキープしたまま、防御側のインゴールに押し込み、攻撃側の手でボールをグラウンディングすること。スクラムでのトライが成立する。5点の得点とゴールキックが与えられる。

プッシュオーバータッチダウン [pushover touchdown]〈ラグビー〉防御側がスクラムやモールでボールをキープしたまま、攻撃側にインゴールに押し込まれ、防御側の手でボールをグラウンディングすること。ゴールから5mの地点で相手ボールのスクラムを組み、再開される。

プッシュバント [push bunt]〈野球〉相手守備の隙をつき、バッターが一塁（三塁）側に、ボールを押し出すように行うセーフティーバントのこと。

プッシング [pushing]〈バスケットボールなど〉相手選手の体を押す反則行為。

プッシングスルー [pushing through]〈サーフィン〉腕立て伏せの格好でボードと身体の間に波を通して沖に出て行く技。

プッター [putter]〈陸上〉砲丸投の競技者のこと。

フット [foot]〈ウインドサーフィン〉セールの三角形の底辺にあたる部分。

フットアップ [foot up]〈ラグビー〉スクラムで通常フッカーがボール投入より早く足を出してボールをかき出そうとする反則。

フットサル [futsal スペイン]〈サッカー〉5人制のミニサッカー。縦38〜42m、横18〜22mの小さなコートで楽しめる。1988年に世界統一ルールが制定された。スペイン語の "futball de salon" を略したもの。サロンフットボール、インドアサッカーともいう。

フットバッグ [footbag]〈ニュースポーツ〉足やひざで小さな袋を蹴ってプレーするスポーツ。競技方法は、フットバッグ・コンセキュティブ、フットバッグ・ネットゲーム、フットバッグ・フリー・スタイル、フットバッグゴルフの4種類ある。

フットフォールト [foot fault]〈テニス・バレーボール〉サービスを打つとき、ラインを踏んでサービスしてしまうこと。〈バドミントン〉サービスが打たれるまでの間、サーバーとレシーバーの両方の足の一部が静止していないこと。

フットワーク [footwork]〈バドミントン・卓球・ボクシングなど〉打球を追う時の足の動き。足の動き、使い方。足さばき。

ふで粉 [fudeko]〈弓道〉籾殻・藁を焼いた灰の粉。滑り止めとして左手に使用する粉。

不動心 [fudoushin]〈剣道〉相手のいかなる変化、動作にも、惑わされず、必要なときに真の実力を発揮できる心。

不当なプレー [foul play]〈ラグビー〉故意の反則、時間の空費、反則の繰り返しなどの不当なプレーのこと。

踏み切り [take off]〈陸上〉跳躍種目やハードル種目で、空中へ跳び出す動作。この際、最後に地面に接地する足を踏切足という。

踏み込み [step in]〈卓球〉打球時、足を大きく前に出すこと。

踏み出し [fumidashi]〈相撲〉相手の力が加わらないうちに足が土俵外に出ること。土俵際で体制を戻したときに思わず足が出てしまうときがある。

踏み出し

フライ [fly]〈野球〉飛球。

フライングロープ [flying rope]〈水泳〉フォルススタートが発生したときに、スタートから15mの位置にコースを横切るように張られたロープ。このロープを水面上に下ろしてレースを止めることができる。

フライト [flight]〈バドミントン〉シャトルの飛び方。〈陸上〉障害のハードルを飛び越えること。〈スキー〉ジャンプ台から飛ぶこと。

プライド〈格闘技〉総合格闘技の頂点を競うことをうたい文句にしている「K－1」と並んで新ブームを呼んでいる格闘技イベント。

フライフィッシング [fly fishing]〈釣り〉重量をもたせた糸で狙うスポットに毛ばりを投げ込む釣り。フライ、リーダー、ライン、竿リールのバランスが非常に重要で竿も糸とのバランスで設計されている。

プライベートコンペ [private competition]〈ゴルフ〉オフィシャルな競技会ではないコンペ（競技会）。

プライベートチーム [private team]〈モータースポーツ〉個人のレーシングチーム。チームのオーナーがスポンサーから予算を獲得して車両の確保とチームスタッフを雇用し、レースに参加するケースをいう。F1ではほとんどがプライベートチームで参加している。国際レースで勝つためには最低でも50〜60億円、トップクラスのチームになると100〜200億円もの費用（車両費、ドライバーや人件費など）がかかり、それらをスポンサーフィー（企業協賛金）でまかなえるように活動している。

プライベートハンディキャップ [private handicap]〈ゴルフ〉オフィシャルハンディキャップを持たない人間同士がラウンドする際に採用されるハンディキャップ。プレーするゴルファー間の合意で成り立つ。

フライングウェッジ [flying wadge]〈ラグビー〉通常ショートキックからの攻撃で、ボールキャリアーをウェッジの形にバインドして突進するプレー。

フライングスタート [flying start] スタートの号砲が鳴る前にスタートすること。〈モータースポーツ〉フォーメーションラップの状態からそのままスター

トする方法。ローリングスタートともいう。

フライングスピン〈スケートなど〉⇒スピン

フライングディスク [flying disk]〈ニュースポーツ〉プラスチック製の円盤を投げるスポーツ。競技種目は10種目ある。①ディスタンス、②スロー・ラン・アンド・キャッチ、③フリースタイル、④ディスクゴルフ、⑤ダブルディスクコート、⑥ガッツ、⑦アルテメット、⑧アキュラシー、⑨ディスカソン、⑩マキシマム・タイム・アロフトなどがあり、愛好者が多いのは、ディスクゴルフでバスケット型の専用ゴールまで何投でゴールインできるかを競う競技。①と⑦はワールドゲームズの公式競技、①と⑩は障害者スポーツ大会の公式競技。

ブラインド [blind]〈サッカー・ラクロスなど〉ゴール前の混戦により、両チームの選手の動きが邪魔になり、ゴールキーパーがボールの行方をつかめなくなること。

ブラインドサイド [blind side]〈ラグビー〉スクラムの位置から見てタッチラインまでの距離が狭い（短い）サイド。⇔オープンサイド

ブラインドホール [blind hole]〈ゴルフ〉ティーインググラウンドから前方が高くなっていたり、ドッグレッグでグリーンが見えないホール。

プラクティス [practice]〈モータースポーツ〉決勝の前に行われる練習。予選の総称。

プラス [fastest loser]〈陸上〉トラック種目において先着順以外で次のラウンドに進むことができる上位記録者を示す。

フラッグ [flag]〈ゴルフ〉ホールの位置を示すために立てられた旗竿のこと。ピン。フラッグスティック。

フラッグポスト [flag post]〈ラグビー〉競技場に立てられる14本の幡のついたポスト。

ブラッシー [brassie]〈ゴルフ〉2番ウッドのクラブ。

ブラッシュボール [brush ball]〈野球〉打者の胸元にボールを投げ込んで、打者を後方にのけぞらせるような内角高めの投球をいう。

フラット [flat]〈スノーボード〉雪面が平らなことやボードのソールと雪面をぴったりとくっつけること。この動きがターンの切り換えやグランドトリックで重要になる。〈ゴルフ〉平坦な。起伏に乏しい。アップダウンの少ない。〈サーフィン〉波がまったく割れていない状態。

フラットエッジ [flat edge]〈スケート〉スケート靴のエッジが氷に対して垂直に加重し、インとアウトの両側のエッジが同時に接している状態。

フラットコース [flat course]〈ゴルフ〉アップダウンのない平らなコースのこと。

プラットホーム [platform]〈水泳〉飛び込みの高飛び込み種目で使用されている固定台を指す。

フラットレース [flat race]〈陸上〉トラック競技で3000m障害とハードル競走を除いたものをいう。

フランカー [flanker]〈ラグビー〉フォワード第3列、6番7番の選手をいう。

フランチャイズ [franchise] 〈野球〉野球協約によって、野球上のすべての権益を保護された特定の保護地域を与えられる制度。プロ野球球団の本拠地。ホームグラウンド制。また本拠地の興行権。

フリー [free] 〈サッカー〉選手が相手側選手の妨害や、マークから抜け、自由にプレーできる状態になること。マークを外してフリーになるか、厳しいマークでフリーにさせないようにするか、激しい争いがある。〈スキー〉クロスカントリーの滑走法のひとつ。フリーテクニックのこと。スケーティングを中心にあらゆる滑走法を用いることができる走法。〈スケート〉フィギュアにおける自由演技。選手が選曲した音楽で、あらゆる技を組み合わせて自由な滑走をする演技。⇒フリースケーティング

フリー [free-style] 〈水泳〉フリースタイルのこと。競泳の種目名。自由形。ほとんどの場合クロールを指す。

フリーエージェント制 [free agent system] 〈野球〉1 シーズン150日以上の出場登録された選手が9年に達すると、ほかの球団と契約することができる特権を得る制度。FA 制と略す。FA を宣言し球団と交渉の結果、契約が不成立になった場合は、自由契約選手として公示される。また獲得をした球団は失った球団に対しての金銭補償として、FA 選手の年俸の1.5倍を支払うか、人的補償で応じなければならない。資格を得た選手が FA を宣言しなかった場合は、権利を翌年に保留したものとみなされる。

フリーキック [free kick] 〈ラグビー・サッカー〉相手側の反則に対して、反則しなかった側に与えられるキックのこと。

フリークライミング [free climbing] 〈登山〉人工的な手段を積極的に用いず手と足だけの力で登るスポーツ。フランスを中心に、ヨーロッパではメジャーなスポーツになってきている。競技方法は、「ディフィカルト」と「スピード」に大別できる。ディフィカルトは一種のサバイバルゲーム、スピードは登る時間を競う。

フリースケーティング [free skating] 〈フィギュア〉選手が選曲した音楽に合わせて自由な滑走演技を行う競技種目で、男子と女子のシングル、ペア、アイスダンスの4種目に出場する選手はこの種目をこなさなければならない。シングルとペアでは、個々の技の難易度や力強さ、芸術性を競い、アイスダンスでは高度なステップを駆使してその優雅さと技術性を競う。⇒フリー

フリースタイル [freestyle] 〈レスリング〉腰から下への攻撃をしてもよいもの。⇔グレコローマンスタイル

フリースタイルスキー [freestyle skiing] 〈スキー〉滑走をひとつの演技として行い、審判員による採点で順位を決める競技。モーグル、エアリアル、アクロの3種目がある。

フリースロー [free-throw] 〈バスケットボール・ハンドボール〉シュート態勢に入って起きたパーソナル・ファウルなどに対し、ファウルを受けたプレーヤー（チーム）に与えられるシュートチャンスのこと。

フリーテクニック [free technique] 〈スキー〉クロスカントリーの滑走法のひ

とつ。スケーティングを中心にあらゆる滑走法を用いることができる走法。スキーは短めで、ストックは長めのものを使用する。クロスカントリーでは、このほかにクラシカルテクニックと2種類あり、オリンピックでも距離別の種目ごとにどちらの走法を用いるかが決められている。

フリーノックダウン制〈ボクシング〉世界ボクシング評議会（WBC）の採用している1ラウンド中に何度「ノックダウン」しても負けにならないルール。⇒WBC

フリーバッティング [free＋batting 和]〈野球〉正規の距離から投手に投げてもらい、フルスイングで打ち返す打撃練習。

フリーハンド [freehand]〈卓球〉ラケットスポーツではラケットを持っていない手、空いている手のことをいう。⇔ラケットハンド

フリーランニング [free running]〈サッカー〉ボールを持っていないときの自由走り。これでマークをはずし大きなチャンスを生むポジションに動いたり、相手の目先を変えたり注意を引き、スペースをつくる。

フリールーティン [free routine]〈水泳〉シンクロの自由演技。内容、振付けともに自由な演技ができる。⇒テクニカルルーティン

フリーレッグ [free leg]〈スケート〉フィギュアの滑走中に氷面から離れているほうの足のこと。⇔スケーティングレッグ

ブリッジ [bridge]〈レスリング〉フォールの防御法として頭と両足で弓なりになる姿勢。

ブリッツ [blitz]〈アメフト〉ディフェンスのラインバッカーやセカンダリー（ディフェンスバック）がスクリメージラインを越えて中に突進するプレー。

フリッパー [flipper]〈スポーツ用具〉水泳や潜水用に足につけるゴム製の水かき。ひれ状の足。

フリップ [flip]〈スキー〉フリースタイル、エアリアルの空中演技のひとつ。フロントフリップとバックフリップがあり、宙返りのこと。

フリップジャンプ〈スケート〉⇒トウ・サルコー・ジャンプ

プル [pull]〈水泳〉ストロークの3番目のプロセス。水を外側に押したあと、内側に引きよせる動作。

プルアウェー [pull away]〈サッカー〉マークについている相手からフリーになるための動き。ボールと自分を同時に見ていようとする相手に対して、いったんボールから離れるなど「引っぱる」動きで、その視野からはずれる。

フル・コース・コーション [full course caution]〈モータースポーツ〉レース中の事故などによって生じたコース上の車両の破片などの障害物があるときにイエローフラッグが出され、全コース追い越し禁止、徐行の義務付けがなされる。セーフティーカーがその時点からコースに入り、先頭を走ってコースがクリアされるまで追い越し禁止になる。

ブルーオリンピック [Blue Olympics] 水中競技選手権大会の通称。

フルーレ [fleuret 仏]〈フェンシング〉フェンシングの競技種目のひとつ。柔軟な剣を用い、突きだけが有効の競技。ほかにエペ、サーブルがある。

プルアウト ［pullout］〈サーフィン〉自ら意図的にライディングを終えること。

フルカウント ［full count］〈野球〉打者に対する投球が3ボール2ストライクになった状態のこと。〈ボクシング・レスリングなど〉ノックダウンやフォールで定められたカウントを全部数えること。

フルセット ［full set］〈テニス・バレーボール・卓球〉勝敗が簡単につかず、最終セットまで戦うこと。

フルタイム ［full time］試合終了。

ブルックリン ［brooklyn］〈ボウリング〉ストライク・ポケットの反対側で、1番ピンと2番ピンの間のこと。

フルドロー 〈アーチェリー〉矢を射る際のアーチェリー八節のひとつで、ドローイングされた弓を顔または顎の一部に固定し、照準をつけること。

フルバック ［fullback］〈ラグビー・サッカー〉後衛。FBと略す。

プルヒッター ［pull hitter］〈野球〉引っ張りの得意な打者。

プルブイ ［pull-buoy］〈水泳〉両足の間にはさみ、下半身の浮きを補う練習用具。

プル・ブイ・キック ［pull-buoy kick］〈水泳〉プルブイを使ったキックの練習。

フルベース ［full＋base 和］〈野球〉満塁。走者がすべての塁にいること。

ブルペン ［bullpen］〈野球〉救援投手が肩をならす投球練習場。

プレー・アクション・パス ［play action pass］〈アメフト〉ランプレーと見せかけてパスを行うフェイントプレー。

プレーイングサーフェイス ［playing surface］〈卓球〉卓球台の表面のこと。サービスをするときは手のひらに乗せたボールはプレーイングサーフェイスよりも上になくてはならない。

プレーオン ［play on］〈サッカー〉プレーを続行すること。反則があっても主審がアドバンテージを取った場合など。

プレーオフ ［play-off］〈ゴルフ・サッカーなど〉同点のときに行う決勝試合。〈野球〉プロ野球などのリーグ優勝をかけて行う優勝決定戦。日本ではパリーグで導入され、公式戦終了後に上位3チームで行う。セリーグも2007年（平成19）から導入予定。

ブレーク ［break point］〈テニス〉レシーブ側が相手のサービスゲームを破り、そのゲームを獲得すること。サービス側にとっては「サービスダウン」ともいう。反対にサービス側がゲームを取った場合は、「サービスキープ」という。〈ボクシング〉意図的に組みついている選手にレフェリーが離れることを命令する言葉。

ブレークポイント ［breakpoint］〈テニス〉相手のサービス・ゲームにブレーク（奪取）できる状態になること。

プレーサー ［placer］〈ラグビー〉味方プレーヤーのキックのために、ボールを置くための補助をするプレーヤーのこと。

プレース ［place］〈ゴルフ〉規則で定められた地点に、ボールを置くこと。リプレースとは異なる。

プレースキック [placekick]〈ラグビー・サッカー〉ボールを地上に置いて蹴ること。

プレースヒット [place hit]〈野球〉野手のいないスペースを狙って打った安打。

ブレード [blade]〈ボート・カヌー〉オールの水をかく平たい部分。水かき部分。〈卓球〉ラケットの木部本体。または打球面。面、フェイスともいう。〈スケート〉スケート靴の底部についている金属部分。スピード用は軽くて長く、フィギュア用は短くて厚い。

プレート [plate]〈野球〉本塁（ホームプレート）、投手板（ピッチャーズプレート）。

フレーム [frame]〈テニス〉ラケットのフェイス面を囲むワクのこと。ここでボールを打ったときは、フレームショットともいう。〈ボウリング〉10回に区切られた１ゲームのうちの、それぞれの回数のこと。

プレーヤーの服装 [player's clothes]〈ラグビー〉プレーヤーが身に付けるものすべてのこと。プレーヤーはジャージ、パンツ、肌着類、ソックス、靴を着用する。

プレーンダイビング〈水泳〉飛込競技における宙返りや捻りなどを取り入れない、シンプルな組み合せの飛び込みのこと。⇒ファンシーダイビング

プレオリンピック [Pre-Olympic] オリンピック大会のある前年に行われる国際競技大会。

プレグリップ [pre-grip]〈ラグビー〉ラインアウトにおいて、ボールが投入される前に味方をグリップにすること。

プレジャーボート [pleasure boat]〈ボート〉レジャーやスポーツとして使用されるボート。

プレス [press] ⇒プレッシャー 〈バスケットボール〉⇒ゾーンプレス

プレスターン [press turn]〈スノーボード〉無駄な動きをはぶき、ボードへ一定のプレッシャーをかけ続け、効率よく行うターンのこと。ハイスピードで急斜面を滑る場合に有効。

ブレス [breath]〈水泳〉呼吸のこと。ブリージングともいう。

ブレスト、ブレストストローク [breast-stroke]〈水泳〉平泳ぎのこと。

プレゼンテーション [presentation]〈スケート〉フィギュア競技でショートプログラム（規定演技）、フリー（自由演技）、オリジナルダンス（準規定演技）に対してなされる２つの採点のひとつ。

ふれだいこ[触れ太鼓] [furedaiko]〈相撲〉大相撲初日の前日に土俵祭りが行われ、その後呼び出しが太鼓をたたいて土俵を３周し、街に出て翌日からの大相撲を触れ歩くこと。

フレックス [flex]〈スノーボード〉スノーボードを上から押してたわませるときの硬さの度合いを表す。ブーツの硬さを表すときにも使われる。

プレッシャー [pressure] 相手選手のプレーを自由にさせないため、相手に接近し、積極的に心理的圧力をかけること。⇒プレス

ブレッシング [breathing]〈水泳〉競泳などで泳いでいるときの息継ぎのこと。呼吸は口から吸って水中で鼻、および口から吐く。

ブロー [blow] 〈ボクシング〉打撃。〈ウインドサーフィン〉急に吹いてくる風。突風。〈ボウリング〉エラーのこと。

フローター [floater] 〈サーフィン〉崩れる波の上に乗り上げる技。

フローターサーブ [floater serve] 〈バレーボール〉サービスのひとつ。ボールを高くトスしないで頭よりもやや高い位置で、スパイクを打つように手のひら・手首でサーブすること。変化球サーブのこと。

フローティング [floating] 〈水泳〉シンクロで使われる用語。水面に浮いて演技を行うこと。4～8人で行うチーム演技において、全員が水面に浮いてさまざまな模様を作ることを指す。フローティングパターンの意味で用いられる。

ブロード攻撃 [broad attack] 〈バレーボール〉スパイカーが移動しながらボールを打つ速攻。

プロダクションボード [production board] 〈ウインドサーフィン〉大量生産されるレディーメードボード。カスタムボードに対して、丈夫で安価にできるメリットがある。

ブロッキング [blocking] 〈スノーボード〉滑走中、身体にかかってくる抵抗に対し筋肉を緊張させて身体のブレを少なくすること。急斜面などでハイスピードになればなるほど、特に上体の安定した構えが重要になってくる。〈バスケットボール〉ボールを持っていない相手選手の体に触れ、進行を妨げること。〈バレーボール〉ネット際で前衛が跳び上がって相手のスパイクを止めること。〈ボクシング〉ボクシングの防具。相手のパンチを肩・腕・ひじなどで受けて攻撃をかわす防御法。

ブロック [block] 〈野球〉捕手が捕球し走者からホームベースを守ること。このとき捕手は走者がホームベースを触ることができる空間を作っておかなければならない。〈アメフト〉体のいずれかの部分を相手に接触させて、相手を妨害するラフプレー。〈卓球〉相手の攻撃を止める打法。

ブロックアウト [block＋out 和] 〈バレーボール〉スパイクしたボールが相手ブロックに当たってコートの外に落ちること。

ブロックカバー [block assist] 〈バレーボール〉味方のスパイクが相手側にブロックされて跳ね返ってきたときに、それをレシーブする守備のこと。

ブロックサイン [block sign] 〈野球〉軸となる体の部位をもとにして、いろいろな動きを複数組み合わせ、相手側に分からないように送る合図。

プロップ [prop] 〈ラグビー〉フロントローの両側のプレーヤー。

ブロック動作 [blocking action] 〈陸上〉砲丸投・円盤投・槍投で投てきを行う際に、準備動作で得たスピードを急激にストップさせて、そのエネルギーを投てき物に移し替える技術。

プロテクター [protector] 〈スポーツ用具〉野球の捕手や審判員が着ける胸当て。ボクシングの防具。

プロトコール [protocol] 〈バレーボール〉試合開始前に行なわれるチーム・キャプテンによるトス（コートかサーブ権を選ぶ）やセット間、試合終了後に必要な一連の手続きのこと。

プロビジョナルボール [provisional ball] 〈ゴルフ〉暫定球のこと。

プロモーグル [professional mogul] 〈スキー〉フリースタイルモーグルで賞金を懸けて行われるデュアルモーグルのこと。

プロモーター [promoter] 〈ボクシング〉プロの試合を主催する興行主のこと。ライセンスが必要で、その申請にはライセンスされたオーナー、プロモーター、マネージャーの2名以上の保証人を必要とする。

プロ野球実行委員会 〈野球〉全球団の代表者で構成される球界最高の議決機関。コミッショナーの選任から野球協約関連事項の審議などがされる。重要案件はオーナー会議に託され、議決は4分の3を必要としている。

フロント [front] 〈野球〉プロ野球の球団経営首脳陣。

フロントゾーン [front zone] 〈バレーボール〉コート内でセンターラインからアタックラインまでのエリア。

フロントティー [front tee] 〈ゴルフ〉ティーインググラウンドのうち、通常のラウンドで使うティー。レギュラーティーのこと。

フロントナイン [front nine] 〈ゴルフ〉18ホールのうちの前半9ホール。アウトコースと同じ。

フロントプレーヤー [front player] 〈バレーボール〉コート内でプレーする6人のうち定められたポジションで、前衛になる3人のプレーヤーのこと。

フロントロー [front row] 〈ラグビー〉フォワードがスクラムを組むときの最前列に位置する3人。〈モータースポーツ〉グリッドスタートのときの、最前列のスタート位置のこと。F1の場合、予選1位、2位の2台がこの位置につく。

【へ】

ペア [pair] 〈テニス・スケートなど〉2人で1組になるもの。ダブルスの組のこと。

ベアグラウンド [bare ground] 〈ゴルフ〉芝がない土の出た部分。裸地。

ペアスケーティング [pair skating] 〈スケート〉男女が1組になって、選手が選曲した音楽に合わせて滑るフィギュアスケート4種目のひとつ。男女のペアの演技でなければできない、力強さと芸術性を競い合う競技。

ヘアピン [hairpin net shot] 〈バドミントン〉ネット際に落ちる打球を、相手コートのネット際に落とすショット。

ヘアピンカーブ [hairpin curve] 〈モータースポーツ〉ヘアピンのようなU字形のカーブのこと。180度方向転換するくらいの急カーブ。ほとんどのサーキットコースに1か所は設けられている。

平行トス [quick set] 〈バレーボール〉サイドスパイカーへの低く速いトス。

へいさつ[併殺] 〈野球〉⇒ダブルプレー

ベイルアウト [bailout] 〈サーフィン〉自ら意図的にライディング中にボードから飛び降りること。

ベース [base]〈野球〉塁。一、二、三塁とホームベースのこと。

ペース [pace] 競技者のコンディションと力の配分。

ペースカー [pace car]〈モータースポーツ〉レース車両を先導する自動車。決勝レース前のコースを1周するフォーメーションラップや全コース徐行のときなどに先導車としてコースに入る車。

ペース走 [pace running]〈陸上〉あらかじめ設定したペースで、一定の距離を走るトレーニング。短距離から中・長距離まで、設定するペースや距離・本数に応じて活用できる。

ベースボール・ホール・オブ・フェーム [Baseball Hall of Fame]〈野球〉アメリカの野球殿堂。1939年に野球発祥の地・ニューヨーク州のクーパースタウンに創設された。

ベースボールミリオネア [baseball millionaire]〈野球〉年棒が100万ドルを超える大リーグの百万長者。

ペースメーカー [pacemaker]〈陸上〉中・長距離競争などで、集団の先頭になって他の選手が好記録を出すようなペースを作る人。

ベースライン [baseline]〈テニス〉コートの横のライン。シングルスは8.23m、ダブルスが10.93mと決められている。

ベースラインプレー [baseline play]〈テニス〉選手がベースライン近くに位置して、グランドストロークを中心にしたプレーを行うこと。確実に相手の返球を左右に徹底的に拾って守り抜く戦法。消極的に見えるが、テニスのオーソドックスな基本プレーでもある。世界の頂点に立ったスウェーデンのビョン・ボルグは「ベースラインの壁」ともいわれ、ベースラインから繰り出す強烈なトップスピンで世界を制覇した。

北京オリンピック [29th Olympiad Games Beijing 2008] 2008年に北京（中国）で開催された第29回オリンピック競技大会。パリ、イスタンブール、トロント、北京、大阪の5都市を正式立候補都市として認定し、2001年7月のIOC委員による1回目の投票で大阪が落選し、最終的に北京が選ばれた。

ベストエイト [best＋eight 和]〈陸上〉距離を競うフィールド種目の決勝で、3回の試技を終えた時点で、さらに3回の試技が許される上位競技者8人を指す。

ベストボール [best ball]〈ゴルフ〉1人対2人か、1人対3人で競うマッチプレー。各自、それぞれボールを打ち、同じサイドのよいスコアを採用し勝敗を競う。

ベスト・ラップ・タイム [best lap time]〈モータースポーツ〉予選や決勝レースでの1周の最高タイムのこと。

ベストナイン [best＋nine 和]〈野球〉報道関係のプロ野球担当記者の投票によって決まる1シーズンを通した守備のポジションで、攻守に最も優れたものとして選ばれた9人。

ペタンク [petanque 仏]〈ペタンク〉1910年フランス・マルセーユ近郊でプロバァルサルのチャンピオンであるジュール・ル・ノアールがボールゲームを

改良して始まった。最初にビュットという標的を投げ、続いて標的に向かってペタンクボール（金属中空ボール直径7.5cm、重さ約700g）を投げ、ビュットに近づけることを競うゲーム。「ペ」はあし、すねを表し、「タンク」はそろえるという意味。

ヘッド [head]〈**ゴルフ**〉クラブヘッドのこと。

ベッド [heads]〈**ボウリング**〉レーンのこと。

ヘッドアップ [head＋up 和]〈**野球・ゴルフ**〉スイングするときに顔が上がること。

ヘッドカバー [head＋cover 和]〈**ゴルフ**〉クラブヘッドを保護するために用いられる覆い。

ヘッドギア [headgear]〈**ボクシング**〉スパーリングで顔面・頭部の保護のためにつける皮製のカバー。

ヘッドキャップ [head cap]〈**ラグビー**〉頭部を保護するためにかぶる防具のこと。

ヘッドコーチ [head coach] 主任コーチ。

ヘッドシザース [head scissors]〈**プロレス**〉相手の頭を両足で挟みつける技。

ヘッドスライディング [head＋sliding 和]〈**野球**〉塁に頭から滑り込むこと。

ヘッドディップ [head dip]〈**サーフィン**〉崩れてくる波に頭を突っ込みチューブ気分を楽しむ技。

ヘッドピン [headpin]〈**ボウリング**〉1番ピンのこと。

ヘッドロック [headlock]〈**プロレス**〉相手の頭を脇に挟んで強力に締めつける技。

ペッパー [pepper]〈**野球**〉投げ手が軽く投げたボールを投げ手の捕れる範囲内に打ち返す練習法。ミートポイントと正しいバットコントロールができているかをチェックすること。

ヘディング [heading 和]〈**サッカー**〉ボールを頭部でコントロールしてパスやシュートすること。基本的な技術のひとつ。

ヘディングシュート [heading＋shoot 和]〈**サッカー**〉ゴール前に上がったボールを頭でゴールにシュートすること。

ペナルティー [penalty]〈**スポーツ全般**〉罰則。〈**ゴルフ**〉罰打。

ペナルティーエリア [penalty area]〈**サッカー**〉ゴール前の長方形の区域。この区域内での反則は相手側にペナルティが与えられる。この区域ではゴールキーパーは直接手でボールを扱うことができる。

ペナルティーキック [penalty kick]〈**サッカー**〉ペナルティエリア内での守備側の反則で得たキック。〈**ラグビー**〉相手側に反則があった場合に権利が与えられてボールを蹴ること。

ペナルティーゴール [penalty goal]〈**サッカー・ラグビー**〉ペナルティキックによる得点。

ペナルティートライ [penalty try]〈**ラグビー**〉相手（防御側）の不正なプレーがなければ当然トライが可能であり、またより有利な地点にトライができた

であろうと、レフェリーが判断し認定したトライ。認定トライともいう。ゴールキックはゴールポスト中央にトライしたものとみなされ、ゴールポストの正面から蹴ることができる。

ペナルティーボックス [penalty box]〈アイスホッケー〉反則を宣告された選手が規定の時間を待機するリンクサイドの定められた席。

ペナント [pennant]〈野球〉細長い三角の旗。優勝旗。

ペナントレース [pennant race]〈野球〉プロ野球の公式リーグ戦。

ペネトレーションフォールト [penetration foul]〈バレーボール〉プレー中にブロック以外のときに選手の体の一部がネットの上から出ること。また、ネットの下のセンターラインを越えてはみ出してしまうこと。

ヘビーウエート [heavyweight]〈ボクシング〉重量別階級のひとつ。86.18kg超のクラス。⇒スーパー級

ベビースプリット [baby split]〈ボウリング〉2番7番ピン、3番10番ピンなどの、あまり離れていないスプリットのこと。

ヘプタスリート [heptathlete]〈陸上〉七種競技の競技者のこと。

ヘリコプター [helicopter]〈スキー〉空中演技のひとつ。ジャンプしながら体を水平方向に、1回転360度回転させること。回転するスキー板が、ヘリコプターのローターに似ていることから呼ばれる。2回転するとダブルヘリと呼び、スキーをつかむとクラブヘリという。

ヘルドボール [held ball]〈バスケットボール〉2人以上の選手がボールを取り合って、どっちのボールか判断できない状態のこと。再開方法はオルタネイティング・ポゼション・ルールによるスローインで再開。

ヘルムストロフィー [Helms Harold Trophy]アメリカ・ヘルムス財団にある大きなトロフィーで、毎年世界中の優秀な成績の競技者を記念してその名が刻まれている。

変則相撲 [hensokusumou]〈相撲〉基本から外れた相撲。半身になったり変化したりする相撲。

ペンタスロン [pentathlon]〈陸上〉五種競技。男子は走り幅跳び、やり投げ、円盤投げ、200m、1500m競走、女子は砲丸投げ、走り高跳び、走り幅跳び、200m競走、80m障害がある。

ベンチ [bench]〈野球〉選手の控え席。⇒ダッグアウト

ベンチウォーマー [benchwarmer]〈野球など〉補欠選手。控え選手。

ベンチコーチ [bench coach]〈卓球・バレー・バスケットなど〉1ゲームごと、タイムアウトのときにベンチに戻った選手がコーチを受けること。ゲーム間は2分、タイムアウトでは1分間となっている。

ベンチプレス [bench press]〈パワーリフティング〉バーベルをあおむけになって両腕で胸の上に押し上げる競技。

ペンホルダー [penholder]〈卓球〉ペンを持つようなラケットの持ち方。本格的に競技としてスタートした昭和20年代はほとんどの選手がペンホルダーだったが次第にシェイクハンドの利点が重要視され、少なくなってきてい

る。⇔シェイクハンド

ペンホォルダーラケット [penhold racket]〈卓球〉ペンフォルダー用のラケット。「角型」「角丸型」「丸型」などがある。

【ほ】

ホイール [wheel]〈ラグビー〉スクラム全体をスクラムの中にボールを入れたままを回すこと。

ホイールスピン [wheel spin]〈モータースポーツ〉アクセルを強く踏み込んで、急激にタイヤにパワーをかけすぎたり、路面が滑りやすいときにタイヤが空転すること。スタート時によく見られる白煙もホィールスピンによるものである。

ホイッスル [whistle] 審判の吹く合図の笛。

ポイント [point] 得点競技の得点。

ポイントカウント [point count]〈テニス〉両選手の獲得したポイント数。

ポイントゲッター [point＋getter 和] 試合でよく得点を挙げる選手。

ポイントコール [point call]〈テニス〉両選手が獲得したポイントを主審がコールすること。ポイントの表記は0ポイントはラブと呼び0と表記。1ポイントはフィフティーン（fifteen）で15、2ポイントはサーティ（thirty）で30、3ポイントはフォーティ（forty）で40。

妨害 [obstruction]〈ラグビー〉プレーヤーの正当なプレーを妨げる行為。ボールに向かって走るプレーヤーをチャージしたり押すこと、ボールキャリアーの前方を走ること、タックラーへの妨害など。

ポイントパニック [point＋panic 和]〈サーフィン〉ポイントが大混雑している状態。

ポイントブレイク [point-break]〈サーフィン〉ピークが1か所だけのポイントの波。

防衛戦 [defensive match up]〈ボクシング〉チャンピオンがタイトル獲得後、ある一定期間のうちにランク入りしている選手と行なうタイトル戦のこと。日本チャンピオンの場合、タイトル獲得後、6か月以内にランキング10位以内の選手と行うタイトル戦のこと。

砲丸投げ [shot put]〈陸上〉砲丸を最も遠くに投げたものが勝者となる競技。1896年の第1回アテネオリンピックから男子が、1948年の第14回ロンドンオリンピックから女子が正式種目になった。砲丸は男子7.26kg以上、女子は4kg以上となっている。

防御側 [defense]〈ラグビー〉プレーが行われている地点が自陣にある側。

防御率 [earned run average]〈野球〉ピッチャーの平均自責点。1試合の投球回数を9回として算出し、投手の優秀さを測る基準となる数字。計算方法は、自責点の合計を投球回数で割り、その数値に9を掛けたもの。たとえば9回投げて自責点3の場合は、$3 \div 9 \times 9 = 2.99$となる。⇒アーンドラン

棒高跳び [pole vault]〈**陸上**〉長いポールを使い助走でスピードをつけてバーを飛び越える競技。1896年の第1回アテネオリンピックから男子が、2000年の第27回シドニーオリンピックから女子が正式種目になった。バーを越えるためのポールは材質が開発され、今日、木製、竹、金属に比べ最も弾性に優れているグラスファイバーが主流となり、記録も飛躍的に伸びてきている。

ボウラー [bowler]〈**ボウリング**〉ボウリングをする愛好家。

ボウラーズベンチ [bowlers bench]〈**ボウリング**〉各レーンに備えてある、ボウラーが控える椅子のこと。

ボウリング [bowling]〈**ボウリング**〉レーン上に並んだ10本のピンをボールを転がして倒した本数で得点を競う競技。

ボウルゲーム [bowl game]〈**アメフト**〉シーズン終了後実力を賭けて行われる選抜試合。プロではスーパーボウル、大学の4大ボウルが有名。⇒ライスボウル

ボールター [vaulter]〈**陸上**〉棒高跳びの競技者のこと。

ボーク [balk]〈**野球**〉投手の投球上の反則行為。審判のコールで、走者がいればひとつ次の塁に進塁することができ、いないときは打者にボールとして加算される。〈**バドミントン**〉サービスの時、一度打つ構えをしてからフェイントを入れたりサービスを遅らせること。

ボーゲン [Bogen 独]〈**スキー**〉スキーの先端を閉じてハの字形で回転して滑降する方法。

ホーゼル [hosel]〈**ゴルフ**〉クラブのヘッドとシャフトを接続している部分。ソケット、ネックと同じ。

ポーチ [poach]〈**テニス**〉ダブルスの試合で通常ペアの場合，交互にボールを打つが、パートナーが打つべきボールの前に割って入り、相手側に奇襲攻撃をかける戦法。高度なテクニックがいる。

ボート [rowing boat]〈**ボート**〉競技は、1人の漕ぎ手が2本のオールで漕ぐスカル種目と、1本のオールで漕ぐスイープ種目がある。スカル種目には漕ぎ手が1人、2人、4人の3種目。スイープ種目には舵手付きの2人、4人、8人と、舵手なしの2人、4人の5種目がある。14世紀のイタリアの「レガッタ」と呼ばれるゴンドラレースが起源。大学対抗戦に人気があり、オックスフォード・ケンブリッジ対抗戦、隅田川の早稲田大学・慶応義塾大学対抗レガッタ（早慶レガッタ）がある。1900年の第2回パリオリンピックから正式種目。

ボートレース [boat race]〈**ボート**〉ボート競漕。

ボーナスプレーヤー [bonus player]〈**野球**〉給料のほかに多額の契約金を払って採用した選手。

ホーマー [homer]〈**野球**〉本塁打。ホームラン。

ホーム [home]〈**野球**〉本塁ベース。

ホーム・アンド・アウェー [home-and-away]〈**サッカーなど**〉それぞれの本拠地グラウンドを交互に使って試合を行う方式。ホームは自チームのサッカー場がある本拠地。アウェーは相手チームの本拠地のこと。国際試合の場合、相手国、アウェー、ホームと区別する。⇒アウェー

ホームイン［home＋in 和］〈野球〉走者が本塁に戻って得点になること。

ホームグラウンド［home grounds］〈野球など〉本拠地の球場。慣れている競技場。

ホームゲーム［home game］自分の本拠地で行うゲーム。⇔ロードゲーム

ホームスチール［home＋steal 和］〈野球〉投手のモーションを盗んで三塁走者が本塁へ盗塁すること。本盗。

ホームストレッチ［homestretch］〈競技〉ゴール前の直線コース。〈スケート〉フィニッシュラインがある側の直線コースのこと。ホームストレートともいい、陸上のトラック競技でも同様に呼ばれる。

ホームタウンデシジョン［hometown decision］〈ボクシング〉試合結果が判定になったとき、選手と出身が同じジャッジが、その選手に有利な採点を行うこと。

ホームチーム［home team］〈野球など〉本拠地で試合をする地元のチーム。

ホームプレート［home plate］〈野球〉本塁。本塁に設置されている五角形のプレート。

ホームベース［home base］〈野球〉本塁。

ホームポジション［home position］〈バドミントン〉コート上のどこの場所に打たれても最短距離で移動できる位置。

ホームラン［home run］〈野球〉本塁打。ホーマー。〈ゴルフ〉クリーンに打ってグリーンを大きくオーバーしてしまうこと。

ホーム・ラン・ダービー［home run derby］〈野球〉本塁打競争。

ホール［hole］〈ゴルフ〉ホールは直径4.25インチ（108ミリ）で、4.0インチ（100ミリ）以上の深さがなければならないとされる。

ボール［ball］〈野球など〉①球。②ストライクゾーンに入らない球。

ポール［pole］〈陸上〉棒高跳の際に、競技者が跳躍に用いる棒。素材やサイズ、硬さに規定はないが、ポールの表面に凹凸があってはならないなどのルールがあり、競技会に出場する際には、検査を受けなければならない。能力が向上するにつれて、硬く、長いものが使えるようになる。

ホールアウト［hole out］〈ゴルフ〉1ラウンド18ホールのプレーが終了すること。ホールイン。

ボールアンパイア［ball umpire］〈野球〉球審。主審。

ホールイン［hole＋in 和］〈ゴルフ〉ボールをホール（カップ）へ入れること。ホールアウト。カップイン。

ホール・イン・ワン［hole in one］〈ゴルフ〉第1打目のショットでホールにボールが入ること。

ボールウォッチング［ball watching］〈サッカー〉ボールに見入ってしまい、マークすべき相手を見失ったり、フリーにしてしまうミス。ボールウォッチングしてしまっているプレーヤーは、ボールウォッチャー。

ボールカウント［ball＋count 和］〈野球〉投手の投球のストライクとボールの数。

ほ

ボールキャリアー [ball carrier]〈ラグビー〉ボールを持っているプレーヤー。

ボールコンタクト [ball contact]〈バレーボール〉相手の返球に対してブロックやレシーブなどで1回ボールに触ること。＝ワンタッチ

ポールシッター [pole sitter]〈モータースポーツ〉予選で第1位をとり、ポールポジションを獲得したドライバーのこと。

ポールジャンプ [pole jump]〈陸上〉棒高跳び。

ホールディング [holding]〈バスケットボール・サッカー・アメフトなど〉相手を抱え込むようにして行動の自由を妨げるプレー。〈バレーボール〉相手からのボールを一時手や腕など体の一部で停止させること。〈バドミントン〉シャトルがラケットに一度乗った状態から、シャトルを打つフォルト。

ボールデッド [ball dead]〈野球〉試合が一時停止する状態。

ポール・トゥ・フィニッシュ [pole to finish]〈モータースポーツ〉決勝レースをポールポジションからスタートし、第1位でゴールすること。

ホールド [hold]〈ボクシング〉相手の腕を自分の腕で抱え込むことで反則行為になる。クリンチはよく似ている状態だが、お互いのパンチを打てなくすることが狙いのため認められた防御法である。〈スポーツ全般〉⇒ポジション

ボールパーソン [ball person]〈テニス〉試合中、フォールトになったボール等を、すみやかに拾い、所定の位置に戻る。

ポールポジション [pole position]〈モータースポーツ〉予選で第1位になったレース車両が、決勝レースでスタートに着く先頭のポジションのこと。このポジションを獲得したドライバーをポールシッターと呼ぶ。F1の最多ポールシッターはアイルトン・セナ（故人）が1985〜1994年の間に161回出場して65回獲得している。

ボールマーカー [ball maker]〈ゴルフ〉ボールを拾い上げるときに、リプレースの目印とするために置くコインやプラスチックでできた小物。

ボールマーク [ball make]〈ゴルフ〉ボールの落下によってできたグリーン面の凹み。ピッチマーク。

ボールラック [ball＋rack 和]〈ボウリング〉ボウリング場のハウス・ボールが置いてある棚のこと。

ボールリターン [ball＋return 和]〈ボウリング〉投球したボールが、再び戻ってくる通路、あるいはその台のこと。台のことをボール・ラックという場合もある。

ボーンヘッド [bonehead]〈野球〉頭脳的にまずいプレー。

ポイントターニー [point＋tourney 和]〈ゴルフ〉競技方法のひとつ。ホールごとのスコアによって得点を決め（ボギー1点、パー2点、バーディー3点など）、各ホールの点数を合計して、最も高得点を取った人を勝ちとする方法。

ボギー [bogey]〈ゴルフ〉規定打数（パー）より1打多い打数でホールインすること。

ボクサー [boxer]〈ボクシング〉ボクシング選手。

ボクサータイプ [boxer＋type 和]〈ボクシング〉フットワークを巧みに使いな

がらジャブを出し、打たせずに打つボクシングの基本技術を忠実に実行するスタイル。中・遠距離での戦いを得意とする。

ボクサーファイター [boxer＋fighter 和]〈ボクシング〉ボクサータイプ、ファイタータイプの両方の特質を併せ持った選手のこと。

ボクシング [boxing]〈ボクシング〉体重別に区分けされた同じランクの競技者が互いに両手にグローブをつけ、上半身のみの打撃で勝敗を競う競技。紀元前688年の第23回古代オリンピックから種目になっていた。プロボクシングの重量別階級は以下の通りである。（　）内は旧呼称。

ミニマム級（ストロー級）	47.627kg 以下
ライトフライ級（ジュニアフライ級）	48.988kg 以下
フライ級	50.802kg 以下
スーパーフライ級（ジュニアバンタム級）	52.163kg 以下
バンタム級	53.524kg 以下
スーパーバンタム級（ジュニアフェザー級）	55.338kg 以下
フェザー級	57.153kg 以下
スーパーフェザー級（ジュニアライト級）	58.967kg 以下
ライト級	61.235kg 以下
スーパーライト級（ジュニアウェルター級）	63.503kg 以下
ウェルター級	66.678kg 以下
スーパーウェルター級（ジュニアミドル級）	69.853kg 以下
ミドル級	72.575kg 以下
スーパーミドル級	76.204kg 以下
ライトヘビー級	79.379kg 以下
クルーザー級（ジュニアヘビー級）	90.719kg 以下
ヘビー級	90.719kg 超

ポケット [pocket]〈ボウリング〉ストライクの狙いどころで、右投げの場合は1番ピンと3番ピンの間、左投げの場合は1番ピンと2番ピンの間のこと。〈陸上〉中・長距離レースなどで、ほかのランナーに周りを囲まれて思うように進めない状態をいう。

ポケットヒット [pocket hit]〈ボウリング〉ボールがポケットに入ること。

歩行器 [walker]〈障害者スポーツ〉杖、クラッチよりも支持面積が大きく、安定性がある。

歩行補助杖 [gait aid]〈障害者スポーツ〉身体の重心位置の偏移を最小限にとどめ、バランスを一定に保ち、患部（患肢）への負担や痛みを軽減する装具。

拇指球 [ball of the thumb]〈スノーボード〉足裏の親指のつけ根のでっぱり部分。フロントサイドでの操作で、荷重ポイントとして重要となる部分。

保持 [hold]〈ラグビー〉プレイヤーがボールを持っていること。またはチームがボールをコントロールしていること。

ポジショナルフォールト [positional fault]〈バレーボール〉＝アウト・オブ・ポジション

217

ポジション [position] 〈野球など〉選手の守備位置。各競技の相手チームと対戦するためのそれぞれの選手の布陣する位置。〈スケート〉フィギュアのペアとアイスダンスでの男女の手の組み方。特にアイスダンスでは男女の手の組み方を変化させながらの複雑なステップが演技の重要なポイントになる。〈スノーボード〉ボードに乗る位置。ボード操作の目的によって、前後・左右に移動させたりする。

ポジショニング [positioning] 〈陸上〉中・長距離レースにおける位置どりのこと。集団のどの場所に位置するかが、その後の展開を有利に進められるか否かに大きく影響する。

ポジションチェンジ [position change] 〈サッカー〉相手のマークを混乱させたり、スペースをつくるため、本来のポジションとは違うところへ動くこと。おもに一時的だが、前や後ろ、または逆サイドの選手とポジションを入れ替わること。

ポスティングシステム [posting system] 〈野球〉日本プロ野球に所属する選手が大リーグ入りを希望する場合の移籍方法のひとつ。フリーエージェントの資格を得てから移籍する方法とポスティングがある。ポスティングは遠隔地への転属という意味があり所属する日本球団の事前の了承が必要となる。全米大リーグに両国コミッショナーを通じて通告され、選手の獲得を希望する球団は、日本側球団に対し移籍金の金額を入札する。最高額を掲示した球団が、その選手との独占交渉権を得、以後交渉がまとまった場合、直ちに日本側球団に移籍金が支払われる。2002年（平成14）オリックスのイチローがこのシステムを活用して大リーグ入りを果たした。

ポスト [post] 〈バドミントン〉ネットを支える、コートの両端にある柱。

ポストシーズン [post-season] 〈野球〉シーズン終了後。

ポストプレー [post play] 〈サッカー〉攻撃時に、いったんトップにいる選手に縦パスを送り、その選手からさらにパスを展開し、味方の選手のシュートに持ち込むプレー。〈バスケットボール〉制限区域の周りで、ゴールを背にしてポジションをとるポストプレーヤーを軸にしたゴール下のプレー。

ボストンマラソン [Boston marathon] 〈マラソン〉アメリカ・ボストン体育協会が始めたマラソン競技で、世界最古のもの。

ポゼッションプレー [possession play] 〈サッカー〉チームとしてボールをキープしていること（ポゼッション）を重視し、ボールを取られないように攻撃を組み立てていく戦術。

ボックス [box] 〈野球など〉定位置を示す位置。打者、コーチが立つ区画。

ホッケー [field hockey] 〈ホッケー〉11人ずつの2チームが、スティックでボールを奪い合い、ドリブルやパスによって相手ゴールに入れ、得点を競う競技。1908年第4回ロンドンオリンピックから男子が正式種目に。女子は1980年第22回モスクワオリンピックから正式種目になる。

ボッチャ [boccia] 〈障害者スポーツ〉電動車いす利用者、重度の脳性麻痺を中心とした障害者が参加する屋内競技。1992年（平成4）バルセロナパラリ

ンピック大会より正式競技となった。男女混合競技で１対１の個人、２人組のペア、３人組のチームの種目がある。目標となる任意の場所に投げられた相手の白のジャックボール（ターゲットボール）に自チーム（赤か白）のボールを近づけるように投げたり、転がしたり、他のボールに当てたりするターゲットゲーム。ボールが投げられない人には補助具（ランプ）と介助者の力を借りてプレーすることができる。脳性麻痺者で介助の必要な選手、不必要な選手、補助装置が必要で介助が必要な選手の３クラスに分けられる。

ホット・エア・バルーン [hot air balloon]〈**スカイスポーツ**〉熱気球。プロパンガスバーナーで気球内の空気を温め、外気との温度差によって得られる浮力を利用して飛行する。気球を飛ばすのに必要な人数は３〜５人で、車で気球を追跡するグランドクルーも必要になる。インストラクターの助けなしで安全に飛行できる実力を身に付けたら、熱気球操縦士技能証明取得が可能になる。

ホットコーナー [hot corner]〈**野球**〉三塁手の守備位置の別称。最も強烈な打球が飛んでくる場所で、観客席・スタンドに近いためファインプレーなどで熱くなるコーナー。

ホットドッグ [hot-dog]〈**スキー・サーフィン**〉スキーやサーフィンなどの曲技。エアリアル競技で見られる空中サーカスのような離れ技。「首の骨を掛けた熱狂した犬の集まり」という意味で「ホットドッグ大会」と呼ばれた。

ホッピング [hopping]〈**陸上**〉脚の筋パワー、いわゆる「バネ」を高めるトレーニングの方法。

ホップ [hop]〈**野球**〉投球が打者の近くで浮き上がる感じの球。

ホップ投法 [hop technique]〈**陸上**〉砲丸投の準備動作のひとつ。

ポップフライ [pop fly]〈**野球**〉高く打ち上がった内野フライ。

ボディアタック [body attack]〈**バドミントン**〉相手の体の正面めがけて、シャトルを打ち込む。

ボディービルディング [bodybuilding] ウエイトトレーニング用の機器を使って筋肉などを増強する訓練法。

ボディーボード [body board]〈**ボディーボード**〉サーフボードの半分くらいのボードに、腹ばいになって、足ひれをつけて、波をすべるスポーツ。サーフィン競技と同じ。

ボディーシェイプ [body shape]〈**サッカー**〉ボールを受けるときの体の向きや姿勢のこと。ボディシェイプがいいと、ボールコントロールの際に広く周りが見渡せるので、そこでどういうプレーをするか選択の幅が広がるし、創造性発揮に有利になる。

ボディースイング [body swing]〈**ボクシング**〉体を前後に揺り動かすこと。

ボディータッチ [body touch]〈**テニス**〉打ち合いの最中に、ボールが選手の体に当たること。当たった選手の失点になり、相手側に１ポイントが与えられる。

ボディーチェック [body check]〈**アイスホッケー**〉相手の動きを体で阻止すること。

ほ

ボディーバランス [body balance]〈サッカー〉身体のバランスをとる能力。おもに相手と接触したときの強さや、姿勢を整えにくいときなどのプレーの正確性にもつながる。

ボディーブロー [body blow]〈ボクシング〉相手選手の胴体への攻撃。何発も打つことによって相手のスタミナを奪うことができるのと、相手のガードが低くなり、上部への攻撃がやりやすくなる効果がある。単にボディともいう。

ポテンヒット [テキサスヒット]〈野球〉打ち上げられた打球が、内野手と外野手との間に落ちてヒットになることをいう。ポテンヒットもテキサスヒットも和製英語。⇒テキサスヒット

ボトム [bottom]〈サーフィン〉波の崩れる前の一番下の平らな部分。またはボードの裏面。

ボブスレー [bobsleigh]〈ボブスレー〉ハンドルとブレーキのついた鋼鉄製のプラスチックのカバーで覆われたソリで、氷のコースを滑り降りるタイムレース。2人乗りと4人乗りの2種目がある。全長1300〜1500mほどのコースを弾丸のように滑走するスピードは時速140kmを超え、まさに「氷上のF1レース」とも呼ばれる。1883年にイギリス人が「トボガン」という木製のソリを考案しスポーツ化した。1924年の第1回シャモニー・モンブラン冬季オリンピックから正式種目になった。

ほほう [歩法] [houhou]〈馬術〉馬の歩き方のこと。常歩（ウォーク）、速歩（トロット）、駆歩（キャンター）がある。

モホークターン [Mohawk turn]〈スケート〉ターンと同時に足を踏み替え、方向転換すること。

頬付け [hohduke]〈弓道〉矢を頬に付けること、付いていることをいう。頬骨の下あたりから口のあたりに矢を接触させる。

ボランチ [volante ポルトガル]〈サッカー〉中盤に位置するミッドフィールダーで相手からの攻撃に対し、攻守の要となって自陣の深い位置からゲームを組み立てる選手。2人でその役割をするときをダブルボランチという。ボランチ＝自動車のハンドルの意。

ボルダリング [bouldering]〈登山〉ミニ岩登り。飛び降りても怪我をしない程度の高さの岩で行う。フランスのフォンテンブローの森は、ボルダリングのメッカといわれる。

ボレー [volley]〈サッカー・テニス〉ボールが地面にバウンドする前に打ち返すこと。

掘れる [burrow]〈サーフィン〉崩れるのが速く巻いてくる波の状態。

ポロ [polo]〈ポロ〉4人のチームで馬に乗り2組に分かれ、馬上から長い柄の棒で木の球を打って、ゴールに入れて得点を競う競技。

ホロウ [hollow]〈サーフィン〉掘れる波の状態。

ホワイトウォーター [white water]〈サーフィン〉崩れて泡になった白波。＝スープ

本座 [honza]〈弓道〉次に行射する人・グループが待機する位置で、射位の数

歩手前の位置。

本塁打〈野球〉⇒ホームラン

【ま】

間合い [maai]〈剣道など〉相手との距離間。剣道の場合、「遠間（とおま）」「一足一刀」「近間（ちかま）」の３つの間合いがある。

マーカー [marker]〈ゴルフ〉試合終了後にスコアカードを確認して記録する人。

マーキング [marking]〈スキー〉競技開催日の天候不良などによって、視界が悪いときに、コース上につけられる目印。選手が距離感をつかみやすくするための処置。

マーク [mark]〈ゴルフ〉グリーンに乗った球を拾い上げるときに球の真後ろにコインなどを置いて目印をつけること。同伴者の球が自分の球とホールを結ぶライン上にあるときや、打つ前に球の汚れを拭き取るときなどにマークする。マークしないで拾い上げると１打罰則となる。〈ラグビー〉ペナルティキックやフリーキックが与えられる地点。〈ウインドサーフィン〉海面上に浮かべてある目印。レースにおいて、コースを指示する目的のもの。〈ボウリング〉ストライクか、スペアでそのフレームを終えること。反対にその回にミスがあったフレームをオープン・フレームという。〈サッカー〉相手のポジションに合わせて自分のポジションを取る。相手を自由にプレーさせないこと。

マーク（または地点）を通る線 [mark line]〈ラグビー〉とくに他の意味を指示している場合を除き、マーク（または地点）を通り、タッチラインに平行した線。

マーシャルアーツ [martial arts]〈武術〉日本・中国などの武術・武道。空手やキックボクシング、テコンドーなどのミックスされた総合格闘技。

マーフィー [murphy]〈ボウリング〉ベビー・スプリットのこと。

マイナーリーグ [Minor League]〈野球〉アメリカプロ野球メジャーリーグの下位組織リーグのこと。日本のファームに相当する。AAA（３A）、AA（２A）、A、２〜３か月シーズンの短期A，ルーキーの５段階ある。

マイボール [my＋ball 和]〈ボウリング〉自分専用の個人ボールのこと。

マウスピース [mouthpiece]〈ボクシング〉口内や歯、唇などの保護のためにボクサーが口の中に入れるゴム製の防具。装着することを義務付けている。

マウンテンバイク [mountain bike]〈自転車〉MTBと略され広く普及している山岳地帯のような起伏の多いところを走るのに適した自転車。競技方法はヒルクライム、ダウンヒル、クロスカントリーなどのレースや、障害物をクリアしていくトライアルなどがある。1970年代の初め、米国サンフランシスコ近郊に住むゲイリー・フィッシャーが手作りで組み立てたのが始まりといわれる。日本では1983年（昭和58）より一般化した。

マウンド [mound]〈野球〉投手が投球をする場所。投球しやすいように小高い土盛りがしてある。

前頭 [maegashira]〈相撲〉小結より下位の幕内力士の地位を示す総称。前頭筆頭（前頭一枚目）から幕尻までの力士のこと。

まえぎゃくとびこみ［前逆飛び込み］[reverse dive]〈水泳〉飛込みで前向きに踏み切って飛び出し、そのまま背後に倒れるように飛び込む型。高飛び込み種目、飛び板飛び込み種目ともに8種類登録されている。

まえさばき［前裁き］[maesabaki]〈相撲〉立会いのときの差し手争い。脇をしめて相手の懐に入り込むように手先をうまく使い差しにいく。

前相撲 [maezumou]〈相撲〉新弟子検査に合格した後の力士、あるいは、序ノ口以上に進んだが病気や負傷で全休が続くなど何らかの理由で番付外に降下した力士の地位。前相撲の力士は、番付にしこ名が記載されないので「番付外」ともいわれる。

前飛び込み [forward dive]〈水泳〉飛込みで前向きに踏み切って、そのまま前方へ飛び込む型。高飛び込み種目、飛び板飛び込み種目ともに11種類登録されている。

前乗り [drop-in]〈サーフィン〉人の波に割り込む事。違反行為。＝ドロップイン

前褌 [maemitsu]〈相撲〉廻しを締めたときに体の前部（腹部）にあたる部分。

巻き落とし [makiotoshi]〈相撲〉相手の出る反動を利用して、まわしを取らないで、差し手で相手の体を抱え、巻き込むようにして横に捻り倒すこと。

巻き落とし

マキシムウインド [maxima wind]〈ウインドサーフィン〉最高風速。大会規定に定められた以上の風速があるときはレースは中止となる。

巻藁 [makiwara]〈弓道〉藁を束ねて針金・縄などで巻いたもの。近距離（2m）で発射練習するための藁の矢止め。

巻藁矢 [makiwaraya]〈弓道〉巻藁での練習専用の矢。藁が痛みにくいような形状の板付きが付いている。羽根を付けない巻藁矢を棒矢ともいう。

幕内 [makuuchi]〈相撲〉横綱以下幕尻までの力士の地位の総称。

幕下 [makushita]〈相撲〉番付で十両の下に位置し、三段目の上に位置付けられる階級。関取を目前にして一段と厳しい稽古が求められる。十両以上の付け人を務める。

マザー・イン・ロー [mother in low]〈ボウリング〉7番ピンのこと。すみっこで1本だけがんばってなかなか倒れない、意地悪なところから「しゅうとめ」といわれている。

マジックナンバー [magic＋number 和]〈野球〉優勝するまでのその地点からの必要な勝数。その勝数を達成すれば2位以下のチームが全勝しても、追いつかれず優勝できる勝数。

マシンバッティング 〈野球〉バッティングマシンのボールを打ち、調整する打撃練習方法。

ますせき[升席] [masuseki] 〈相撲〉桟敷席。

マスターズカップ [Masters Cup] 〈テニス〉高ランキングの選手のみを集めた世界男子プロテニス協会（ATP）主催のATPファイナルと国際テニス連盟（ITF）主催のグランドスラムカップが同じ時期に共にビッグな賞金の大会が続いたため、両主催者が話し合った結果、2000年からこれらを統合して、マスターズカップとしてトップ16名の選手のみが参加できる大会となった。

マスターズゴルフトーナメント [Masters Golf Tournament] 〈ゴルフ〉アメリカ・ジョージア州、オーガスタナショナルゴルフクラブで開かれる世界ゴルフの4大大会のひとつとしてマスターズゴルフトーナメントがある。本来「オーガスタナショナル招待選手権大会」と呼び1934年に開催した。「マスターズ」と呼ぶようになったのは、1939年からといわれている。「マスターズ」のゴルフコースは毎年同じオーガスタナショナルゴルフクラブで開催。このコースはとりわけグリーンの難度が高く、「オーガスタには魔女が棲む」と呼ばれ、中でも11番12、13番の3つのホールは「神に祈る」という程の難解なコースでプレイヤーを苦しめている。別名「アーメンコーナー」といわれ恐れられている。

マスト [mast] 〈ウインドサーフィン〉帆柱。

マストスリーブ [mast sleeve] 〈ウインドサーフィン〉マストを差し込むための袋状になったところ。セールの一部である。

マスト手 〈ウインドサーフィン〉セーリング中にブームを持つ両手のうちのマストに近いほうの手のことをいう。

マストトップ [mast top] 〈ウインドサーフィン〉マストの上部。

マストベース [mast base] 〈ウインドサーフィン〉ジョイントの上部にあって、ジョイントとマストを繋ぐもの。

マッシー [mashie] 〈ゴルフ〉5番アイアンの別名。

マッシー [massy] 〈サーフィン〉緩慢な斜面でなかなか割れない厚めの波。

待った [matta] 〈相撲〉立会いのとき一方の力士が突っかけたのに相手の力士が立たない場合のこと。相手に呼吸を合わせた立会いを心掛けるよう指導されている。1991年（平成3）秋場所から「待った」の制裁金制度が定められた。（幕内10万円、十両5万円）

マッチ [match] 試合、勝負。セットで構成される1試合のこと。

マッチオフィシャル [match official] 〈ラグビー〉試合を采配する1人のレフリーと2人のタッチジャッジのこと。

マッチプレー [match play] 〈ゴルフ〉各ホールごとに打数の少ないほうを勝ちとし、その勝ち数、敗け数のトータルで勝利者を決めていく方式。残りのホールがあっても、勝ちが決まった時点で試合は終了となる。⇔ストロークプレー

マッチポイント [match point] 試合の勝敗を決する最後の得点。

マッチメーカー [match maker] 〈ボクシング〉プロの試合においてプロモーター、両ジム間の交渉を担当する。ライセンスが必要。

マッチョ [macho] 日に焼けて鍛えられた男らしさ。力強くてたくましい男。

的 [mato] 〈弓道〉標的のこと。近的では直径36cm を標準とする。遠的では直径1m のものが標準。競技方法によっては違うサイズの的も使用する。

的場 [matoba] 〈弓道〉的を設置する場所で、通常は屋根をもうけ、砂の壁がある。発射された矢は砂で止まる。

的前 [matomae] 〈弓道〉的に向かって弓を引くこと。一般的には28m の距離での行射をいう。

的矢 [matoya] 〈弓道〉的前（28m）で使用する矢をいう。

マニューバー [maneuver] 〈サーフィン〉ボードが進むときに書くライン。

マネジャー [manager] チームの世話係り。

マラソン [marathon] 〈マラソン〉フルマラソン。42.195km を走る長距離レース。紀元前490年ギリシャの首都アテネの東北にあるマラソンの平原で、アテネ軍が襲来したペルシャ軍を破ったとき一兵士がこの勝利を伝えるためにアテネまで走って伝えという古事がある。

まわしうちわ[まわし団扇] [mawashiuchiwa] 〈相撲〉行司が一度勝ちと判断して、軍配を上げたがすぐに誤りだと気が付き、軍配を下ろさずにそのまま反対側の力士を勝ちとすること。まわした後の軍配に間違いがなければ「差し違え」にならない。

回り込み [step turn] 〈卓球〉バックサイドのボールをフォアハンドで打球するためにフットワークを使って動くこと。

マン・イン・モーション [man in motion] 〈アメフト〉オフェンスのレシーバーやバックの1人が、スクリメージラインと平行に移動するプレー。プレー開始時に1人だけがイン・モーションすることができる。

マン・ツー・マン [man-to-man] 1人対1人で行う指導方法。

マン・ツー・マン・ディフェンス [man-to-man defense] 各選手が相手チームの選手1人ひとりに対し、それぞれマークする相手を決める戦法。

マンデーラビット [Monday rabbit] 〈ゴルフ〉トーナメントで予選から出場する選手。

マンデートーナメント [Monday tournament] 〈ゴルフ〉本競技の出場人数に空きがある場合の本戦出場をかけた予選として行われる競技会。月曜日に行われることが多いためこの名が付いた。

満塁 〈野球〉⇒フルベース

【み】

ミート [meet] 〈野球〉打者が投手の球にバットをうまく合わせること。

ミート打ち [flat] 〈卓球〉「ミート打法」「角度打法」とも呼ばれ、回転をかけ

ずに弾くような打ち方。

ミートクッション [meet cushion]〈障害者スポーツ〉スポーツ時の身体バランスや能力の向上・獲得や褥創の予防など、車いすの設計に重要なポイントになる部分でもある。利用者の特性に合った適正なものを使用するのが望ましい。競技内容によってさまざまなクッションが開発されている。

ミートポイント [meet point]〈野球〉バットとボールが当たる位置。

右四つ [migiyotsu]〈相撲〉差し手が右のこと。またその状態。

ミス [miss]〈ボウリング〉エラー、あるいはブローと同じ。

水入り [mizuiri]〈相撲〉相撲が長引き決着がつかず、両力士の動きが止まったことと、疲労の色が濃くなったときに行司と審判員とで意見を交わし、承諾あるいは指示を得て一時取り組みを停止すること。行司は両者の組み手や立ち位置を確認してから土俵を下りる。力士は力水をつけたり、まわしをしめ直したりして再び土俵に上がり、もとの組み手を確認して再開となる。

ミスジャッジ [misjudgement] 審判の間違った判定。

ミスター [Mr.] 男性の敬称。団体やチーム名につけてそれを代表する男性であることを表す。ミスター・ジャイアンツなどという。

水鳥 [aquatic bird]〈バドミントン〉シャトルの羽根部分の原料となる鳥。ダチョウやアヒルのこと。

ミックス [mix] 混ぜ合わせる。〈テニスなど〉男女ペアの組。混合ダブルスともいう。

ミッドフィルダー [midfielder]〈サッカーなど〉フィールドの中央部に位置する選手。攻撃担当と守備担当のディフェンダーの中間に位置し、ボールをパスしながら状況に応じた判断で攻守両方に加わり、ゲーム展開を見ながらゲームメーカーの役割もする。MFと略記する。⇒リンクマン

みどころぜめ[三所攻め] [midokorozeme]〈相撲〉相手の右（左）足を内掛けか、外掛けをかけて左（右）足を手ですくい、頭で相手の胸を押してあおむけに倒すこと。内掛けと足取りと押しの3つの技で1度に攻めるところから三所攻めという。

三所攻め

ミドル [middle]〈卓球〉台のセンターライン付近。また身体の正面をいう。「フォアミドル」を指すことが多い。

ミドルアイアン [middle iron]〈ゴルフ〉アイアンの4〜6番の別称。1〜3番まではロングアイアン、7〜9番までがショートアイアンという。

ミドルホール [middle hole]〈ゴルフ〉規定打数（パー）が4打のホール。251ヤード以上、470ヤード以下とされる。英米ではパー4ホールという。

ミドルレンジ [middle range]〈ボクシング〉中間距離、中距離のこと。ショートレンジとロングレンジの中間をいう。

ミニマムウインド [minimum wind]〈ウインドサーフィン〉最低風速。マキシ

マムウインドと同様に大会規定によってこれ以下の風速のときはレースを中止にすることがある。

ミラー [mirror]〈スケート〉男女の演技で同じ技を鏡に移したようにお互いが演じること。

【む】

無安打無得点試合〈野球〉⇒ノーヒット・ノーラン

ムーチング [mooching]〈釣り〉活き餌を使った餌釣りのこと。胴調子の長竿にシングルアクションリール、中錘で餌を沈めて魚を待つ餌釣りの技法。カナダなどのボートによるサーモン釣りの主役的な釣技。

向かい風 [head wind]〈陸上〉競技者の正面から向かって吹く風のこと。競技会では、その風速が、「向」あるいは「－（マイナス）」で表記される。

無効試合 [cancelled game]〈野球〉試合途中で降雨などで成立しない試合のこと。ただし5回の表裏が終了していない場合が原則となる。5回の表裏が終了していると試合は成立している。

無酸素運動 [anaerobic exercise]エネルギー源を筋グリコーゲンの分解によることから解糖運動ともいわれる。運動中にピルビン酸や乳酸という疲労物質が筋肉内に発生する。筋肉内に多量の乳酸が蓄積すると筋肉は収縮できなくなるため無酸素運動では長い時間の運動ができなくなる。せいぜい2～3分が限度となる。⇒有酸素運動

結びの一番 [musubi no ichiban]〈相撲〉本場所の、その日の取り組みの最後の一番。

ムニシパルコース [municipal course]〈ゴルフ〉公営のゴルフ場のこと。メンバーをもたず、多くの場合、誰でもプレーできる。レフトという。

胸弦 [munaduru]〈弓道〉弓を引き絞った時（詰合い）に弦が胸に接触すること。接触する事により弓体の安定が得られる。

むねをだす [胸を出す] [mune wo dasu]〈相撲〉ぶつかり稽古の受け手となること。相手に土俵際まで一気に押させ、軽く肩をついて相手を転がす。この繰り返しを行う。上位の力士が務め、稽古の仕上げのときに行う。

【め】

めいきゅうかい [名球会] [meikyuukai]〈野球〉日本プロ野球名球会の略。現役時代の成績、野手は安打2000本、投手は勝利数が200勝を記録した選手が会入できる会。

メイク [make]〈ウインドサーフィン〉波をつかまえてうまく乗りこなすこと。または、セーリング演技をすること。

メーキング・イット・フィット [make it fit]〈ボウリング〉5番6番ピンや8番9番ピンのように、接近している2本のピンの中間に、ボールを通して倒す

こと。

メーンイベント [main＋event 和]〈ボクシングなど〉その日の試合カードで一番の目玉となる試合のこと。最後に行われる。

メーンポール [main pole] 競技場などの正面に立てたポールで、国旗、大会旗などが期間中掲げられる。また、各競技会では、優勝国（メダリスト）の国旗が会場にあるメーンポールに掲揚されることもある。

めがあく［目が開く］[me ga aku]〈相撲〉初日からの連敗が2勝目を上げること。「初日を出す」ともいう。

メカニック [mechanic]〈モータースポーツ〉競技に出場する車両の製作や整備を担当するスタッフのこと。エンジンとシャーシの2つに分かれそれぞれの専門のエンジニアの指示で作業を行う。レースの際に入るスピーディな作業が要求されるメカニックをピットクルー、ピット要員と呼ぶ。

メジャー [measure]〈アメフト〉ファーストダウンに必要な10ヤードを前進できたかどうかを測定することをいう。

メジャーリーグ [major league]〈野球〉アメリカのプロ野球の最高レベルのリーグ。大リーグともいう。ナショナルリーグ16球団とアメリカンリーグ14球団の計30球団で構成されそれぞれのリーグとも東、中、西の3地区に分かれている。アメリカの国民的娯楽でアメリカの文化そのものといえる。公式戦は162試合消化し、1997年からは両リーグの交流試合（インターリーグ）が行われ、大リーグ人気を再燃させている。優勝（ワールドチャンピオン）決定方法は、それぞれの地区で1位になった3チームと2位チームの中の最高勝率のチームの4球団でトーナメント方式のプレーオフを行う。まずディビジョンシリーズ（5回戦制）を行い、それぞれの勝者がリーグチャンピオンシップ・シリーズ（7回戦制）に進む。そしてア・ナの勝ち進んだ代表がワールドシリーズ（7回戦制）を戦いワールドチャンピオンを決める。

目玉 [fried-egg lie]〈ゴルフ〉バンカーに入ったボールが砂の中にめり込み、ちょうど目玉焼きのようになっている状態。

メダルプレー [medal play]〈ゴルフ〉ストロークプレーと同義。古くはマッチプレーが全盛で、その予選として行われたストロークプレーの競技会で、1位となったゴルファーに本戦マッチプレー出場の栄誉としてメダルが贈られたため。1ラウンドの合計ストロークで1人対1人で対戦する場合、メダルマッチプレーと呼ぶこともある。

馬手・妻手 [mete]〈弓道〉弦を保持する右手。弓手に対する言葉。右手を勝手ともいうが、言葉の使い方としては、「弓手⇔馬手（妻手）」「押手⇔勝手」と対で使用する。

メディシンボール [medicine ball]〈メディシンボール〉大きなボールを頭上、または股の下から後方へ次々に渡す競技。

メドレーリレー [medley relay]〈水泳〉競泳種目のひとつで、1チーム4人の構成でそれぞれが違った泳法（背泳ぎ、平泳ぎ、バタフライ、自由形）で順に泳

め

ぐ競技のこと。最後の自由形は3つの泳法以外で泳がねばならない。普通、現在一番速いクロールが用いられている。200m、400mの2種目がある。

メンタルトレーニング [mental training] 選手の精神的（知的）な面を強化するためのトレーニング法。瞑想を利用して集中力を高めたり、ストレスなどの精神管理をしたりして大きな成果を挙げている。またフィジカルトレーニングと呼ばれる身体（肉体）面の強化のトレーニングと並んで使われる。

メンタルハザード [mental hazard]〈ゴルフ〉ゴルファーの心理に影響する意図で造られた「障害」。規則上のハザードではないが、プレッシャーを与えるように配置された「危険な場所」。打ち上げ、打ち下ろし、谷越えなども含まれるとされる。

面ツル [glassy]〈サーフィン〉波の面が美しく鏡のような状態。＝**グラッシー**

メンバーシップコース [membership course]〈ゴルフ〉会員制のゴルフコースのこと。

メンバーチェンジ [member＋change 和]〈バレーボール〉サブスティチューション

【も】

申し合い [moushiai]〈相撲〉実力の接近した力士同士の勝ち抜き方式の稽古。勝った力士がその場にいるほかの力士の中から、次に稽古がしたい力士を指名することができる。

モーグル [mogul skiing]〈スキー〉急斜面に滑走を困難にするために人工的なこぶ（起伏‐モーグル）を作ったコースをスキー、ストックをつけて滑降し、スピードとターンの技術、空中での演技を組み合わせた競技。採点はターンが50％、スピードと空中演技が各25％で、それぞれの得点合計を競う競技。

モーション [motion]〈野球〉投球や打撃などの動作。

モール [maul]〈ラグビー〉両チームの1名以上の選手が立ったまま体を密着させ、ボールを持った選手の周囲に密集するプレー。次の攻撃のためにボールを奪い合う自然な一種のスクラムといえる。スクラムと同様に暫定的にオフサイドライン（モール・オフサイド・ライン）が発生する。

モール・オフサイド・ライン [maul offside line]〈ラグビー〉モールが形成されたときに暫定的に引かれる線のこと。

モスキートウエイト [mosquito weight]〈ボクシング〉ジュニアの部で44kg以下の軽量級。mosquito は蚊の意味。

モダンダンス [modern dance]〈ダンス〉近代舞踊。個性的・独創的な表現を重視し、約束事にこだわらず自由な表現を特色とする舞踊。

モダンバレエ [modern ballet]〈バレエ〉約束事にこだわらず自由に創作されたバレエ。

モトクロス [motocross]〈モータースポーツ〉モーターサイクルクロスカントリーの略。オートバイで荒地・山岳の悪路や勾配のある坂道のコースを走破

するタイムレース。排気量で500cc、250cc、125cc の３つのクラスに分けられている。

本弭 [motohazu]〈弓道〉弓の下部の弦をかける部位。

もとゆい[元結] [motoyui]〈相撲〉髷を結うのに使う紙製の細い紐。

ものいい[物言い] [monoii]〈相撲〉きわどい取り組みで、行司の裁きに納得がいかない場合。土俵下の審判員が挙手をして、異議を申し立てること。審判全員が土俵に上がり、協議をし、「軍配どおり」、「差し違い」、「取り直し」のいずれかを決定する。また幕内と十両の取り組みに限り別室の審判員がVTR を見ながら電話で状況を土俵上に伝えることになっている。

物見 [monomi]〈弓道〉的を見るために頭部を回転させる動作で、顔向けのこと。的を見定めた状態の頭持ちをいう。

紅葉重ね [momijigasane]〈弓道〉手の内につけられた名称で、左手で弓を握った理想的な方法、またその形。手を紅葉（かえで）にたとえた秘伝の教え。

もろざし[もろ差し] [morozashi]〈相撲〉取り組み中に相手との差し手争いで両方の腕を相手の脇の下に入れること。深く差せば吊り、寄りに有利になるが、浅いとかんぬきに決められ不利になる場合もある。

もろ手刈り [morotegari]〈柔道〉典型的な奇襲技の相手と組む前に一気に相手の懐に飛び込み、両脚をすくって投げる技。

【や】

ヤーデージ [yardage]〈ゴルフ〉コースやホールの距離のこと。ヤードで示すことが多い。

ヤーデージポスト [yardage post]〈ゴルフ〉グリーンまでの残り距離の目安となる標示物。樹木や杭が設置されることが多い。グリーン中央までの距離か、グリーンエッジまでの距離かは、コース、ホールによって違う場合がある。ロングホールは200ヤードから、ミドルホールは150ヤードから100ヤードまで、50ヤードごとに標示されるのが普通。ヤードポストともいう。

ヤード [yard]〈ゴルフ〉ゴルフで通例用いられる長さの単位。１ヤードは0.914メートル。

ヤードチェーン [yard chain]〈アメフト〉サイドラインで攻撃チームがファーストダウンを獲得できる10ヤード先を明示するチェーンのこと。

野球 [baseball]〈野球〉１チーム９人で２チームが交互に守備と攻撃に分かれ、守備側の投手が投げる球を攻撃側の打者が打ち得点を競う競技。野球（ベースボール）はアメリカでは、「国民的な娯楽」（ナショナル・ハスタイム）と呼ばれている。野球の発祥は諸説あるが、イギリスのこども遊び「ラウダー」から発達したという説が広く知られている。イギリスのロンドンで1744年に出版された『トミー坊ちゃんとポリー嬢ちゃんのお楽しみ小さな可愛いポケット・ブック』に現在の野球に似た遊びが紹介されている。ボールを叩き、守備がボールを回すより先に、打者が定められたコースを走り抜けると点にな

るようなものである。同時期のアメリカのワシントンでは、兵隊が「ベース遊び」で気晴らしをしていたとも伝えられる。19世紀には「ニューヨーク・ゲーム」「マサチューセッツ・ゲーム」という遊びの中に、"inning"（インニング）"Shortstop"（遊撃手）"outfielder"（外野手）などの野球用語が登場する。ルールは1840年アブナー・ダブルディーによって成文化したといわれている。⇒ベースボール

やくそくかかりけいこ[約束掛かり稽古]〈剣道〉10〜15秒間の間に連続して打突する練習法。正確さと速さを身に付けるのに効果的な方法。気合を高めながら、いつも声を出しながら行う。

やくそくげいこ[約束稽古]〈剣道〉決められた技を打つ役と、打たせ役になって行う練習方法。打たせ役の内容で練習効果が左右されるので技の仕組み、間合いなどをよく理解して真剣にやることが大事である。

やぐら[櫓] [yagura]〈相撲〉高さ16mの太鼓をたたく場所。1995年（平成7）5月場所よりエレベーター付きのステンレス製の櫓になっている。

やぐら太鼓 [yaguradaiko]〈相撲〉興行を知らせるために櫓の上でたたく太鼓。

櫓投げ [yaguranage]〈相撲〉決まり手八二手のひとつ。両廻しを取って相手の体を十分に引きつけ、膝を相手の内股に入れて太ももに相手の体を載せ、吊りぎみに持ち上げてから振るように投げ落とす。

櫓投げ

役力士 [yakurikishi]〈相撲〉「三役」の別称。大関・関脇・小結を指す。

やじゃく[矢尺] [yajaku]〈弓道〉各人の腕の長さを基準とした矢の長さ。左手を横に伸ばした指先から、のどの中心までの長さに5cmを加えたのが最適といわれる。

矢束 [yaduka]〈弓道〉引くべき矢の長さ。およそ身長の2分の1程度。実際に用いる矢は矢束よりも3〜10cm程度長いものを用いる（矢尺）。

矢づかえ〈アーチェリー〉矢を射る際のアーチェリー八節のひとつで、矢を取り出し、ノッキングポイントにはめ込み、正しく弓を握り、顔を正しく向け、的の中心を見て、発射準備の体制をとる一連の動作。

山回り [blind side]〈スノーボード〉フォールラインから真横を向き、さらに斜面の山側に向かってターンしていくこと。ターン後半部分。

矢番え [yatsugae]〈弓道〉矢を弦にかませること。おおむね直角程度に番え、いつも一定させる。

ヤマを張る [yama wo haru]〈野球〉投手の投げる投球を、球種・コース・高低をあらかじめ予測した状態で打つこと。

矢道 [yamichi]〈弓道〉発射された矢が飛行する場所・空間。

やり投げ [javelin throw]〈陸上〉やりを最も遠くに投げた距離を競う投てき種目。1908年の第4回ロンドンオリンピックから男子が、1932年の第10回ロサンゼルスオリンピックから女子が正式種目になった。やりの長さは男子で全

長2.60〜2.70m・重さ800g以上、女子は全長2.20〜2.30m・重さ600gとなっている。

矢渡し [yawatashi] 〈弓道〉試合や審査、そのほか式典などのはじめに師範や責任者などが礼射を行うこと。

【ゆ】

ゆうこうだとつ[有効打突] [yukoudatotsu] 〈剣道〉充実した気勢、正しい姿勢をもって自分の竹刀の打突部で相手の面、小手、胴、突きなどを正確に打ち込むこと。

有酸素運動 [aerobic exercise] 無酸素運動に対して酸化系運動ともいわれ、筋肉内に発生した乳酸を酸素によって分解しながら運動するため、筋肉は疲労することなしに、長時間の運動が可能となる。エアロビクスが代表的な有酸素運動である。⇒無酸素運動

ユー・エス・ジー・エイ [US Golf Association] 〈ゴルフ〉USGA。全米ゴルフ協会のこと。米国のゴルフを統括し、R&Aと共同でゴルフ規則の制定、判定を行っている。

ユーティリティー [utility] 役に立つこと。実用性。

ユーティリティープレーヤー [utility player] 万能選手。三拍子（打つ、守る、走る）そろった優れた選手。野球では複数のポジションを守ることができる選手。

ユーバーカップ [Uber Cup] 〈バドミントン〉バドミントン女子世界選手権大会の団体優勝国に贈られる賞杯。

ユニバーシアード [Universiade] 国際学生スポーツ大会。2年に一度行われる「学生のオリンピック」で、夏の大会は奇数年に、冬は偶数年に開催される。参加資格は大学卒業後2年以内、28歳まで。第1回大会は1957年にパリで開催された。主催は国際大学スポーツ連盟（FISU）が行う。

ユニホック [unihock] 〈ユニホック〉スティックを使いゴールにボールを入れて得点を競う室内競技。

弓 [yumi] 〈弓道〉弓幹に弦を張り反発力を利用して矢を飛翔させる道具。日本の弓は長弓に分類され、標準は221cm。日本の弓は弓の中央ではなく、下から約3分の1のあたりを保持するが、このような方法は世界的にも珍しい。

弓返り [yugaeri] 〈弓道〉日本弓では矢の発射された後に左手内で弓幹が回転する現象が生じる。弓の衝撃を逃がす働きとなっているが、これを弓返りという。

弓構え [yugamae] 〈弓道〉射法八節の第3項目。取懸け、手の内をととのえ終わり、的を見て構えた状態。古来、右段・中段・左段・単の身の構えがあったが、現在の斜面の構えは右段の構え、正面の構えは馬上の構えである。

弓倒し [yudaoshi] 〈弓道〉発射後の残身から弓を元に戻し（弓を保持した左手を腰にもどし）、右手も腰にもどす動作をいう。左右のこぶしを同時に腰のあたりにおさめる動作。

ゆ

弓手 [yunde]〈弓道〉左手のこと。弓を保持する手であるので弓手という。

弓取り式 [yumitorishiki]〈相撲〉結びの一番が終わった後、作法を心得た力士がその勝力士に代わって、行司から与えられた弓を持って舞う儀式。結びの一番に勝った力士が褒美にもらった弓で舞を舞ったのが最初といわれる。

【よ】

ヨーロッパサッカー連合 [Union of European Football Associations]〈サッカー〉UEFA とよぶ。UEFA はチャンピオンズリーグで得た収益金を、加盟国のサッカー協会に分配している。弱小国にとっては貴重な財源となり、欧州サッカーの普及発展を第一に考えている。一時、ビッグクラブにとっては、本来自分たちが得るべき収益金が普及発展の名の下に分配金として使われるのに不満を表したときがあり、EURO スーパーリーグ構想が持ち上がったが、その後、UEFA およびその傘下にある各国サッカー協会の圧力で立ち消えとなった。現在、ヨーロッパサッカーは UEFA ランキングをもとにチャンピオンズリーグ（欧州のトップグループの出場）を最高峰とし、UEFA カップは第2グループの出場する大会となっている。主だったヨーロッパ各国リーグは、イタリア＝セリエ A（18チーム）、スペイン＝リーガ・エスパニョーラ（20チーム）、イングランド＝プレミアシップ（20チーム）、ドイツ＝ブンデスリーガ（18チーム）、フランス＝デビジョン 1（18チーム）などがある。

横回転 [sidespin]〈卓球〉「サイドスピン」。ボールが横に回転すること。

横泳ぎ [sidestroke]〈水泳〉水面に横になって泳ぐ。遠距離を泳ぐことができ、人命救助のときにも使われる泳法。

よこしほうがため [横四方固め]〈柔道〉固め技のひとつ。相手の側方から首と腕を抱えて腰を低く落として押さえる。相手の頭側に体をあずけ、帯のほうに位置しないこと。

横綱 [yokozuna]〈相撲〉①力士の最高位。②横綱が土俵入りする際に化粧まわしの上につける綱のこと。

横綱審議会 [yokozunashingikai]〈相撲〉1950年（昭和25）夏場所に発足した、横綱決定・引退の勧告など、横綱に関して審議する日本相撲協会の諮問機関。委員は相撲界に精通した識者の15名以下で任期は2年となっている。大関で2場所連続優勝もしくはそれに準ずる成績を残した力士を横綱昇進の原則とした。

予選 [official practice]〈モータースポーツ〉決勝レースのスタート位置を決めるために行うタイムトライアルのことで、公式予選ともいう。予選出場車輌は、規定の義務周回数を走行し、予選通過基準タイム（クォリファイタイム）を上回らなければ決勝レースに出場できない。

ヨット [yacht]〈ヨット〉風力を活用してヨットの帆を操作し、定められたコースを帆走してその速さを競うスポーツ。レースは小型艇、大型艇(全長12m)、クルーザー（外洋艇）に分かれて行われる。オリンピック競技では、スター

級、レーザー級、ミストラル級、トルネード級、ソリング級などの全長4.7
〜8mクラスの小型艇レースが盛んになっている。また、大型艇やクルーザーによる大規模な外洋レースが人気を集めている。歴史と伝統を持つものには「アメリカズカップ」がある。オリンピックは1932年の第10回ロサンゼルス大会から正式種目に採用されている。

予備球〔spare ball〕〈ゴルフ〉暫定球のことをいう場合と、紛失球などになる場合に備えて、あらかじめ携帯しているボールのことをいう場合がある。

呼び出し〔yobidashi〕〈相撲〉土俵上で次の取り組みの力士の呼び出しを行う人。立呼び出し、副立呼び出し、三役、幕内、十枚目、幕下、三段目、序二段、序の口呼び出しなどの番付がある。土俵の構築、太鼓、呼び出し、その他土俵に関する任務に従事するとともに、その他上司の指示に従い服務する。具体的には、控え力士を土俵に呼び上げる、競技の進行一切を知らせる柝を打つ、土俵を掃き清める、塩を用意したり補充する、懸賞旗を掲示する、力士に仕切り制限時間を知らせる、本場所や巡業で土俵を構築する、各種の太鼓を打ち分けるなどである。

呼び戻し〔yobimodoshi〕〈相撲〉相手の体を懐に呼び込んで、反動をつけるようにして差し手を返し、前に突きつけて相手を倒すこと。

寄り切り〔yorikiri〕〈相撲〉四つ身になって自分の体を相手に密着させ、前か横に進みながら土俵外に出すこと。

寄り倒し〔yoritaoshi〕〈相撲〉四つ身で寄りながら相手を土俵際で倒すこと。

よ

呼び戻し　　　　　寄り切り　　　　　寄り倒し

4球目（攻撃）〔fouth-ball attack〕〈卓球〉1球目がサービス、2球目がレシーブ、3球目、そして次の打球。サービスからの3球目攻撃にたいして、レシーブからの4球目攻撃と関連して使われることが多い。

4大タイトル〔grand slam〕〈ゴルフ・テニスなど〉権威あるトーナメントの4大会。また、同一年にこれらすべてのタイトルを獲得することをグランドスラムという。⇒グランドスラム

【ら】

ラージヒル [large hill] 〈スキー〉ノルディックジャンプ競技を行うシャンツェ（ジャンプ台）の規模を指す言葉。飛距離の基準点が120mのシャンツェのこと。

ラージボール [large ball] 〈卓球〉1988年（昭和63）に日本で始まり、現在日本のみで行われている「新卓球」と呼ばれる競技。軽くて大きいボールで、表ソフトラバーのみの使用で、通常のネットより高い（17.25cm）ものを使う。ボールの回転が少なく、ボールのスピードが速くないので、初心者・卓球未経験者でも比較的ラリーが続けられる特徴がある。

ライ [lie] 〈ゴルフ〉球が止まっている状態をいう。また、その周辺の芝や地形の状態のこと。

ライイング・ウイズ・ザ・ボール [lying with the ball] 〈ラグビー〉タックルされた後に倒れたままボールを持っていたり、ボールの上や周りに横たわっていたりする行為。反則となり相手ボールのスクラムが告げられる。

ライイング・オン・ザボール [lying on the ball] 〈ラグビー〉フォールオンザボールと同じ。

ライジング打法 [rising shots] 〈テニス〉ボールがバウンドの頂点に達する前で打つこと。手首をしっかり固定し、コンパクトなスイングで打つのがコツ。

ライスボール [Rice Bowl] 〈アメフト〉全日本アメリカンフットボール選手権（実業団1位と学生1位の決定戦）。

ライディング [riding] 〈乗馬〉乗馬。〈レスリング〉相手を上から押さえつけて動きを静止すること。

ライト [right] 〈サーフィン〉岸から見て右から左へ崩れる波。＝レギュラー 〈野球〉右翼手。外野守備の右翼を守る野手。

ライトウエイト [right weight] 〈ボクシング・レスリング〉ライト級。重量別階級のひとつ。

ライトオーバー [right over] 〈野球〉打球が右翼手の頭上を越えることをいう。センターオーバー、レフトオーバーとともに和製英語。

ライトフィルダー [right fielder] 〈野球〉右翼手。⇔レフトフィルダー

ライトプレーン [light plane] 〈スカイスポーツ〉軽飛行機。スポーツとして飛行を楽しむには、国家試験を受け自家用パイロットライセンスを手に入れる必要がある。

ライナー [liner] 〈野球〉打球が直線的に飛ぶこと。フライよりも低い弾道で一直線にボールが飛ぶこと。

ライブアーム [live arm] 〈野球〉素晴らしい速球を投げる腕。

ライフセービング [lifesaving] 〈ライフセービング〉ライフセーバーの技術・体力の向上を目的として始められたのが「ライフセービング競技」で、ビーチフラッグス、アイアンマンレースなど、サーフ競技が12種目ある。2001年に

秋田で開催されたワールドゲームズでは正式種目として行われた。

ライブボール [live ball] 〈アメフト〉プレー中のボールのこと。グラウンドに触れていないパス、キック、ファンブルは空中にあるライブボールとなる。

ライブのボール [alive] 〈バスケットボール〉プレー中のボール。

ライフル射撃 [rifle shooting] 〈射撃〉銃身の長いライフル銃を使用するライフル競技と、ピストルを使用するピストル競技に分けられる。

ライン [line] 〈バドミントン〉サービスコートやシングルス、ダブルスのコートを示す白線。

ラインアウト [line-out] 〈野球〉塁間のラインから3フィート以上外に出て走った場合にアウトになるルール。〈ラグビー〉ボールがタッチラインの外側に出たときのゲーム再開方法。両チームのフォワードが2列に並び、ライン外からのボールの投入を取り合うことで再開される。

ラインアウト・オフサイド・ライン [lineout offside line] 〈ラグビー〉ラインアウトが行われているときに、暫定的に引かれる想定線のこと。

ラインアウトプレーヤー [lineout player] 〈ラグビー〉ラインアウトに2列に並んでるすべてのプレーヤーのこと。

ラインアウトに参加しているプレーヤー [player playing line-out] 〈ラグビー〉ボールの投入者とその相手プレーヤー、ラインアウトプレーヤーと2人のレシーバーのこと。

ラインアウトプレーヤー [line-out player] 〈ラグビー〉ラインアウトに参加している選手。

ラインアップシート [lineup sheet] 〈バレーボール〉各セットごとのゲーム開始前に、監督が記入して出すチームの先発メンバーのポジション表。試合中のポジションの移動は、このポジション表（シート）に基づいて行われる。

ラインアンパイア [line judge] 〈テニス〉線審、ラインズマンとも呼ばれ、ライン際に落ちたボールをインかアウトに判定する審判の事。それぞれのラインを担当する「ベースラインアンパイア」「サービスラインアンパイア」「サイドラインアンパイア」など。

ラインクロス [cross the line] 〈バドミントン〉サービスの時、ラインを踏んでしまうと取られるフォルト。

ライン攻撃 [line attack] 〈ラグビー〉主にスクラムやラインアウトなどのセットプレーのときに使われる攻撃のひとつ。1列に並んだバックスがパスを主体として展開し、一直線上に並んだバックスに次々にパスが回される。

ラインジャッジ [line judge] 〈バレーボール〉コートの外側に立ち、エンドラインやサイドラインに関する判定をする審判。＝ラインズマン、線審　〈アメフト〉ラインズマンと反対のサイドでボールの位置を監視する役割の審判。

ラインズマン [linesman] 〈バレーボール・テニスなど〉線審。

ラインナップ [line up] 〈サーフィン〉セットが何本も入ってきて海面が筋状になっている様子。または波待ちをしている沖。

ら

235

ラインディフェンス [line defense]〈サッカー〉ディフェンスが横一線になって、それぞれが相手へのチャレンジとカバーリングを繰り返すゾーンディフェンス。

ラインバッカー [linebacker]〈アメフト〉ディフェンスチームで、ライン面の後方に位置して、ランナーへのタックルや、レシーバーへのカバーをする選手。

ラインボウリング [line ball]〈ボウリング〉レーンの板目をスパット代わりにして投球すること。

ラインマン [lineman]〈アメフト〉ボールがスナップされるとき、オフェンスまたはディフェンスのスクリメージラインに位置する選手。

ラウンド [round]〈ゴルフ〉コースの一巡のこと。18ホールで1ラウンドになる。〈ボクシング・レスリング〉試合の区切り、回。〈**陸上**〉英語自体は、1勝負、1試合、1回、1番の意味。トラック種目における組や、フィールド種目における試技の回数を示す際に用いられる。また、予選・準決勝・決勝を指す場合も多い。

ラウンド・ザ・ヘッド・ストローク [round-the-head stroke]〈バドミントン〉頭上のバック側にきたシャトルを、前腕の内旋を使って、フォアハンドで振り抜くストローク。ラウンドストロークともいう。

ラウンド・ハウス・カットバック [round house cutback]〈サーフィン〉大きな弧を描く回転半径の大きいカットバック。

ラウンド・ピン・テール [round-pin-tail]〈サーフィン〉ピンテールの先の丸まったテール形状。

ラガー [rugger]〈ラグビー〉ラグビーのこと。"Rugby football"のこと。ラグビー選手のことは"ruggerman"(俗語)。

ラグビー [Rugby]〈ラグビー〉1チーム15名構成。2チームがグランド上で楕円形のボールを持って、ゴール目標に得点を競い合う。1823年に英国中部地方のラグビー校で行われたフットボールの試合が発祥。この試合で手を使うことを認める人達と認めない人達の意見が以後半世紀にわたって対立したが、1863年にサッカーとして、フットボールアソシエーションが設立され、1871年にはラグビー・フットボール・ユニオンが設立されて、近年ラグビーが誕生した。日本に1899年(明治34)慶應義塾大学の教師だったイギリス人E. B. クラークと田中銀之助が同校の学生に伝え、1901年(明治36)に日本人チームとして初めての試合を行った。相手は横浜外国人クラブで5対35の完敗の結果に終わった。日本でチームが結成されたのは1866年(慶応2)で、当時貿易港として賑わっていた横浜では、イギリス人慰留民が多く、それに軍人を加え、横浜フットボールクラブ(YFBC)が創設された。メンバーはすべてイギリス人だった。1918年(大正7)に第1回日本フットボール大会が開催され、1926年(大正15)、日本協会が設立された。

ラクロス [lacrosse 仏]〈ラクロス〉20世紀初め頃にアメリカ、イギリス、カナダで行われ、棒の先にかごのようなネットの付いたスティック(クロス)を

持ち、ボールをパスしながらゴールを狙うゲーム。1986年（昭和61）に慶應義塾大学にチームが結成され、以後女子大で人気のあるスポーツ。名称は仏語の杖・スティック（la crosse）からきている。

ラケット [racket] 〈バドミントン〉シャトルを打ち合う道具。昔は木製が多かったが、最近はカーボン製が主流。

ラケットハンド [racket＋hand 和] 〈卓球〉ラケットを持っている手のこと。⇔フリーハンド

ラケットボール [racketball] 〈スカッシュ〉スカッシュに似た球技。四方を壁に囲まれたコートで2人ないし4人が交互にボールを打ち合う球技。

ラストラップ [last lap] 〈陸上など〉最後の1周。〈モータースポーツ〉決勝レースでの最終の周回のこと。トップ走行するレース車両に対して使う言葉。最終ラップともいう。

ラストスパート [last spurt] ゴール前の最後の頑張り。最後の精一杯の力闘。

ラストパス [assist] 〈サッカー〉シュートにつながる「最後の」パス。決定的なパスをいう場合が多い。

ラストホール [finishing hole] 〈ゴルフ〉ラウンドの最終ホールのこと。フィニッシングホールともいう。

ラッキゾーン [lucky＋zone 和] 〈野球〉外野の両翼のホーム寄りに柵を設け、ホームランを出やすくした区域。

ラッキング [rucking] 〈ラグビー〉ラックに参加しているプレーヤーが足を使ってボールを獲得しようとすること。

ラック [ruck] 〈ラグビー〉地上にあるボールの周りに、両チームの選手が密集すること。したがって、地上のボールを手でプレーできなくなる。と同時に暫定的にオフサイドラインが引かれる。

ラック・オフサイド・ライン [ruck offside line] 〈ラグビー〉ラックが作られたときに、暫定的に引かれる想定線のこと。スクラムオフサイドラインと同様に、ラックに参加していない双方の選手は速やかにこのラインの後方に退かなければならない。

ラップ [lap] 競走路の1周。〈水泳〉プールの1往復。おもに400m以上の中・長距離レースで用いられる言葉。〈スケート〉スピード競技でレーン（滑走路）の1周のこと。「ラップする」は1周遅れにするということ。

ラップタイム [lap time] 競走路の1周にかかる所要時間。〈水泳〉プールの1往復ごとの時間。ラップともいう。⇒スプリットタイム 〈陸上〉本来は走者がトラックを1周する所要時間。陸上競技では、周回する走種目における1周ごとの途中計時・通過時間を指す場合が多い。「ラップ」と略することもある。

ラテラル・ウォーター・ハザード [lateral water hazard] 〈ゴルフ〉ラテラル・ウォーター・ハザードとは、その区域を最後に横切った地点とホールを結んだ線上後方にドロップしたくても、ずっとその線上はウォーターハザードが続いていてドロップできない場所など。通常赤杭で標示される。

ラバー [rubber]〈卓球〉ラケットに貼るゴムシート。

ラバーラケット [rubber racket]〈卓球〉表面にラバーを張ったラケット。

ラビット [rabbit]〈マラソン〉ペースメーカー、ペースセッターとも呼ばれる。マラソンのペースメーカーをいう。マラソンの高速化の要因にもなるランナーの援助をする役目をしている。ある意味では、過度な援助が問題になり世界マラソン・ロードレース協会（AIMS）と国際陸連（IAAF）はルール作りを行った。フルマラソンのペースメーカーは30kmまで、風除けなどの助力行為はしない、ラビットを事前に公表し、選手や観客に分かるようにする、などである。

ラビットパンチ [rabbit punch]〈ボクシング〉耳の後ろの後頭部を打つ反則パンチ。

ラフ [rough]〈テニス〉ラケットの裏面。〈ゴルフ〉芝を短く刈り込んでないところで、雑草などが長く生えている場所。

ラブ [love]〈テニス・卓球・バドミントンなど〉審判用語で、ポイントが０点の状態。

ラフィング・ザ・キッカー [laughing the kicker]〈アメフト〉ボールをキックした後にキックした選手にぶつかっていく行為。反則になり、15ヤードの罰則になる。

ラフィング・ザ・パサー [laughing the passer]〈アメフト〉パスを投げ終えたパサーに故意に当たること。

ラブゲーム [love game]〈テニス〉相手方が無得点で終わるゲーム。ポイントが０（ゼロ）のこと。⇒ラブ

ラフティング [rafting]〈ラフティング〉大型のゴムボートに乗って激流を下るスポーツ。吉野川、利根川、長良川などで手軽にラフティングを楽しむことができる。

ラフプレー [rough play]〈サッカー〉反則に近いプレー。

ラボーナ [labona 出所不明]〈サッカー〉後方から蹴り足を回して立ち足の外側にあるボールをキックするプレー。主に南米選手の得意とするトリッキーな技。

ラリー [rally]〈テニス・卓球〉ボールを連続して打ち合うこと。〈モータースポーツ〉一定のコースを定められた時間で走る長距離のカーレース。

ラリースト [rallyist]〈モータースポーツ〉ラリー競技をする選手。ドライバーとナビゲーターの両方を指す。

ラリーポイント制 [rally points scoring]〈バドミントン〉サーブ権に関係なく、ラリーに勝利すれば得点が入るシステム。2006年からスタートした。〈バレーボール〉サービス権の有無に関係なく、ラリーに勝ったほうに得点が与えられるルールのこと。サービスは得点を挙げたチームが得、もともとは９人制のルールだったが1998年にルールが改正されてから６人制バレーに取り入れられ、試合の進行、流れがスムーズになった。

ラン [run]〈野球〉得点。〈アメフト〉パスプレーに対するランニングプレー。

「○○チーム、ヤード獲得数456ヤード（ラン291ヤード、パス165ヤード）」と表現する。〈ゴルフ〉地上に落ちてからのボールの転がり、あるいは転がった距離のこと。

ランウエー [runway]〈跳躍競技〉跳躍競技の助走路。助走路の長さの制限はない。

ランキング [ranking]〈ボクシング〉ジムや選手を統括するボクシング団体が階級ごとに発表する選手の順位。日本ボクシングコミッションの場合、毎月1回その月の各クラスの1〜12位までのランキングを決定、発表している。

ランダンプレー [rundown play]〈野球〉塁間で走者を挟んでタッチアウトにしようとするプレー。⇒挟殺プレー

ランディング [landing]〈スキー〉ジャンプ競技の飛行後の着地のこと。アルペンでの滑走中のジャンプやフリースタイルでの空中演技の着地のこともいう。

ランディングバーン [landing Bahn 英＋独]〈スキー〉ジャンプ競技が行われるシャンツェの着地斜面のこと。ジャンプ競技では、着地のショックを和らげるために斜度が規定されていて、K点までは斜度がきつく、そこからは減速のためブレーキングゾーンに向かって平らになっていく。

ランドヨット [land yacht]〈ヨット〉スラロームのタイムを競う陸上のヨット。3つの車輪、座席、マストがついたヨットで300m、8か所のターンマークをクリアする競技。

ランナー [runner]〈野球〉走者。〈陸上〉走種目の競技者のこと。特に中距離・長距離の競技者を指して使われることが多い。

ランニングアレー [running alley]〈ボウリング〉遅いレーンのことで、ボールの回転が遅く、フックしやすいレーン。

ランニングアプローチ [running approach]〈ゴルフ〉グリーン周辺に止まったボールを端から転がして、ピンに寄せるショットのこと。

ランニングキャッチ [running catch]〈野球〉走りながら捕球すること。

ランニングバックス [running backs]〈アメフト〉ハーフバックとフルバックのことをいう。

ランニングホームラン [inside-the-park homerun]〈野球〉打球が野手の間を抜け、グランドを転々とする間に打者が、一塁から二塁、三塁を回って本塁に戻って得点を挙げること。

ランプス〈障害者スポーツ〉ボッチャの競技で障害が重度のため、自分でボールを投げられない選手が使用できる補助具。

【り】

リアクションステップ [reaction step]〈バドミントン〉フットワークのひとつ。向かおうとする方向と反対側に足を1歩引いて反動をつけること。

リーウエイ [leeway]〈ウインドサーフィン〉ボードが進路より風下に流されること。

リーガー [leaguer] 連盟の加盟している団体や国。〈**野球**〉連盟の加盟している球団やその選手。

リーガルなドリブル [legal dribble]〈**バスケットボール**〉定められた規定に違反していない方法で行われるドリブル。

リーグ戦 [league match] 競技に参加した団体や個人が最低1回は相手と対戦する総当たりの試合方式。⇔トーナメント

リーシュコード [leash-code]〈**サーフィン**〉身体とボードを繋ぐ流れ止め。

リーゼンスラローム [riesenslalom 独]〈**スキー**〉大回転競技。

リーチ [reach]〈**ボクシング**〉選手の腕の長さ。〈**テニス**〉ネットプレーで左右にラケットの届く範囲。

リーディングヒッター [leading hitter]〈**野球**〉首位打者。打率がトップの選手。年間の規定打数に達した選手の中で最も打率の高い選手のこと。チームの試合数×3.1が規定打席、安打÷打数で打率計算ができる。

リード脚 [lead leg]〈**陸上**〉①ハードリングの際、先にハードル上を通過する脚のこと。踏切脚とは逆の脚になる。②跳躍種目において、踏み切りのあと、跳躍をリードするように先に出ていく脚のこと。踏切足とは逆の脚。

リードオフ [lead off]〈**ボウリング**〉チームで試合をするときに、最初に投げる人のこと。リード・オブ・マンともいう。

リードオフマン [lead-off man] 先頭に立ってチームなどを導く人。〈**野球**〉トップバッター。一番打者。

リードパス [read＋pass 和]〈**アメフト**〉走るレシーバーの前方にボールを投げ、レシーバーは走りながらボールをキャッチするパスプレー。

リーフ [reef]〈**ウインドサーフィン**〉海面下に隠れた岩場。

リーブ [leave]〈**ボウリング**〉1投目で倒れずに、残ったピンのこと。

リーヘルム [lee helm]〈**ウインドサーフィン**〉ボードが風下の方へ向かおうとする習性。⇔ウエザーヘルム

リーン [lean]〈**スノーボード**〉ターンするためにターン内側へ身体を傾けること。内傾姿勢のこと。スピードやズレ幅によって傾き加減を調整する必要がある。

リーンアウト [lean＋out 和]〈**スノーボード**〉ターン中に働く遠心力などの外力に対して、安定したバランスをキープするためにとる「くの字」姿勢のこと。外傾姿勢ともいう。

リエントリー [reentry]〈**サーフィン**〉波から離れて再びパワーゾーンに戻ってくること。

リエントリードラフト [reentry draft]〈**野球**〉アメリカ大リーグの自由契約選手を対象にしたドラフト制。

リカバー [recover]〈**アメフト**〉一度地面に触れたファンブルボールを押さえ込んで自チームのものにすること。リカバーしたチームが攻撃権を獲得（または維持）してプレーが再開となる。

リカバリー [recovery]〈**陸上**〉復旧・回復の意味から、トレーニングの際に、

休息時間の意として用いられている（例：200mのタイムトライアルを2本、リカバリー15分で行う）。トレーニングメニューなどでは、「R」と記されていることも多い（例：2×200mTT、R＝15′）。〈水泳〉ストロークの5番目のプロセス。手を入水の位置にもどす動作。

リカバリーショット [recovery shot]〈ゴルフ〉前のミスショットを取り戻すくらいのよいショット。

力士 [rikishi]〈相撲〉日本相撲協会に所属する者に限定される。協会の力士検査に合格し、協会に登録されて初めて力士となる。「力士」という語は、古くは仏教の経典に見られるが、いつごろから相撲を取る者を「力士」と呼ぶようになったかは定かではない。

力士会 [rikishikai]〈相撲〉十両以上の力士によって構成されている組織。

リグ [rig]〈ウインドサーフィン〉マスト、セール、ブームなどのウインドサーフィンのボード部以外の部分。

リザーブ [reserve]〈ラグビー〉選手の交代要員。7人までの交代が認められている。負傷した選手と交代する（リプレースメント）のと、戦略的な交代（サブスティテューション）とがある。

リザルト [result]〈モータースポーツ〉予選、決勝レースの公式結果。

リセット [reset]〈ボウリング〉間違った位置にセットされたピンを、正位置にセットし直すこと。これはリセット・ボタンを押して行う。

リターン [return]球技における返球のこと。〈テニス・卓球など〉相手のサービスを打ち返すこと。

リターンエース [return ace]〈テニス〉リターンした球を相手側が打ち返せない場合をいう。

リターンパス [return pass]〈ラグビー・サッカー〉相手の攻撃をかわすための進行方向とは逆に出すパス。味方からのパスを再び同じ選手にパスすること。⇒ワン・ツー・パス

リターンマッチ [return match]〈ボクシングなど〉選手権・タイトルを奪われたものがそれを奪還するために再び同じ相手と戦うこと。

リタイア [retire]〈モータースポーツ〉競技中に、①エンジンの故障②車両の故障③車両破損④泥、砂利などにはまり動けなくなる⑤燃料切れ、などの理由による途中棄権のこと。

リタッチ [retouch]〈野球〉ベースに帰塁。フライ、ライナーが捕球されたときに離塁していた走者が塁に戻ること。捕球される前に帰塁して、捕球後に次の塁へスタートを切ることをタッチアップ（英語で tag up）という。

リップ [lip]〈ゴルフ〉ホールの縁のこと。〈ウインドサーフィン〉ブレイクしそうになっている、波の立った頂上部分。

リップカレント [rip-current]〈サーフィン〉岸から沖へ向かっての流れ。

リーディングヒッター [leading hitter]〈野球〉首位打者。年間の規定打数に達した選手の中で最も打率の高い選手のこと。チームの試合数×3.1が規定打席、安打÷打数で打率計算ができる。

り

リトリート [retreating defense]〈サッカー〉ボールを奪われたらチーム全員が自陣まで下がることを優先にする守備。陣形を整えてディフェンスを開始する。

リトルリーグ [Little League]〈野球〉少年野球リーグ。

リバース [reverse]〈ボウリング〉極端に曲がるバックアップ・ボール。〈陸上〉投てき種目において、投てき物をリリースしたあと、ファウルを防ぐために、足の位置を踏み替える動作。〈投てき競技〉砲丸投げなどの投てき後に体がサークル外に出るのを防ぐための、投てき直後の動作。

リバースカット [reverse cut]〈バドミントン〉カットの逆回転をかけるショット。

リバースターン [reverse turn]〈ダンス〉左回り。左足から始める左回り。⇔ナチュラルターン

リバースプレー [reverse play]〈アメフト〉バックフィールドでボールキャリアーが、反対方向からきた選手に、すれ違いの際にハンドオフするトリックプレーをいう。

リバーマウス [river mouth]〈サーフィン〉河口のポイント、または河口の波。

リバウンド [rebound]〈バスケットボールなど〉シュートしたボールがゴールに入らず跳ね返ること。

リフティング [lifting]〈ラグビー〉ラインアウトでボールをキャッチする味方の選手の体を、ジャンプする前に両手で支え上げる行為。手助けになり反則になる。相手のフリーキックか、相手ボールのスクラムが与えられる。ジャンプした後であれば（サポーティングとなる）反則にはならない。

リフト [lift]〈ボウリング〉放球の際、回転力を与えるために指を引っかけるようにしてボールを押し上げる動作のこと。〈スケート〉ジャンプしている相手をパートナーが支えること。ペアとアイスダンスで行われる。アイスダンスでは男子が肩よりも高く自分の手を上げることを禁止されているが、ペアでは頭上高く支え、力強く、迫力のある演技が見られる。

リプレース [replace]〈ゴルフ〉トラブルなどによってショットができないため、規則に従ってボールをほかの場所に置き換えること。

リフレッシュメント [refreshment]〈マラソン〉マラソン競争などでコースの途中に置かれる飲み物、5km間隔で用意されている。⇒スペシャルテーブル、⇒ゼネラルテーブル

リペア [repair]〈サーフィン〉ボードの修理。

リベロ [libero 伊]〈サッカー〉ポジションにとらわれず、攻撃に参加できる守備プレーヤーのこと。〈バレーボール〉プレーに一定の制限を与えられた特別な選手のこと。正式にはリベロプレーヤーという。制限（禁止）されたプレーは、主に攻撃に携わるプレーなどでかなりの制約があるため、守備専門になる。背が低くてもレシーブ能力の高い選手が起用される。またそのような選手の活躍の場が開けたともいえる。リベロの交代は正規の選手交代の回数に数えず何回でもできる。ほかの選手と区別できるようにユニフォームは違う色のベストを着て「L」の文字をつける。1997年からリベロ・プレーヤー・

システムが採用された。

リベロ・プレーヤー・システム 〈サッカー・バレーボール〉⇒リベロ

リメイン [remain] 〈ラグビー〉スクラム、ラック、モール、ラインアウトのときに、故意にオフサイドの位置にとどまっていること。反則になり、相手のペナルティキックか、相手ボールのスクラムになる。

リュージュ [luge 仏] 〈リュージュ〉グラスファイバー製のフレームだけのそりで滑走しそのタイムを競う競技。滑走するコースは、ボブスレーのコースと兼用して行われる。男子と女子の1人用と2人乗りの3種目がある。そりにあおむけになって滑り、足首で先端を挟んでコントロールしながら、時速100〜130kmにも達するスピードで滑り降りる。そのスピードが魅力となっている。

リリー [lily] 〈ボウリング〉5番・7番・10番ピンのスプリット。

リリース [release] 〈ラグビー〉ボールを持った選手がタックルをされたときに、すぐにボールを離さなければならない行為。話さないときはノット・リリース・ザ・ボールという反則になる。相手のペナルティキックか、相手ボールのスクラムになる。〈ボウリング〉ボールを放球する動作のこと。

リリースエイド 〈障害者スポーツ〉発射補助装置。アーチェリーの競技において、手関節および手指の機能障害を持つ頚椎損傷者の競技の補助となる。

リリースタイム [release time] 〈野球〉投手が投球モーションに入ってから捕手のミットにボールが届くまでの時間。また盗塁をされたとき、投球が捕手のミットに入った瞬間から、塁のカバーに入った野手のグローブに届くまでのこともいう。

リリーフピッチャー [relief pitcher] 〈野球〉救援投手。先発投手の後に投げる投手。リリーフピッチャーの善し悪しがゲームの雰囲気をがらりと変え、大逆転のきっかけにもなるので、タイミングとリリーフピッチャーの調子を的確につかむ判断が不可欠である。⇒救援投手

リレーオーダー [relay order] 〈陸上〉リレー種目（駅伝を含む）での走る順番のこと。一般には「オーダー」と略して使われる。

リレーレース [relay race] 〈陸上・水泳〉チーム編成で、それぞれが一定距離を受け持ち、バトンまたはタッチを受けて次々に引き継いで速さを競う競技。

リング [ring] ボクシングやレスリング、スケート場などの競技場。

リングアウト [ring＋out 和] 〈プロレス〉20カウント以内にリングに戻らないとその選手が負けになるルール。

リングジェネラルシップ [ring generalship] 〈ボクシング〉試合の流れを支配する度合い。試合運びの巧みさのこと。プロの試合の採点基準のひとつ。

リンクス [links] 〈ゴルフ〉海岸沿いの草原地帯にあるコースのこと。スコットランドに多く、その多くは自然が作ったものといわれる。フェアウェイには無数のマウンドがあり、深いポットバンカーが点在する。強風が吹き荒れることも特徴。

リンクマン 〈サッカー〉⇒ミッドフィルダー

り

【る】

ル・マン〈モータースポーツ〉ル・マン24時間レースの略。

ル・マン24時間レース [Le Mans 24-hours Race]〈モータースポーツ〉フランス中西部のル・マン市で行われる24時間耐久レース。ル・マン市はふだんは静かな町だがレースの日には世界中から50万人以上が詰めかける。レースは公道を含む1周13.6kmのコースを2〜3人のドライバーが交代で時速300kmのスピードで24時間ぶっつづけに走る。時速400kmを超える約6kmの直線が名物だったが、安全上の問題から中間地点に障害物が設置され、ややスピードダウンさせている。

ルアーフィッシング [lure fishing]〈釣り〉ルアーによる釣り全般をルアーフィッシングという。淡水域での釣りをフレッシュ・ウォーター・ルアーフィッシング、また、海での釣りをソルト・ウォーター・ルアーフィッシングという。「ルアー」は擬餌針のことで、プラスチック、木、金属などを素材にして、小魚、小動物に似せたもの。

ルーキー [rookie] 新人選手。

ルーズ・ヘッド・プロップ [loose head prop]〈ラグビー〉フロントローの左のプレーヤー

ルースボール [loose ball]〈アメフト・バスケットボール〉ランプレー中の、ファンブル、捕球されていないキックなど、選手が確保していないプレー中のボールをいう。

ルート [route]〈ゴルフ〉ホールを攻略するために、プレーをしていく道筋のこと。

ループ [loop]〈フィギュア〉氷上に規定の円を描くこと。〈ラグビー〉バックスのライン攻撃のときに自分がパスした選手の外側に素早く回り、再びボールを受けることができるようにすること。〈スケート〉ルッツジャンプ。ジャンプしながら体を駒のように回転させる技。左足で後進滑走して踏み切り、回転した後ろ足で後ろ向きに着氷する。⇒ループジャンプ

ループジャンプ [loop jump]〈フィギュア〉ジャンプしながら体を回転させる技のひとつ。2回転をダブルループ、3回転をトリプル・ループ・ジャンプという。

ループシュート [loop shot]〈サッカー・ハンドボール〉ゴールキーパーが前に出てきたとき、キーパーの頭越しに山なりのふわりとしたシュートを打つこと。

ルックアップ [look up]〈サッカー〉ボールを持っているとき、顔を上げて、視野を広くとること。

ルッツ [Lutz]〈フィギュア〉ループジャンプ。ジャンプしながら体をこまのように回転させる技。左足で後進滑走しがら右足のトウ（つま先）を突いて踏み切り、回転した後右足で後ろ向きに着氷する。⇒ルッツジャンプ

ルッツジャンプ [Lutz＋jump 和]〈フィギュア〉後ろ向きに滑り（後進滑走）な

がら、氷面を右足のブレードの先で蹴って踏み切り、高く飛び上がり駒のように回転して、後ろ向きに着氷するジャンプのこと。ダブルルッツジャンプ、トリプルルッツジャンプなどが演技に盛り込まれる。⇒ルッツ

【れ】

レイアウト [layout]〈ゴルフ〉コースの設計、各要素の配置のこと。

レイトタックル [late tackle]〈ラグビー〉ボールを手放した直後の選手にタックルをすること。相手のペナルティキックか、相手ボールのスクラムになる。

レイバックスピン ⇒スピン

礼法 [reihou]〈柔道〉相手への感謝の気持ち、心づかいを形に表したもの。

レース [race] スポーツの競走。競技大会。〈モーター・スポーツ〉サーキットを使っての、二輪、四輪の速さや耐久を競う競技のこと。

レール [rail]〈サーフィン・ウインドサーフィン〉ボード側面のエッジ部分のこと。

レール・ロード [rail road]〈ボウリング〉前方や中間にピンがなく、2本以上が横に並んだ形のこと。

レーン [lane]〈陸上〉トラック種目における走路のこと。日本では以前は、「コース」と呼ばれていたが、現在は英語にならって「レーン」に統一されている。5cm の幅の白線で区切られた各レーンの幅は1.22〜1.25m に規定されており、種目によって、「セパレート」、あるいは「オープン」で実施される。〈ボウリング〉ボウリングのボールを転がすところ。

レガーズ [leg guards] 防護用のすね当て。野球では捕手、アイスホッケーではゴールキーパーなどが使用している。

レガッタ [regatta 伊]〈ボート〉①ボートやヨットなどの競技大会。②ベニスのゴンドラ競漕。

レギュラー [regular]〈サーフィン〉岸から見て右から左に崩れる波のこと。＝ライト あるいは左足が前になるスタンス。

レギュラーティー [regular tee]〈ゴルフ〉一般的に使用されているティーインググラウンド。フロントティー。白いティーで示されることが多い。

レギュレーション [regulation]〈モータースポーツ〉レースやラリーの競技会ごとの特別規定のこと。

レコード [record] 競技などの最高記録。世界記録、日本記録、大会記録、オリンピック記録などと呼ばれる。

レコードホルダー [recordholder] 記録保持者。

レシーバー [receiver]〈ラグビー〉ラインアウトからボールがパスあるいはノックバックされたときに、それを取る位置にいるプレーヤーのこと。〈バドミントン〉ストロークを受けるプレーヤーの総称。〈アメフト〉フォワードパスやキックされたボールを受け取る資格のある選手のこと。また、オフェンスチームの中で、パスを受けるのを専門にしている選手のこともいう。

れ

レシーブ [receive]〈テニス・バレーボール・卓球など〉相手の球を受けて返すこと。

レジェンド [legend]〈サーフィン〉伝説のサーファー。

レスリング [wrestling]〈レスリング〉素手の2人の選手がマット上で組み合い、ルールに従って相手の両肩をマットにつける（フォール）ことを競う競技。世界最古の歴史を持つスポーツで古代オリンピックの花形種目でもあり、1896年近代オリンピックの第1回アテネオリンピックから正式種目として認められている。競技にはグレコローマンスタイルとフリースタイルの2つがある。

レット [let]〈テニス・卓球〉サービスがネットに触れて入った場合のこと。サービスはやり直しになる。〈バドミントン〉プレーのやり直し。

レッドカード [red card]〈ラグビー〉レフリーが退場を与えたプレーヤーに対して示すもの。〈バドミントン〉イエローカード2枚でレッドカードとなり、フォルトになる。警告1回でレッドカードを出す場合もある。〈サッカー〉主審が反則行為などのプレーで即時退場処分にするときに、その選手に向けて掲示する赤色のカード。イエローカード（警告）を一度受けていながらさらに警告に値する反則行為をしたとき（1試合に2度のイエローカード）や、侮辱的な発言をしたときなどに主審から宣告され、掲示されるカード。

レッドライン [red line]〈アイスホッケー〉氷面に引いた赤い線。

レディスティー [ladies' tee]〈ゴルフ〉女性用に設定されたティーインググラウンド。赤いティーで示されることが多い。

レディ・フォー・プレー [leady for play]〈アメフト〉プレーを行う準備ができた状態のこと。審判が笛を吹いて宣する。

レフリー [referee] 審判員。

レフリーストップ [referee＋stop 和]〈ボクシング〉一方的な試合展開、負傷、強いクリーン・ヒットがあった場合などにレフェリーが試合終了を宣言すること。アマチュアでは、レフェリー・ストップ・コンテスト（R.S.C）という。

レフェリーズポジション [referee's position]〈レスリング〉試合の始まりにとらなければならない競技者の姿勢。

レフティー [lefty]〈ゴルフ〉左打ちのゴルファーのこと。

レフト [left fielder]〈野球〉左翼手。外野守備の左翼を守る野手。〈サーフィン〉岸から見て左から右に崩れる波のこと。＝グーフィー

レフトフィルダー [left fielder]〈野球〉左翼手。⇔ライトフィルダー

レペティショントレーニング [repetition training]〈陸上〉走トレーニングのひとつ。

レベルスイング [level swing]〈野球〉ボールの芯をバットの芯で捕らえるための、バットがグランドに対して水平に振られていくスイング。

れんごうげいこ［連合稽古］ [rengougeiko]〈相撲〉一門の部屋が集まって合同で行う稽古。

レンタル移籍制度 [rentaru isekiseido]〈サッカー〉出場機会の少ない選手を他のチームに一定期間の約束で貸し出す制度。選手に活躍のチャンスを与えるとともに、人材不足のチームの強化、リーグ全体における活性化が目的である。

【ろ】

ロウ [row]〈ボート〉ボートを漕ぐ。

ロー [low] 低い。

ローアウト [rowed out]〈ボート〉漕ぎ疲れて倒れること。

ローカル [local]〈サーフィン〉地元のサーファー。

ローカルルール [local rule]〈ゴルフ〉プロの公式競技の規則と違い、そのコース独特の規則。そのコース特有のルールがある。〈ラグビー〉国内で行われる試合だけに通用するルール。

ロージンバッグ [rosin bag]〈野球〉滑り止め用の松やにの粉（ロージン）を入れた小さな袋。野球では投手の足元・プレート板のそばに置いてある。

ロータイド [low-tide]〈サーフィン〉干潮。

ローテーション [rotation]〈野球〉先発投手の登板の順番。中3日、中4日などと先発ピッチャーのローテーションが組まれる。〈バレーボール〉サイドアウトでサービス権が移行するたびに、サービスを行うチームの6人が守備位置を右回りに移動すること。〈スノーボード〉ボードを回しこむときの回転力となり、上体や脚部を使った動作のこと。順ひねりともいう。

ロードゲーム [road game]〈野球〉プロ野球チームがホームグラウンド以外の球場で行う試合。

ロードレース [road race]〈スポーツ一般〉道路を使って行う長距離競走。〈モータースポーツ〉路上で行う自動車レース。

ロードレース世界選手権 [World Road Race Championship]〈モータースポーツ〉二輪レースの最高峰に位置するレースシリーズのこと。GP ロードレースともいわれる。500cc、250cc、125cc のクラスに分けられており、それぞれにライダー、メーカーの2部門で年間のチャンピオンが競われる。年間15戦ほどのシリーズで、世界各地を転戦する。

ロードワーク [roadwork]〈ボクシングなど〉ボクシングの選手などが行う路上を走りながら行うトレーニング。

ローバー [rover]〈アメフト〉攻撃に対して、自由に位置を変えながらカバーする選手のこと。

ローピッチ [low pitch]〈ゴルフ〉ボールを低く転がすための打ち方。両手首がボールより前になるように打つ。⇔ハイピッチ

ローヒット [low hit]〈ボウリング〉1番ピンに浅く、薄く当たること。

ロープウィービング [rope weaving]〈ボクシング〉ロープに体をつけて相手の攻撃を防ぐこと。

ろ

ロープダウン [rope＋down 和]〈ボクシング〉選手が相手の攻撃に手も足も出せず、戦意をなくした形で、ロープにもたれかかり、レフリーがダウンとすること。

ロープトゥ [rope tow]〈スキー〉スキーをつけたままのスキーヤーを引き上げるリフトの一種。

ローブロー [low blow]〈ボクシング〉相手のベルトラインから下を打つ反則。

ローボレー [low volley]〈テニス〉相手からのボールをネットより低い位置でボレーすること。

ローラーコースター [roller coaster]〈サーフィン〉崩れる波に当ててホワイトウォーターと一緒に降りてくる技。

ローリング [rolling]〈ヨットなど〉回転。船や飛行機の横揺れ。〈水泳〉競泳中の左右に揺れること。〈ボウリング〉ボールが回転する軌道のこと。

ローリングスルー [rolling-through]〈サーフィン〉ボードを裏返して波をやり過ごす、沖へ出るための技。

ローリングモール [rolling maul]〈ラグビー〉回転をしながら前進するモール。

ロール [roll]〈ヨット〉巻き物。〈レスリング〉巻き込み技。

ロール・アウト・パス [roll out pass]〈アメフト〉クォーターバックが、スナップされたボールを受け、スクリメージラインから真っすぐに下がらずに弧を描くように斜め方向に下がりながら、パスを送るプレー。

ローン [lawn]芝生。

ローンコート [lawn court]〈スポーツ施設〉芝生のコート。世界で最も有名なローンコートはウインブルドン選手権大会が開催されるイギリスのオール・イングランド・クロッケー・アンド・テニスクラブのセンターコート。1年間で大会の開かれる2週間しか使用されない。

ローンテニス [lawn tennis]〈テニス〉芝生のコートで行うテニス。

ローンボウルズ [lawn bowling]〈ローンボウルズ〉芝生の専用コート上で、偏心球の合成樹脂のボールを転がして目的球に近づけることを競うスポーツ。イギリス、オーストラリア、ニュージーランドなどでよく知られたゲーム。

ロス [loss]〈アメフト〉攻撃チームの後退による地域的損失をいう。

ロス・オブ・ダウン [loss of down]〈アメフト〉反則などでダウンを失うこと。

ロスタイム [loss of time]〈サッカーなど〉ゲーム以外の目的（選手の交替、負傷者の治療など）のために使われた時間のこと。主審によって前半、後半のそれぞれの制限時間に追加される。

ロストボール [lost ball]〈ゴルフ〉紛失球のこと。または中古で販売されているボールのことをいう場合もある。

ロッカー [rocker]〈ウインドサーフィン〉ボードの反りのこと。ノーズ側の反りをノーズロッカー、テイル側をテイルロッカーという。

ロッキングモーション [rocking motion]〈野球〉投手が投球準備のために、状態を軽く振って緊張感などをとるしぐさ。

ロック [lock]〈ラグビー〉スクラムで2列目に位置し、フッカーとプロップを押す2人のプレーヤーのこと。

ロックバック [rock back]〈陸上〉棒高跳の動作局面のひとつ。ポールの反発を利用して体を空中へ放り上げるための、上昇準備姿勢の直前の動作。

ロビング [lobbing]〈テニス〉打法のひとつ。相手プレーヤーの頭上を越すような、そしてコートいっぱいに落ちるように緩やかに、高くボールを打つこと。ロブともいう。〈サッカー〉ゴール前に、ゆるく、高いボールを上げること。〈バドミントン〉アンダーハンドでネットより低い位置から上に打ち上げるショット。〈卓球〉台から離れて、相手のドライブやスマッシュ攻撃を山なりのボールで返球すること。

ロビンソン [robinson]〈サッカー〉ゴールキーパーが身をていしてシュートを防ぐ動作や技術。

ロブ [lob]〈テニス〉対戦相手の頭越しに、放物線を描くようなボールを打つテクニック。⇒ロビング 〈バドミントン〉下から上へすくい上げる、相手コート後方に打つショット。

ロフト [loft]〈ゴルフ〉①球を高く打ち上げること。②クラブヘッドの傾斜。

ロフトボール [loft ball]〈ボウリング〉投球するときに、指から抜け落ちるようにして、レーンにドスンと音をたてて落ちるボールのこと。レーンを損傷するので要注意。

ロング [long service]〈卓球〉球足の長い打球、またはその打ち合いのこと。「フォアロング」「バックロング」。

ロングサービス [long service]〈卓球など〉エンドライン深く入る、長いサービス。⇔ショートサービス

ロング・ディスタンス・レース [long-distance race]〈モータースポーツ〉耐久レース。走行距離500km、800km、1000km の長距離で行われるレース。有名なレースとして、ル・マン24時間レースがあり、実に5000km 以上に達する。

ロング・ハイ・サービス [long-high service]〈バドミントン〉ハイクリアのような高くて深い球筋のサービス。

ロングアイアン [long iron]〈ゴルフ〉アイアンの1〜3番のクラブの総称。4〜6番をミドルアイアン、7〜9番とウェッジを含めてショートアイアンという。

ロング・サービス・ライン [long service line]〈バドミントン〉ロングサービスを打つライン。シングルスとダブルスで場所が異なる。

ロングシュート [long+shoot 和]〈スポーツ一般〉サッカーの場合は25m 以上のシュート。

ロングショット [long shot]〈ゴルフ〉長打。ロングともいう。

ロングストローク [long stroke]〈スケート〉⇒スライド走法

ロングスローイン [long throw-in]〈ラグビー〉ラインアウトでタッチから15メートルラインを超えてボールを投げ入れること。

ろ

ロングスプリント [long sprint]〈陸上〉短距離走種目でも長めの距離である400m を指す。

ロングティー [long tee]〈野球〉2 人 1 組で相手にトスでボールを投げてもらい、それをネットにではなくグラウンドに向けて打つ練習。

ロングヒット [long hit]〈野球〉長打。

ロングホール [long＋hole 和]〈ゴルフ〉パー 5 のホール。⇔ショートホール

ロングライディング [long-riding]〈サーフィン〉長く 1 本の波に乗ること。

ロングレンジ [long range]〈ボクシング〉遠距離のこと。踏み込まないとお互いのパンチが届かない程度の選手間の距離。

【わ】

ワーキングボール [working ball]〈ボウリング〉倒れたピンが他のピンを倒すような、動作の大きい、効果のあるボールのこと。

ワールド・カップ・サッカー [World Cup Soccer]〈サッカー〉国際サッカー連盟（FIFA）が主催する、サッカーの世界最強を決める大会。4 年に一度オリンピックの中間年に開催される。2 年がかりで予選を行い決勝大会には32か国が参加する。1930年の第 1 回ウルグアイ大会から14回イタリア大会まで欧州と南米でほぼ交互に行われてきた。1994年に初めて米国で行われ、2002年ワールドカップは初のアジアでの大会が日本と韓国との共同開催で開催された。2002年ワールドカップ日韓共催と呼ばれる。日本は開催国の予選免除により 2 度目の決勝大会進出となった。FIFA の世界戦略にのっとり、2010年大会からひとつの大陸連盟内に候補国を限る大陸巡回方式がとられ、2010年はアフリカ開催（南アフリカ）、2014年は南米で行われる。

ワールドカップ優勝国				
1930年	第 1 回	ウルグアイ大会	優勝	ウルグアイ
1934年	第 2 回	イタリア大会	優勝	イタリア
1938年	第 3 回	フランス大会	優勝	イタリア
1950年	第 4 回	ブラジル大会	優勝	ウルグアイ
1954年	第 5 回	スイス大会	優勝	西ドイツ
1958年	第 6 回	スウェーデン大会	優勝	ブラジル
1962年	第 7 回	チリ大会	優勝	ブラジル
1966年	第 8 回	イングランド大会	優勝	イングランド
1970年	第 9 回	メキシコ大会	優勝	ブラジル
1974年	第10回	西ドイツ大会	優勝	西ドイツ
1978年	第11回	アルゼンチン大会	優勝	アルゼンチン
1982年	第12回	スペイン大会	優勝	イタリア

1986年	第13回	メキシコ大会	優勝	アルゼンチン
1990年	第14回	イタリア大会	優勝	西ドイツ
1994年	第15回	アメリカ大会	優勝	ブラジル
1998年	第16回	フランス大会	優勝	フランス
2002年	第17回	日韓共同大会	優勝	ブラジル
2006年	第18回	ドイツ大会	優勝	イタリア
2010年	第19回	アフリカ大会（南アフリカ）	優勝	スペイン

ワールド・カップ・ラグビー [World Cup Rugby]〈ラグビー〉世界60か国以上の国々でプレーされ、世界的な人気スポーツ。国際的にも幅広い交流を望む流れとなり、国際ラグビー機構（IRB）が中心となって1987年に第 1 回大会がオーストラリア、ニュージーランドで開催。

ワールド・ラリー・チャンピオンシップ [World Rally Championship]〈モータースポーツ〉世界ラリー選手権。国際自動車連盟（FIA）の主催で、年間約10数戦開催され、シリーズポイントが競われる。

ワールドカップ [World Cup] それぞれの競技の世界一を決める国際選手権大会。世界選手権と並ぶ大イベント。世界選手権とワールドカップのどちらを開催するかは国際競技連盟（IF）の判断に任されており、バレーボールのように両方行っているのに対し、サッカーなどワールドカップのみの競技もある。現在、サッカー、ラグビー、スキー、スケート、マラソン、バレーボールなどの競技が行われている。

ワールドゲームズ [world games] オリンピック種目に入っていない種目などの国際競技連盟（IF）が集まって、夏季オリンピックの翌年に開く世界的な競技会。主催は国際スポーツ連盟機構（GAISF）で第 1 回大会は1981年にアメリカのサンタクララで開催された。2001年の第 6 回大会は秋田で行われた。ローラスケート、ボディビル、トランポリン、スカッシュなど30十数種目がある。

ワールドシリーズ [World Series]〈野球〉米国のプロ野球選手権試合のこと。アメリカン・リーグとナショナル・リーグの優勝チームの間で行われる、チャンピオンシリーズ。先に 4 勝したチームが優勝となる。

ワールドロペット [World Loppet] クロスカントリースキーマラソンの国際連盟。1978年にスウェーデンのウプサラで正式に発足した。日本からは1986年に札幌国際スキーマラソンが加盟した。14か国から 1 大会ずつ14大会開催され、そのうち10大会を完走したものに、「ワールドロペット・マスター」として証書と金賞が与えられる。

ワイデストポイント [widest point]〈ウインドサーフィン〉ボードの一番幅の広い部分。

ワイドレシーバー [wide receiver]〈アメフト〉オフェンスラインの外側に位置するレシーバー。パスレシーブのためにプレーをする。

わ

ワイプアウト [wipe out] 〈サーフィン〉ライディング中にボードから落ちること。

ワイルドウォーター [wild water] 〈カヌー〉流れの激しい急流を一気に下り、その速さを競う競技。

ワイルドカード [wild card] 〈テニス〉過去の成績に基づく出場資格を満たしていない場合でも、そのトーナメントの委員会の自由裁量により、トーナメントの申し込みの有無に関わらず、選出された選手が出場できる制度。トーナメントでは過去1年間のポイントを積算したポイントランキングの上位から順に資格が与えられる。ワイルドカードのおかげで、トーナメント主催者側がランキングの低い選手や開催国の若手選手を出場させる機会ができる。またそのための特別処置。

ワイルドピッチ [wild pitch] 〈野球〉投手の打者に対する投球が捕手の取れないようなそれた球。暴投。

ワインディング [winding] 〈ラグビー〉ボールを持った選手が相手にタックルを仕掛けられたとき、ボールを持ったまま相手に背を向け、そこに走り込んできた味方の選手にパスをして2人、3人とつないで行くフォワードの攻撃法のひとつ。

ワインドアップ [windup] 〈野球〉投手が大きく腕を振り上げて、投球モーションに入ること。

ワインドアップポジション [windup position] 〈野球〉振りかぶって投げる投球法。セットポジションからの投球より時間がかかるので、主に走者がいないときに使われる。

渡し込み [watashikomi] 〈相撲〉相手のひざか太ももを片手で外側から抱え込んで内へ引き、もう一方の手で相手を押し込み、体をあずけて相手を倒すこと。

渡し込み

ワックス [wax] 〈スキー〉スキー板の滑走面に塗って、それぞれの競技に必要とされる、滑走性を高めるためのロウ状の薬剤。コースのアップ・ダウンによる滑走の度合いを調整して、テクニカルディレクターが選手のスキー板に塗る。

ワックスアップ [wax-up] 〈サーフィン〉ボードにワックスをかけること。

ワッグル [waggle] 〈ゴルフ〉アドレスしてから、体（特に手首や腕）の力みを取りほぐすための動作。前後左右にクラブを小刻みに動かす例が多い。

ワッシャー [washout] 〈ボウリング〉1番・2番・10番ピン、あるいは、1番・2番・4番・10番ピンが残った形のこと。10番ピンが離れているが、ヘッド・ピンが残っているのでスプリットとは呼ばない。中間が洗い流されたような形から「ウォッシュ・アウト」ともいう。

割り [wari] 〈相撲〉取り組みのこと。

割り出し [waridashi]〈相撲〉四つに組んで、片方の手で相手の二の腕をつかむか、はずに当ててもう一方の手を上手か下手でまわしを取るか、小手に巻いて寄り切ること。

ワン・タッチ・コントロール [one touch control]〈サッカー〉最初のタッチでボールをコントロールすること。

ワン・ツー・パス [one two pass]〈ラグビー・サッカー〉⇒リターンパス

ワンツーパス [one two pass]〈サッカー〉味方にパスを出すと同時に走り出し、ダイレクトのリターンパスを受けて突破する。カベパスともいわれる。

割り出し

ワン・ツー・パンチ [one two punch]〈ボクシング〉左右からの連打。⇒ワン・ツー・ブロー

ワン・ツー・ブロー [one two blow]〈ボクシング〉左右の手で続けて2度打撃すること。⇒ワン・ツー・パンチ

ワンプッシュ [one push]〈ラグビー〉スクラムにボールが入れられる瞬間にスクラムを相手側にひと押しすること。味方ボールの場合、スクラムとボールを入れるスクラムハーフとのサインプレーで有利な展開が狙え、相手の虚を突くことができる。

ワン・ポイント・リリーフ [spot reliever]〈野球〉リリーフピッチャーのことで、1人の打者に対してだけ起用される。

ワンオン [one＋on 和]〈ゴルフ〉ショートホールで、第1打のボールがグリーンにのること。

ワンステップ [one-step]〈ダンス〉4分の2拍子の社交ダンス。

ワンダウン [one down]〈野球〉一死。ワンアウト。

ワンタッチ [one＋touch 和]〈バレーボール〉相手側コートに打ち込んだボールがブロックなどで一度手に触れること。相手側のブロッカーが伸ばした手に向けてあえて強くボールを打ち、跳ね返ったボールがコート外に落ちることを狙った戦法もある。＝ボールコンタクト

ワントップ [one top]〈サッカー〉攻撃を担当するフォワードの選手1人だけの布陣。相手チームの攻撃力が味方チームより勝っていると判断したときに行う。3-6-1システムや4-5-1システムという布陣がその代表。

ワンペナ [one penalty]〈ゴルフ〉ペナルティがひとつ与えられること。主にアウト・オブ・バウンズ（OB）やウォーターハザードに入ったときなどに使われる。そのほか、反則行為をしたときなどに科せられる。

わ

アルファベット略語

【A】

AAA ［Amateur Athletic Association］ 〈陸上〉イギリスのアマチュア陸上競技協会。

ABF ［Asia Boxing Federation］ 〈ボクシング〉アジア・ボクシング連盟。

ABS ［acryl butadiene styrol］ 〈スポーツ一般〉アクリル・ブタジェン・スチロールの略。熱可塑性プラスチック一種。ASA と同じ。プロダクション・ボードによく使われる。

AFC ［American Football Conference］ 〈アメフト〉アメリカプロ・フットボール・リーグのひとつ。アメリカンフットボール・カンファレンス（東部、中部、西部地区に14チームが競う）。

AFC ［Asian Football Confederation］ 〈サッカー〉アジアサッカー連盟。

AIBA ［Association Internationale de Boxe Amateur 仏］ 〈ボクシング〉国際アマチュアボクシング協会。1946年創立。

AIMS ［Association of International Marathons and Road Races］ 〈マラソン〉世界マラソン・ロードレース協会。

AIPS ［Association Internationale de la Presse Sportive 仏］ 〈スポーツ一般〉国際スポーツ記者協会。1924年結成。

AL ［American League］ 〈野球〉アメリカプロ野球・メジャーリーグのひとつ。アメリカンリーグ（西地区４球団、東地区５球団、中地区５球団計14球団）、このほかに NL　ナショナルリーグがある。

ANOC ［Association of National Olympic Committees］ 〈スポーツ一般〉各国オリンピック委員会連合。

ANOCA ［Association of National Olympic Committees of Africa］ アフリカ国内オリンピック委員会連合。アフリカ競技会を主催する。

ASA ［Acrylnitril Styrol Acrylester］ 〈スポーツ一般〉アクリルニトリル・スチロール・アクリルエステルの略。熱可塑性プラスチック。冷やすと固まり、衝撃に強く、紫外線や塩水にも耐えられる。コストも低い。ただし重いという欠点がある。

ATP ［The Association of Tennis Professionals］ 〈テニス〉世界男子プロテニス選手協会。

ATPコンピューターランキング　⇒ ATP ツアー

ATPツアー ［The Association of Tennis Professionals Tour］ 〈テニス〉世界男子プロテニス選手協会が中心となって組織された団体。国際テニス連盟や各国テニス協会との折衝と大会運営の調停などを目的としている。1975年からは全

選手の 1 年間のトーナメントでの獲得ポイントを集計・精算し、毎週、"ATP コンピューターランキング" として発表している。このランキングがトーナメントへの出場資格やシードの基になっている。　⇔ WTA ツアー

A代表　[national team]　〈**サッカー**〉各国の代表選手。ワールドカップなどに出場する各国代表チームのメンバー。

【B】

BTA　[Baseball Federation of Asia]　〈**野球**〉アジア野球連盟。

BTR　[bicycle trial]　〈**自転車**〉さまざまな障害を設けたコースを定められた時間内に走破できるかどうかを競う自転車競技。

BMX　[bicycle motocross]　〈**自転車**〉自転車モトクロス。自転車で山林、原野などを走る自転車競技。

B決勝　[consolation]　〈**水泳**〉予選で決勝レースに残れなかった選手に記録を狙わせることが目的で行われる、9〜16位を決定するレース。1999年にルール改正になってからは公式大会で行われなくなった。

【C】

C Car　[Group C Car]　〈**モータースポーツ**〉FIA（国際自動車連盟）が定める競技車両のグループ C に分類される、スポーツ・プロトタイプ・カーと呼ばれる車両の略称。

CART　[Championship Auto Racing Teams]　〈**モータースポーツ**〉インディカー・ワールド・シリーズを主催するオーガナイザー（主催者）。カートと呼ばれる。

CAS　[Court of Arbitration for Sport]　カスと呼ぶ。スポーツの係争を専門に扱う「スポーツ仲裁裁判所」のこと。CAS が扱う調停内容は、ドーピングなどの規律にかかわるものが45％、スポンサーに絡む商業関連のもの45％が大半を占める。最近では日本水泳連盟を相手取り、選考方法と、選考基準の明確化をめぐって提訴している。このほか数種目にわたり、判定に疑問を持ち CAS に提訴が持ち込まれている。日本オリンピック委員会では「日本スポーツ仲裁機構（JSAA）」が2003年 4 月 7 日に発足した。

CF　[center forward]　〈**サッカー・ホッケー**〉サッカー、ホッケーなどのセンターフォワードのこと。

CGF　[Commonwealth Games Federation]　〈**コモンウェルスゲームズ**〉コモンウェルスゲームズ連盟。

CIPS　[International Confederation of Sports Fishing]　〈**釣り**〉国際スポーツフィッシング連合。

CISM　[International Military Sports Council]　〈**スポーツ一般**〉国際軍人スポーツ評議会。

CISS　[International Committee of Sports for the Deaf]　〈**障害者スポーツ**〉国際ろ

アルファベット

う者スポーツ委員会。

CK　[corner kick]　〈サッカー〉コーナーキック。

CL　[Central League]　〈野球〉セントラルリーグ。日本プロ野球リーグのひとつ。他に PL パシフィックリーグがある。

CMAS　[Confederation Mondialedes Activites Subaquatares Federation 仏]　〈水中スポーツ〉世界水中スポーツ連盟。1959年に設立された水中活動のための、海の国連と呼ばれる組織。水中スポーツ活動の普及・振興、国際水中スポーツ大会の開催、水中スポーツマンのライセンス発行、水中科学の研究活動など行っている。

CSIT　[International Labour Sports Confederation]　〈スポーツ一般〉国際労働者スポーツ連合。

CTB　[Center Three-quarter Backs]　〈ラグビー〉ラグビーの中央のスリー・クオーター・バックス。

【D】

DF　[defender]　〈サッカー〉サッカーのディフェンダー。

DG　[drop goal]　〈ラグビー〉ラグビーのドロップゴール。

DH　[designated hitter]　〈野球〉野球の指名打者。

DNF　[did not finish]　〈モータースポーツ〉完走できなかったということ。完走規定を満たしていなかった場合が DNF でリタイアとは区別される。

【F】

F1　[Formula One]　〈モータースポーツ〉F 1 世界選手権のかかったレースを走るフォーミュラカーの車両のこと。12気筒3000cc 以下のエンジン搭載車。フォーミュラカーはタイヤがむき出しになっている一人乗りの屋根のないレース専用車のこと。F 1 レースは年間16〜17戦程度行われ、世界を転戦し、日本でも1976年に富士スピードウェイで F 1 世界選手権インジャパンが繰り広げられた。ドライバーとコンストラクター（レース車両の製造業者）それぞれにチャンピオンシップがかけられている。レースは FIA（国際自動車連盟）のなかでモータースポーツ関係を取り仕切る FISA（国際自動車スポーツ連盟）が統括するが事実上、開催、運営しているのは FOCA（F 1 の製作者協会）である。

F3　[Formula 3]　〈モータースポーツ〉フォーミュラ・カー 4 気筒2000cc 以下のエンジン搭載車。その車で行われるレース。

F3000　[Formula 3000]　〈モータースポーツ〉フォーミュラカー12気筒3000cc以下のエンジン搭載車。その車で行われるレース。

FA　[free agent system]　フリーエージェント制

FAI　[The World Air Sports Federation]　〈空中スポーツ〉国際空中スポーツ連盟。

1905年創立。

FD ［first down］ 〈アメフト〉ファーストダウン

FEI ［International Equestrian Federation］ 〈馬術〉国際馬術連盟。1921年創立。

FESPIC ［Far East and South Pacific Federation for the Disabled］ 〈障害者スポーツ〉フェスピックと呼ぶ。極東・南太平洋障害者スポーツ連盟。

FG ［Field Goal］ ①〈アメフト〉キックによるゴール。②〈バスケットボール〉フリースロー以外のゴール。

FIA ［Federation Internationale de l'Automobile 仏 ］ 〈モータースポーツ〉国際自動車連盟。各国の公認自動車団体が加盟するただひとつの国際機関。F 1 やWRC（世界ラリー選手権）主催する。フィアと呼ぶ。

FIAS ［Federation International of Amateur Sambo］ 〈サンボ〉世界サンボ連盟。

FIBA ［Federation Internationale de Basketball 仏 ］ 〈バスケットボール〉国際バスケットボール連盟。1932年設立。

FIBT ［International Bobsleigh and Tobboganning Federation］ 〈ボブスレー〉国際ボブスレー・トボガニング連盟。1923年創立。

FICS ［International Federation of Sports Chiropractic］ 〈スポーツ一般〉国際スポーツカイロプラクティック連盟。

FIC ［International Timekeepers Federation］ 〈スポーツ一般〉国際タイムキーパー連盟。

FI ［International Fencing Federation］ 〈フェンシング〉国際フェンシング連盟。

FIFA ［Federation Internationale de Football Association 仏 ］ 〈サッカー〉国際サッカー連盟。1904年設立。オリンピックのサッカー競技のトーナメント運営やワールドカップを主催する機関。FIFA が主催する競技大会には①４年ごとに行われるワールドカップ、②オリンピックのサッカー競技、③女子 W杯、④ワールドユース選手権、⑤ U-17世界選手権、⑥世界フットサル選手権、⑦コンフェデェレーションズカップ、⑧世界クラブ選手権がある。フィファと呼ばれる。

FIG ［International Gymnastics Federation］ 〈体操〉国際体操連盟。1881年創立。

FIH ［International Hockey Federation］ 〈ホッケー〉国際ホッケー連盟。1924年創立。

FIL ［International Luge Federation］ 〈リュージュ〉国際リュージュ連盟。1957年創立。

FILA ［Federation Internationale de Lutte Association 仏 ］ 〈レスリング〉国際レスリング連盟。1912年設立。

FIM ［Federation Internationale Motocycliste 仏 ］ 〈モータースポーツ〉国際モーターサイクル連盟。1904年創立。

FIMS ［Federation Internationale de Medecine Sportive 仏 ］ 〈スポーツ一般〉国際スポーツ医学連盟。

FINA ［Federation Internationale de Natation Amateur 仏 ］ 〈水泳〉国際アマチュア水泳連盟。フィナと呼ぶ。1908年創立。

アルファベット

FIP [Federation of International Polo] 〈ポロ〉国際ポロ連盟。1985年創立。

FIQ [International Bowling Federation] 〈ボウリング〉国際ボウリング連盟。1952年創立。

FIRS [International Roller Sports Federation] 〈ローラースケート〉国際ローラースケート連盟。1924年創立。

FIS [Federation Internationale de Ski 仏] 〈スキー〉国際スキー連盟。スイスのベルンに本部を置き1924年に設立。ワールドカップ、世界選手権を主催する。

FISA [International Rowing Federation] 〈ボート〉国際ボート連盟。1892年創立。

FISA [Federation Internationale de Sport Automobile 仏] 〈モータースポーツ〉国際自動車スポーツ連盟。FIAの下部組織で、モータースポーツ関係を統括し、レースカレンダー（年間のレースやラリーのスケジュール）や競技会ごとに規定される特別規則などの決定を行う。

FISU [Federation Internationale de Sport Universitaire 仏] 国際大学スポーツ連盟。（ユニバーシアードを主催する）

FITA [International Archery Federation] 〈アーチェリー〉国際アーチェリー連盟。1931年創立。

FIVB [Federation Internationale de Volleyball 仏] 〈バレーボール〉国際バレーボール連盟。1947年創立。

FK [free kick] 〈サッカー〉フリーキック。

FL [forward left] 〈バレーボール〉バレーなどの前衛の左翼。

FOCA [Formula One Constructors Association] 〈モータースポーツ〉F1製造者協会。フォカとも呼ばれる。車両を作り、レースに出場するコンストラクター（車両の製造業者）の団体でF1レースの開催・運営の権利を事実上すべて掌握している。

FR [forward right] 〈バレーボール〉前衛の右翼。

FW [forward] 〈ラグビー・サッカー〉前衛。

【G】

GAISF [General Association of International Sports Federations] 〈スポーツ一般〉国際スポーツ連盟機構。1967年発足。

GBA [Global Basketball Association] 〈バスケットボール〉グローバル・バスケットボール協会。アメリカから旧ソ連・欧州にまたがるプロ・バスケットボールの組織。

GK [goalkeeper] ゴールキーパー。

GP [Grand Prix 仏] グランプリ

【I】

IAAA [International Amateur Athletic Association] 〈スポーツ一般〉国際アマチ

ュア体育協会。

IAAF [International Amateur Athletic Federation] 〈陸上〉国際陸上競技連盟。1912年創立。

IAF [International Aikido Federation] 〈合気道〉国際合気道連盟。1976年創立。

IAKS [International Association for Sports and Leisure Facilities] 〈スポーツ一般〉国際スポーツ・レジャー施設協会。

IAWF [International Amateur Wrestling Federation] 〈レスリング〉国際アマチュアレスリング連盟。

IBA [International Baseball Association] 〈野球〉国際（アマチュア）野球連盟。1976年に発足。1999年に IBAF と改称。

IBAF [International Baseball Federation] 〈野球〉国際野球連盟。1976年に設立。1999年に略称変更。

IBF [International Boxing Federation] 〈ボクシング〉国際ボクシング連盟。

IBF [International Badminton Federation] 〈バドミントン〉国際バドミントン連盟。1934年創立。

IBU [International Biathlon Union] 〈バイアスロン〉国際バイアスロン連合。1993年創立。

ICC [International Cricket Council] 〈クリケット〉国際クリケット評議会。

ICF [International Canoe Federation] 〈カヌー〉国際カヌー連盟。1924年創立。

ICSF [International Casting Sports Federation] 〈釣り〉国際キャスティング（投げ釣り）連盟。

ICSPE [International Council of Sport and Physical Education] 〈スポーツ一般〉国際スポーツ体育協議会。

IDSF [International Dancesport Federation] 〈ダンス〉国際ダンススポーツ連盟。1957年創立。

IF ⇒ISF 国際競技連盟。

IFAF [International Federation of American Football] 〈アメフト〉国際アメリカンフットボール連盟。1999年創立。

IFMA [International Federation of Muaythai Amateur] 〈ムエタイ〉国際アマチュアムエタイ連盟。

IFNA [International Federation of Netball Associations] 〈ネットボール〉国際ネットボール連盟。1960年創立。

IFPA [International Fair Play Award] 国際フェアプレー賞。

IFS [International Sumo Federation] 〈相撲〉国際相撲連盟。1946年創立。

IGA [International Golf Association] 〈ゴルフ〉国際ゴルフ協会。

IGFA [International Game Fish Association] 〈釣り〉国際ゲームフィッシュ協会。

IHF [Internationale de Handball Federation 仏] 〈ハンドボール〉国際ハンドボール連盟。1946年創立。

IIHF [International Ice Hockey Federation] 〈アイスホッケー〉国際アイスホッケー連盟。1908年創立。

アルファベット

IJF　[International Judo Federation]　〈柔道〉国際柔道連盟。1951年創立。

IKF　[International Kendo Federation]　〈剣道〉国際剣道連盟。1970年創立。

IKF　[International Korfball Federation]　〈コーフボール〉国際コーフボール連盟。1933年創立。

ILS　[International Life Saving Federation]　〈スポーツ一般〉国際ライフセービング連盟。1910年創立。

IMGA　[International Masters Games Association]　〈スポーツ一般〉国際マスターズゲームズ協会。

IOC　[International Olympic Committee]　〈スポーツ一般〉国際オリンピック委員会。オリンピック競技大会を主催する国際的な非政府組織。フランス人のピェール・ド・クーベルタンの提唱で1894年パリで創立された。オリンピック競技大会の定期的な開催とスポーツを通じての世界各国・各民族の親善・世界平和の推進を使命としている。IOC は IOC 委員によって構成・運営され、2002年現在委員総数は127人で会長、副会長4人、理事6人、夏季競技団体体表1人、冬季競技団体代表1人、NOC 代表1人、選手会代表1人の合計15人で理事を構成している。委員の定年はかつては80歳だったが、2000年以降に選考された委員については70歳に達した暦年の末日までと改正になった。IOC の経費は、テレビ放映権利金、TOP スポンサーからの協賛金などでまかない、本部はローザンヌに置かれている。

IOF　[International Orienteering Federation]　〈オリエンテーリング〉国際オリエンテーリング連盟。1961年創立。

IPC　[International Paralympic Committee]　〈障害者スポーツ〉国際パラリンピック委員会。

IPF　[International Powerlifting Federation]　〈パワーリフティング〉国際パワーリフティング連盟。

IRB　[International Rugby Board]　〈ラグビー〉国際ラグビー機構。1886年に設立。設立当初はイギリスを取り巻く国際試合および諸問題の解決やルールの統一などを目的とし、ラグビー界の普及に努めてきた。現在は世界的な視野に立ったラグビー界の中心的組織となっている。現在の参加国は約97か国で、常任理事国は約12か国となっている。日本は1991年に常任理事国に選任されている。

IRF　[International Racquetball Federation]　〈ラケットボール〉国際ラケットボール連盟。1968年創立。

IRG　[International Regional Games]　〈スポーツ一般〉国際地域競技大会。

IRL　[Indy Racing League]　〈モータースポーツ〉インディ・レーシング・リーグの略。1996年に誕生したアメリカ独自のレース。インディ500が有名である。

ISA　[International Surfing Association]　〈サーフィン〉国際サーフィン協会。1976年創立。

ISAF　[International Sailing Federation]　〈ヨット〉国際ヨット連盟。1907年創立。

ISF　[International Sports Federation]　〈スポーツ一般〉国際競技連盟。サッカー、

テニス、陸上などのスポーツを統括する世界的な組織。IOC は2002年7月現在35のオリンピック実施競技としての国際競技連盟を公認している。夏季大会の連合組織としては、オリンピック夏季大会競技団体連合会（ASOIF）。冬季大会の連合組織としては、オリンピック冬季大会競技団体連合会（AIWF）。また、オリンピック実施競技、非実施競技の連合体としては、モナコのモンテカルロに本部を置く国際競技団体連合（GAISF）がある。

ISF [International School Sport Federation] 〈学校スポーツ〉国際学校スポーツ連盟。

ISF [International Snowboard Federation] 〈スノーボード〉国際スノーボード連盟。

ISF [International Softball Federation] 〈ソフトボール〉国際ソフトボール連盟。

ISL [International Sports and Leisure] 〈スポーツ一般〉 1982年に設立されたスポーツビジネスの代理業務を行う会社。2002年の日韓共催のワールドカップ・サッカーのテレビ放映権をドイツのメディアグループであるキルヒと2500億円で共同落札している。

ISMWSG [International Stoke Mandeville Wheelchair Sports Games] 〈障害者スポーツ〉国際ストーク・マンデビル車椅子競技大会。

ISSF [International Shooting Sport Federation] 〈射撃〉国際射撃連盟。1907年創立。

ISTAF [International Sepaktakraw Federation] 〈セパタクロー〉国際セパタクロー連盟。

ISTF [International Soft Tennis Federation] 〈ソフトテニス〉国際ソフトテニス連盟。

ISU [International Skating Union] 〈スケート〉国際スケート連盟。1892年創立。

ITF [International Tennis Federation] 〈テニス〉国際テニス連盟。1913年創立。

ITTF [The International Table Tennis Federation] 〈卓球〉国際卓球連盟。1926年創立。

ITU [International Triathlon Union] 〈トライアスロン〉 国際トライアスロン連合。1989年創立。

ITサッカーリーグ 情報技術サービス産業の優良企業6社によるサッカーリーグ。

IVBF [International Volleyball Federation] 〈バレーボール〉国際バレーボール連盟。

IWBA [International Women's Board Sailing Association] 〈ウインドサーフィン〉1983年に設立された国際的なレディス協会。

IWCA [International Windsurfer Class Association] 〈ウインドサーフィン〉最も長い歴史を持つウィンドサーファークラスの国際的な組織。

IWF [International Weightlifting Federation] 〈ウエイトリフティング〉国際ウエイトリフティング連盟。1905年設立。

IWGA [International World Games Association] 〈スポーツ一般〉国際ワールド

アルファベット

261

ゲームズ協会。1980年創立。

IWRF 〔International Wheelchair Rugby Federation〕 〈ウィルチェアーラグビー〉国際ウィルチェアーラグビー連盟。

IWSF 〔International Water Ski Federation〕 〈水上スキー〉国際水上スキー連盟。1946年創立。

IWUF 〔International Wushu Federation〕 〈武術〉国際武術連盟。1990年創立。

IYRU 〔International Yacht Racing Union〕 〈ヨット〉国際ヨット競技連盟。ここで定める国際ヨット競技ルールを基本に、ほとんどのレースルールが決められる。

【J】

Jビレッジ 〔J village〕 〈サッカー〉福島県にあるサッカーを中心としたナショナル・トレーニング・センター。

Jリーグ 〔J League〕 〈サッカー〉日本初のプロサッカーリーグの愛称。Japan Professional Football League が正式名称。日本サッカー協会は、プロが中心の世界のサッカー界の潮流に追い付くため、1991年に発足、1993年に開幕した日本のプロサッカーリーグ。当初、10チームからスタートし、1999年からはジャパン・フットボール・リーグ（JFL）を統合して16チームをJリーグ1部（J1）、10チームをJリーグ2部（J2）として、毎年1部下位、2部上位のチームの自動入れ替えを行う。Jリーグの最大の特徴は、地域に根差した（チーム名に地域名を冠し、その母体である企業名をはずす）ホームタウン制を導入していること。プロ野球や大相撲に次ぐ人気スポーツに成長した。

JAAA 〔Japan Amateur Athletic Association〕 〈スポーツ一般〉日本アマチュア体育協会。

JAAF 〔Japan Amateur Athletic Federation〕 〈陸上〉日本陸上競技連盟。

JABA 〔Japan Amateur Baseball Association〕 〈野球〉日本野球連盟。アマチュア野球の統括団体。

JABA 〔Japan Amateur Basketball Association〕 〈バスケットボール〉日本アマチュアバスケットボール協会。

JABBA 〔Japan Basketball Association〕 〈バスケットボール〉日本バスケットボール協会。

JAF 〔Japan Automobile Federation〕 〈モータースポーツ〉日本自動車連盟。FIA公認の日本のモータースポーツを統括する団体。

JASA 〔Japan Amateur Sports Association〕 〈スポーツ一般〉日本体育協会。日本のアマチュアスポーツを中心に統括する1911年に設立した全国組織。

JASF 〔Japan Amateur Swimming Federation〕 〈水泳〉日本水泳連盟。

JBA 〔Japan Boxing Association〕 〈ボクシング〉全日本ボクシング協会。

JBC 〔Japan Bowling Congress〕 〈ボウリング〉全日本ボウリング協会。

JBC 〔Japan Boxing Commission〕 〈ボクシング〉日本ボクシングコミッション。

JBL ［Japan Basketball League］〈**バスケット**〉バスケットボール日本リーグ機構

JFA ［Japan Football Association］〈**サッカー**〉日本サッカー協会。1921年（大正10）に創設された。FIFA には1929年に加盟している。協会が主催する国内最大の大会が天皇杯全日本選手権で、決勝が東京・国立競技場で行われる。

JFL ［Japan Football League］〈**サッカー**〉日本フットボールリーグ。Jリーグの下部リーグ。

JGA ［Japan Golf Association］〈**ゴルフ**〉日本ゴルフ協会。

JGA ［Japan Gymnastic Association］〈**スポーツ一般**〉日本体操協会。

JJIF ［Ju-Jitsu International Federation］〈**柔術**〉国際柔術連盟。

JL ［Japan League］〈**スポーツ一般**〉日本リーグ。主に実業団が組織している競技連合のこと。

JOC ［Japan Olympic Committee］〈**スポーツ一般**〉日本オリンピック委員会。日本国内でのオリンピックの推進運動を展開し、オリンピックに選手団を派遣することを使命とした組織。1912年の第5回ストックホルムオリンピックに参加するためにその前年設立された。1989年に日本体育協会から独立した。

JOCオフィシャルパートナー ［JOC official partner］〈**スポーツ一般**〉JOC が派遣するオリンピック、アジア競技大会などの国際総合競技大会の日本代表選手団に対して、必要とされる専門的な手法のアドバイスや資金の提供をし、日本選手団の応援ならびにオリンピック運動を推進していく企業のことを指す。主な内容は「JOC・日本選手団に関する権利」、「選手強化キャンペーンに関する権利」の二つに大別される。

JOM ［Japan Olympic Marketing］〈**スポーツ一般**〉ジャパン・オリンピック・マーケティング(株)。オリンピックビジネスを担当する会社。JOC では閉鎖の方向で検討している。

JOPランキング ［Japan Official Point Ranking］〈**テニス**〉日本テニス協会の発表する日本人選手の獲得ポイントの順位。このランキングにより、協会は各トーナメントの出場資格などの決定をする。世界ランキングの ATP、WTA のコンピューターランキングと連動しており、ATP、WTA の各1ポイントは JOP の60ポイントに換算される。　⇒ ATP コンピューターランキング ⇒ WTA コンピューターランキング

JPBPA ［Japan Professional Baseball Players Association］〈**野球**〉日本プロ野球選手会。

JPC ［Japan Paralympic Committee］〈**障害者スポーツ**〉日本パラリンピック委員会。

JRFU ［Japan Rugby Football Union］〈**ラグビー**〉日本ラグビー・フットボール協会。

JSA ［Japan Softball Association］〈**ソフトボール**〉日本ソフトボール協会。

JSAA ［Japan Sports Arbitration Association］日本スポーツ仲裁機構

JSAD ［Japan Sports Association for the Disabled］〈**障害者スポーツ**〉日本障害

アルファベット

者スポーツ協会。

JSBA ［Japan Snowboading Association］〈スノーボード〉日本スノーボード協会。

JTA ［Japan Tennis Association］〈テニス〉日本テニス協会。1922年設立。

JTTA ［Japan Table Tennis Association］〈卓球〉日本卓球協会。

JTWF ［Japan Tug of War Federation］〈綱引き〉日本綱引き連盟。

JUSB ［Japan　University Sports Board］日本ユニバーシアード委員会。

JVA ［Japan Volleyball Association］〈バレーボール〉日本バレーボール協会。

JWF ［Japan Wrestling Federation］〈レスリング〉日本レスリング協会。

JWGA ［Japan World Games Association］〈スポーツ一般〉日本ワールドゲームズ協会。

【K】

KO ⇒ノックアウト

K-1 〈格闘技〉異種格闘技。日本で生まれた格闘技として世界から注目を浴びている。世界最強の格闘技を目指して1993年に第1回「K-1グランプリ」が開催された。K-1のKは、空手、拳法、キックボクシング、カンフーと格闘技の頭文字を表し、1は文字通りの格闘技ナンバーワンを表している。

K点 ［construction point,konstructionspunkt 独］〈スキー〉ノルデックジャンプ競技を行うシャンツェの規模を表す建築基準点のこと。ランディングバーンの両サイドにKの文字を表示して、その地点を結ぶ雪面に赤いラインが記されている。ノーマルヒルでは90m、ラージヒルでは120mとなっており、現在ではV字飛行などの技術の向上に伴い、このポイントをいかにして上回るかが勝負とされている。従来の危険ライン・極限点の意味から、飛距離の基準点との考え方に変わってきている。

【L】

LB ［linebacker］〈アメフト〉ラインバッカー。

LE ［left end］〈アメフト〉レフトエンド。

LH ［left half］〈アメフト〉レフトハーフ。

LPGA ［Lady's Professional Golfers Association］〈ゴルフ〉女子プロゴルフ協会。

LT ［left tackle］〈アメフト〉レフトタックル。

LTA ［Lawn Tennis Association］〈テニス〉イギリスのテニス協会。

【M】

MF ［midfielder］〈サッカーなど〉ミッドフィルダー。

MFJ ［Motorcycle Federation of Japan］〈モータースポーツ〉日本モーターサイ

クル協会。

MLB ［Major League Baseball］ 〈**野球**〉アメリカプロ野球のメジャーリーグ。アメリカンリーグとナショナルリーグの２リーグを擁する最強リーグ。

MLS ［Major League Soccer］ 〈**サッカー**〉メジャー・リーグ・サッカー。アメリカのプロサッカーリーグ。

MTB ［mountain bike］ 〈**マウンテンバイク**〉マウンテンバイク。

MVP ［most valuable player］ 〈**プロ野球など**〉最優秀選手。

【N】

NBA ［National Basketball Association］ 〈**バスケットボール**〉全米バスケットボール協会。1946年に11チームの加盟により結成されたアメリカのプロバスケットボールの組織。1970年代にドラッグの蔓延などで人気は凋落した。しかしマジック・ジョンソン、ラリー・バードの２人の活躍で NBA は息を吹き返し、1984年にマイケル・ジョーダンがシカゴ・ブルズに入団するとアメリカ No.1のプロスポーツとして、世界市場に大きく成長した。

NCAA ［National Collegiate Athletic Association］ 〈**スポーツ一般**〉全米大学スポーツ協会。

NFC ［National Football Conference］ 〈**アメフト**〉アメリカのプロフットボールリーグのひとつ。ナショナル・フットボール・カンファレンス（東部、中部、西部地区に14チームが競う）。

NFL ［National Football League］ 〈**アメフト**〉全米プロフットボールリーグ傘下に AFC と NFC がある。

NHL ［National Hockey League］ 〈**アイスホッケー**〉アメリカ・カナダのチームが参加するプロのアイスホッケーのリーグ。

NL ［National League］ 〈**野球**〉アメリカプロ野球・メジャーリーグのひとつ。ナショナルリーグ（西地区５球団、東地区５球団、中地区６球団計16球団）。

NOC ［National Olympic Committee］ 〈**スポーツ一般**〉国内・地域オリンピック委員会。国と地域の各競技団体によって構成されるオリンピックや、大陸別の総合競技大会などに代表選手・選手団を派遣するための各国の組織。日本では JOC がこれにあたる。IOC が承認している NOC は2002年現在199となっている。NOC の連合体としては、パリに本部を置く国内オリンピック委員会連合（ANOC）がある。

NPB ［Nippon Professional Baseball］ 〈**野球**〉日本プロフェショナル野球組織。

【O】

OB ［out-of-bounds］ 〈**ゴルフ**〉ゴルフのプレー禁止区域。またそこにボールが入ること。ペナルティーを課せられる。

OCA ［Olympic Council of Asia］ 〈**スポーツ一般**〉アジアオリンピック評議会。

OCOG ［Organizing Committee for the Olympic Games］〈スポーツ一般〉オリンピック大会組織委員会。オリンピックの開催地が決まると、その国の NOC（国内・地域オリンピック委員会）は IOC（国際オリンピック委員会）から開催権を委任され、開催都市として OCOG を設立する。NOC は OCOG に再度委任する形になる。オリンピック競技大会にかかわる諸準備を進める法人格を持った運営組織団体。

OOC ［Olympic Organizing Committee］〈スポーツ一般〉 オリンピック組織委員会。

【P】

PASO ［Pan-American Sports Organization］〈スポーツ一般〉パンアメリカンスポーツ機構。

PBOJ ［The Professional Baseball Organization of Japan］〈野球〉日本野球機構。

PG ［penalty goal］〈サッカーなど〉ペナルティーゴールの略。

PGA ［Professional Golfer's Association］〈ゴルフ〉アメリカのプロ・ゴルフ協会。

PK ［penalty kick］〈サッカーなど〉ペナルティキックの略。

PK戦 ［penalty kick competition］〈サッカー〉延長戦または試合が同点で終わったときの勝敗の決定方法。両チームから5人ずつの選手によるゴールキーパーとの1対1の対決となり、得点を多く挙げたほうが勝ちとなる。5人蹴り終わった時点でも同点の場合は、さらに一人ずつの選手が出て決着のつくまで行われる。

PL ［Pacific League］〈野球〉パシフィックリーグ。日本プロ野球のリーグのひとつ。 ⇒ CL（セントラルリーグ）

PWF ［Pacific Wrestling Federation］〈レスリング〉太平洋レスリング連盟。（NWA の下部組織）。

【Q】

QB ［quarter back］〈アメフト〉クオーターバックのこと。

Qタイヤ ⇒クォリファイタイヤ

【R】

R ［radius］〈モータースポーツ〉レースコースのカーブの半径を表す記号。40R は R＝40 のように表記される。数字が小さいほどカーブがきつくなり、大きいほど緩やかなカーブになる。ヘアピンカーブは、鈴鹿サーキットで 20R。富士スピードウェイは 30R。

RAF ［rotating asymmetrical foil］〈ウインドサーフィン〉セイルが風を受けたときにマストスリーブが回転し、翼の形に近い左右非対称の形を作りだすセイルのこと。

【S】

SAJ ［Ski Association of Japan］ 〈スキー〉全日本スキー連盟。国内の競技会やスキー指導を統括する。

SFF ［split-fingered fast ball］ 〈野球〉スプリット・フィンガー・ファーストボール。

SMG ［Stoke Mandeville Games］ 〈障害者スポーツ〉国際身体障害者スポーツ大会

SOI ［Special Olympics, Inc.］ 〈障害者スポーツ〉スペシャルオリンピックス国際本部。1968年創立。

SS ［special stage］ 〈モータースポーツ〉ラリーでスタートからゴールまでの区間に設けられた特別な区間。コースをいくつかに分けた区間ごとに主催者が走行速度を定めているが、SS区間は特に速度を高めに定めているために指示速度を守れず、決められた時間内に走ることができない難所といわれる。

SUV ［sports utility vehicle］ 〈スポーツ用具〉アメリカで、クロスカントリー用の車。

SWC ［Sports car World Championship］ 〈モータースポーツ〉2人乗りレーシングカーの世界選手権シリーズ。

S字コーナー ［S-bent］ 〈モータースポーツ〉アルファベットSの字形のカーブで、左右に問わずS字コーナーという。

【T】

TKO ［technical knockout］ 〈ボクシング〉 ⇒テクニカルノックアウト

TOP ［The Olympic Program Sponsor］ 〈スポーツ一般〉国際オリンピック委員会（IOC）が企業からの財政的援助を受けるために考え出されたスポンサー組織の名称。トップという。1984年のロサンゼルス大会の民間企業の協力を得て成功したことを基に、オリンピックへの財政協力を4年1期とする契約で始めた。現在は5期計画が進められている。TOPスポンサーは1業種1社に限られ、TOPスポンサーになるためにはIOCに対して最低40億円程度の協賛金を支払わなければならない。五輪のロゴマークや「オリンピック」の文字の使用権が得られる。

TWIF ［Tug of War International Federation］ 〈綱引き〉国際綱引き連盟。1960年創立。

Tカー ［spare car］ 〈モータースポーツ〉レース用の予備の車両。カーナンバーの横にTの文字を記して、本番車両と区別されている。本番車両が事故や故障などで決勝レースに出せないときに用いられる。当然事前の登録が必要となる。

アルファベット

【U】

U-17 ［under-17］ 〈**サッカー**〉ワールド・ジュニア・ユース選手権大会の開催年に出場資格を持つ17歳以下の選手を指す。

U-20 ［under-20］ 〈**サッカー**〉ワールドユース選手権大会の開催年に出場資格を持つ20歳以下の選手を指す。

U-23 ［under-23］ 〈**サッカー**〉オリンピックに出場資格のある満23歳以下の選手またそのチームのこと。

UCI ［International Cycling Union］ 〈**自転車**〉国際自転車競技連盟。1900年創立。

UEFA ［Union of European Football Associations］ 〈**サッカー**〉ヨーロッパサッカー連合。

UEFAカップ ［Union of European Football Associations Cap］ 〈**サッカー**〉チャンピオンズリーグに出場できなかった各国のリーグ2位以下のチームも出ることができる、各国カップ戦の覇者とリーグ上位チームなどによるトーナメント戦。

UIAA ［The International Mountaineering & Climbing Federation］ 〈**登山**〉国際山岳連盟。1932年創立。

UIM ［International Union of Powerboating］ 〈**ボート**〉国際パワーボート連合。1922年創立。

UIPM ［International Modern Pentathlon Union］ 〈**近代五種競技**〉国際近代五種競技連合。1948年創立。

USGA ［United States Golf Association］ 〈**ゴルフ**〉全米ゴルフ協会。

USPGA ［United States Professional Golfer's Association］ 〈**ゴルフ**〉アメリカプロゴルフ協会。

USTA ［United States Tennis Association］ 〈**テニス**〉アメリカテニス協会。

【V】

Vゴール方式 〈**サッカー**〉FIFAではゴールデンゴール方式という。Jリーグ独自の名称で、victory の頭文字から採用。試合時間が終了しても、得点が同点のときの勝敗の決定方法。最大30分（前半・後半各15分）の延長戦でどちらかが得点を入れた時点で試合終了とする。残り時間があってもその時点で打ち切り終了となる。それでも決着がつかないときは引き分けになるが、試合によってはPK戦になることもある。

V字飛行 〈**スキー**〉ノルディックジャンプの飛型姿勢のひとつでスキーの先端を開き、両テールをくっつけて、V字形を作り、飛行中の風の抵抗を大きく受け、そのぶん揚力が増し飛距離が伸びるというスタイル。1992年以降急激に普及している。

Vリーグ ［V league］ 〈**バレーボール**〉日本バレーボール協会が主催するバレーボールのリーグ名。V は volleyball と victory の頭文字から。

【W】

W杯 ［World Cup］ 〈サッカー〉ワールドカップのこと。

WAKO ［World Association of Kickboxing Organizations］ 〈キックボクシング〉世界キックボクシング団体協会。

WBA ［World Boxing Association］ 〈ボクシング〉世界ボクシング協会。NBA（全米ボクシング協会）が1962年に解消した後に設立された組織。アメリカ各州のコミッションをはじめ全世界のコミッションを構成単位としている。スリーノックダウン制（1ラウンド3回のダウンで負けとなる）を採用している。

WBC ［World Boxing Council］ 〈ボクシング〉世界ボクシング評議会。ラテンアメリカ、極東、イギリス連邦、ヨーロッパ、北アメリカの五つのブロックを構成単位として1963年に組織された。MBA の上訴機関として発足したがその後 WBA から独立、プロボクシングの統括機関のひとつとして WBA と並ぶ勢力を持つ。フリーノックダウン制（1ラウンド中に何回ノックダウンしても負けにはならない）を採用している。

WBO ［World Boxing Organization］ 〈ボクシング〉世界ボクシング機構。1988年に脱退したプエルトリコのルイス・バチスタ・サラスによって組織された新しいコミッション。

WC ［World Championships］ 〈スポーツ一般〉世界選手権大会。IF（国際競技連盟）が主催するスポーツ競技ごとの、世界一を決める競技大会のこと。

WCA ［IAAF World Championships in Athletics］ 〈陸上〉 世界陸上競技選手権大会。IAAF（国際陸上競技連盟）が主催して行われる競技会。

WCB ［World Championships in Bicycle］ 〈自転車〉世界選手権自転車競技大会。

WCF ［World Curling Federation］ 〈カーリング〉世界カーリング連盟。1966年創立。

WCT ［World Championship Tennis］ 〈テニス〉世界テニス選手権大会の主催団体。

WFDF ［World Flying Disc Federation］ 〈フライングディスク〉世界フライングディスク連盟。

WKF ［World Karate Federation］ 〈空手〉世界空手連盟。1992年創立。

WMF ［World Minigolfsport Federation］ 〈ミニゴルフ〉世界ミニゴルフ連盟。

WMG ［World Masters Games］ 〈スポーツ一般〉世界マスターズ競技会。

WMSF ［World Masters Sports Federation］ 〈スポーツ一般〉世界マスターズスポーツ連盟。

WR ［wide receiver］ 〈アメフト〉ワイドレシーバー。

WRC ［World Rally Championship］ 〈モータースポーツ〉世界ラリー選手権。FIAの主催で、年間約十数戦世界各国で開催されるシリーズのこと。

WSC ［World Swimming Championship］ 〈水泳〉世界水泳選手権。

WSF ［World Squash Federation］ 〈スカッシュ〉世界スカッシュ連盟。1967年創立。

アルファベット

WSPC ［World Sports-Prototype car Championship］〈モータースポーツ〉世界スポーツ・プロトタイプ・カー選手権。世界各地で年間十数戦が行われる。ル・マン24時間レースが有名。

WSMA ［World　Sailboard Manufactures Association］〈ウインドサーフィン〉ワールドカップを運営する WSF のメーカーが集まって作られた組織。通称 POOL。

WTA ［Women's Tennis Association］〈テニス〉女子テニス協会。

WTAコンピューターランキング ⇒ WTA ツアー

WTAツアー ［Women's Tennis Association Tour］〈テニス〉女子テニス協会が母体となって組織された団体。アメリカのトッププレーヤーのキング婦人を会長に1973年に誕生した。女子トーナメントの賞金を男子並みにする要求などで成果を挙げている。男子同様に全選手の1年間のトーナメントでの獲得ポイントを集計・精算し、毎週、"ATP コンピューターランキング" として発表している。このランキングがトーナメントへの出場資格やシードの基になっている。⇔ ATP ツアー

WTF ［World TaeKwondo Federation］〈テコンドー〉世界テコンドー連盟。1973年創立。

【X】

Xリーグ ［X League］〈アメフト〉日本社会人アメリカンフットボール協会主催の日本リーグ戦。X リーグの X は、「卓越した（Excellence）」、「熟練した（Expert）」、「刺激的な（Exciting）」。

【Y】

YGサービス ［young generation service］〈卓球〉従来右利きであれば、フォアハンドサービスで右に曲がっていく（右横回転）ボールをかけることが多かったが、逆に左に曲がっていく（左横回転）ボールをかけることが世代の若い選手の間で盛んに使われていたことから YG サービスと呼ばれるようになった。

野球 / アルファベット略語

【投手編】

2B [doubles off pitcher]　被二塁打数
3B [triples off pitcher]　被三塁打
BB [bases on balls]　与四球
BB9 [bases on balls per 9 innings]　与四球率
BF [batters faced]　対戦打者数
BK [balks]　ボーク
CG [complete games]　完投試合
ER [earned runs]　自責点
ERA [earned run average]　防御率
G [games]　登板試合（数）
GS [games started]　先発試合（数）
H [hits]　被安打（数）
H/9 [hits-per-nine-inning ratio]　9イニングあたりの被安打率
HP [batteres hit by pitcher]　与死球数
HR [home runs]　被本塁打（数）
IBB [intentional walk(base on balls)]　敬遠の四球
INN [inning]　イニング
IP [inning pitched]　投球回数
IPS [inning pitched(start)]　先発投球回数
K [strikeouts]　三振
K/BB [strikeout/based on balls]　三振／四球比率
K/9 [strikeout per nine innings]　9回あたりの奪三振数、奪三振率
L [losses]　敗戦
LHP [left-handed pitcher]　左投手
NP [number of pitches]　投球回数
P [pitcher]　投手、ピッチャー
Pct [percentage]　（投手の）勝率
R [runs]　失点
RHP [right handed pitcher]　右投手
RPF [relief pitching failures]　救援失敗
RW [relief wins]　救援勝利
S [saves]　セーブ（数）
SHO [shutouts]　完封試合

野球略語

SO [strikeouts]　奪三振、三振
SO/9 [strikeouts-per-nine-inning ratio]　９イニングあたりの奪三振率
SV [saves]　セーブ
SVO [save opportunities]　セーブ（数）
W [wins]　勝利（数）
W-L [wins-losses]　勝利（数）
WP [wild pitches]　暴投、ワイルドピッチ

【打撃編】

1B [single-base hits]　一塁打
2B [two-base hits,doubles]　二塁打
3B [three base hits,triples]　三塁打
GS [games started]　先発出場試合
AB [at-bats]　打席、打数
AB/HR [home runs per at-bat ratio]　本塁打率
AB/K [strikeouts per at-bat ratio]　三振率
AVG [batting average]　打率
BA [batting average]　打率
BI[RBI] [runs batted in]　打点
CGL [complete games losses]　完投負け
DH [designated hitter]　指名打者
G [games]　出場試合（数）
GDP[GIDP] [grounded into double play]　併殺ゴロ
GO [groundouts]　ゴロのアウト
GSH [grand slam home runs]　満塁ホームラン
H [hits]　安打
HBP [hit by pitch]　死球
HR [home runs]　本塁打
IBB [intentional base on balls]　敬遠数
K [strikeouts]　三振
LOB [left on base]　残塁
OBA [on-base average]　出塁率
OBP [on-base percentage]　出塁率
OPS [on-base plus slugging percentage]　出塁および長打率
PH [pinch hitter]　代打、ピンチヒッター
PR [pinch runner]　代走
R [runs]　得点
RBI [runs batted in]　打点
RBI king [runs batted in king]　打点王

RBI single [runs batted in single]　打点につながるヒット、タイムリーヒット
SBA [stolen bases attempt]　盗塁試数
SF [sacrifice flies]　犠牲フライ
SH [sacrifice hits]　犠打
SLG [slugging percentage]　長打率
SO [strike outs]　三振
TB [total bases]　塁打数
TPA [total plate appearance]　全打席数

【守備・走塁編】

1B [first baseman]　一塁手、ファースト
2B [second baseman]　二塁手、セカンド
3B [third baseman]　三塁手、サード
A [assists]　捕殺（数）
C [catcher]　捕手、キャッチャー
CCS [caught stealing on throws by catcher]　捕手による盗塁殺
CF [center fielder]　センター、中堅手
CS [caught stealing]　盗塁死
CS% [caught stealing percentage]　盗塁殺率
DP [double plays]　併殺、ダブルプレー
E [error]　失策、エラー
FA [fielding average]　守備率
FC [fielder's choice]　野選、フィルダースチョイス
FPCT [fielding petcentage]　守備率
HP [home plate]　本塁
IF [infielder]　内野手
LF [left fielder]　左翼手、ライト
OF [outfielder]　外野手
OFA [outfield assists]　外野捕殺
PB [passed ball]　補逸、パスボール
Pct [percentage]　捕手の場合の盗塁阻止率
PK [pickoffs]　刺殺（牽制球によるもの）
PO [putouts]　刺殺
POS [position]　守備位置
RF [right fielder]　右翼手、ライト
SB [second baseman]　二塁手
SB [stolen base]　盗塁
SB% [stolen base percentage]　盗塁率
SS [total chance]　守備機会数

野球略語

TP ［triple plays］ 三重殺、トリプルプレー

【その他】

A ［attendance］ 観客数

AL ［American League］ アメリカンリーグ。米国プロ野球の２大リーグのひとつ

ALCS ［American League Championship Series］ アメリカンリーグ選手権試合

AO ［Air（Fly）Outs の略］ フライアウト

AT ［attendance］ 観客数、入場者数

Att ［attendance］ 観客数、入場者数

BOT ［bottom］ イニングの表裏の裏

CL ［Central League］ セントラルリーグ

DL ［disabled list］ 故障者リスト

FA ［freeagent system］ フリーエージェント制

FM ［field manager］ チーム監督

G ［games］ 出場試合数

GB ［games behind］ ゲーム差

GB ［ground balls］ ゴロ（数）

GF ［games finished］ 終了した試合数

GM ［general manager］ 総支配人、ゼネラルマネージャー

HP ［home plate］ 本塁、ホームプレート

IRA ［inherited runs allowed］ 引き継いだ投手が、前の投手の出した走者による生還点

JABA ［Japan Amateur Baseball Association］ 日本野球連盟。アマチュア野球の統括団体

L ［losses］ 敗戦

L10 ［last 10games］ 過去10試合

MLB ［Major League Baseball］ アメリカプロ野球のメジャーリーグ

MPH ［miles per hour］ 時速（球速）のマイル

MVP ［Most Valuable Player］ 最高殊勲選手

NPB ［Nippon Professional Baseball］ 日本プロフェッショナル野球組織

NL ［National League］ ナショナルリーグ。米国プロ野球の２大リーグのひとつ

Pct ［percentage］ 勝率

PBOJ ［The Professional Baseball Organization of Japan］ 日本野球機構の略

PL ［Pacific League］ パシフィックリーグ

T ［time of the game］ 試合時間

WPCT ［winning percentage］ 勝率

参考文献

『朝日新聞のカタカナ語辞典』 朝日新聞社、2006年

『朝日新聞の用語の手引き '05-'06年版』 朝日新聞社、2005年

『アメリカ語ものがたり②』 河出書房新社、1997年

『アメリカンフットボール』 一橋出版、2004年

『アルファベット略語便利辞典』 小学館、2006年

『いちばんわかりやすい［ワイド版］ソフトボール入門』 大泉書店、2006年

『イミダス 現代人のカタカナ語欧文略語辞典』 集英社、2006年

『伊和中辞典 〈第2版〉』 小学館、2004年

『美しく舞うためのフィギュアスケートレッスン』 MCプレス、2007年

『旺文社国語辞典［第十版］』 旺文社、

『オーガスタ聖者たち』 角川書店、2002年

『オールカラー英語百科大図典』 小学館、2006年

『改訂新版 朝日新聞の用語の手引き』 朝日新聞社、2007年

『確実に上達するバドミントン』 実業之日本社、2006年

『確実に上達するロングボード・サーフィン』 実業之日本社、2007年

『カタカナ・外来語／略語 辞典 ［全訂版］』 自由国民社、2006年

『カタカナ新語辞典』 学研辞典編集部、2006年

『記者ハンドブック 第10版』 共同通信社、 2005年

『記者ハンドブック 第11版』 共同通信社、2008年

『グランドコンサイス英和辞典』 三省堂、2001年

『グランドコンサイス和英辞典』 三省堂、2003年

『ぐんぐんうまくなるサッカー』 ベースボール・マガジン、2008年

『ぐんぐん強くなる陸上競技』ベースボールマガジン社、2007年

『現代用語の基礎知識』 自由国民社、2009年

『ゴルフがある幸せ』 日本経済新聞社、2004年

『コンサイスカタカナ語辞典 第3版』 三省堂、2008年

『最新スポーツルール百科2005』 大修館書店、2005年

『最新スポーツルール百科2008年』 大修館書店、 2008年

『サッカーで燃える国、野球で儲ける国』 ダイヤモンド社、2006年

『サッカーの国際政治学』 講談社、2004年

『サッカーマルチ大辞典 改訂版』 ベースボール・マガジン社、2006年

『実践合気道入門』 永岡書店、2007年

『小学館 西和中辞典』 小学館、 1999年

『小学館 プログレッシブ独和辞典 第2版』 小学館、2005年

『新スタンダード仏和辞典』 大修館書店、2000年

『図解コーチ　合気道』 成美堂出版、 2006年

『図解コーチ　剣道』 成美堂出版、 2006年

『図解コーチ　柔道』 成美堂出版、 2006年

『すぐにひけるゴルフ・ルーフ』 成美堂出版、2008年

『すぐわかる　アメリカンフットボール』 成美堂出版、2002年

『すぐわかる　アメリカンフットボール』 成美堂出版、2005年

『スノーボード上達BOOK』成美堂出版、2002年

『スペリング辞典』 研究社、 2003年

『スポーツ経営学』 ベースボールマガジン社、2003年

『スポーツを「視る」技術』 講談社、2002年

『相撲大辞典　第二版』 現代書館、 2007年

『世界年鑑2009』 共同通信社、2009年

『絶対合格スノーボードバッシテスト』 実業之日本社、2006年

『卓球まるごと用語辞典』 卓球王国、2007年

『卓球ルール早わかり』 卓球王国、 2002年

『日経新聞を読むためのカタカナ語辞典〈改訂版〉』 三省堂、2005年

『日本語→ブラジル・ポルトガル語辞典』 ナツメ社、 1993年

『日本語きほん帳』朝日新聞出版、2009年

『馬場馬術－競技へのアプローチ』 恒星社厚生閣、2004年

『バレーボールパーフェクトマスター』 新星出版社、

『ビジュアル版　サーフィン完全マスター』 成美堂出版、2006年

『フットサル・レフェリーズ』 丸善、2003年

『フットサル上達BOOK』成美堂出版、2004年

『ベースボール英和辞典』 開文社出版、 2004年

『ベースボール和英辞典』 開文社出版、 2007年

『ボウリング』 有紀書房、

『ぼくらの野球ルール入門』 成美堂出版、2005年

『ボビー・ジョーンズゴルフの神髄』 阪急コミュニケーションズ、2005年

『めざせ！トップスイマー水泳入門』 成美堂出版、2005年

『もっとうまくなる！弓道』 ナツメ社、2007年

『もっとうまくなる！卓球』 ナツメ社、2007年

『野球の英語辞典』 章友社、2004年

『野球用語辞典』 舵社、2008年

『やさしいアメリカンフットボール入門［2005年版］』 タッチダウン、2005年

『ヤンキー・スタジアム物語』 早川書房、2008年

『わかりやすい　ゴルフのルール』　成美堂出版、　2005年

『わかりやすい　テニスのルール』　成美堂出版、2004年

『わかりやすい　バスケットボールのルール』　成美堂出版、　2005年

『わかりやすい　ラグビーのルール』　成美堂出版、　2004年

『技を極める空手道』　ベースボール・マガジン、2007年

『技を極める柔道』　ベースボール・マガジン、2007年

『DVDシリーズ　ソフトテニスパーフェクトマスター』　新星出版社、2007年

『DVDシリーズ　卓球パーフェクトマスター』　成美堂出版、2006年

『DVDシリーズ　バスケットボールパーフェクトマスター』　新星出版社、2007年

『DVDシリーズ　バレーボールパーフェクトマスター』　新星出版社、2007年

『DVDシリーズ　ボクシングパーフェクトマスター』　新星出版社、2007年

『DVD付き　もっと上達する！テニス』　ナツメ社、　2007年

編集協力	林壮行　力久遼子
DTP	オフィス・ガゼルファーム
ブックデザイン	やぶはなあきお
編集担当	斎藤俊樹（三修社）

第3版　スポーツ用語辞典

2011年10月10日　第1刷発行

編　者 ──────三修社編集部

発行者 ──────前田俊秀

発行所 ──────株式会社三修社

〒150-0001　東京都渋谷区神宮前 2-2-22
TEL 03-3405-4511　FAX 03-3405-4522
振替 00190-9-72758
http://www.sanshusha.co.jp/

印刷製本 ──────広研印刷株式会社